天津市重点出版扶持项目

玉碎

YU SUI

潘安传

丽端 著

天津出版传媒集团
百花文艺出版社

图书在版编目（CIP）数据

潘安传. 玉碎 / 丽端著. -- 天津 : 百花文艺出版社, 2021.4
ISBN 978-7-5306-7917-3

Ⅰ. ①潘… Ⅱ. ①丽… Ⅲ. ①潘岳(247-300)-传记 Ⅳ. ①K825.6

中国版本图书馆 CIP 数据核字(2020)第 207485 号

潘安传·玉碎
PAN'AN ZHUAN YUSUI
丽端　著

出 版 人: 薛印胜　　**选题策划:** 唐　嵩　刘　勇
出版统筹: 安子宁　　**责任编辑:** 唐　嵩
助理编辑: 李　楠　　**装帧设计:** 秋羽视觉
出版发行: 百花文艺出版社
地址: 天津市和平区西康路 35 号　**邮编:** 300051
电话传真: +86-22-23332651（发行部）
+86-22-23332656（总编室）
+86-22-23332478（邮购部）
网址: http://www.baihuawenyi.com
印刷: 天津新华印务有限公司
开本: 880×1230 毫米　1/32
字数: 330 千字
印张: 13.125
版次: 2021 年 4 月第 1 版
印次: 2021 年 4 月第 1 次印刷
定价: 56.00元

如有印装质量问题，请与天津新华印务有限公司联系调换
地址：天津东丽开发区五经路 23 号
电话：(022)58160306
邮编：300300

悠悠上天，我独何辜

目录

第 一 章

伤 逝

昔同涂兮今异世，忆旧欢兮增新悲。

——潘岳

到处都是水。

蔚蓝色的水波一道道向远方涌去，就像最轻柔细软的绉纱，在微风的吹拂下漾起层层縠纹。可这是一匹多么宽广的绉纱啊，不仅覆盖了整个大地，还在地平线上毫无痕迹地翻转，倒过来席卷了浩瀚天空。一时间，就仿佛整个天地都被大片的水波占据，就连天上的星辰都不过是波浪里跳跃的珍珠，只一闪，便又落入浩浩荡荡的银河里去了。

原来天与海，是贯通的。银河的尽头，便是这片浩渺无际的海洋。

可为什么到处都是水？他顾不得眼前的浩瀚美景，只是着急。自己不是鱼，就算此刻可以御风飞行，也终究需要寻找一个落脚之处。

仿佛遂了他的心愿，下一刻，浩荡的水面上出现了一座小岛，楼船一般朝他越漂越近。他渐渐看清楚了小岛上的情形，心中不由得一阵狂喜——那里用琉璃烧成砖瓦，用玛瑙磨成门窗，用珍珠串成帘幕，用最名贵的沉香木搭建出绵延不绝的亭台楼阁，就连楼阁边生长的树木，上面点缀的也不是叶片，而是一块块莹润通透的美玉。

“恭迎仙君归岛。”一队身穿锦绣罗衣的少年男女站在岛上，向着他躬身行礼。他们个个长得如花似玉，身姿袅娜，让他一见之下心中就如同揣了一只小猫，挠心挠肝，又喜又痒。

一步踏上小岛，他借着脚下不稳，一个踉跄就朝那些美人扑去。莺声燕语之中，他一时间左拥右抱，好不快活，心道所谓神仙日子，不外如此。

正满怀温香软玉，不知今夕何夕，忽听耳边有人开口："仙君，这岱舆山在归墟上飘荡日久，立刻就要沉没了。还请仙君随我离开这里吧。"

他正得趣味，哪里舍得就此离开，怒不可遏地回头想要呵斥，却蓦地一怔——身后站着一个身穿绛红纱衣的绝美少年，让人只看一眼就再也舍不得转开目光。和这个少年相比，方才那些鲜花般娇艳的少男少女顿时成了脚下平凡无奇的野草。

"你是谁？"他痴迷地盯着红衣少年问。

"仙君忘记了，我是辅佐您的鳌龙阿秀啊。"那少年粲然一笑，伸手扶住了他的胳膊，"这岱舆山原本是靠三头鳌龙支撑才可以在归墟上漂流。如今那三头鳌龙被龙伯国的巨人钓走，仙山失去平衡，马上就要沉没在归墟之中了。"

仿佛为了验证红衣少年的话，他只觉一个大浪打来，脚下的仙岛顿时大幅摇晃起来。而远处一个个比仙山还要高大的浪头如同狼群一般，正前赴后继地朝着他们奔来。

仿佛一声巨雷炸开，大片的浪花撞上了飘摇的仙山，那些结满珠玉的树木、兰桂搭建的亭台也随之粉碎。琉璃、玛瑙、珍珠、沉香随着水珠兜头砸下，暴雨一般将他打得头晕目眩，他脚下一晃几乎委顿在地。

"仙君抓住我！"晕头转向之际，他听见身边的红衣少年大声呼唤着自己，下一刻，手臂就被那少年牢牢扶住，让他得以在天翻地覆般的仓皇无助中找到了坚实的依靠。他反手抓住了少年的胳膊，下定决心就是死也不会松开。

也不知红衣少年用了什么办法，他只觉得身体渐渐变轻，如同一片羽毛从仙山上飘浮而起。他们越飘越高，渐渐穿过了破碎四溅的浪花，将正在倾覆的仙山远远抛在了脚下。听着被留在仙山上的少年男女们临死前的绝望哭喊，他喘了几口粗气，心中大感侥幸，对身边拉着自己飞行的红衣少年更增添了几分依赖。

又飞了一阵，前方渐渐出现了大陆的轮廓，让他忍不住问："我们要到哪里去？"

"仙君难道忘了？岱舆山虽然沉没了，但您的仙君地位却不可动摇。上天已经将华夏国分派给您，您这就要去那里担任帝君了。"红衣少年回过脸，笑得摄人魂魄。

"是吗，我是上天任命的华夏帝君？"他喃喃地重复了一句，原本淤塞的心似乎开了窍，露出从未有过的欢喜和热望来，"那你呢？"

"我是上天派来辅佐您成就大业的。"红衣少年豪迈地一指脚下的泱泱大地，放开了握住他的手，"放心去吧，这锦绣河山，都是上天赐予您的！"

身体骤然失去了支撑，他身不由己地从天上坠下，只吓得连声大叫，却猛地睁开了眼睛。

"王爷醒了。"一个隐隐约约的声音在他耳边响起，谦卑却又自信，"这一觉睡得可好？"

琅琊王司马伦揉了揉眼睛，终于看清了面前这张近在咫尺的脸。这张脸在昏黄的灯焰映照下秀美如春花、莹洁如珠玉，正与司马伦梦中搭救他的红衣少年一模一样。

"孙秀？"司马伦的脑子逐渐清醒过来，这才想起自己身处琅琊台旁的四时祠里，而孙秀刚才正点了一盏铜灯，为自己讲述四时祠壁画上那些上古流传的神话。

"奇怪，刚才怎么睡着了。"司马伦挠了挠头，有些不好意思。

"王爷不是睡着了，是被我用法力送进了前世。"孙秀将那盏放置在两人中间的铜灯移开，笑意盈盈，"我想，王爷此刻明白了更多的东西。"

"我梦见……我梦见……"司马伦吸了吸鼻子，依稀分辨出四时祠内弥漫的甜香。他犹豫了一阵,似乎想说什么,却最终不敢说出口。

“王爷是不是梦见了自己的天命?”孙秀见他不敢说,索性帮他说出了口。虽然四时祠内外再无旁人,孙秀还是将身体凑近了司马伦,压低声音道,“而王爷的天命,就是要做这华夏之主!”

“你住口!”司马伦猛地跳起身来,面红耳赤,“你知不知道,说这话是要诛九族的!”

“如果是天命,就算诛九族我也要说。”孙秀不以为意,笑盈盈地扶住司马伦的肩膀,让他重新在座席上坐下。下一刻,他忽然收敛笑容,一本正经地在司马伦面前跪下,行起了最为隆重的三拜九叩之礼:“王爷身负天命,而孙秀正是辅佐王爷成就天命之人!我们君臣原本远隔天渊,如今却能在琅琊相见,岂不正印证了上天的安排吗?”

“你你你,快起来,被人看见了不好……”司马伦手足无措,想要伸手去扶孙秀,却最终缩回手,任凭他行完了大礼。孙秀的话,加上刚才那个逼真得超越任何梦境的体验,司马伦只觉心里开的窍越来越大,胆色也渐渐地壮了起来。

“王爷是不相信我的本事吗?”孙秀观察着司马伦表情的变化,知道他的野心和欲望已经被自己点燃,而这正是他此次对司马伦施行催眠摄魂术的目的。

“没有没有。你的本事很大,我已经知道了。”司马伦想起孙秀足不出琅琊,只是谈笑间几番布置,就将权倾淮南的征东大将军石苞扳倒,心中对这个俊秀如女子的金真天师满是崇敬。如今金真天师孙秀已经正式入了琅琊王的幕府,成了琅琊王司马伦的头号智囊。司马伦将自己遇见孙秀比喻为刘备遇见了诸葛亮,很多时候对孙秀都以“军师”相称。

“我的本事,王爷还没有完全见识。”孙秀仍然在笑,眼中的神情却渐趋凌厉,“为了扫除王爷上升的障碍,除掉石苞只是第一步而已。”

司马伦知道孙秀口中的障碍是指齐王司马攸。天子司马炎对司马伦这个九叔或许还有怜悯之心。可只要司马攸在一天，司马伦就绝不可能回归洛阳朝堂，更不可能奢谈什么天命。“那我们下一步怎么办?”司马伦惶惑地问，“去打击跟齐王交好的名士吗？”

“那些名士都是高门世家的子弟，眼高于顶，仗着家族势力庞大对皇帝都未必恭顺。齐王不过因为投了他们的脾性，被引为同道，却并非被尊为主君。真要到关键时刻，名士派只会盘算自己的家族得失，根本不足为虑。”孙秀冷笑了一声，“我们要除去的，是真正支撑齐王的力量。”

“那还能是谁?”司马伦又挠了挠头。在他的印象中，与司马攸交好的都是自命清高的世家子弟。可那些人关系繁杂，人数又多，他可不知道谁是真正支撑司马攸的力量。

孙秀对这位琅琊王的洞察力暗暗摇了摇头，表面上却不动声色:“王爷想一想，当初先皇立当今天子为世子时，还同时颁布了一份诏书，将贾充长女许配给齐王为妻。这位岳父大人，自然就是真正支撑齐王的力量了。”

“不可能！”司马伦又想跳起来，这回却自己忍住了，“贾充虽然是司马攸的岳父，但两个人的关系一向冷淡。贾充一向对天子忠心得像条狗，只要天子使个眼色，只怕他连亲娘老子都敢咬几口！他怎么可能支持齐王！”

“王爷说得不错。可是我们不妨换个角度，从天子的眼光来看贾充。”孙秀并不着急，娓娓分析道，“首先，先皇宠爱齐王，在立当今天子之时命齐王与贾充联姻，摆明了就是要借贾充的力量保护齐王。这一点，天子明白，齐王明白，贾充也明白。其次，贾充已经位极人臣，当今天子已经无法再赏赐他什么。可一旦齐王登基，贾充的女儿便是皇后，贾充自己就是国丈，这份荣耀哪里是现在可以相比的？光这一点，就足以让当今天子寝食难安。最后，贾充虽然和齐王在朝堂上分列两派，但两派至今不过是口舌之争，在真正的大问题上却没有什么分歧，比如——”孙秀看了一眼司马伦，知道自己的下一句话就会挠到他的痒处，“比如对王爷您的处置。若是当初两派真的势同水火，王爷大可游走其间纵横获利，就不至于被贬谪到琅琊这种小地方来了。所以一旦我们扳倒贾充，明里可以挑拨名士派和礼法派的对抗，暗里可以引发天子对齐王的猜忌憎恶，到时候朝局混乱，王爷就有机会——”孙秀伸出手在半空中用力攥下，一字字吐出心中的计划，“浑水摸鱼。”

“说得对呀。要是照朝廷现在这个样子，王爷我还不知猴年马月才能回洛阳！”司马伦听孙秀一字一句都无可反驳，兴奋地一拍大腿，“可是贾充的势力比石苞还大，我们怎么下手呢？”

“这个就包在属下身上了，只请王爷仔细想想，洛阳城中还有哪些故旧可以结交。”孙秀微笑着说。

“这个……”看着孙秀充满期待的神情，司马伦有些不好意思，“不怕你笑话，我在洛阳的时候成日斗鸡走马，平素结交的都是些爱玩爱闹的市井少年，像养鹌鹑的郑二瘸子、耍一手好拳棒的罗小虎，还有几个匈奴王子的胡人伴当……正经的大臣却没有相熟的。好不容易和散骑将刘缉相熟些，他却因为替我拿御裘被杀了头……”

虽然知道司马伦一向在司马家不受待见，但他当日不求进取不学无术到这地步，还是让孙秀有些怅惘。可是事到临头他已经没有别的选择，只能强打精神笑道：“就算是鸡鸣狗盗之人也有他的用途。还请王爷都将他们列出来，我斟酌着使用。”

“那就麻烦你费心了。”司马伦也知道自己不中用，尴尬却又真心诚意地点了点头。

“贾充根基庞大，这一次还请王爷多给我一点时间。”孙秀说到这里，不再理会司马伦小鸡啄米般的频频点头，目光一转，落在了四时祠角落的一幅壁画上。那里画着一个长身玉立的少年，正静静地站在即将倾覆的神山之上遥望浩瀚归墟，与画面其他处惊慌失措的仙人们形成了鲜明对比。那少年的身姿挺拔脱俗，面部却是一片空白未着半点笔墨，就像是工匠尚未完成的半成品。可是只有孙秀知道，那是因为世上最好的画工都无法描摹出那人绝世的风采。

“潘岳，不着急，一个一个来，迟早会轮到你。等我爬到高处的时候，定让你在我手中求生不得求死不能……”孙秀藏在宽大袍袖内的手暗暗攥成了拳头，只觉心中的恨意恍如滔天巨浪，足以将所有高高在上的神仙卷入深渊。

远在洛阳的潘岳并没有感受到孙秀的恨意，他早已忽略了这个身份寒微的术士，甚至连逼得他几乎丧命的琅琊王司马伦都很少会想起来。一般而言，若没有大功，因罪贬斥的诸侯王再难回到京城，司马伦想要翻身，几乎是不可能的事。

就在潘岳刚刚参与修订完晋朝新律法之际，久病卧床的父亲潘芘去世，他不得不告别司空府的同僚，回家守孝三年。这三年里他深居简出，尽心侍奉母亲邢夫人，日子过得平静而悠闲。唯一让人郁闷的是他与杨容姬的婚事。因为杨容姬母亲和潘岳父亲的相继去世，婚期不得不一拖再拖，拖得两人都过了二十岁，超越了当时普遍的适婚年龄。

好不容易到了泰始七年，潘岳服丧期满，重新回到贾充的司空府中任职。潘杨两家也终于商定，待到这年下半年，由潘岳亲自到荆州，迎杨容姬到洛阳成亲。

虽然离开了三年，潘岳回到司空府后却没觉得这里有什么变化。府主贾充依然对自己不冷不热，同僚韩寿依然每天敷面薰香，甚至连帘幕后轻微的颤动都丝毫未变，显示着贾家的两位小姐仍然没有放弃偷窥父亲掾属的爱好。

这一天，贾充因为公事宴请朝中大臣，来客中除了贾充一党的冯统、荀勖、杨珧等人，还有一向视贾充为眼中钉的裴楷、王济、羊琇等清流。

席间大家虽然和和气气把酒言欢，但明眼人都看得出来，这些人的每一个眼神、每一句玩笑都在打着机锋，直把这饮宴之所当成了又一个党争的朝堂。

对于名士派与礼法派之间的交锋，潘岳一直都顾及着自己微妙的身份，从不涉足。何况今日他不得已作为贾充的掾属陪于末座，心思却依然停留在清晨送别石崇的那一幕上。

征东大将军石苞被罢官之后，没多久便在家中郁郁而终。他临终时将六个儿子叫到床前，将家产一一分给众人，却唯独没有给小儿子石崇一个铜钱。石苞的夫人为小儿子鸣不平，石苞却说自己的儿子里将来最有出息的便是石崇，他以后一定能凭借自己的本事挣来家业。石苞死后，石崇服丧期满，被任命为修武县令，与潘岳所担任的司空掾同属七品。今日一早，石崇便离开洛阳，到辖地赴任去了。

“县令一任四年，等我回来的时候，你和阿容早就成亲了，想必连孩子都有了吧。”临去之时，石崇特地凑在潘岳耳边低声道，“若是以后你对不起她，我一定饶不了你！”

看着石崇绝尘而去的背影，潘岳只能洒然一笑。自从帮助石苞洗清谋反嫌疑之后，石崇对潘岳的态度也由敌视变成了亲近。如今他能对自己坦坦荡荡地提到杨容姬，恰正说明石崇心里这段执念已经切实地放下了。

“石崇性格豪迈洒脱，离开洛阳就好比鱼入大海，不像我，这辈子估计就拘在这一方城墙之中了。你看我两个儿子分别叫海奴、山奴，我却没有机会去看檀奴你笔下的大海和虎牢山了。”正想着石崇离开时司马攸苦笑着说出的这番话，潘岳忽听宴客的大厅外一阵喧哗，原是有客人来迟了，正与司空府的随从们理论。潘岳想起自己的身份，连忙收了散佚的思绪，站起身匆匆迎了出去。

还没步下台阶，迎面已走上一个人来，峨冠博带，三绺长须，正是贾充的老对头,刚刚从中书令调任河南尹的庾纯。这庾纯年过花甲,在一众朝臣之中资格最老,心气也最高,此番虽然来得晚了,依然毫无愧疚之色,大剌剌地就往厅内走。

"老夫来迟了,贾司空就不出来迎接了吗?"庾纯没有理会潘岳一个小小的司空掾,目光直瞪着坐在主位上的贾充,口气颇为不满。

贾充今天是为了公事不得不设宴款待朝臣,原本便兴致不高,只是不断喝着闷酒。如今他被庾纯这么一闹,心中更是烦躁,抬起头斜睨了一下站在门口傲慢叫嚷的老者,冷笑了一声:"庾公家的门风,一直都走在人前,怎么今天落于人后了?"

贾充此言一出,不仅庾纯脸上变色,在座的宾客也顿时鸦雀无声。魏晋之际最重门第,官员之间恨不得把对方的十八代祖宗家世都挖出来比较,因此所有人都知道,庾纯的祖上乃是伍佰,也就是走在官吏车驾之前、为他们开道的差役兵卒。贾充之言,显然对庾纯是一种侮辱。

好在贾充虽然出身河东贾氏,祖上也不是没有没落过。庾纯稍稍一愣,立刻反唇相讥:"我是因为有些市井小事要处理,所以来晚了。"他此言一出,顿时有人便掩口想笑,却又只能生生憋住。原来贾充的祖上曾有人在市井中做过小买卖,俩人这样互揭家底,其实谁也占不着便宜。

庾纯斗鸡一样梗着脖子站在厅上,摆好了架势等着贾充放手一搏。谁知贾充吼完了那一句之后,再度趴回案上喝酒,眼神迷离,竟不再将庾纯放在心上了。

庾纯一辈子都在与人掐架斗口,所以他不怕贾充出言讽刺,反倒怕他对自己睥睨不屑。于是他一挽袍袖,从一个侍从手中夺过一壶酒,开始挨个给在座的官员们斟酒,嘴里嘟嘟囔囔地道:"贾司空怪我来得迟了,我就给大家斟酒赔个不是!"一边念叨着,一边走到了贾充的食案前,给他倒了满满一杯酒。

此刻贾充已经喝得有些多了,醉意上涌,只用手臂撑着头斜倚在案上发呆。庾纯倒完酒之后，按理贾充应该致谢饮下。然而不知道是神思涣散还是故意与庾纯置气，贾充根本没有理会面前那个酒杯，一双平素精明深邃的眼睛只是盯着远处的帐幔，全然不将庾纯放在眼里。

庾纯心高气傲，哪里受得了这种无视，当即愤愤地将酒壶重重砸在贾充的食案上，怒喝了一声："长者给你敬酒，你怎么敢这样？"

他这一砸一喝成功地引起了贾充的注意。贾充缓缓转过头，看着面前须发俱张、轻狂傲慢的老头子，只觉心里烦躁，巴不得一掌将他挥开，随口冷笑道："你父亲那么老了，你怎么还不辞官回家奉养，在这里啰唆什么？"

庾纯年迈六旬，老父已经八十有余，目前由庾纯的两个哥哥在赡养。在众人纷纷标榜孝道之际，他依然占据官位不回家奉养老父，难免有招人耻笑的嫌疑。此番被贾充捅破了窗户纸，庾纯恼羞成怒，又是一拍桌案："贾充！如今天下惊扰不安，都是因为你一个人！"

"是吗？"贾充撑起身体，带着几分醉意笑着问，"我辅佐两位天子，平定了巴蜀之地，有什么罪过让天下为了我惊扰不安？"

"你的罪过，就是不忠不孝、无情无义！"庾纯牙尖嘴利，当即冷笑道，"你母亲柳夫人临终时，你问她有何遗言吩咐，柳夫人却说：'我教你迎回李家媳妇你都不肯，还问什么别的吩咐？'这件事，你敢否认吗？"

"说得好！"贾充盯着庾纯，"那你说我不忠，又是从何说起？"

庾纯站在席前，见贾充依然倚案而坐，一副满不在乎的惫懒模样，只觉胸中怒火轰然而起，将头脑烧得一片空白，一声大呼便脱口而出："你敢说自己忠心？那高贵乡公何在？"

此言一出，厅上所有人都大惊失色，好几个人甚至从座席上站起，想来制止庾纯。对于晋朝而言，高贵乡公曹髦乃是一个不能出口的禁忌。当年曹髦贵为魏国天子，亲自带人杀出宫门，想要诛杀把持朝政的大将军司马昭。局面混乱之际，正是贾充命成济用长戈将曹髦刺死在车下。

事后司马昭杀了成济却保下了贾充,并拔擢他节节高升。可以说,贾充的官位就是用先朝天子的血换来的。这弑君的大罪,不仅贾充视为禁忌,司马氏皇族也讳莫如深。

可是如今,这最不可言传的禁忌却被庾纯在盛怒之下点破,怎不令人心惊胆战?

“好你个庾纯!”贾充原本因为醉酒而迷蒙的眼睛陡然睁大,他呛啷一声拔出随身佩剑,绕过食案就朝庾纯当胸刺去。

“贾公不可!”潘岳先前已经看出情形不对,趁所有人的注意力都在庾纯、贾充二人身上,早已偷偷绕到了贾充身边想要劝解,此刻见贾充暴怒之下要当堂刺死庾纯,连忙合身扑上,将贾充手中的长剑撞得偏了。而席下的羊琇、王济等名士派中人也连忙赶过来,护送着庾纯往司空府外奔去。

“放手,让我杀了那个老匹夫!”贾充仍想挥舞手中长剑,奈何酒后乏力,身体又控制不好平衡,被潘岳阻拦了几下后便踉跄倒地。

见主人骤然失态,前来参加宴席的官员们纷纷告辞离开。唯独荀勖自忖与贾充交好,想要上前问个究竟,贾充却偏过头,厉声冲他喝了一声:“滚!”荀勖脸上一红,却也不好与酒醉之人计较,只得嘱咐潘岳和其他下人好生安置贾充,这才悻悻地走了。

刚才还谈笑风生的大厅瞬间一片冷寂,除了司空府中的属官和侍从,再也没有一个客人,就仿佛从天而降一阵大雪,一眨眼便将所有的繁华热烈掩盖无踪。潘岳见贾充倒在地上只是瞪圆了眼睛呼吸粗重,伸手想要扶他起来,贾充却一把攥住了他的胳膊,朝着厅上噤若寒蝉的属下们说了一声:“都退下。没有我的命令,谁都不许打扰!”

司空大人一声令下,所有人连忙应了一声,低头退出。潘岳原本也想一起退下,轻轻一挣却没有挣脱贾充的手掌,只好屏息静气留了下来。虽然担任司空掾已有数年,潘岳这还是第一次与贾充有如此近距离的接触,视线所及之处,恰好看见了贾充额头上一道旧疤痕。那疤痕正是当年贾充拒绝接纳前妻李婉时撞出来的,时隔数年早已平复,此番若非潘岳离他如此之近,也断断无法觉察出来。

贾充一直不开口,潘岳便也沉默。虽然是自己的府主,潘岳和这位权臣却没有多少接触,最多例行公事地寒暄两句而已。贾充对潘岳也与其他掾属无异,既没有因为他出色的能力而额外拔擢,也没有因为他与齐王司马攸不同寻常的交情而刻意打压。在潘岳的印象中,这位瘦削黧黑的司空大人永远都沉着脸,难得露出一丝开怀的笑意。可那表情也并不能说是严厉或凶恶,只是让人觉得他时刻都在思考着一些重要而又难以抉择的大事罢了。

可是这一次,一向城府极深的贾充却失态了。潘岳并不相信贾充的失态完全是因为庾纯那个狂傲老头儿的挑衅,可究竟是什么原因,让一向面无表情甚至有些死气沉沉的贾充眼中,流露出了隐隐悲哀与怅惘的表情?

胳膊上的力道骤然一松,潘岳意识到贾充已经放开了抓住自己的手掌。他弯腰想将贾充扶起,贾充却摆了摆手,自己从座席上爬起身来。

“你的马车在外面吗?”贾充忽然问。

“在。”潘岳应了一声,却不知贾充的用意。

“陪我去一个地方。”贾充并不等潘岳回答,自顾自当先走了出去。

潘岳快步跟上,一路但见贾充挥退了上前见礼的属官和随从,只带着自己疾步而出,倒仿佛要处理什么紧急公事的模样。一直到走出司空府大门登上潘岳的马车,贾充才陡然往车座上一靠,吩咐了一声:“去永年里。”

永年里?潘岳微微一怔,顿时感到不可思议。他抬起眼睛大胆地看了贾充一眼,想要探询他的真实想法,贾充果真点了点头,低声重复:“永年里,李夫人宅邸。”

“她，快不行了。”贾充无力地补充了这一句，闭目靠在车座上，再不出声。

潘岳心中一沉，骤然明白了贾充今天失控的原因，也明白了他为什么摒去一切随从，却坚持要乘坐自己的马车。整个司空府里，大概只有自己才会真正为他保守住探望前妻李婉的秘密。

潘家的车夫李伯应声策马前行，潘岳则放下车帘，坐在了贾充的下手。耳中只听到车轮辘辘之声和街市上行人的喧闹之声，而车厢内的两个人，却自始至终没有再交谈一个字。

司马攸和贾荃在永年里为李夫人购置的宅院并不大，却十分清幽洁净。潘岳以前也曾经随司马攸来探望过李夫人，因此熟门熟路地先下了车叫开门，回头却见贾充仍然只是坐在车厢内不露面，便低声问看门的仆人：“王妃在里面吗？”

“在，齐王殿下也在。”那仆人认得潘岳，见他面色凝重，便知趣地跑进去报信了。

潘岳知道贾充身份微妙，便只站在门口守候。过了一会儿，一身便装的司马攸匆匆从里面走了出来，他面色青白、眼圈乌黑，一看就知多日不曾好好休息。以司马攸对长辈的孝顺，潘岳顿时明了李夫人的病情果然十分危急了。

见司马攸要开口，潘岳连忙止住他，朝那驾纹丝不动的马车指了指，又对司马攸耳语了几句。司马攸闻言先是一喜，再是一忧，了然地点了点头，很快便带着从人乘车离开了这座小院。

若是被人发现司空贾充与齐王暗地里会面，只怕又会引起朝堂内外的无端猜测。以他们二人的微妙身份，还是尽量避免这种嫌疑为好。要见面，就只能堂堂正正在天子座下，百官面前。

司马攸离开之后，齐王妃贾荃得了禀报，急匆匆地从母亲的病榻前跑了出来。她脂粉未施、容色憔悴，然而一双眼睛中却满是激动惊喜，与强行忍住的泪水一样一目了然。虽然是她让人给贾充传去了李夫人病重的消息,但贾荃对贾充的到来其实并没有抱太多的希望。

“见过齐王妃。”潘岳躬身让开道路,放贾荃径直走到了车厢之前。

车帘一动,贾充已经自己走了出来。他没有理会女儿伸过来搀扶的手臂,自行跳下车辕,目不斜视地往院内走去。

贾荃命人关上大门,想要跟在贾充身后进入李婉的房间,贾充却蓦地抬了抬手:“让我单独和她待一会儿。”随后,他一个人掀开门帘走进了那间弥漫着药味的病房,只冷冷丢给贾荃一句话:“你应该知道做什么。”

“是。”贾荃在原地站定,一直等贾充的身影消失在门帘之后,这才转身对着一众下人厉声道,“今天的事情,谁要敢说出去半个字,我要了他的命!”

众人齐齐称是,就连潘岳也垂下了眼睛。伺候李夫人的都是齐王府派来的旧人,按理十分忠诚可靠,可是贾荃仍然如此疾言厉色地警告,可见连她也意识到一旦被人知道贾充对李夫人难舍旧情,那么贾充当年在皇帝司马炎面前许下的忠心就不仅是大打折扣,甚至还有故意欺君的嫌疑了。

对于帝王而言,越是位高权重的大臣越要牢牢掌控,哪怕只有一点点不忠的苗头,在帝王眼中都会成为燎原之火。

所以潘岳也明白,贾充今日赶来看李夫人最后一面,真的是冒了天大的风险。

贾充在李夫人的房间里并没有待很长时间,过了一阵子就独自掀开帘子出来。候在廊下的贾荃连忙迎上去想问个究竟,贾充却再度挥了挥手:“去照顾你母亲吧。”说着径自走下台阶,对一直侍立的潘岳道,“我们走。”

潘岳知道贾充身份贵重,确实不宜与府中人失联太久,赶紧扶着他登上了马车。这一次，贾充没有像先前那样拒绝旁人的搀扶，虽然神情上看不出太多异样，潘岳却感觉得到，贾充的手足都在微微颤抖，若是没有自己帮助，只怕无法干脆利落地踏上车辕。

“十七年了。”最终，贾充脱力地靠在车座上，低低地叹息了一声。

潘岳心中一酸，知道贾充指的是从李婉被流放辽东到如今再见，已经整整隔了十七年。然而这十七年才盼来的匆匆一面之后，或许永生永世，他们两人都再也不复相见。

回程路上，潘岳知趣地保持沉默，没有打听贾充和李婉相见的情形，眼前却挥不去贾充枯木一般晦暗的面容。贾充虽然出自世家，但家世早在祖父辈就已没落，父亲更是碌碌无为，能够到达如今位极人臣的地步，贾充不仅靠的是过人的才干，也靠的是旁人难以望其项背的决绝之心。因为这种决绝，他不惜顶上了“弑君”的罪名，千秋万世也无法洗脱。和它相比，薄幸又算得了什么呢？这原本就是在权力阶梯上攀爬的代价。

虽然齐王妃贾荃严令不得将贾充探望李夫人的事情外泄，但王妃车驾回到齐王府之后，贾荃身边的一个婢女却找了个借口，独自走进了侧王妃胡姬灵襄的宅院。

由于齐王司马攸爱重正妃贾荃，绝少踏足侧王妃的所在，胡姬灵襄的住处向来十分幽静，甚至堪称冷清。若非王府大公子司马蕤从书房下学后还会在这里玩耍一阵，这座小院几乎便与坟墓无异。

婢女走进侧王妃的房间时，胡姬正在为儿子缝制衣衫，这也是她漫长无聊的生活中唯一打发时间的方式。婢女进来之后，胡姬将屋内唯一一个婆子打发出去，仍旧一针一针地缝着手中的白缎内衫。

“奴婢想告诉侧王妃一件事……”虽然四下无人，婢女还是往前探出身子，压低了声音，“就在不久以前，贾司空去探望了李夫人。”

“哪个李夫人?”胡姬不看她,只是盯着手里的针线活,似乎对婢女的话毫无兴趣。

“自然是永年里的那一位。”婢女见胡姬装傻,心中有气却不敢流露,只得耐着性子道,“我家天师说过,只要贾司空踏足李夫人处,就一定要向您禀告。”而这一天,她已经等待了三年。

胡姬用剪刀剪断了线头,检查了手中儿子的内衫缝制无误,这才抬头看了面前的婢女一眼。“你也知道你刚才告诉我的事情若是泄露出去,我们两人都是一个‘死’字。”胡姬忽然叹了一声,“听说王妃待你也算不薄,你为什么会为了一个没见过两次的五斗米道天师而背叛你的主人呢?”

“因为王妃对我再好,我也终究是为奴为婢的命。”婢女看着面前衣着华贵的侧王妃,不能确定麻雀变凤凰的她能否体会自己一个小小婢女的苦楚,“可是金真天师却是不一样的。只要我为五斗米道立下功勋,他就会传授我修行之法,就算今生不能位列仙班,也能给来世修一条富贵命。”

“富贵命,像我一样吗?”胡姬忽然笑了笑。她还很年轻,但是一笑起来,眼角却已经有了轻微的细纹。

“人都是要有点念想的吧。”婢女不敢反驳,只讷讷地回答。其实她想说的是,胡姬觉得她一个婢女背叛王妃贾荃不可思议,可她却觉得,胡姬作为齐王侧妃,甚至已经为齐王生下了大公子,做出背叛齐王的举动才是真正不可思议。可是这话她不敢出口,也不敢问胡姬得知了贾充的消息后会透露给谁。在这种错综复杂的权力网络中,知道得越多,就越容易失去性命。

第二天清晨,经历了十二年流放之苦的齐王妃贾荃之母李婉去世,留下文集一卷、《典式》八篇。在齐王府上下人等戴孝举哀之际,铜驼大街东侧的司空府内却仿佛什么事都没有发生，唯一有些特殊的，是司空贾充亲自写了奏疏，为自己在前日宴席上拔剑失态的行为请罪。

贾充的奏疏送上天子司马炎案头的时候，河南尹庾纯的请罪奏疏也同时送达。司马炎拿着两封奏疏对比着看了看，忽然冷笑一声将它们都抛掷在书案上，对着旁边一个人道："什么酒后失德？依朕看，都是真情流露吧！"

"陛下圣明。"侍奉在司马炎身边的正是匈奴王子刘渊。他揣摩了一下司马炎的表情，终于忍不住问："那陛下要怎么处置这两个人呢？"

"庾纯已经老糊涂了，让他辞官回家奉养老父。至于司空贾充……"司马炎拈了拈下颌上的胡须，感到有些扎手，"结发妻子濒死，他情绪偶尔失控，也是人之常情。"

"依我们匈奴人的脾性，贾司空对嘲讽他的庾纯拔剑，根本无可厚非，只是瞒着陛下去探望李夫人却是不该。"刘渊点了点头，故意问，"若非心中有鬼，贾司空为何不能堂堂正正前去探病，而齐王夫妇又为何严令下人不得将此事外传？"

"你啊，虽然读了那么多圣贤书，对我中原的人情世故还是一窍不通。"司马炎瞪了刘渊一眼，话语虽然是斥责，语气却颇为宠溺。

"臣是匈奴人，一向以为不用懂那么多人情世故，只知道忠于陛下就够了！"刘渊假装惶恐，起身长跪请罪。他生得身材高大，面目英伟，偶尔懵懂粗鲁司马炎也不会生气，反倒觉得他如同一条尾随自己多年的大猎犬，愣头愣脑却又憨直可爱。

"唉，枉我满朝公卿，竟还是一个异族王子对朕最为忠心耿耿。"司马炎心里暗叹了一口气。他虽然贵为天子，但几乎所有的大臣都出自百年簪缨的高门大族，即使改朝换代也丝毫影响不到他们的地位。在那些世家子弟眼里，司马家不过是最高等的世族，司马家的继承人也必须依靠他们的拥戴才能坐稳这个天子之位。所以秦汉以来各朝各国的开国皇帝里，就数他司马炎最为弱势。哪怕这次对贾充私自去探看李夫人的事情颇为恼怒，甚至怀疑他私下里与齐王司马攸有什么交往，司马炎也不敢在明面上表现出来。为了掌控各方势力盘根错节的朝局，司马炎只能想法挑起司马攸为首的名士派和贾充为首的礼法派的争端。若是两派都会得罪的事情，司马炎就算憋到心口闷痛也必须隐忍，脸上甚至还得露出宽厚的笑容来。

所以堂堂天子此刻所能做的，只是将不识时务的庾纯老儿罢官，暂时出出心头的闷气。但在贾充的请罪奏疏之后，司马炎还得收敛恚怒，亲自撰写几句抚慰之词。

将笔掷回案上的一刹那，司马炎不由自主地挥开胳膊，将一旁小内侍送上的酪浆扫到了地上。他的心中窝着一口气，如果不能对司马攸和贾充发泄出来，这皇帝当得还有什么趣味？

“这天下是陛下的天下，自然不能让贾司空和齐王这对翁婿占了去。”刘渊用袖子擦去了司马炎书案上的水渍，小心地观察着司马炎的神情试探道，“这不还有臣等为陛下尽忠吗？”

“嗯，你手下的人此次觉察了贾充的行踪，朕重重有赏。”司马炎想起这位匈奴质子的作用，慷慨地问，“说吧，想要朕赏些什么？”

“为陛下尽忠是臣的本分，臣不敢奢求陛下的赏赐。”听了司马炎的话，刘渊赶紧诚惶诚恐地拜伏下去，语气一片诚恳。然而在司马炎看不到的另一张面孔上，这位满脸忠诚的魁梧大汉却掠过了几分转瞬即逝的怨愤之色——他不稀罕司马炎的赏赐，因为他真正想要的，司马炎根本就不会给。

第 二 章

舌 战

宵耿介而不寐兮，独展转于华省。

——潘岳

潘岳从噩梦中惊醒过来。

他不记得自己是第几次做同样的梦了。在梦中四处都是一片漆黑，他唯一能够看见的只是前方一个模糊的身影。那身影看上去异常熟悉，让他感到亲切和安心。似乎只要有他在，那些潜藏在黑暗中蠢蠢欲动的东西就不再令人畏惧。可是当他想要朝那个人影奔过去时，才发现自己的手足都被同样隐没在黑暗中的铁链束缚，根本无法移动分毫。

幸好，那个人影觉察到了他徒劳的挣扎，主动朝他走了过来。潘岳满含期待和喜悦地看着那人影离自己越来越近，却蓦然发现了一个可怕的事实——那人胸前的衣襟上染满了鲜红的血，而更多的鲜血，正从那人口中不断地涌出。

潘岳惊骇地张开了口却发不出声音，就连他使劲挣动的铁链也诡异地没有半点声响。于是他只能眼睁睁地看着那人的步履越来越踉跄，面孔越来越苍白，最终无力地倒在自己的面前。

“檀奴……”不断呕血的人吃力地喊出这个名字，向潘岳使劲伸出手臂，却无法碰触潘岳的一片衣角。而那只细瘦的手腕上，赫然是一道陈年的旧疤痕。

“桃符！”心底的恐惧终于冲破了喉间的桎梏，也冲破了梦中无法勘破的黑暗。潘岳猛地从床上坐起，才发现自己的身体在簌簌发抖。

虽然被梦中的场景所惊吓,但潘岳并不迷信所谓梦之预兆。他心里清楚,自己之所以梦见这样的场景,乃是因为几年前亲眼所见司马攸呕血时,内心的震惊和焦灼太过剧烈,时隔数年也不曾平复。

潘岳记得那是泰始四年,司马攸入宫为涉嫌谋反的征东大将军石苞作保,直到石苞亲自到洛阳面见天子司马炎后司马攸才被释放出宫。那个时候司马攸的生母太后王元姬原本就卧病在床,得知司马炎、司马攸兄弟因为石苞的事情产生了龃龉,病势便越发加重,最终不治身亡。

王元姬一生为司马昭生育了五子一女,五个儿子中除了司马炎和司马攸活到成年,其余三子都在婴幼儿时期夭折。因此王元姬临死之际,最不放心的便是齐王司马攸。她流着眼泪抓住皇帝司马炎的手说:“桃符性情急躁,而你这做哥哥的又不慈爱。我的病如果好不了,我很担心你容不下他。以后你一定要多担待他一些,不要忘记我说的话。”司马炎知道母亲所谓“桃符性情急躁”乃是虚言,“做哥哥的不慈爱”才是她真正的意思,因此只是点头,没有辩解,却也没有做出任何承诺。

太后王元姬的遗言与文皇帝司马昭如出一辙,昭示了他们身为父母对司马攸的爱护和担忧,也再一次揭开了天子与齐王之间兄友弟恭的面纱,让外人忍不住浮想联翩。

王元姬和司马昭一起合葬于崇阳陵。陵墓大门合拢之际,一身重孝的齐王司马攸猛地跪伏在地上,一注鲜血夺口而出,浸红了身下的土地。在一旁参与葬礼的潘岳顾不得礼仪,第一个冲上去将司马攸抱在怀中,也听到了他在半昏迷之际吐出的呓语:“母亲,带我一起走……”

看着司马攸眼角沁出的泪珠,潘岳心如刀绞。在这个以攀比孝行为风气的年代,司马攸的话无非是一个孝子在送别父母时的惯常言语,就像身为天子的司马炎为了与齐王攀比孝心,生生宣布要为太后守孝三年,辍朝食素,直到大臣们以国事为名苦苦哀求多次才放弃打算。可是潘岳却知道,没有人比他更明白司马攸此刻的悲哀和绝望——生母王元姬一死，司马炎与司马攸之间最后一根血亲的纽带就此断裂，从此他们不再是手足兄弟，而只是尊卑君臣。管辂可怕的预言，冥冥中又迫近了几分。

司马攸的呓语，潘岳从不曾向司马攸提起。而司马攸康复之后也一切如常，让潘岳怀疑当初自己听到的只是幻觉。

司马攸的所作所为似乎也证实了这一点。他不仅毫无恐惧求死之心，反倒积极参与朝政，对朝廷的各项军政大事进言良多，越发奠定了他司马家第一贤王的地位，就连天子司马炎对他也颇为尊重，每次和这个胞弟说话都要斟酌好词句才敢开口，更不可能随意打压了。

想到这里，潘岳因为噩梦而突突跳动的心渐渐平息下来。他望了一眼窗外泛出的鱼肚白，又在床上睁着眼睛发了一会儿呆，这才下床来洗漱更衣。

这天，潘岳在司空府办公完毕之后，并未直接回家，而是应邀去参加驸马王济召集的聚会。王济不仅是司马炎的女婿，也是炙手可热的太原王氏子弟。他出身高贵、交游广阔，在世家名士派中风头正健。潘岳因为身为贾充掾属的缘故，原本与王济并没有什么往来，司马攸却特地安排他参加这场聚会，并请表兄夏侯湛作陪。

潘岳明白司马攸的良苦用心。他在贾充的司空府中已经待了好几年，论才干论资历都应该获得升迁，然而一向喜欢推举人才的贾充却对他不闻不问，显然仍在忌讳他与司马攸的交情。因此司马攸决心越过贾充向掌管吏部选调的实权官员们引荐潘岳，而世家公卿中常见的清谈聚会便是最好的方式。

潘岳一向不喜清谈，以前总是设法逃避清谈之会，然而这一次他却没有拒绝司马攸的提议。和杨容姬的婚期在即，他却依然只是个品秩四百石的七品司空掾，距离他定亲时许下的品秩五百石迎娶杨容姬的承诺并不远，却似乎永远都无法企及。

虽然十二岁时许下的承诺只是戏言，杨容姬也必定不会在意他品秩低微，可潘岳还是心中郁郁。父亲潘芘去世之后，家中只能靠他与哥哥潘释的俸禄维系生计。而哥哥最近已经娶妻生子，奉养母亲邢夫人的责任便落在潘岳身上。洛阳达官贵人云集，奢侈之风盛行，房租米价都十分高昂，所以若再不靠升迁提高俸禄，潘岳唯恐杨容姬嫁过来后会受委屈。

要获得升迁，必须有好的品评。而当时世风，品评高下与否，都在那些世家公卿的言辞之间。

太原王氏势力庞大，王济又生得一表人才，因此天子司马炎将常山公主嫁给他，招他做了驸马。旁人娶了公主乃是幸事，偏偏王济这个驸马做得甚是郁闷，因为那常山公主幼年时便因为患病双目失明，偏偏又甚是妒忌凶悍，让王济避之不及。

司马炎为了拉近与太原王氏的关系而将失明的女儿强嫁给王济，心中也有些过意不去，所以对王济十分厚待，对他的一些轻狂也颇为容忍。王济最喜清谈，常常邀请世家子弟在府中宴饮，与会者都是手握实权的公卿大臣。以潘岳的家世和职位，若无司马攸的引荐，根本进不了王家待客的厅堂。

迈入太原王氏的府门，潘岳立刻感到一股富贵之气扑面而来，隐隐有咄咄逼人之势。所谓珍珠帘、琉璃盏、黄金盘、夜明珠这些仙境中才有的宝物，王济家通通应有尽有。而那些在鲛绡帐内偷窥潘岳的侍姬婢女，更是个个打扮得花枝招展，隔着轻薄的帐幔望上去就仿佛九天的仙女。

王济宴请宾客的地方在后堂，中间要穿过一个极大的射场。洛阳权贵云集，寸土寸金，这王济却居然在城中买下如此巨大的土地做跑马射箭之所，端的是比任何金银财宝都能证明他的富庶。更令人咋舌的是，这射场两边的道路，竟然是用金钱铺地，密密匝匝，金光灿烂，不知耗费了多少簇新的铜钱。以至于潘岳被领到这条道路上时，几乎无法迈开脚步。

“这条路被称为‘金沟’，不仅路上铺了钱，就连墙下的排水沟也是用钱铺成的。”那引领潘岳的侍从只当他是惊羡主人家的富贵，笑眯眯地说，“潘掾您放心走路，踩不坏的。”

潘岳点了点头，勉强迈步跟上侍从的脚步。面对脚下炫人眼目的金色道路，他的心跳确实有些加速，不过却不是惊羡，而是惊怒。他早就知道为了标榜富庶太平，由天子司马炎带头，晋朝一改曹魏的节俭，以夸富攀比为时尚，却不知道这些人的所作所为竟到了如此骇人听闻的程度。想起在琅琊时看到普通百姓生活之艰难，潘岳藏在袖中的双手紧紧掐在了一起。

金钱所铺的道路十分平整，潘岳却觉得自己如同走在刀尖火炭之上。好不容易走到金沟尽头，他忍不住松了一口气，隐隐觉得这个地方自己再也不想来第二次。

“安仁，你终于来了！”前方一个人看见潘岳，惊喜地叫了一声，快步迎了上来，正是好友夏侯湛。他一把拉住潘岳的手笑道：“快进去吧，只差你一个了。”

潘岳跟着夏侯湛走进厅堂，果然见满目都是剃面熏香、轻袍缓带之人。他们或站或坐，富贵闲适，甚至有人斜躺在美貌侍女怀中，把酒调笑，真是一幅逍遥快活的神仙图卷。

“潘岳自公署来迟，还望王将军恕罪。”潘岳初来乍到，首先向主人王济告罪。王济的官位是骁骑将军，虽是武职，衣着打扮却与其他文职宾客无异。他一向自负俊美，此刻见到潘岳虽然心中暗惊，却强自压抑没有露出什么特别的表情，只是微微点了点头：“幸会。”

见王济神情冷淡，潘岳也就不多说什么，随着夏侯湛去跟到会的各位宾客见礼。那些人中包括裴楷、和峤、阮修、胡毋辅之、谢鲲、毕卓等人，每个人都集士族、高官和名士的头衔于一身，一向高傲惯了，对潘岳虽然早已闻名，面上却都自持身份，只略略点头便算回礼。唯有官位最低的卫将军司马孙楚拈着山羊胡子揶揄了一句："潘掾何故姗姗来迟？"

"司空府当值有时，不敢早离。"潘岳拱手致歉。实际上他心中明白，自己一到散衙时分便匆匆赶来尚且迟到这么久，可见这些身居高位的官吏们早早就撇开公务前来宴饮，说不定一整天都不曾踏足过官署大门。这样的情景在前朝历代均是懈怠公事的罪过，可到了本朝，却不仅成了常态，更成了竞相效仿的时尚。

孙楚没有理会潘岳的答话，只背着手围着潘岳上下打量了几眼，忽然摇头叹道："可惜啊可惜。"

潘岳知道孙楚为人尖刻，眼高于顶，当初担任征东大将军石苞的参军时因为瞧不起石苞出身低微，不仅当面对石苞无礼，还屡屡上书朝廷诬陷石苞，最终令石苞无辜被黜。因此对于孙楚的故意挑衅，潘岳只是装聋作哑，并不接话。

"洛阳檀郎美名远扬，却不知孙兄可惜什么？"一旁好事的吏部郎毕卓凑过来，摸着新剃的光溜溜的下巴问。

"可惜一副清俊高举的好皮囊，却热衷于俗务琐事，成日与刑律案牍为伍，连这副皮囊都显得污浊了。"孙楚说着，似乎不想再多看潘岳一眼，背过双手掉头而去。

见潘岳只是抿着嘴唇不说话，毕卓哈哈一笑，一手举起酒杯喝了一口，一手大剌剌地拍了拍潘岳的肩："年轻人看不破清浊轻重也是有的。以后多来参加几次清谈，少去研究该罚犯人多少铜钱，该打多少下屁股，就有进益了。"

"安仁初来乍到，还望在座诸公多多提点。"一旁的夏侯湛见潘岳只是神色僵硬不言不动，连忙上来打了个圆场，将潘岳拉到自己座位旁边坐下。

“齐王知道你肯定不习惯这种场面，所以才让我一起过来。”夏侯湛看出潘岳脸色不好，只能低声安慰，“当今世风以玄谈务虚为清贵，以认真做事为鄙俗，对此齐王虽然也颇有微词，却不得不学会与他们和谐共处。毕竟士族势大，连天子都有所忌惮，就算齐王有心矫正时弊，也绝非一朝一夕之功。”

“我明白的，所以我今天才会到这里来。”潘岳点了点头，慢慢放松了紧绷的肩背。他知道世家清流们一向以不理政务为高雅，送来的文书甚至不看内容，直接在最后签名用印，这样荒谬的事情居然还能被称为“台衡之量”，备受赞誉。按照他们的标准，自己与贾充司空府中的同仁兢兢业业，将七百七十三万字的汉代律令和说解精简为十二万字，删繁除苛，宽刑减禁，奠定儒家仁政刑律的正统，都不过是寻章摘句、恶俗小气。所以对于今日的境遇，潘岳早已有了心理准备。

只是若没有人去修订那些恶俗小气的刑律，这些清贵狂傲的世家贵胄又怎会有闲情逸致在这里装神仙？当今这种本末倒置的世风，让齐王司马攸也感到无力，而于门阀不高的潘岳而言，更多则是愤懑了。

“你今天待遇算不错了，所有人都用正眼看你，我当初可是吃了不少白眼呢。”夏侯湛力图振作潘岳的精神，又见侍女们纷纷端着托盘走上厅来，赶紧笑道，“开宴了。咱们可要先吃饱，一会儿才有力气清谈。”

潘岳在司空府处理了一天公事，此刻也确实饿了，便坐直身体与众宾客谢过主人，各自吃喝起来。王济家资巨富，不仅菜色丰盛考究，就连盛放食物的餐具也是金樽玉盘、牙箸晶碗，一眼望去与金沟一般炫人眼目、富贵逼人。

王济府上飨客的佳肴之中，有一道常见的貊炙，也就是后世所称的烤乳猪，入口即化，鲜嫩多汁，竟是潘岳平生从未尝过的美味。他忍不住多食了几箸，耳听已有客人忍不住问了出来：“在下也算食尽天下美食，只知但凡貊炙，都是取刚出生一月的小猪用火慢烤，一边烤一边洒酒抹油而已。却不知主人家这貊炙究竟是如何烹饪，竟能做到含浆膏润、入口即消？”

此问一出，众人纷纷好奇附和，一齐望向了主位上的王济。王济脸上颇为得意，好半天才轻描淡写地笑道：“其实也没有什么烹饪的诀窍，只是这些小猪，都是用人乳喂大的罢了。”

听到这个答案，在座诸人恍然大悟，不禁称赞主人家神思妙想，王济脸上也颇有得色。只有潘岳默默地抿紧了嘴唇，才没有将口中那块貊炙吐出来。

接下来直到宴席撤下，潘岳再未动一下食案上的貊炙。从金沟到貊炙，此番他终于见识到了世家大族无与伦比的豪奢和张狂，这是他在齐王司马攸的府中也不曾领略到的。

虽然如坐针毡，潘岳还是不得不强捺下性子端正坐好。而此刻主位上的王济，也由侍者恭恭敬敬奉上一柄麈尾，预示着本次聚会的重点——清谈即将开始。

麈是一种大鹿，传说迁徙之时后麈都紧紧跟随前麈，所以清谈会上的重要人物都手持麈尾制成的毛扇，以示挥斥风流、领袖群侪。此刻王济手中所持的麈尾乃是用白玉制成扇柄，挥动之际宽大的袍袖飘拂，露出皓白的一截手腕，倒似乎比白玉扇柄还要晶莹。

似乎很满意于自己莹白的肤色，王济再度挥了挥麈尾，方才对在座的宾客们道：“《庄》《老》《周易》，总谓三玄。才性四本，本末有无，剖玄析微，妙得入神。今日但请以老庄之与孔子相较，宾主往复，娱心悦耳。王济不才，愿先为诸君开言，抛砖引玉。”

“看来今天的论题是有无之辩，比那些言意之辩、形神之辩容易一些。”夏侯湛在潘岳耳边轻舒了一口气，好心提醒，“主人发言之后，第一轮所有宾客都要各自阐述自己的观点，安仁你赶紧打好腹稿。第一轮过后，就是单独辩论，我等就可以作壁上观了。”

潘岳点了点头，对夏侯湛的提醒表示感谢。此刻四座俱寂，只听王济朗声开口，阐明自己的观点："有生于无，无是天地万物中的根本，阴阳凭借无而化生万物，万物凭借无而成就形体，贤者依靠无而修养德行，不肖者依靠无而免于灾祸。所以无之为用，无爵而贵。但是孔子从来只说有，不说无，而老子却能著书立说阐明无之精髓。所以老子堪为孔子之师，更胜一筹。"

王济这番话很明显是重老子而轻孔子，与当时"越名教而任自然"的风气殊为一体。而他邀请的宾客都是玄学同道中人，对老庄的言论身体力行，当下纷纷发言，内容都无外乎对王济观点的补充，崇尚老庄而贬抑儒学，偶有反驳，也不过是言辞之争，无伤宏旨。

此次清谈第一轮只是申述自己的观点，并不深入展开论证，所以每个人都只是言简意赅地表明态度。很快就轮到了潘岳。他先前耐着性子听了一阵众人形而上的言论，只觉得兴趣不大，却也只能开口道："在下的意见稍稍有些不同。老子已言'道可道，非常道。名可名，非常名'。既然是无，就无法用语言说明，一旦说出来就是错误。所以孔子故意规避有无之争，只说有，不说无，这才是真正把握了无的真谛。相反老子并不真正懂得无，他自相矛盾，常去说那个不能言说的无，实际上是把无当作了有。所以两位圣人相比较，还是孔子更胜一筹。"

潘岳的话一出口，就如同在清波荡漾的水中投下一枚石块，顿时搅乱了方才的和谐气氛。众玄谈名士原本习惯了在清波中微醺的节奏，此刻骤然听到一个官职卑微的年轻人重新树起儒学大旗，不自量力地想逆当代潮流而行，不由得引发了一阵小小的骚动。虽然潘岳的反驳是以子之矛攻子之盾，于道理上难以反驳，但在座都是地位高迈的名士，岂有向后生小辈屈服的道理？于是有人朝潘岳翻起了白眼，有人仰起了鼻孔，有人轻咳几声，有人缓慢摇头，似乎都自持身份，不屑于与这个不知天高地厚的年轻人计较。

今日在座的都是高官贵胄，潘岳的座位排在末席，原本他发言完毕就又轮到主人王济，而此刻王济只是摇晃着手中白玉制成的麈尾，轻皱眉头闭口不言。见王济似乎不知道应该如何反驳潘岳，一向最是巴结王济的孙楚便故意哈哈一笑，继续用一贯嘲讽的口气对潘岳道："孔子确实有一些道理，但他也承认圣人必须效法天道。天只是自然之天，无喜怒哀乐，所以人也只需要顺遂自然，从心所欲即可。孔子为名教定出三德四维五常，其实就是在天道之外另树人道，哪里有老子真正顺遂天道自然那般超脱高妙？"

"孙公此言差矣。所谓自然，并非一定是善。若是人人都以效法自然天道为借口，那所谓贪财好色、无情背义都可以说是从心所欲、顺遂自然……"潘岳忽然想起王济家金沟乳猪的奢侈张狂，口气不由得有些嘲讽。一旁的夏侯湛察觉到堂上众人神情，忍不住私下扯了扯潘岳的衣角，示意他不要再说下去。

"清谈之会，畅所欲言，只要不提及庸俗政务，都在许可范围。"见潘岳停顿了一下，主人王济故作豁达地哈哈一笑，麈尾一拂遥遥指了一下潘岳，"继续说。"

"是。"潘岳先前被孙楚、毕卓等人讽刺，一直因为年龄与地位差距隐忍不言，此刻得了畅所欲言的机会，只觉心中块垒不吐不快，果然接下去道："孔子说过，君子之所以能合乎中庸，是因君子能随时居于中道，无过与不及；小人之所以违反中庸，是因小人不知此理，不生戒慎恐惧之心，而无所不为。从心所欲而不逾矩，乃是圣人七十之后的自况。而普通人比圣人差之千里，若也以效法天道、从心所欲为借口，则纲常紊乱、法治不张，若是……"他猛地住了口，将后面那句"若是他们再身居高位、手握权柄，那只怕国将不国，生灵涂炭"硬吞了回去。虽然到此时潘岳已经彻底断了交结这帮清流名士的念头，但也不想与他们反目成仇。

"哈哈，潘小友提到了中庸，可我却觉得，你根本对'中庸'二字的真实含义不甚明了。”吏部郎毕卓端起酒杯饮了一大口，见会上的气氛竟成了潘岳独辩众人，不由得也惹起兴趣，也斜着醉眼笑道，“孔子师承老子，儒学与玄学本就是一家。孔子所谓君子的中庸，其实就是无形无为，不争不伐，卑弱自持。知屈之可以为伸，故含辱而不辞；知卑让可以胜敌，故下之而不疑。不争者，争之也，让敌者，胜之也。下众者，上之也。不为政就是为政，做官就是隐逸。这其中的玄妙，你现在还年轻，回家体会个二三十年，再来与我们辩驳不迟。”

“原来做官就是隐逸，闲散就是做事，真是受教了。”潘岳知道这个毕卓身居吏部为国家遴选人才的要职，对自己的升迁至关重要，可一想到此人“一手持蟹螯，一手持酒杯。拍浮酒池中，便足了一生”的名言，就忍不住心生愤慨。他面色尽量保持平静，只是微笑点头：“既然毕公说‘不争者，争之也；让敌者，胜之也’，那么清就是浊、输便是赢。却不知在座各位为何热衷清谈，又为何崇尚清谈而贬抑俗务？”

“俗务都是那些官蠹小人才做的，浊气下降才能托出清气为天。我等居于高天之上，怎么肯让俗务玷污？”在座的黄门侍郎和峤忽然哼了一声，引起其余宾客纷纷微笑点头。无可怀疑，在他们眼中，贾充、潘岳这些勤于政务的官吏都是所谓的官蠹小人了。

“如果政务便是污浊之事，那官位自然也是污浊之职，为何……”潘岳还想再说，一旁的夏侯湛却忽然站起身来，举着手中酒杯高声一笑，压过了潘岳的声音：“寡酒无味，听闻王将军新得了一批五石散，何不分飨众客，以助谈兴？”

“说得对。来人，取五石散来。”王济也看出了这次清谈会气氛不对，虽然对潘岳不满，却顾及着齐王司马攸的颜面，并没有多余的表示。借着婢女们捧上五石散之机，方才潘岳与众人愈演愈烈的论战就此打断，众人只顾着服食五石散，再也无心与潘岳论辩了。

潘岳听杨容姬说过，五石散中包含石钟乳、紫石英、白石英、硫黄和赤石脂，最早是给伤寒病人服用的。后来清谈鼻祖何晏宣称“服五石散，非唯治病，亦觉神明开朗”，五石散遂在魏晋上层风靡，尤其以崇尚玄学的清谈家为甚。加上五石散容易上瘾，价格不菲，更是成为一种人们竞相争逐的时尚。

潘岳不曾服用过五石散，但也早已听闻服食五石散后的种种异状：或身体燥热性格暴躁，或神思恍惚飘飘欲仙，更有性欲亢奋淫心大发者。所以清谈会后只要服食了五石散，方才还道貌岸然恍如神仙的诸位君子立刻就会放浪形骸、袒胸露乳，清谈鼻祖何晏服食五石散后甚至会穿起女装待客。就算没有杨容姬提醒五石散毒性颇重、服食过量极易丧命，以潘岳一贯的自持，也绝不愿意尝试。

眼见一个侍女端着盛放五石散的托盘朝自己座席走来，潘岳再也坐不住了，站起身朝主人王济拱手作别：“家母独居，规诫在下不可晚归，不得已向王将军辞行，还乞恕罪。”

王济早知道潘岳与这里的气氛格格不入，也不留他，只吩咐了侍从送他出门。走出宴会厅堂之后，潘岳深深地吸了一口气，只觉得身后乌烟瘴气恍如鬼蜮炼狱，此刻才真正可以畅快呼吸。

踩着铜钱铺就的“金沟”快步走出王家大门，潘岳正要登车回家，耳听身后有人唤“安仁”，转头便见夏侯湛急匆匆地追了出来。

“安仁你今日说得有些过了。”夏侯湛一向脾气温和，此刻也忍不住皱眉责备，“这些人都是朝中重臣，你与他们产生龃龉，阻了自己的仕途不说，却让齐王如何是好？”

“是我对不住齐王。”潘岳垂下眼睛，哑声答道。

夏侯湛见他的样子虽是伏低，却掩不住一丝桀骜，不由得叹了一口气：“我还以为你经历了前些年的挫磨，能学得圆滑一些，不料你骨子里还是一如既往的倔强。你虽然跟随贾司空做了几年实事，对这些崇尚玄谈的清流名士也不可太过敌对。”

潘岳想说是他们挑衅在先，却又觉得此言无益，便意兴阑珊地道：“道不同不相为谋，烦请夏侯兄代我向齐王致歉吧。”

“我就不明白了，你以前为了救嵇康先生几乎送了性命，如今这些人与嵇康一脉相承，你的态度却为何有天渊之别？”夏侯湛知道潘岳刚才得罪的那些人的分量，还想做最后的规劝。

“当日是魏晋之交，嵇康先生作为魏国宗亲，处境尴尬，所以佯狂放任，情有可原。可是现在新朝初建，百废待兴，正是励精图治、惠泽万民之时，那些人却崇尚空谈放浪形骸，偏偏还把持高位不容置喙，岂不只能祸国殃民？”潘岳越说越是愤慨，顾不得夏侯湛面色尴尬，继续说道，“刚才那些人里，王济奢侈狂傲，和峤悭吝小气，孙楚阴险褊狭，毕卓尸位素餐……潘岳无能，不求他们所谓的清贵官位，倒宁可被他们一直骂成恶俗小人，再不通往来。”

“那……让齐王再想想办法吧。”夏侯湛与潘岳相交十几年，却从未见过他如此愤懑决绝，心中也自震撼，便只是站在路旁，看着潘岳的马车驶远了。

潘岳与王济等清谈名士不欢而散的消息很快传到了齐王司马攸耳中。然而他只是无奈地笑了笑，没有多说什么。

“王济、和峤那些人虽然表面宏达，内心却嫉妒苛刻。安仁此番得罪了他们，只怕想从吏部提调是难办了。”齐王府的花园中，夏侯湛陪伴在司马攸身边，忧心忡忡地说。

“荥阳潘氏儒学传家，檀奴一心想要经世济民，此番我勉强他去结交玄谈名士，是我的不是。”司马攸叹息一声，伸手折下一枝开得正盛的红梅，交给远远跟在后面的侍从，“把这个送到王妃房里去。”

“那殿下接下去打算怎么办呢？”夏侯湛等那小侍从接过梅枝走了，重新把话题引到潘岳的前途上来——礼法派的贾充认为潘岳是名士派的人，可名士派的理念又与潘岳格格不入。当初潘岳自己选择进司空府，众人都以为他会左右逢源，却不料如今看来，竟是处境尴尬。偏偏齐王司马攸爵位虽尊，在朝中却并无实权，潘岳想要升迁，竟是十分困难了。

“还有一条门路。”司马攸考虑了一会儿，忽然道：“再过些日子不就是孟春了吗？按照礼制，天子需要到籍田亲耕，以视重农之意。到时候，让檀奴一起去吧。”

“籍田亲耕？”夏侯湛不解地问，“殿下的意思，是让安仁直接面见天子吗？”

“他官职尚低，无法得天子亲召。可但凡籍田亲耕，有司都必须应制作赋，上达天听。这一次我打算让檀奴来写这篇应制之作。”司马攸笑了笑，“以檀奴的大才，必定能引起天子的重视。”

“可是但凡应制之作，无不以歌功颂德为主旨，安仁外表温润而内心清高，会答应吗？”想起先前潘岳在王济府上的言行，夏侯湛迟疑了。

“他内心再清高也有济世安民之志，既然只此一途，他又怎么能拒绝呢？”司马攸看着眼前星星点点的梅花，轻叹了一声。梅花虽盛，终要受天时所限。潘岳虽有大才，却苦于门第出身的束缚。如今他想要摆脱士族高官的压制而一展才能，除了直达天听，已没有更便捷的方法。

自司马炎践祚以来，每年孟春之际都按照古礼，以太牢祭祀神农，再带着百官到洛阳近郊的籍田去扶犁躬耕，三推三反，示意以农为本，劝诫农桑。因为早已形成定例，这一年的籍田亲耕也没有特异之处，天子扶犁三推三反之后，接下去群臣便按照品秩顺序，王公诸侯五推五反，世家公卿七推七反，普通官吏九推九反，然后礼成返京。

潘岳作为司空贾充的掾属，一直尾随在贾充的牛车之后。尚未走进洛阳城，忽有人行色匆匆地分开众人，凑到贾充耳边低语了几句。贾充一贯波澜不惊的脸上，也忍不住露出了一丝讶色。

虽然已经跟随贾充数年，但除了上次陪同贾充去看望病危的李夫人，潘岳与贾充从未有过亲近接触。潘岳也自谨身份，不该问的绝不多问。此番即使知道洛阳城中必定出了大事，潘岳依然敛眉垂目，恍若未见。

“你过来。”又行了一阵，贾充忽然朝潘岳招了招手，示意他走到自己近前。“匈奴右贤王刘猛叛逃，自称单于，要恢复匈奴国号。”贾充压低声音道，“王济刚刚在天子身边推荐刘渊领兵平叛并州，你觉得如何？”

潘岳一惊，随即镇静下来。匈奴自汉代来一直是中原大患，汉魏时期因为内乱，匈奴王族流落到中原寻求庇护，匈奴国也四分五裂。刘渊之父左贤王刘豹好不容易统一匈奴后，司马师为了遏制匈奴的势力，硬生生将匈奴再次一分为三，刘渊之父刘豹担任左部帅，而右贤王刘猛则是另一部的部帅。此番刘猛借鲜卑首领秃发树机能反叛之际逃出洛阳，显然表明匈奴复国之心不死，晋朝为了确保关中大片地区平安，毫无疑问只能派兵平叛。

晋朝西北边境胡人杂居，多年来骚扰中原的行为一直不断，对此潘岳与司马攸私下里讨论过多次，也曾根据贾充的要求撰写过策论，所以贾充骤闻变故，便召了潘岳相商。

“依属下所见，刘猛根基不稳，仓促举旗复国不会得到太多响应，于朝廷而言不过癣疥之患。与之相比，刘渊之父刘豹曾一统匈奴，三部中另一部的部帅也是刘豹的属下，因此刘渊的实力，其实更在刘猛之上。”潘岳说到这里，想起刘渊是天子司马炎的宠臣，又与王济等世家公卿交好，不由得抬眼望向不露声色的贾充，殷切地道，“刘渊若率兵前去并州，便是龙归大海、虎归山林，只怕藓疥之疮就要变成股肱之患。还望明公劝谏天子，不要采纳王将军的提议。”

贾充点了点头，不置可否，随即摆了摆手，让潘岳退下了。

匈奴王子刘渊体貌状伟，文武双全，王济父子一向对他评价甚高，王济更是以英雄相称。此番王济不仅推荐刘渊平息刘猛的叛乱,还谏言司马炎顺带让刘渊将鲜卑叛逆秃发树机能一起消灭。司马炎不担心刘猛,却对能征善战的秃发树机能颇为头疼。一想到就连晋朝名将胡烈都丧生于秃发树机能之手,司马炎就恨不能快点将那个鲜卑叛逆就地正法。加上刘渊在司马炎面前拍着胸脯发誓定能破除边患，司马炎的心思便活络起来,决心一改司马师、司马昭将匈奴王族拘于洛阳的旧制,派刘渊领兵出关。

谁知司马炎只是将王济的意见试探性地询问群臣，便招来了一片反对之声,其中反对最激烈的便是齐王司马攸和司空贾充。虽然两人的表章并不是同时送达,但司马炎一看司马攸和贾充异曲同工的措辞,因为并州叛乱而烦闷的心便越发堵得厉害。

边境的胡人固然可恶,却比不过司马攸与贾充同心同德可恶。不仅可恶,更多的是可怕。

刘渊进入太极西堂的时候,正看见坐在上位的司马炎以手支颐,闭目不言,而一旁的错银青铜鹤灯中灯芯微微跳动,带动得投下的光影层层荡漾,就仿佛一泓水流将司马炎彻底淹没。

刘渊目力极佳,虽然碍于礼仪不得直视天子,却也在一瞥之间发现司马炎紧抿的唇边挤出了深深的法令纹，搭在书案上的手指也在轻轻颤动。

“让陛下为臣之事劳心费力,臣罪该万死！”刘渊知道自己此刻必须卑微到尘埃里去,才一进门便扑通跪倒,以头触地,体如筛糠。

听见刘渊的声音,司马炎恹恹地放下撑在桌案上的胳膊,侧身看了刘渊一眼,没有作声。

“臣自知得罪了齐王与贾司空,不敢自辩,唯请陛下将臣明正典刑,以免君臣不睦,有害社稷。”刘渊说着,伸手将头上的官帽取下,咚咚磕起头来。

听他提到了司马攸与贾充，司马炎不耐烦地挥了挥手："起来吧，你又没罪，朕杀你做什么？"

"是。"刘渊爬起身，不敢多说，可喉头滑动，似乎在吞咽着什么重要的话语。

"要说什么就说！"司马炎看不惯他吞吞吐吐的模样，瞪了他一眼。

"臣不敢请兵出关扑灭刘猛，却有一计可以杀他。"刘渊见司马炎果然来了精神，赶紧道，"臣有一名心腹，与刘猛一向交好。此番臣打算派他假意投靠刘猛，再伺机将刘猛杀死，则叛军必作鸟兽散。不知陛下可否容臣一试？"

"如此甚好。"司马炎点点头，却蓦地直视着刘渊，"王子幼年即到洛阳，全靠刘猛收留照料，情同父子。如今你真的舍得下手杀他吗？"

"刘渊尽忠陛下，莫说刘猛只是远房叔父，就是亲生父亲做出背叛陛下之事，刘渊也绝不会手下留情！"刘渊说着再度跪下，叩头有声，"再者刘渊为陛下充任耳目，一旦被群臣知道绝对难逃一死。如今可救刘渊的唯有陛下而已，怎敢不尽心竭力效忠陛下？"

"罢了，朕知道你忠心可鉴，只是齐王与贾司空他们不知道。"司马炎见刘渊提到为自己豢养细作之事，虽然成效巨大却上不得台面，便不想再继续这个话题。他话锋一转，从书案上取出一篇文卷交给刘渊，"如今你的汉文诗赋造诣颇高，来为朕品评一下这篇文章如何？"

刘渊接过文卷，见标题乃是三个大字——《籍田赋》，便知道是天子躬耕籍田之后的应制文章。这类文章由于年年都写，歌功颂德之语早已成了陈词滥调，几乎无人会认真品读，如今司马炎特地让自己看这种无聊文章，究竟是何用意？

察觉到刘渊脸上的疑惑，司马炎微微一笑："先看完再说。"

刘渊不敢怠慢，果然将这篇千字赋逐字逐句看了下去。初时看到"皇帝亲率群后籍于千亩之甸，礼也。于是乃使甸师清畿，野庐扫路，封人壝宫，掌舍设柾”时，他心中尚大不以为然，越往后看竟越是觉得深陷其中，倒仿佛那一个个墨字都化作珠玑，在自己眼前叮当碰撞，让人惊心动魄。待看到“高以下为基，民以食为天。正其末者端其本，善其后者慎其先”之句时，刘渊忍不住忘了君前礼仪，伸手在大腿上重重一拍，失声叫道：“千古佳句！刘渊长这么大，终于看到我朝有流芳百世的文章出现了！”

“都是溢美之词，谈什么流芳百世？”司马炎口中虽这样说，但想起文章中“逮我皇晋，实光斯道。仪刑孚于万国，爱敬尽于祖考”之类对自己的赞颂，还是心中畅美，脸上也不由得露出笑容来。

“不知是何人大才，竟写得出这样的锦绣文章来？以后修史，直可全文载入史册！”刘渊自幼受中原文教浸淫，对文才出众之人由衷地钦佩。

“这篇文章是齐王献上来的。”司马炎不动声色地一笑，“若说到作者，其实你也认识——潘岳。”

“潘岳？檀郎？”刘渊更是一惊，“我原本以为他只是外貌俊美，却不料他的文章也写得这样好！”

“潘岳绝非徒有其表，早年诗赋便流传甚广，只是应制之作，这还是头一遭。”司马炎悠悠地道。

“听说他这几年被贾充压制，看来是憋不住跑来讨好陛下了。”刘渊试探着问，“陛下想要提拔他吗？”

“你觉得朕应该提拔他吗？”司马炎将问题抛还给刘渊，并不直接回答。实际上，这篇字字珠玑的《籍田赋》他已经给身边近臣看过，而得到的反馈却出乎意料。司马炎原本以为潘岳与司马攸交好，名士派的王济、和峤等人应该支持潘岳才对。却不料王济、和峤等人虽然认可潘岳之才，却对他的品性颇有微词，甚至搬出了多年前潘岳在洛水上巳节哗众取宠的不端言行，力证此人恃才轻狂，好出风头，难堪大任。而与此相反，司空贾充虽然从未主动推荐过潘岳，当司马炎问及之时，贾充却直言潘岳对律法和政务的精通，似乎只要司马炎愿意委以潘岳重任，他绝不反对。

“依臣之见……”刘渊思忖了一会儿，转头见太极西堂内四下无人，这才壮着胆子回禀，“还是让潘岳在司空府维持现状为好。”

“哦，此话怎讲？”司马炎心中一动，不由得往前倾了倾身子。

“请陛下恕臣直言，潘岳之才无可否认，但绝不可重用！”刘渊见司马炎脸上露出如释重负的神情，知道自己猜对了天子的心思，越发大胆地说下去，“潘岳与齐王自幼熟识，有生死与共之交，又在贾司空门下数年，有门生故旧之情。齐王与贾司空原本就是翁婿，关系盘根错节，若是潘岳得委重任，互为沟通，两人的关系必定越加亲密。朝中两派大臣的领袖沆瀣一处，绝非陛下之福。还不如依旧将潘岳发还司空府中，贾司空一向谨慎，必定能领会陛下的意思，不敢明目张胆与齐王交结。”

“你能想到这一点，也不枉朕信任你一场。”司马炎用手指轻轻敲着书案，语气淡淡。很明显，刘渊的话对了他的心思。他即位时间不长，尚未做出令天下人服膺的政绩，暂时掌控不了齐王司马攸和司空贾充，可要牺牲一个小小潘岳的人生仕途，给两个又敬又畏的人一点微妙的警告，还是不在话下。

“朕只是奇怪，王济、和峤他们都与齐王交好，却为何也反对朕重用潘岳？难道，他们只是嫉妒潘岳的容貌和才华吗？”司马炎看了一眼刘渊。他默许这位匈奴王子豢养一批细作和死士，就是为了让他借着异族身份的掩护，为自己监视大臣的。反正刘渊一个背井离乡的异族王子只是离水之鱼，司马炎相信他无法翻出什么风浪来。

“据臣手下禀报，潘岳前些日子参加了王济举行的清谈会，却不欢而散。”刘渊尽力回忆着细节，“特别是王济以貊炙待客时，看潘岳的脸色，几乎立刻都要吐出来了。”

“貊炙？”司马炎冷冷一笑。他忽然想起来，自己曾经驾临王济府邸，王济也以貊炙相待。那时候司马炎好奇王家的貊炙为何特别鲜嫩,却在听王济回禀说以人乳饲养小猪后勃然变色，不待菜色上齐便中途退席而去。可内心虽然恚怒,司马炎却拿王济无法,而王济装模作样地谢罪之后，如今照样用人乳小猪宴客，混不把自己这个天子的反应放在心上。

这些可恶的世家大族……司马炎心里暗暗地咒骂了一声，面上却不敢露出任何不满。司马家原本就是靠世家拥戴才取得天下,若是开罪了这些百年世家，他们要重新换一个皇帝也不是不可能。新皇帝的人选，最有可能的当然是与世家大族关系匪浅、朝中第一权臣贾充的女婿——齐王司马攸。

司马攸、贾充,咀嚼着这两个名字,司马炎觉得自己必须做点什么了。

第三章

议婚

依水类浮萍，寄松似悬萝。

——潘岳

泰始七年的天气从一开始就有些反常。孟春之季，天子率领百官在籍田亲耕，预示着天下各州县百姓应该及时春耕。然而到了季春三月，竟又纷纷扬扬地下了一阵大雪。这场雪与往年倒春寒时偶尔飘落的雪花不同，竟绵绵延延下了一整夜，待到天亮之时，已是在地上积了一尺多厚，洛阳城外的官道上更是一片不堪落脚的泥泞了。

这场罕见的春雪固然让靠天吃饭的农夫们忧心忡忡，却让贾充微微透了一口气。就在不久之前，刘渊的心腹杀死了自立为匈奴单于的刘猛，刘猛的手下轰然作鸟兽散，于是边镇的祸乱，只剩下侵扰秦州和雍州的鲜卑首领秃发树机能。随即天子司马炎发布了一道出乎所有人意料的诏旨，说秃发树机能势大，唯有谋略威望都令人服膺的重臣方可镇抚，而这重臣，非司空贾充莫属。因此特命贾充都督秦凉二州诸军事，出镇长安，率兵平息秃发树机能的叛乱。

晋时惯例，内官为重，外官为轻，就算司马炎给予贾充掌管二州甚至整个关中地区的大权，让他远离洛阳的政治中心就是变相的贬谪了。贾充固然不愿离京，却一时无法找到借口拒绝司马炎冠冕堂皇的理由，只能推脱诸事不备，一天天拖延出发的时间。如今又天降大雪，更让他抓住机会命令各军将士在营中待命，等天气晴好之后再离开洛阳奔赴长安。

然而无论贾充怎么拖延，一道又一道催促上路的圣旨却昭示着皇帝不肯更改的决心。就连司空府里的掾属们，也明白府主大势已去，一个个称病在家偷懒，甚至有些心思活络的已经开始寻思转换门庭，另投他人麾下。

虽然人心浮动，但潘岳一向勤于公事，仍然每天到司空府中应卯办公。自从呈送天子的《籍田赋》石沉大海之后，一向自负才气的潘岳骤然消沉起来。他不愿外出听闻司马攸和其他好友的宽慰，索性每天躲在空荡荡的司空府官署中，埋头处理那些因为人手短缺而积压下来的公务。

这天，潘岳照例坐着老仆李伯所赶的马车前往司空府，一路上无聊地将车帘掀开一道缝隙，漫不经心地盯着街道上熙熙攘攘的人群。忽然，他眼神一凝，目光聚焦在一顶绛红色的头巾上。

绛红色的头巾固然不常见，更奇特的是这种头巾的裹缠之法，似乎在哪里见过……眼见那戴着绛红头巾的男子正故作神秘地向围观百姓说着什么，潘岳赶紧对赶车的老家人道："李伯，停车！你去打听一下，那些人在议论什么。"

李伯答应了一声，将马车在街边停好，跳下车座挤入了街角的人群。过了一会儿，他小跑着回来，钻进车帘中对潘岳道："听清楚了，那些人这么冷的天气聚在大街上，是在议论泰山顶上新出的祥瑞呢。说是有一股紫气在泰山山顶萦绕不散，方圆数十里都可以看见。有人说紫气乃是天子气，泰山正是齐鲁两国的交界，所以这两个地方怕是要出贵人了。还有人说泰山又是岳父的意思，所以紫气选择泰山真是巧得很……"

"天子气？齐鲁两国？岳父？"潘岳默默回味着这几个关键字，不由得失声叫道，"不好！"

见李伯一脸迷惑地看着自己，潘岳回过神来，赶紧吩咐："改道去齐王府，快！"

李伯看出潘岳神色焦虑，连忙回到车座扬起马鞭，碾压着洛阳街道上湿滑的雪泞向寿丘里而去。马蹄嗒嗒，每一声都敲击在潘岳心头，让他越发紧紧地扼住了自己的手腕。

司马攸的爵位为齐王，贾充的爵位为鲁国郡公，所谓横跨齐鲁两国的泰山要出贵人，不就是在影射他们两人吗？司马攸和贾充一为贵胄，一为权臣，两人的翁婿关系原本就惹人注目，此番再传出什么天子气的传言，这造谣之人明显是窥破了天子司马炎的隐忧，用心不可谓不恶毒至极。

历代朝廷向来有专人采集市井传言上达天听，那方才的谣言也不知道天子司马炎是否已有耳闻，而翻天覆地的巨变，或许已经在酝酿之中。潘岳越想越是心急，马车刚在齐王府门前停下，他就急匆匆地跳下车辕，想要入府求见司马攸。

“是潘郎君啊。”齐王府的门房袁伯认得潘岳，笑眯眯地迎上来，“潘郎君今天来得不巧，齐王殿下去邙山督造修葺崇阳陵配殿了，没有十天半个月怕是不会回来呢。”

崇阳陵是司马昭的陵墓，因为规划庞大，所以至今尚未竣工。潘岳听了袁伯的回答，只觉兜头被浇了一盆冷水，通体冰凉，只好道了声谢，拖着步子慢慢走回了自家马车里。崇阳陵有禁军守卫，自己没有手札令牌，根本连外山都无法进入。

“公子，接下来去哪里？”李伯见潘岳闭目良久，就仿佛睡着一般一动不动，终于沉不住气地问。

“去司空府。”潘岳睁开眼睛，就仿佛方才散佚的魂魄重新聚回躯壳之中，点亮了眼中孤注一掷的火苗。一路上他放在膝盖上的双手手指压得发白，可是脸上的表情却仿佛凝固了一般再没有变化。

就在潘岳于司空府内求见府主贾充时，贾充正背着双手，踩着满地的积雪在天井里来回踱步，将几只站在树枝上的乌鹊急得蹦蹦跳跳，却总是找不到机会飞下来觅食。也不知道在小小的天井里来回走了多少圈，贾充忽听有人脆生生地叫了一声“爹爹”，方才从沉思中回过神来。

“阿时？”见站在院门口的正是二女儿贾南风，贾充勉强笑了笑，“你来做什么？”

“爹爹的鞋子都被雪水湿透了，再不进屋的话会生病的。”贾南风说着，扶住贾充的胳膊，拉着他走回房中。随即她又吩咐婢女打来热水，为贾充泡脚取暖。

此时的贾南风已经过了及笄之年，无论外貌还是举止都不再是天真懵懂的小姑娘，越发显出伶俐干练。贾充看了她一会儿，轻声笑道：“等爹爹从关中回来，就要好好给你找个婆家了。”

若是别的少女听到这句话，必定满面娇羞，嗫嚅嗔怪。可贾南风却只是抬起黑而明亮的眼睛直视着贾充，问出了一句正击中贾充心事的话：“爹爹一定要去关中吗？”

“天子已经连下了好几份催促上路的诏旨，我再不走只怕连你们都保不住了。”贾充斜靠在榻上，抬起脚让婢女擦干水渍，换上干净的鞋袜。贾南风和她的母亲郭槐一样，虽然是女子却对朝政大事颇为关注，因此贾充也并不避讳与她谈论自己的困境。

“爹爹是不小心得罪天子了吗？”贾南风挥手让婢女退下，亲自将贾充脚上的鞋子套好，扶着他坐正了身子。

“天子心思深沉，岂是我所能揣测的。旦夕祸福，浮沉荣辱，这原本就是仕途的常态啊……”贾充叹息。天子司马炎与他的父祖一样，外宽内忌，喜怒不形于色，让贾充每每费尽心机才能猜到他真正的心思。

“爹爹不会走的！”贾南风忽然抬起头来，眼神坚定，“爹爹有那么多故旧门生，平时都是仰仗爹爹才能在朝堂立足。一旦爹爹离开洛阳，他们失去怙恃，官位便岌岌可危。因此他们必定会比爹爹更着急，一定能想办法将您留下来的！”

“他们是在想办法。但事到如今大局已定，估计已经没人能想出办法了。"贾充叹了一口气，连自己都没有意识到这声气是前所未有的萧索。

"爹爹万不可轻视了天下才俊，就算是悬崖绝壁，我相信也有人能凿出一条通路来！"贾南风劝慰道。

"你这样的心志，可惜为什么不是男儿……"贾充无奈地摸了摸贾南风的头发，正自叹息，门外廊下忽然传来匆匆的脚步声，正是前门负责通传的下人疾步跑来，显然是有人前来求见。

"被你说中了！"贾充精神一振站起身来，示意贾南风躲到屏风后的隔间中，这才听那下人回禀道："启禀老爷，司空掾潘岳求见。"

潘岳？贾充吃了一惊。在这紧要关头，居然不是自己的死党中书监荀勖、左卫将军冯纨等人前来献计，却是潘岳来做什么？

"让他进来。"贾充知道潘岳几乎从不会主动求见自己，此番前来，必定有不寻常的事情。

过了一会儿，一个清俊秀颀的人影果然踩踏着积雪前来，站在廊下向贾充施礼："属下潘岳，见过明公。"

贾充点了点头。虽然忧心如焚，但他仍旧端着府主的架子，闲闲把玩着手中梅枝道："潘掾前来，有什么事吗？"

"方才属下在来路上听到一些市井议论，觉得不可不报给明公。"潘岳抬眼看了一眼贾充，见他眉头一皱，显然预料到那些谰言，索性直说道，"据说泰山顶上出现紫气，无知小民便以为是祥瑞之兆，主齐鲁两地应出贵人……"

"咔"一声，却是贾充蓦地捏断了手中的枝条，突兀的清脆响声将树上的鸟雀都吓得飞了起来。潘岳所说的传闻，贾充隐约有所耳闻，甚至还有传言说他统帅大军却赖在京城不肯离开，实际上是怀有二心，而这二心，自然便是他不满于人臣之位，想要捞个国丈做做。这种谣言实在太过低劣，偏偏无知小民喜闻乐道，想必已经传入了天子司马炎的耳内。

贾充名声不好，虽然握有实权，朝中鄙夷他的大有人在。这也是天子司马炎放心任用贾充的原因。可如今外有倾城谣言，内有天子猜忌，两面受困的贾充知道自己只有两种选择：一是赶紧带领军队远赴关中；二是交出兵权，洗清嫌疑。可是无论哪一种，都意味着他从此失去了天子的信任，从青云之巅跌落泥淖，让贾充绝不甘心认输。

“你来，就是说这个？”贾充不愿在潘岳面前暴露自己的恐慌，冷笑着问。

“自然不止。”潘岳摇了摇头，继续道，“属下在追踪这些流言的来历时，意外发现有头裹绛红头巾之人鼓噪其中。那种绛红头巾的制式，属下以前曾在琅琊见过，乃是五斗米道徒的标志。”

“你是让我派人抓捕这些道徒，拷问他们流言的来历？”贾充精神一振。

“就算最终证明流言是他们所造，天子对明公也会生出嫌隙。所以为今之计，是表明明公的忠心，让天子放心地将明公留在洛阳。”潘岳胸有成竹地回答。

“鲜卑贼子秃发树机能一举攻破秦、凉二州，斩杀二州刺史，天子每一虑及便寝食难安。如今还能有什么事情比消灭此贼更能表明我的忠心？”贾充将双手笼在袖中，只是摇头。

潘岳见贾充此刻还在惺惺作态，知道他并不信任自己，索性走上游廊，在贾充耳边轻轻说了几个字。

“什么？”贾充半闭的眼睛蓦地睁开，狐疑地盯住了潘岳，“我记得潘掾一向与齐王交好，你向我献出此计，不怕齐王对你翻脸无情吗？”

“覆巢之下安有完卵，潘岳只希望明公安好、齐王安好、社稷安好。”潘岳的脸色，和他身后的新雪一样莹白，也一样平静。

贾充的眼睛凝视着阶下的雪地，正看见几只黑乎乎的鸟儿在雪泥之间翻捡着吃食。他忽然举起手，“啪啪啪”地拍了几声，将那几只鸟重新惊回树上去了。

“果然是个好主意。”贾充拍手笑道，“却不知潘掾刚才可看清外面是什么鸟，主何征兆？”

“外面的鸟，自然是喜鹊。”潘岳并没有回头去看雪地上的鸟雀，只是面对着贾充躬身一揖，淡淡笑道：“属下先预祝贾公大喜了！”

“爹爹，他就是从悬崖绝壁间凿出通道来的人吧？”潘岳刚刚离开，贾南风就从屏风后面跳了出来，拍手笑道。

贾充笑着点了点头，心中却不由自主轻叹了一声。他记得天子司马炎在赏读完潘岳的《籍田赋》后，对自己说出的一句别有深意的话：“潘岳大才，以后还是交给贾司空看护吧。”

看护？贾充琢磨过司马炎这两个字的深意。看护看护，只怕“护”是虚言，“看”才是主旨吧。想明白了这一点，贾充不禁为潘岳感到几分惋惜。虽然因为潘岳与司马攸交好之故，贾充自己绝不会主动向朝廷推荐潘岳，但一旦得知皇帝亲自堵死了潘岳升迁的通道，贾充还是为那个才干卓越的年轻人暗中唏嘘。这种类似于前朝党锢的命运，让潘岳只要身处司马炎一朝，就再不可能有擢升的机会。

“给太子成亲？”皇后所居的明光殿中，天子司马炎从窗外的雪景中收回心神，转头奇怪地盯着皇后杨艳。

“是啊。”皇后杨艳有些局促地笑了笑。刚才贾充的夫人郭槐进宫，与杨艳相谈甚欢，还带来了不少价值连城的礼物。这件事杨艳严令宫人不得外传，想必司马炎也并不知晓。

“太子年纪还小，正是该好好读书的时候，急着成什么亲？”司马炎哼了一声，看着自己发妻的目光多了几分戏谑，“你呀，就是平日太闲了。改日朕多收几个嫔妃，都交给你管教，省得你老想给儿子娶媳妇。”

“陛下又打趣臣妾了。”杨艳面露娇羞，笑着把话题又转回自己的提议上去,“太子确实还年轻,但他常居东宫,我这个做娘的成日担心那些傅姆们不能尽心教导侍奉。因此臣妾思忖着,若论倾心帮扶,为首的自然是父母,其次便是夫妻。若能有一个知书达理的女子尽心辅佐太子,照顾他的饮食起居,臣妾也能略略放心。而那个女子的家世若还能帮到陛下的话,则更是两全其美了。”

司马炎皱了皱眉。无可否认,皇后最后一句话打动了他。用联姻手段来笼络朝中重臣,原本是历代帝王喜欢的做法,更何况他司马炎开国以来功绩平平,更急于培植自己的势力、树立自己的权威。于是司马炎点了点头,扶着皇后的手走回坐榻上,随口笑道:“那皇后认为,谁家女儿合适做这个太子妃呢?”

“这个臣妾也不清楚。”杨艳故意顿了顿假装思索,随即道,“不过臣妾倒也听一些宗妇夫人们提过,贾司空的两个女儿才色绝世,有辅助人君之德。臣妾想,若是论起家世,他们家倒也可称太子良配……”

“贾充的女儿?”司马炎原本正慢慢品啜着一碗祛寒的姜茶,闻言忽然重重地将茶盏往几案上一顿,冷笑道,“贾充的大女儿已经嫁给了齐王。难不成贾家有几个女儿,都要嫁进我司马家不成?”

皇后杨艳不知司马炎哪里来的无名之火,吓得赶紧起身长跪:“妾身知罪。”

“跟你没关系。”司马炎自知失态,连忙轻轻拍了拍皇后的手,示意她不用紧张,“朕只是想着贾充故意逗留京城不肯领军破敌,心中有些烦闷而已。”

“我大晋人才济济,秃发树机能不过是个鲜卑蛮人,未必需要贾司空亲自去剿灭吧。”杨艳小心地搬出方才郭槐在自己面前的说辞,慢慢试探司马炎的反应。

“你不懂。”司马炎挥了挥手,原本不想继续这个话题,却又觉得除了自己的结发妻子,还有谁能同舟共济,当下便叹息了一声,“我做这一切,还不都是为了太子。”

杨艳自然知道司马炎一直都担心日后齐王会威胁太子的地位，而她一直等的也是这句话。于是杨艳屏退左右，悄声在司马炎耳边道：“陛下烦恼齐王是贾司空的女婿，可若是太子也成了贾司空的女婿，陛下觉得贾司空会站在哪一边？”

仿佛一语点醒梦中人，司马炎猛地回过头来盯着杨艳，只觉得心中豁然敞亮了，似乎推开了一扇从未发现的门。然而他随即收敛了心中的惊喜，状似随意地摇了摇头：“贾充的大女儿嫁给齐王，二女儿早夭，如今剩下的两个女儿都是夫人郭槐所生。郭槐肤黑个矮，性情又嫉妒，她的女儿能好到哪里去？太子性情忠厚，娶了这样的妻子以后怕是要受委屈。”

杨艳知道司马炎说得在理，以郭槐那样凌厉泼辣的个性，只怕她的女儿也称不上温柔娴静。但她心中另有打算，对贾家女儿的品性也并不那么看重，便笑着劝司马炎道：“既然我们都没见过贾家两个女儿，不如臣妾安排她们进宫一次，让陛下和太子暗中相一相如何？”

“说到太子妃的人选，朕原本也想过，却是尚书令卫瓘的女儿。”司马炎想起朝野盛传卫家小姐卫瑾貌美贤淑，卫家的家世比起贾家也不遑多让，便对杨艳吩咐道，“若是皇后安排贾家女儿进一次宫，顺便把卫家女儿一起安排了吧，免得贾充以为朕的太子还非他家女儿不娶了。到时候朕让太子自己挑选，务必要给他选一个称心如意的太子妃。”

杨艳得了司马炎的首肯，过了两天果真借与平阳公主和新丰公主做伴为名，接贾充的两个女儿贾南风和贾午进宫游玩，同行的还有尚书令卫瓘之女卫瑾。几个女孩年龄相仿，没多久便熟络起来，在御花园中各自摘了一把鲜花，给年龄最小的贾午插了满头，一时间莺声燕语，欢闹不绝。

司马炎站在暗处，将几个女孩暗暗比较了一下。贾南风姿容最陋，司马炎根本不曾细看便弃置一旁。贾午虽然比姐姐秀丽许多,但性格太过活跃,将来未必有母仪天下的气度。相比之下,卫瑾虽然与贾南风同岁,却显得最为温婉大气,如同姐姐一般照顾着其他女孩,加上卫瑾肤白貌美,身材高挑,司马炎几乎一下子就认定,这就是自己理想的太子妃人选。

"皇后的意见如何?"司马炎轻声问站在一旁的杨艳。

"臣妾觉得贾家四小姐与太子年貌相当,最为合适。"杨艳虽然也看得出卫瑾更为出挑,但她深知卫瑾之父卫瓘一向嫌弃太子愚钝,有劝谏废立之心。为了太子地位的稳固,杨艳必须牢牢抓住贾家这棵大树。因此才一见贾南风和贾午,杨艳就赐了她们两朵宫纱制的绢花,分别命人戴在了姐妹俩的头上。

司马炎没有再说什么,转身走回殿中,对内侍吩咐了一句:"去请太子来。"

知道司马炎是想让太子亲自挑选,站在一旁的皇后杨艳暗暗松了口气。幸亏她早已有所准备,太子那孩子又最是听话,这一次应该不会有问题了。

太子司马衷今年十三岁,从立为太子到如今也有四年了。司马炎因为自己当上世子颇费了一番周折,因此在皇后杨艳的支持下坚持立嫡长子司马衷为太子,算是给晋朝确立了嫡长子继承制的惯例,免得还有不识趣的人为齐王司马攸的皇位继承权唠唠叨叨。

立嫡长子司马衷为太子,固然合了司马炎的心意,却也引发了另一块心病。哪怕有皇后杨艳处处遮补帮衬,司马炎还是隐隐觉得,太子司马衷虽然老实忠厚,脑子却不是太聪明。跟着东宫的教习学了好几年,太子也只是勉强学会了识字,其他的别说经史文章,就是寻常的人情世故似乎也知之甚少。

太子也明白自己读书读得不好,每次面见父皇都十分紧张,只是唯唯诺诺点头称是，连话都不敢多说一句。司马炎虽然心里着急，但转念一想，男孩子懵懂未开，或许大器晚成，过几年便好了，便不好狠心苛责。就这么一年拖一年，如今只能寄望于他娶亲之后能早日开窍，不鸣则已，一鸣惊人了。

内侍去后不久，接到传召的太子司马衷便亦步亦趋地来到皇帝皇后面前，规规矩矩地跪下请安。司马衷的眉眼随父亲司马炎，若是瘦下来也还算仪表堂堂；若像现在这样一直胖着，亲生母亲杨艳也觉得颇有福相，没有什么不好。

司马炎道了平身，见太子只是老老实实地坐在一旁，一句话也不吭，忍不住主动问道："太子刚才在东宫做什么？"

"回陛下，读……读书。"司马衷赶紧恭恭敬敬地回答。

"哦，读了什么书？"司马炎饶有兴趣地问。

"读了……读了……"司马衷嗫嚅了两句，额头上便开始大颗大颗地滚下汗珠来。他也不敢伸手去擦，任凭那些汗珠沁进衣领，将雪白的内衫领子都浸得有些发黄了。可到底读了什么，他还是没能答出来。

见太子紧张的模样，皇后杨艳颇为心疼。她吩咐宫女给太子送上手巾，和声对儿子道："太子上次说少傅不光教你读书，还讲了些有趣的故事。要不你讲个故事给父皇母后听听？"

"你母后说得对，讲个故事来听听。"司马炎也不忍逼问，打个哈哈转移了话题。

"是。"司马衷接过宫女呈上的手巾，在脸上胡乱抹了几把，想了半天终于开口道，"少傅说，以前有一个大王，叫……叫……"他死活想不起来那个大王叫什么，脸色涨得通红，眼看又逼出了一头汗。

"叫什么不重要，后来呢？"杨艳循循善诱。

见不用去想那大王的名字，司马衷松了一口气，语言终于开始顺畅起来，可见他很喜欢这个故事："那大王有一天请群臣喝酒吃饭，让自己喜欢的美人出来相陪。突然一阵风刮过，蜡烛就灭了，有人就……就扯了一把美人的衣服，美人就，就把他的冠缨揪了下来，让大王惩处他。大王听了，就命令所有人都把自己头上的冠缨揪下来。”太子“就”啊“就”地说到这里，低下头用双手捏着自己腰侧的佩玉，竟是戛然而止了。

“后来呢？”杨艳提醒司马衷说下去，却见他又是满脸惶惑，心中便猜到他是将故事的后半段忘记了。

“后来，楚国与他国交战，有一员大将在战场上奋力救了楚庄王，大胜敌军。楚庄王奇怪他为何如此英勇，那人才承认自己就是当初调戏美人、被美人揪下冠缨之人。”司马炎将这个战国故事的后半段说完，转而问太子，“这个故事很好，太子可以从中学到什么道理？”

“少傅说过，要……要宽厚待人！”司马衷憋了半天，终于冒出了一个让人满意的词语，无形中让司马炎和杨艳都松了一口气。

“是啊，身为君主，要宽厚待人……”司马炎暗暗叹息，若论宽厚待人，历代君主只怕没人能超过自己了，所以琅琊王司马伦偷盗御裘只判了个离京就藩，王济饮食逾制自己也只是半途退席。其实不是他司马炎生性如此宽厚，而是君权弱势，他手无寸功不敢得罪宗室与世家而已。可是，他实在不甘心自己的子孙也如此窝囊。

“太子果然进益了。”皇后杨艳不知道司马炎在想什么，小声提醒，“陛下，要不现在就让太子出去看看？”

“好。”司马炎这才想起唤太子前来不是为了考较功课，而是让他亲自挑选太子妃的，便吩咐人将太子领到御花园去，躲在暗处观察几位名门闺秀。

过了一会儿，太子回来了，虽然依然满头是汗，但脸上却带着欢喜的笑容。皇后杨艳也颇为欣慰，忍不住问：“太子可看中了哪位小姐？”

“是啊是啊。”司马衷连连点头，“就是母后告诉我的那个，头上戴着粉红花的。”

司马炎一听，顿时横了杨艳一眼。杨艳赶紧跪下，讪讪地解释："戴粉红色宫花的是贾司空的小女儿贾午，臣妾不过是看她年幼可爱，所以……"

"罢了。"司马炎早知道杨艳的心思，也不想听她解释，只是问司马衷，"太子觉得那贾小姐哪里好？"

"她……好看。"司马衷忐忑地回答，不知道这个答案会否让父皇满意。

"那卫家小姐岂不是更好看吗？"司马炎问。

见司马衷又是一副茫然不知所措的模样，一旁的内侍赶紧回答："启禀陛下，卫小姐先前身体不适，已经提前回家去了，所以太子并未得见。"

"身体不适？"司马炎皱了皱眉，也不知这是天意还是巧合。他见皇后和太子都眼巴巴地望着自己，不由得想起昨日荀勖对自己说"娶妻娶德，贾家女儿有《关雎》后妃之德，将来必将扶助人君"、"贾司空若是成了太子的岳丈，必定更加忠心侍奉陛下和太子，绝不会生出二心"之类的话，终于点了点头，"既然皇后和太子都中意，那朕就下旨，立贾充之女为太子妃吧。"

"多谢陛下！"杨艳满心欢喜，连忙拉着太子司马衷下跪谢恩。太子愚钝，此刻尚可遮掩，但日后迟早会被众臣发现，必定会引发轩然大波。杨艳为保住儿子的太子位，此刻就必须与有意交好的贾家结亲，这样就算日后司马炎想要另立太子，也不得不考虑贾家的权势了。这样一桩各取其利的交易，难怪皇后杨艳和贾夫人郭槐都要极力撮合。

有皇后杨家和太子妃贾家的共同帮扶，就算将来齐王司马攸势大，就算司马炎的嫔妃以后再生出其他儿子，皇后杨艳的心里也安定得多了。为了把天下江山传到她的嫡长子手中，杨艳知道，自己做得出任何事。

天子册封司空贾充之女为太子妃的诏旨下发之后，原本因为贾充外遣而一日冷似一日的司空府刹那间又热闹起来。不仅以前找借口躲在家中偷懒的掾属们冲回来应卯，前来贺喜的访客也络绎不绝。

潘岳的同僚，一向久不露面的好友韩寿也回到了衙署。多日不见，韩寿虽然依旧华衣美服，面上神情却有些委顿不安，不似以往翩翩佳公子的倜傥风流。潘岳好意走上前与他打招呼，韩寿却只是含糊地点了点头。

潘岳微觉古怪，还想说点什么，却猛地扯过手帕蒙住口鼻，大大地打了一个喷嚏："你换了熏香？"

"嗯。"要是平日，说起香道之事韩寿必然眉飞色舞，然而这次他只是随意应了一声，显然心不在焉。

潘岳一向对此时世族子弟中流行的敷面熏香兴趣不大，但韩寿今日熏的并非惯常使用的苏合香，而是一种从未见识的奇特香味，不由得让他微觉怪异。

不过下一刻潘岳就没有机会探究韩寿不同寻常的熏香了。骁骑将军、驸马王济前来向贾司空贺喜，指明要司空掾潘岳接待。潘岳只好赶紧步出官署大门，迎接王济进入司空府。

自从上一次清谈会之后，潘岳再也没有参加过王济等名士派组织的聚会。他心中明白王济与自己志不同道不合，王济在背后也没有少说自己的坏话。但此番王济前来，潘岳还是以司空掾的身份礼数备至。

王济一向为人放旷恣肆，甚至曾经亲手鞭笞过手下官吏，此番面对潘岳的恭谨，并未掩饰满面的倨傲不屑之色。然而他却偏偏伸手拉住了潘岳的胳膊，状似亲密地和他大步往前，将其他人远远甩在了身后，口中故意笑道："多日不见潘掾，我心中实在惦记得很！走走走，我们找个清静地方说几句知心话！"

"王将军有话请讲。"潘岳感到王济的手指仿佛铁钳，让自己丝毫闪躲不开，顿时心中有所警觉。

“你不用给我装，我知道让贾司空与太子联姻的人就是你。”王济一直把潘岳拉到一处僻静墙角，低低地在潘岳耳边笑道，“虽然荀勖、冯紞他们把功劳抢了去，但世上没有不透风的墙，你猜猜齐王知道了没有？”

“我不过信口一说，齐王是否知道又有什么干系？”潘岳的耳朵被王济喷出的恨意烧得有些发烫，脸上的表情却始终平静如水。这样的结果，从他求见贾充之时，便早已预料。

“你可知道，你这样做无异于背叛了齐王？”王济捏住潘岳胳膊的手指暗暗加力，“亏齐王背地里还总是夸赞你，如今你献计讨好了贾司空，将贾家女儿变成了太子妃，可曾想过今后齐王的处境？”

王济幼习弓马，手劲极大，这一捏又使了暗劲，顿时让潘岳脸色发白。潘岳好不容易等王济放了手，见他依然是一副气定神闲的名士风范，不由得淡淡一笑：“齐王殿下从邙山回来了？这些话，是他吩咐王将军来告诉我的？”

“自然不是。齐王宽厚不出恶声，我却做不到他那样的端方君子，只能任性纵情斥骂小人了。”王济冷笑回应。

“既然如此，王将军的目的已经达到了。”潘岳揉了揉被王济捏得作痛的胳膊，朝司空府的前厅方向微微躬身，“我记得王将军是来拜访贾司空的，想必不会在我这个小小的司空掾身上浪费太多时间。”

“你！”王济没想到潘岳被自己斥责之后竟毫无愧疚，脸上再也掩饰不住怒色，“你以为讨好了贾司空他就会举荐你升迁吗？你这种首鼠两端的小人，不论是谁都不会重用的！”说着，他一挥袍袖，自顾往司空府前厅去了。

潘岳站在原地，无奈地笑了笑。他记得自己未出仕之前，疯王爷司马干曾经劝诫自己不要与礼法派和名士派同流合污。可那位深藏不露的老王爷却料不到，如今的自己成了孤臣孽子，无论哪一派的官员都将自己排挤在外了。

虽然问心无愧,但晚间独坐于卧房之内,潘岳依然有些心绪不宁,只能放下书卷在室内来回踱步。他不止一次想要前去齐王府面见司马攸,却又顾虑司马攸舟车劳顿,不敢深夜贸然打扰。

“桃符,桃符,我曾经发誓要守护你一生安危,你应该是会相信我的……”想起自己并未与司马攸商量就自作主张面见贾充,潘岳用拳头无意识地砸着墙壁,手背生疼,却让他明白这一切都是由他亲手造成。

长久没有剪过的灯芯光亮越发微弱,就仿佛当初那无声临近的深渊。潘岳知道,就算一切重来一次,他还是会做出一模一样的选择。就算疼痛,也要在自己的掌握之中。

窗外一阵大风刮过,种在檐下的木香花树枝擦在窗纸上,发出“哔哔剥剥”的声音。潘岳走过去想将被风吹开的窗户重新关紧,却蓦地发现窗前黑影一闪,显然刚才正有人透过虚掩的窗缝观察着自己的动静。

“谁?”潘岳一惊,一把拉开了房门。潘家的宅院虽然不大,外面也有仆人看守,一般人根本无法轻易来到自己房前。

“檀郎还记得我吗?”门外站着一个纤细玲珑的身影,不躲不闪,明显是一个女子。见潘岳微微一愣,女子轻笑了一下:“我是阿时。”

“我记得的。”潘岳认出了阿时头上那顶标志性的黑纱帷帽。即使是在夜里,这个少女依然将头和脸遮挡得严严实实。

“不请我进去坐坐吗?”见潘岳只是堵在门口,阿时虽然满心焦灼,口气却依然轻松。

“阿时小姐怎么进来的?”潘岳一向爱惜羽毛,自然不肯深夜放单身女子进房。然而春夜的风依旧寒冷,阿时又只穿了襦衣单裙,站在潘岳面前忍不住轻轻颤抖。潘岳犹豫了一下,终于微微侧开了身。

“放心,我可不是学胡芳爬墙进来的。”虽然潘岳让出了进屋的通道,阿时却固执地没有进去,只是站在门口矜持地笑道,“你们家既非皇宫内院也非深牢大狱,要买通个仆人进来有什么难的?”

潘岳自从上次在景云亭外一见就知道阿时年龄虽小，性格手腕却都不同寻常。于是他也不再追究其他,直截了当地问:“阿时小姐深夜造访,有何贵干?”

“我,我想问你一句话。”到了这个时候,阿时终于没能完全掩饰住自己的忐忑,“我想问你,”她抬起头凝视着潘岳的脸,虽然隔着面纱,一双眼睛依然灼灼生光，充满了热切与渴望,“如果你和杨容姬的婚约失效，你愿意娶胡芳那样貌美却愚蠢的女人，还是……还是愿意选择聪明却长相平凡的女子?”

这番话太过突兀,让潘岳不禁一愣,却立刻听出阿时所谓“聪明却长相平凡的女子”指的就是她自己。“这个问题我不必回答,”潘岳几乎毫不犹豫地道,“我和杨家小姐订婚已超过十年，我们的婚约不可能失效。”

“你固然不愿婚约失效，可如果是潘家合族要求与杨家解除婚约呢?”阿时虽然早已料到潘岳的回答,却依然被他斩钉截铁的语气词刺得心中一痛,冷笑道,“如果你们的婚约会对整个潘家不利,就算你对杨容姬情深义重,也不能为了她一个人戕害整个家族吧。”

“我不明白你在说什么。荥阳杨氏的门第比潘氏还高，我与杨小姐的婚约怎么可能伤害到潘家?”潘岳隐隐觉得阿时的话语中藏着什么可怕的东西,但他不肯问,也害怕下一刻阿时会说出来。

“原来你果真什么都不知道,连齐王都不曾告诉过你吗?”阿时见潘岳的神色果然一凛,脸上忍不住露出了然的笑容,心中更是生出扬眉吐气的舒畅来。她曾向胡芳许诺三年内了结潘杨两家的婚约,却苦于一直未曾觅到良策。如今骤得天助,终于是等来了这一天,不得不让阿时越发相信自己命星尊贵,才能得此佑护。

阿时脸上的笑容被垂下的纱幕遮挡干净，潘岳看不见少女幸灾乐祸的神情，却能听见她清晰的嗓音如同檐下木香树的枯枝一般戳入自己的耳膜，“杨容姬的父亲荆州刺史杨肇私受东吴贿赂，中了吴国人的圈套，损兵折将，弃城逃命。朝廷已经明令将他和在荆州的家眷一并锁拿进京，下廷尉狱治罪，估计最终不是被斩首就是流放。请问，潘家官宦世家，还会眼睁睁地与这样的人家结亲吗？只怕恨不得把关系撇得越干净越好吧？”

“不，不可能！”阿时的话字字惊心，仿佛一道道霹雳劈头而下，让潘岳的脑子里顿时一片空白，只是本能地摇头否认，“这么大的事情，我在司空府中为何从未听闻？”

“前线的战报本来就不经过司空府，朝中重臣自然也不会将兵败失地之事向外宣扬。你若是不信，只消到齐王那里问一问，便知我说的是真是假。”阿时见潘岳站在那里不言不动，有心多给他一些时间适应这个消息，却无奈自己时间紧迫，不得不继续逼出他的回答，“檀郎还没有回答我的问题，如果与杨家解除了婚约，你会不会像诸葛亮娶才女黄夫人一样，给我……一个机会？”说到“我”字，饶是阿时这样心性坚定的女子，也忍不住声如蚊蚋，羞赧无限。

“我只问这一遍，无论你回答‘是’或‘不是’，阿时都不会再在你面前出现。”见潘岳还是不开口，阿时鼓起勇气做出最后的承诺。如果潘岳回答“是”，她便会使出浑身解数，求父亲贾充将自己以贾南风之名许配给潘岳；如果潘岳回答“不是”，那今晚一过，她就会争取另一重身份，与他不啻天人永隔，再也不可能私下会面了。

面前这个人的回答，决定了她一生的命运，可惜他根本不知道这个选择的分量有多重。阿时在夜风里轻轻颤抖着，只觉得潘岳沉默的每一个瞬间，对自己都是难以承受的煎熬。

“抱歉，我要出去一下。”潘岳终于开口，却是绕过阿时，踉跄着想要冲下台阶。

“给我一个回答！”阿时一把抓住了潘岳的袍袖，心如刀割却冷静异常，“只要你敢说除了杨容姬此生再不会另娶他人，我就死了这条心！”

“除了杨容姬，我此生再不会另娶他人。”潘岳没有用力将袖子从阿时手中挣脱，却也没有回头，只是望着天空中隐约可见的牵牛织女星，一字一句清清楚楚地道，“就算她失去门第和身份，我也不会取消婚约；就算她被流放边塞，我也愿意等她遇赦归来；就算她……难免一死，我也可做到终身不娶！阿时小姐，这样的回答，可足够清楚？”

“确实足够清楚。”阿时惨然一笑，慢慢松开了抓住潘岳衣袖的手，也慢慢松开了自己明知无望却奋力争取的梦想。“你走吧，我也要走了。”她轻轻地说着，一滴泪水从黑色的纱帷下砸在了脚下的石板上，那也是她一生中唯一在潘家留下的痕迹。

看着潘岳的身影消失在浓重的夜色中，阿时擦干脸上的泪痕，将手紧紧压在心口。心脏依然在有力地跳动着，预示着她超人的毅力和不甘平凡的决心。既然年少时的梦想已经彻底破碎，那么她就要转而追逐另一个梦想了。那个梦想更壮阔、更绚烂，足以让她耗费一生的努力。

潘岳在悬崖绝壁间为贾家凿出了一条通道，那么自己就可以顺着这条通道直达巅峰。阿时骄傲地一笑，摘下头上遮蔽容貌的帷帽，随手一扬，将它高高地抛出了潘家的围墙。

第四章

艰　程

漫漫三千里，迢迢远行客。

——潘岳

潘岳不记得自己是怎样走出家门的。

春寒料峭，夜风如刀，刮得他浑身冰冷，然而胸中却灼热难当，仿佛一颗心要被生生煎熬融化，化为一摊血水喷薄而出。他踉踉跄跄地在洛阳城空无一人的街道上疾步走着，等到反应过来的时候，已经站在了齐王府高大宽厚的朱漆大门前。

与平日里车水马龙的热闹情形不同，深夜的齐王府万籁俱寂，在夜色中仿佛一头陷入沉睡的巨兽。远处更夫的梆子声橐橐响起，昭示着此刻尚不过二更，距离天亮还有至少三个时辰。

踏上齐王府前高高的台阶，潘岳伸手握住了朱漆大门上锃亮冰冷的门环，却最终轻轻放下。虽然心急如焚，他也不能在这夜深人静之时惊扰整个齐王府。他与司马攸交好原本就引起了坊间一些流言，若是自己夤夜来访的消息传出去，不知又会招来什么风言风语。若是引发天子嫌恶、百官侧目，对营救杨家满门的计划也会有不利影响。

毕竟杨肇兵败的事情已经发生了好些天，甚至好几个月，不是一朝一夕的冲动可以改变的。在见到司马攸之前，他也必须冷静下来厘清自己的思路。

转身走回齐王府石阶下，潘岳深深地吸了几口春夜的空气。寒意如刀刃一般深入肺腑，冰凉尖锐，却不能缓解胸口烧灼般的窒闷和痛楚，而他的脑子里，更是挥不去八岁进京那一年，在洛阳城外看到的悲惨一幕。

尽管已经过去了十多年，那一幕的情形却依旧鲜明如昨。那是八岁的孩子第一次看到被流放的犯人，他们脸上的屈辱、悲惨和痛苦仿佛烙铁一样深深印入孩子的脑海，终其一生也无法抹去。

那些犯人，是时任中书令李丰、太常夏侯玄、国丈张缉的亲眷家人，其中也包括了齐王妃贾荃的生母李婉。他们前一刻还是洛阳城中锦衣玉食的达官贵人，下一刻却被从云端生生扯落，披头散发，衣衫褴褛，用绳索紧紧地穿成一串，被押送的士兵如同驱赶牲畜一样用鞭子抽打，即使哀求哭号也得不到丝毫怜悯。那样判若云泥的残酷对比，即使潘岳当时还是个孩子，也难免感同身受，心惊胆战。

可是现在，同样的厄运也落在了荆州刺史杨肇一家的头上。潘岳紧紧地抓住了胸口的衣襟，沉重的恐惧与无力感让他缓缓地跪坐在地。原本再过几个月他就要亲自迎杨容姬到洛阳成亲了，原本漫长的十余年的等待就要走到尽头了，可谁会料到天降霹雳、摧折玉树、焚烧芝兰，将无瑕的美玉狠狠摁入泥淖？这样天翻地覆、摧折心肝的痛楚，她那样冰清玉洁的人又该如何承受？潘岳握拳狠狠地砸在身前的石板地上，恨不得立刻就飞越千山万水，亲自在杨容姬身边为她抵挡一切苦厄。

可是，他真的能够为她抵挡一切苦厄吗？当初他被司马昭所忌，在昏迷的深渊徒劳挣扎，是杨容姬伸出双手，将他从噩梦中唤醒。可是现在，那对拯救过他的无瑕皓腕有可能也要遭受被绑缚被桎梏的命运，这个念头只是刚刚升起，就让潘岳心痛得难以自持。他缓缓收回在地上砸得青紫的手掌，蓦地站了起来——就算前方是荆棘地狱，他也必须振衣迈步，亲手将他心爱的女子从泥淖中拯救出来。

当齐王府看门的老仆袁伯清晨打开朱漆大门时，第一眼看到的就是门外长身玉立的青年。他不知在齐王府外站了多久，单薄的衣衫都被清晨的薄露浸润，乌黑的双鬓上也垂落了几缕发丝，然而袁伯却丝毫不觉得他狼狈，反倒生出无比的疼惜，就仿佛一个被贬谪下凡的仙人承担着本不属于他的罪愆。

“是潘郎君吗？”袁伯揉了揉自己的眼睛，惊讶地唤道。

听到大门打开的声音，潘岳猛地抬头，带着几分恍惚问道：“齐王殿下起身了？”

“还没有，潘郎君来得太早了。”袁伯此刻才发现潘岳的脸已经冻成了一片青白，心疼地赶紧招呼，“您快请进来暖和暖和。”

“不用了，我在外面等着就好。”潘岳淡淡地冲老人笑了笑，“等齐王起身了，再烦请您老禀告。”

“若是别人，自然只能等着，可潘郎君不一样。无论您什么时候求见，殿下都不会怪罪的。”袁伯侍奉司马攸十多年，自然知道他与潘岳的情分不同旁人。此刻见潘岳有些茫然失措，袁伯心下更是怜惜，不由分说伸手将他拉进了齐王府大门，只觉得触手冰冷，也不知这个年轻人究竟在寒夜里站了多久。

有袁伯引路，潘岳迈开早已僵硬的双腿，绕过前殿，往被亭台树木阻隔的后宅走去。他原本觉得清晨时分擅闯司马攸的卧室十分不妥，却不料袁伯并未带他走进家眷所居的内宅，而是径直将他带到了司马攸的书房外。

见潘岳有些迟疑，袁伯轻轻叹了一口气：“自从齐王妃为李夫人守孝以来，齐王殿下就一直住在书房里，已经好几个月了。”

潘岳点了点头，模模糊糊地感觉到这其中大有古怪。但他此刻一心都系在杨肇与杨容姬父女身上，也来不及思虑更多，只是看着袁伯同门外伺候的一个侍从小声说了几句话，那侍从便点点头进门去了。

过了没多久，那侍从走出来向潘岳躬身行礼：“殿下有请潘郎君。”

潘岳深吸了一口气，撩起衣摆匆匆跨进了司马攸的书房。才一进门，潘岳便依稀看见司马攸站在屏风后的卧榻之前,正张开双臂,让侍从为他披上家常的襦衣,显然是听说潘岳来访匆匆起身,甚至都来不及盥洗更衣。

听到潘岳进来,司马攸连忙系好衣带,快步从屏风后绕了出来。他尚未从潘岳憔悴青白的面色上回过神,潘岳已经屈膝拜倒,以手加额,竟是行了一个最为恭敬谦卑的大礼。

“檀奴,发生什么事了?”司马攸从未见过潘岳做出这种姿态,顿时吓了一跳,连忙屏退众人,想亲手将潘岳搀扶起来。

“事到如今,殿下还想继续瞒着我吗?”潘岳固执地伏在地上,口气中有难掩的怨愤。

“你在说什么?”司马攸跪在潘岳面前,更加固执地抓着他的双臂让他抬起身子。刚从邙山的崇阳陵工程回来,一系列的消息变故让司马攸应接不暇,他甚至不敢猜测潘岳说自己瞒着他的,究竟是哪一件事情。

“殿下明知道荆州刺史杨公之女与我有婚姻之约,为何杨家出事,殿下却一直不肯向我透露分毫?难道是不满我疏于禀告,自作主张,一旦知道了这件事会给殿下添乱吗?”潘岳抬起头,目光灼灼,言辞咄咄,刺得司马攸轻轻瑟缩了一下。相识十几年,司马攸还从未见过潘岳如此锋芒毕露,怪不得在王济的清谈会上他会得罪那么多清流名士,逼得司马攸不得不暗地里弥合,免得那些睚眦必报的高门子弟随便寻个错处报复潘岳。

“原来你说的是杨家的事情。”司马攸努力在唇边勾出一个笑容,抓住潘岳双臂的手继续用力想要扶他起身,“不用担心,这些日子我一直在想办法,一定能为杨刺史洗脱罪名的。”

“受贿通敌,损兵弃城,这样的罪名,怕是堂堂齐王殿下也无法洗脱吧?”潘岳反手握住司马攸的手臂,继续冷笑,“如果殿下想不出办法,是否要等到杨家被满门抄斩或流放之后才让我去见阿容最后一面?与杨家联姻的是我，殿下就算关切，那灼心之痛又如何能及上我的万分之一？”

“檀奴……”潘岳手掌上生铁一般的寒冷浸透了司马攸的肌肤，让他暗暗打了个冷战，而潘岳难以掩饰的愤懑更是让司马攸胸腔中有如针扎，忍不住用袖子掩住嘴，别开头咳嗽起来。

见司马攸咳得一时直不起腰来，潘岳心中一慌，也顾不得刚刚还与他置气，连忙站起身想要为他找杯水来，却一时什么也找不到。

“不用，一会儿就好——”见潘岳想要传唤门外的侍从，司马攸连忙制止了他。好不容易止住了咳嗽，司马攸苍白的脸上染上了一层病态的酡红，眼中更是布满了红丝。他扶着潘岳的手臂勉力站起身，回到长榻上坐下，这才喘息着对杵在一旁的潘岳轻轻笑道，“檀奴，你不用给我使激将法……杨刺史的罪名虽然严重，但疑点尚多，未必没有转圜的余地。你坐下，我慢慢讲给你听。”

望着近在咫尺的司马攸，潘岳这才发现，虽然司马攸在榻上安睡了一夜，神色却似乎比在大门外站了一宿的自己更加憔悴。自从进司空府后，潘岳与司马攸就少了往来。如今头脑慢慢冷静下来，他才发现好友不知什么时候已是消瘦了一大圈，眉间更是仿佛承载了化不开的阴云。潘岳的心中深深懊悔，不忍再用言语逼迫。

“好，请说。”潘岳在齐王府外站了一夜也早已疲乏得很了，可他此刻心急如焚，无论如何也坐不下来，索性只是站在司马攸下首，听他解释杨肇兵败的来龙去脉。

“几个月前，东吴的将领步阐献西陵城投降我大晋，天子封他为宜都侯，开府仪同三司，引发了东吴都督陆抗的大军讨伐。于是荆州刺史杨肇奉命率军攻打陆抗，救援被困在西陵城中的步阐。”司马攸喘息甫定，缓缓地说道，“杨肇到达西陵城外，与陆抗所率的东吴军队对峙，东吴营中的将领朱乔、俞赞便投降了杨肇，游说他攻打东吴军队防守薄弱之处。杨肇依言而行,却不料陆抗早已将士兵连夜换防,所谓防守薄弱之处恰恰是东吴军队最为精锐之处。杨肇军队猝不及防,大败而逃,而陆抗更是佯装追赶,战鼓大鸣。我晋军被鼓声惊吓,纷纷将盔甲和武器丢弃,东吴仅仅用五千人马便击溃了杨肇手下八万大军。西陵城失去援助,被吴军攻破,陆抗不仅杀了步阐,还夷灭他的三族,连刚出生的婴儿也不曾放过。天子闻讯大怒,便命巴东监军徐胤彻查杨肇败军之罪。"

"若只是这样,杨刺史虽有督军不严之过,却也是无心之失,为何会遭受槛送京师、连带家眷也一并锁拿入廷尉狱的处置?"潘岳说到"入廷尉狱"几个字,蓦地联想起自己这几年来参与修订的晋朝律法,虽然比起前代已经仁慈了许多,但那些惩戒拷问的鞭杖流徙之刑,此刻已不再是纸上寥寥几笔文字,而是活生生的毁肤断骨之痛,让他陡然喉头哽咽,最后几个字便几乎发不出声音。

"你说得对。如果事实仅仅是军报中描述的这样,杨肇虽然有罪,也祸不及满门。可是巴东监军徐胤在调查兵败缘由的过程中,却听到了一些传闻。"司马攸说到这里,轻轻喘了口气,一向温润的眼睛望向潘岳,含着深深的同情和安慰,"传闻中说杨肇和陆抗私下里早有书信来往,陆抗还送了杨肇不少金银珠宝,想让杨肇佯装失败,让东吴可以收回西陵城。因此杨肇和吴国降将朱乔、俞赞合演了一出戏,将西陵城和步阐拱手卖给了东吴,而那些陆抗赠送的财物,则已被杨肇秘密转移,只有杨家人才知道埋藏的地方……"

"一派胡言!"潘岳听到这里,再也忍不住满腔悲愤,不顾礼节地打断了司马攸的叙述,"杨刺史出身官宦世家,见识广博,怎么可能为了区区财物就犯下通敌叛国之罪?编造这谣言的人想必与杨家有仇。监军徐胤但凡明白事理,都不应该采信这种别有用心的无耻谰言!"

"这个传言确实不尽合理,却依然有它的高明之处。"司马攸叹息一声,"若是前朝,说一位封疆大吏为了钱财不惜通敌叛国自然不会有人相信。可是以本朝奢靡的世风，只怕相信的人还不少。三人成虎，到最后天子也宁可信其有、不可信其无了。”

潘岳一怔，顿时觉得一股寒意从脊背直蹿上来，让他方才因为愤怒而灼热的头脑刹那冷静。晋朝开国以来，国事承平，奢侈成风，上至皇帝下至平民无不以炫富敛财为时尚。驸马王济、国舅王恺、太尉何曾，甚至竹林七贤中的王戎这些高官贵戚，个个悭吝贪财却又攀比富贵，以至于司马攸再三上书，言说“服饰奢丽，富人兼美，犹有魏之遗弊，染化日浅，靡财害谷，动复万计”，希望朝廷提倡节省，“去奢节俭，不夺农时”，却根本不被皇帝与高门士族所采纳。在这样的世风之下，无论宗室还是百官都大肆敛财，甚至到了不择手段、不顾廉耻的地步。那么，此刻就算说杨肇为了钱财不惜通敌卖国，只怕那些达官贵人们推己及人，根本不会怀疑。

“而且，这则传言更可怕的地方在于，即使杨肇根本不曾受贿，审问的官员也会尽职尽责逼问那些贿赂财物的所在地，刑讯掠拷在所难免……”司马攸见潘岳的脸色已是一片惨白，心中不忍，却不得不将利害一一在他面前剖白清楚，“若是杨肇本人抵死不认，只怕掠拷的对象就会转移到他的家人身上……”

“别说了……”潘岳只觉眼前一阵发黑，身体摇晃了一下，赶紧用力咬住下唇，顿时齿缝间弥散出一股咸腥。前两年他在司空府修订律法时，曾经造访过廷尉狱。那个森冷残酷暗无天日的地方，他怎么能让杨容姬陷落其中？单是一个念头，就足以将他逼到绝境。

“檀奴你不要着急，杨刺史还未被定罪，我们还有转圜的余地。”司马攸见潘岳满额都是冷汗，牙齿把嘴唇都咬破了，连忙扶着他在榻上坐下。

“殿下说得是。”潘岳定了定神，细细梳理司马攸方才提供的信息，心思渐渐清明起来，“杨刺史败军之罪无可辩驳，当务之急，只能是洗清加诸在他身上的受贿通敌罪名。此番杨刺史的往来书信定然已被全数查抄，为免奸人在其中做手脚，不知殿下能否请朝廷指派钦使，与巴东监军徐胤同查此案？另外，若是能有通达干练之人混入荆州市井，查明指证杨刺史受贿的传言从何而来，对洗清杨家的冤屈也至关重要。”

“你说的这两点都有道理。我这就去与尚书台商议钦使人选，对徐胤的所作所为有所监督。”司马攸见潘岳仓促间已想出了应对策略，轻重条理俱皆分明，不由得心中欣慰，点头道，“另外我骠骑营中不乏精干斥候，派遣他们去荆州追溯流言并非难事。”

“多谢齐王殿下！”潘岳闻言赶紧从榻上站起，深躬为礼，“就算能证明杨刺史不曾与东吴勾结，单是兵败之罪也请殿下多多斡旋。潘岳不求别的，只要能保住他阖门平安，就对殿下感恩不尽了……”

“这十多年来不是一直唤他‘桃符’吗，怎么现在就变成‘殿下’了？”就在司马攸将潘岳搀扶起来好言宽慰之际，一个讥诮的声音忽然从书房门口传来，竟是齐王妃贾荃突破了门外阻拦的侍从，径直走到了司马攸和潘岳面前。

“见过齐王妃。”潘岳有些尴尬，连忙朝贾荃行礼。一瞥之间，他觉察到随着李夫人的去世，贾荃的神情也越发清冷孤傲，那薄薄的嘴唇、尖尖的下颌，以往只觉得明快清丽，此刻却显出了几分乖戾刻薄，让潘岳陡然想要退避三舍。

此刻贾荃还在为母亲李夫人服丧，脂粉未施，只穿了一身白色的细麻单裙，头上松松插着一根白玉钗，与平日潘岳所见严妆华服的形象截然不同。她的发髻稍稍有些凌乱，显然也是晨睡初起，听闻潘岳来访就匆匆赶了过来。

“檀奴你何必如此客气，就算你不来求他，我们贤明的齐王殿下又何曾对别人的事情袖手旁观？”贾荃转头望向默立在一旁的司马攸，挑衅地扬了扬下巴，“反倒是有的人，背后向你捅刀子，现在还能没事人一样来求你帮忙，这厚颜无耻的程度也真是让人叹为观止！”

“荃姐姐！”司马攸到现在都延续着年少时对贾荃的称呼，也延续着从小对贾荃强势态度的退让。然而这一次贾荃的言论却连司马攸都无法容忍,“你言重了！檀奴做事自然有他的考虑,你怎可不分青红皂白就侮辱他？”

“我不分青红皂白?”贾荃冷笑着盯住潘岳,“难道让太子娶我后母的女儿,不是你潘岳潘大才子的主意吗？当初我成了齐王妃,继母郭槐就十分嫉妒，扬言日后要让她的女儿比我嫁得更好。这下你帮她遂了心意。她们母女嚣张跋扈倒也罢了,你却让桃符如何自处？你这样做,对得起桃符多年来一直维护你的恩情吗？我要是你,根本就没有颜面再进齐王府大门,更遑论求桃符救你未婚妻一家了！”

“王妃的意思,也是指责我背叛了齐王殿下吗？”好不容易等贾荃疾风骤雨一般发泄完了,潘岳才苦笑着回应了一句。

“难道不是吗？”贾荃见司马攸要开口,抢在他前面厉声道,“太子要娶亲,百官中有的是适龄待嫁的闺秀,为何一定要选贾家的女儿？何况听说天子一直中意的是尚书令卫瓘的女儿卫瑾。若非我继母郭槐贿赂杨皇后,凭她那两个女儿的品貌,又怎么能成为太子妃的人选？一旦他们真的联姻成功,我父亲只怕就会彻底偏心到太子那边,跟我和桃符就更没有亲情可言了！既然如此,那你当初冒死规劝文皇帝让桃符娶我,以便借我父亲的力量保护桃符,岂不是成了一个笑话？”

“那王妃的意思,此事应该如何？”潘岳见司马攸不开口,心中微冷,苍白着脸问。

“自然是群臣进谏,劝阻天子立贾家女儿当太子妃!”贾荃一愣,随口道,“而你若要证明没有背叛桃符,就应该第一个上书劝谏！”

“够了。”司马攸再也听不下去,制止了贾荃对潘岳喋喋不休的斥责,“太子娶亲是天子家事，你那两个妹妹也没有任何失德之处。你让檀奴去上书劝谏,岂不是要害死他吗？”

“他都不怕会害死你,你还怕害死他?”贾荃怒道,“他不知其中利害,难道你自己也不知道？天子原本就对你猜忌有加，对我这个贾家长女嫁给你也耿耿于怀，否则为什么我的山奴是名正言顺的嫡子，这么多年来天子却不肯册立他为齐王世子？以至于那个生了庶子的胡姬还有非分之想……”

“王妃慎言！”司马攸听她挑明了多年来的难言之隐，厉声呵斥了一句。他难得动怒，这声呵斥果真让贾荃一愣。但她也不过只愣了一瞬，随即冷笑着转换了话题，“何况我的母亲至今停灵未葬，若是继母的女儿成了太子妃，我母亲就再也无望归葬贾家坟茔，岂不是要成一辈子的孤魂野鬼？这让我做女儿的日后有什么面目见她于九泉之下？”说到后来，她的语声虽依旧凄厉，眼圈却已是红了，连忙掏出手帕狠狠擦去夺眶而出的泪水。

因为李夫人的事情，齐王夫妇一直关系紧张，甚至不再同室歇宿。可这样当面争执，潘岳还是第一次遇见。他明白这一切都是因为自己所引发，终于忍不住道：“王妃说完了吗？若是说完了，能否听我一言？”

“你别说了，听檀奴解释。”司马攸将激动的贾荃按坐在榻上，目光清澈地望着潘岳点了点头。他虽然相信潘岳不会做出对不起自己的事情，但能亲耳听听他的想法，更能让双方安心。

书房内霎时间安静下来，潘岳却没有急着开口。他走到司马攸宽大的书案前，将一片散开的竹简横架在一方小小的青玉印章之上，又转身从一旁的棋盒中取出了三枚象牙雕刻的象棋子——一枚“帅”，一枚“将”，还有一枚“相”。

“这是当今天子，这是齐王。”潘岳将“帅”“将”两枚棋子分别放置在竹简两端，轻轻移动竹简的位置，细薄的竹简便无法保持平衡，倾斜着一端触上了书案，两枚棋子也从竹简上滑落下来。

“天子与齐王的位置有尊卑高下之分，就像这枚竹简两端各有长短，不可能被支点五五分割。”潘岳指了指斜置在印章上的竹简，将“帅”“将”

两枚棋子重新放置上去，“有了贾司空，就算竹简两端长短不均，也终能保持平衡。”

“这枚‘相’就是我父亲？”贾荃看潘岳将“相”与代表齐王的“将”放置在一处，恰恰将竹简平稳地保持在小小的印章之上，若有所悟，“你这竹简，代表的就是朝廷局势吧？”

“王妃所言甚是。”潘岳点了点头，缓缓道，“朝廷局势向来错综复杂，各方力量也是此消彼长。此刻若是两枚棋子所在那一端太重，王妃觉得会发生什么情形？”

“竹简会连同三枚棋子一起倾倒下来。”贾荃不假思索地回答。

“是的。所以这种时候要保持平衡，只有一种方法。”潘岳说着，伸手将紧靠着“将”的“相”向另一端拨动，当它停留在竹简中心某一个位置时，三枚棋子又重新固定住了竹简的平衡。做完这些，潘岳闭目舒了一口气，不再多说什么。

“你明白了吗？”见贾荃依然怔怔地盯着竹简和棋子，司马攸笑了笑，开口解释，“檀奴的意思，虽然我与贾司空平素政见多有不合，但在天子心中，我们毕竟有姻亲关系，荣辱与共，就像靠在一起的两枚棋子一样。如今这种关系既然已被有心人利用挑拨，为了维持大局的平稳，唯有让贾司空与天子拉近关系，在我和天子之间不偏不倚，才是避免朝局震动的最好方法。”

“而且这样还可以避免另外一种更可能出现的结果。”潘岳指了指那枚“相”，“贾司空被派驻关中，一旦离开朝廷中枢，就会像这样——”他伸手将那枚“相”取下来捏在手中，原本好不容易保持平衡的竹简顷刻间倾斜下来，所有的棋子都骨碌碌地滚落在了书案上。

“所以一旦贾司空离开洛阳，我和天子之间就失去了调节的力量，情况只会变得更糟。”司马攸平和地对呆若木鸡的贾荃道，“檀奴一向都明白贾司空对我至关重要，所以宁可让他亲近天子，也绝不能让他离开朝堂。现在你明白了这制衡的道理，知道自己错怪檀奴了吧？”

“知道是知道，可我还是不甘心！”贾荃憋着一口气，有些埋怨地盯着潘岳，“今后我要是在后母那边受了气，可要唯你是问！”

“这些事情，就不要当着檀奴说了。”司马攸见贾荃终于平静了一些，转而对潘岳和声道，“杨刺史的案子，我一定会尽力。檀奴就放心好了。”

“那就拜托了。”潘岳重重地点了点头，只觉得自己和贾荃一样，都在尽力压榨着司马攸瘦削的身体里残存的力气，顿时又是心疼又是羞愧，当下拱手一揖，“既然这样，我就先告辞了。”

“你要去哪里？”司马攸敏锐地捕捉到潘岳眼中不同寻常的情绪，忽然一把抓住了他，“你救不了他们的，唯一能做的就是安心等待！”

“我官职低微，确实只能将杨家的案子拜托给殿下，可这并不代表我只能在洛阳枯等。”潘岳此刻已经下定了决心，坚定地道，“烦请殿下派人到司空府为我告假，我这就快马赶去荆州，说不定能搜集到对杨刺史有利的证据，顺便还可以……照顾一下阿容。”

“你不用去荆州了，所有的证据都会呈送京师，打探消息你也比不上我骠骑营的斥候。”司马攸叹息道，“何况早在几天之前，杨刺史一家与叛将朱乔、俞赞一起就被押解出城，此刻已经在来洛阳的半道上了……”见潘岳的神情又再度惊恐起来，司马攸赶紧道，“虽然诏旨上写的是槛送京师，但我刚一收到消息就已派人打点，一路上都会对杨刺史和他的家眷多多照顾，断不让他们受苦……”

“够了，檀奴自己有的是主意，你替他瞎操什么心？”贾荃忽然冷笑一声打断了司马攸，款款走上来面对着潘岳，恢复了一贯盛气高贵的齐王妃架势，“我这就吩咐人给你准备马车和盘缠，再派人去给你家人和司空府报信告假。至于能不能保护阿容一家平平安安到达洛阳，就是你的责任了。”

“只要他们顺利到达洛阳，一切就都交给我好了。”司马攸也明白无论自己安排得多么妥帖，潘岳不亲眼看到杨家的情况绝不可能放心。于是他从柜子里取出一枚令牌，塞到潘岳手中："齐王的爵位并无实权，幸而我还暂领骠骑将军一职。你拿着这枚骠骑营的令牌，沿途行事会方便许多。"

"多谢殿……"潘岳还未说完，就听司马攸微微一笑："现在还是殿下吗？"

"多谢桃符，多谢齐王妃！"潘岳眼中含泪，躬身对司马攸和贾荃拜了几拜，这才收好令牌，在齐王府门口登上马车。

"一路小心，我还等着喝你和杨小姐的喜酒呢。"司马攸笑着对潘岳嘱咐了一声，随即再度偏过头，用袖子遮住嘴咳嗽起来。

"你也要保重！"车前马儿扬蹄出发之际，潘岳坐在御马的车座上，回头看了一眼站在王府门口的司马攸和贾荃。他们夫妇俩一个站在台阶下一个站在朱门旁，哪怕司马攸在冷风中咳得面红耳赤，贾荃依旧袖手旁观，和他保持着不小的距离。就仿佛他们因为李夫人造成的鸿沟，永远都难以真正弥合。而造成司马攸如此无奈、贾荃又是如此愤懑的根源，潘岳只意识到一个苗头，就再不敢往下细想。

清晨的洛阳街道上行人寥寥，潘岳的马车得以顺利地到达南城的宣阳门，并在城门开启之后第一个冲出了洛阳城。

马车奔驰在南下的官道上，奋力奔跑的马蹄刨起阵阵黄沙，让人几乎窒息。然而潘岳仍然不断挥动着马鞭，以前所未有的速度向南方的荆州靠近。从司马攸口中得知杨肇一家已经被押解上路，潘岳原本就紧绷的心弦越发被拉扯到了极限，因为他在路上多耽误一刻，杨容姬就会在惊恐无助中多煎熬一刻。潘岳知道那种惊恐无助的滋味，它足以将每一瞬间无限延长，真正让人体会到度日如年的折磨。

八岁时在洛阳城外所见的押解流放情景一次次地盘踞了潘岳的脑

海,让他再也看不见沿途的风景,再也听不见路上的人声。他想起贾充拒纳李夫人回家时,一种流传甚广的说辞便是李夫人在流放途中受到了兵卒的玷污,所以遭到了郭槐的讥讽和贾充的嫌弃。潘岳虽然不敢问司马攸夫妇这传言的真假,却隐隐觉得李夫人的早逝与这些流言有关。那些暧昧的猜测,刀刃一般戳人心肺,却又流水一般无孔不入。

有关李夫人的可怕联想让潘岳越发心急如焚,生怕自己只要晚到一瞬,就会发生某种万劫不复的惨剧。虽然凭借骠骑营的令牌他可以在沿途的驿馆中吃饭住宿,可潘岳哪里舍得在这上面浪费时间。偶尔在驿馆停下掏出令牌,也不过是因为昼夜奔跑的马匹太过疲惫,他不得不要求驿卒给自己的马车换马而已。

马车笨重,奔驰起来不如骑马迅速,潘岳好几次想要抛弃马车改乘单骑,却又顾虑遇见押送杨家老幼的队伍后这马车还能派上用场,终是没有丢弃。只是这样一来,他更加不敢歇宿,换马不换人地日夜兼程,到得后来神智只能勉强辨别去往荆州的道路,竟是连自己究竟离开洛阳多久都忘记了。

这天他匆匆从馆驿里取了两个蒸饼,径直登上马车想要继续赶路,却不料马车尚未启动,一骑快马忽然从身后冲过来,堪堪挡在了自己车前。下一刻,一个恍如裂金碎玉一般的声音骤然响起:"檀郎,等等我!"

潘岳浑浑噩噩地抬起眼,原本有些涣散的眼神慢慢在马上那个苗条婀娜的身影聚焦。他首先看到的是一袭猎猎飘扬的红衣。那红衣原本质地上乘,却因为沾染了太多尘土显得颜色斑驳。可是即使衣衫不再整洁,鬓发不再齐整,妆容不再精致,漫漫沙尘依然挡不住那张白玉般的面庞上夺目的光辉,挡不住那菱角般形状优美的嘴唇弯出的摄人风情。

"胡小姐?"潘岳愣愣地唤了一声,一时想不明白怎么会在这里遇见胡芳。

"你是要去荆州吗?我和你一起去!"因为缺水,胡芳的声音有些嘶哑，却和以前一样坚定。

“请胡小姐回去吧。”潘岳此刻早已筋疲力尽，没有力气去和胡芳做无谓的纠缠。他扯动手中的马缰绳，想要绕开胡芳继续前行。

“你是要去护送杨家姐姐吗？我可以帮你！”胡芳催动马匹继续拦在潘岳马车前，显然早已想好了说辞，“你和杨家姐姐还没有成亲，加上还有其他女眷，你们相处有诸多不便。有我在，照顾起她们来就方便得多了！”

潘岳没有答话。虽然胡芳的说辞有几分道理，但她与杨家非亲非故，对自己更是别有一番情愫，如今杨家大难临头，他怎么可能带着她出现在杨容姬和她的家人面前？于是潘岳只是专心操控着拉车的马匹，觑了一个空隙向着前方的官道直奔下去。

“你这个人，怎么这么无情无义！”胡芳恨恨地瞪圆了眼睛，催动马匹追了上去。单骑的速度毕竟快过马车，不一会儿胡芳就追到了潘岳身边，与他并辔而行，口中抱怨道：“我听说你南下去接杨家姐姐，生怕赶不上你，跨上一匹马就追了出来。你如今不理睬我，我这一路的苦岂不就白受了？别的不说，我已经快一天一夜没吃没喝了。你狠心赶我走也行，先给我些吃的喝的，再让我在你的马车里休息一下，我们再计较。”

“这些给你，马车就不用上来了。”潘岳抓住刚从驿馆里取来的蒸饼和水囊，伸手递给胡芳。

胡芳原本赌气不想接，却实在干渴得厉害，只好在马上斜侧过身子想要伸手接住。她从洛阳一路骑马狂奔而来，姿势几乎从未改变，此刻身子一动，全身的骨骼就仿佛粘在一起又重新打断一般，而双腿内侧更是剧痛难当。她咬着嘴唇低头一看，忽然吓得大叫：“我……我受伤了！”

她叫声凄惶，潘岳也不能置之不理，转头一看，果然发现胡芳的红裙上沾染了不少血迹，只是颜色仿佛，不仔细看根本看不出来。他不眠不休赶了好几天的路，此刻脑子比平日迟钝了许多，还没转过念头来，胡芳已经又惊又怕地从马背上滑下,坐在路边放声大哭起来。

事到如今,潘岳也无法再对她不理不睬,只好勒住马跳下马车,走到她身边查看究竟。

因为胡芳伤处尴尬,潘岳不敢多看,只能蹲在她身边问:“怎么会受伤了?”

“还不都是因为你!”胡芳只觉得双腿不断痉挛,又痛又委屈,眼泪更是忍不住一颗颗滚下脸颊,“我为了追上你骑了一天一夜的马,腿都被马鞍磨破了……偏你还不识好人心……”说完将脸埋在屈起的膝盖上,呜呜哭泣不肯再理潘岳。

潘岳知道骑马固然快捷,长期骑乘却最是伤人,更何况胡芳是养尊处优的高门贵女。此刻他不好再提赶她回去的话,只能叹口气道:“你先上车,我送你到下一个市镇去瞧大夫。”

“只是小伤,不用去瞧大夫,只要不用骑马就好了。”胡芳原本是个爽直的性格,此刻好不容易得了潘岳的允许,顿时喜笑颜开,用手在地上一撑就想站起来。然而还没迈出步子,她轻哼一声再度跌坐在地上,委屈地哽咽道:“我腿好疼……走不了路了。”

眼看潘岳站在原地不说话,胡芳只当他是怀疑自己故意拿捏作态,索性把话说开:“孟子说‘嫂溺,援之以手’,我虽然不是你嫂子,但……”

她话还未说完,潘岳已经弯下腰,一把将她抱了起来。胡芳轻呼一声,只觉天地一下子倒转倾覆,让她还没有准备好就完完全全迷失了方向。她顺势抓住了潘岳的胳膊,娇羞不胜地将头靠在了他的怀中,感受着他胸腔中心脏的跳动,只觉哪怕自己一辈子的等待只换来这亲密的一瞬也值得了。然而这甜蜜的潮水只涌来了一瞬,还未让她品尝清楚滋味,潘岳已经将她放在了马车上。

潘岳的手臂抽离的瞬间,胡芳对上了他的眼睛。与她含情脉脉恍如秋水的目光不同,潘岳的眼神肃然,平静得没有一丝波澜,让胡芳的心一下子凉了下去。于是她假作若无其事地转开脸，自己在车厢内找了个舒服的位子，强笑着对潘岳道："我知道你急着去接杨家姐姐，就不用管我了，专心赶路吧！"

"那好，你好生歇着。"潘岳将蒸饼和水囊递给胡芳，又将她的马和马车套在一起，这才重新坐上车座，扬鞭赶路。

胡芳一口气喝了半囊水，又吃了一个蒸饼，这才觉得缓过一口气。下一刻，长途跋涉的疲惫如同一袭厚重的大氅覆盖了她，让她连腿上磨伤的疼痛都忽略了，身子一歪靠在车座上，缓缓垂下了眼睫。

虽然身体已经疲乏到极处，但胡芳又如何舍得睡去。她伏在车座上，竭力撑开眼皮凝望着潘岳驾车的背影，发现距离上次在洛阳见他，他骤然消瘦了许多，两根肩骨随着他驾车的动作从衣衫下支起，突兀而坚硬，仿佛承载着许多沉甸甸却不愿与她分担的东西。胡芳一时间只觉得心中又软又热、又酸又苦，眼泪就不争气地涌了上来。她捂住自己的嘴不肯发出声音，就这么无声地啜泣着，不知什么时候睡了过去。

等到胡芳醒来时，日头已经西斜，而眼角的泪早已干了。她揉了揉眼睛坐起身，发现车厢前方那个驾车的背影与她尚未入睡时一模一样，挽缰持鞭，腰背挺直，就仿佛一张线条流畅的上古名弓，紧绷的龙筋弓弦一刻也不曾放松过。

眼神无意识瞥到身边座位上剩下的一个蒸饼，胡芳心中一跳，赶紧爬到车厢门口，仰头望着他："檀郎，你没吃东西？"

"我不饿。"潘岳脑子里昏昏沉沉，麻木的身体更是感受不到丝毫饥渴。他想要摇摇头，却觉得脖子已经僵住了无法运动，只能本能地抓紧了马缰绳，仿佛这样就可以支撑自己早已僵硬的身体。

胡芳见他连转头看自己一眼都不肯，讪讪地不再开口，只坐在车厢边缘静静地望着潘岳的侧影。经过几日不眠不休的赶路，潘岳的脸颊被太阳晒得又黑又瘦，眼下是大片暗黑色的阴影，下巴上也冒出了青色的胡茬，与他在洛阳城内的丰神如玉、优雅从容大相径庭。可是胡芳却觉得，即使如此狼狈憔悴，自己却更将他爱到了骨血之中。他这落拓却坚定的模样，虽然不是为她，却让她感动得几乎又要落泪。

他默默地赶着马车，而她却只是默默地看着他。他们身边除了马蹄的嗒嗒声和车轮的辘辘声，就是迎面而来的春风提醒着他们正在向着南方奔驰。

不知马车又行进了多久，前方隐隐约约出现了一座城镇的轮廓。潘岳抖了抖手中缰绳，轻轻舒了一口气："城中必有医馆，到时候就请胡小姐下车疗伤，然后回洛阳去吧。"

胡芳想说"我不回去"，却又知道潘岳的性格表面温润，骨子里却极为倔强，便放弃争辩，心中暗暗盘算着待会儿怎么赖在车中。然而还不等她想出一个万全之策，疾驰的马车却在城门外生生顿住，让胡芳身子一倾，几乎摔在车厢底板上。

"怎么了？"胡芳惊讶地抬头询问，却发现潘岳一直挺直的背影骤然一斜，竟是一头从马车上栽了下去！

"檀郎！"胡芳心胆俱裂，也顾不得双腿伤处疼痛，纵身就跳下了马车。她一把抱住潘岳的肩膀将他揽在怀中，大着胆子摸上他的额头，这才发现触手滚烫，也不知他已经高烧了多久。她颤着声音又唤了几声，只觉得自己的魂魄都要化成冷汗挣出身体，终于看见潘岳紧闭的双眼缓缓睁了开来。

潘岳彼时只觉得眼前一黑，却几乎是一瞬间便挣扎着清醒过来。他感到有水珠落在自己发烫的面颊上，带来些许舒服的凉意，便凝起力气慢慢坐直了身体，对胡芳哑声道："请给我一点水。"

胡芳看着潘岳不经意地抬起袖子，抹去了自己滴在他脸上的泪水，顿时有些痴了，半晌才反应过来他的意思。她脸上一片赤红，赶紧从车厢里取出了剩下的半囊水，递到了潘岳的唇边。

潘岳一口气喝干了水，昏沉的头脑终于清爽了一些。他歇了一阵重新登上车座，见胡芳只是愣愣地站在原地，不禁疑惑地皱了皱眉："胡小姐是打算回去了吗？"

"我才没有！"胡芳跺了跺脚，忽然一把冲到潘岳身边，将马缰绳从他手中夺了过去，怒斥道，"你疯了吗？再这样不吃不喝不眠不休，只怕还没到荆州，你已经在半道上病死了！"

"我的身体我自己清楚，只是着凉而已，过几天就好了。"潘岳想要伸手拿回缰绳，却不料胡芳两步跨到了车座边，伸手就把他往车厢里推，"你去睡觉，我来赶车！"

"你会赶车？"潘岳轻轻一哂。胡芳虽然是将门虎女，从小练习过骑射，但驾车这种抛头露面的事情，她一个大家闺秀怎么可能学过？

"我不会，但是你现在可以教我！"胡芳看着前方的城墙，坚决地说，"等出了城就是平整官道，那时候就由我来赶车。咱们轮流休息，日夜兼程，才能保证早日顺利接到杨家姐姐！"

"好吧。"看着胡芳熠熠生光仿佛琉璃珠一般的眼眸，潘岳也知道再不休息，自己的身体断不能再支撑下去，终于点了点头。不能不承认，对于眼前这个明媚如阳光一般的少女，他的心中有着深深的愧欠。可是他唯一的选择，只能是背转身去，静默地不做任何回应，任凭那温暖的阳光在自己身前拖出长长的阴影。

第五章

劫难

名余以国士，眷余以嘉姻。

——潘岳

洛阳到荆州超过千里之遥，就算是加急军报快马不眠不休也要奔驰六七天左右，更遑论笨重的囚车和步行的兵卒了。潘岳和胡芳轮流驾车，沿途又凭借骠骑营的令牌在驿站换马，终于在第五天遇见了押送杨家进京的队伍。

“你确定那就是吗？”胡芳扶着车篷站在车辕旁，踮着脚望向远方那一队人马，“我只看见了几辆囚车，没看见女眷……”

“在队尾的那辆马车里。”潘岳勉强吐出这几个字，只觉得喉咙干涩，再发不出声音来。他颤着手抖动缰绳，将马车拉到官道边停下，一撩衣襟跳下车去。

“你干什么？”胡芳的目光赶紧从远处一辆破旧狭窄的马车上收回，惊讶地发现潘岳伸手拨开路边的荆棘，钻进了路边的树丛。他抬着头在树丛里转了一会儿，终于找到了两枚鸽蛋大小的野果，小心翼翼地摘了下来。

“檀郎，你饿了吗？马车里我留了干粮……”胡芳眼见潘岳捧着野果的手上被荆棘划出了几条血口，又是心疼又是疑惑，“这路边的野果可不能乱吃的……”

“不是用来吃的。”潘岳摇了摇头，把那两颗黄澄澄的不知名的野果在手中摩挲了一下，仿佛想起了什么，嘴角忽然勾起一丝笑意。

胡芳怔怔地望着他，不明白那苦涩的笑意究竟代表了什么，只明白自己无论多么努力，于他终究只是外人，并不比路上擦肩而过的陌生人更贴近他的内心。她深吸一口气压下眼中的酸涩，将被马缰绳磨破的手掌暗暗在裙摆上搓了搓，终于笑了出来："准备好你的令牌，他们来了。"

潘岳将两颗野果塞进袖中，又习惯性地整理了一下衣冠，这才取出骠骑营令牌，拦在官道正中，对押解队伍为首的偏将道："下官潘岳，奉骠骑将军齐王之命，前来协助押解杨氏一门入京。"

世人都知檀郎美名，却未必知道檀郎本名就是潘岳，更不会知道潘岳与荆州刺史杨肇之女的婚姻。因此那偏将虽见潘岳相貌不俗，却也没有多想，只把潘岳所持的骠骑营令牌拿在手中验看了一下，随口问道："不瞒潘郎君，末将奉朝廷之命押解犯官入京时，齐王殿下已经打过招呼，所以我们对杨刺史一家颇多优待。不知此番齐王殿下为何还要专程派潘郎君前来？"

"杨刺史乃是朝廷重臣，目前尚未定罪。因此齐王派下官前来照看，也是为了维护朝廷体制，以免节外生枝。"潘岳斟酌着回答。

"齐王殿下贤善，天下皆知。"偏将见潘岳所驾的马车宽大气派，显然不是普通官家之物，猜测潘岳乃是齐王心腹，不愿得罪，"既然如此，就辛苦潘郎君了。囚车行路速度慢，只怕还要多吃几天风沙。"

"将军客气了。"潘岳有意无意地瞟过偏将身后的几辆囚车，试探着问，"不知下官可否跟杨刺史说几句话？"

"当然可以，潘郎君请自便。"那偏将见齐王对杨肇如此看重，虽然不知就里，却也乐得向一人之下万人之上的齐王做个顺水人情，当下命令全员就地休息，放任潘岳走进了押解队伍中。

潘岳的目光从队伍末尾那辆狭小的破旧马车上扫过，见里面一片平静，心中略略安定了一些。随即他收回目光，粗略地在被军卒团团围住的三辆囚车上分辨了一下，认出其中一名犯人是杨容姬的父亲杨肇，而另两名面生之人应该就是被怀疑为奸细的东吴降将朱乔和俞赞了。

朝廷对杨肇的命令是“槛送京师”。所谓“槛”是指“槛车”，就是用木栏围成的囚车。虽然一样是用囚车押送，但这其中可供押解之人玩耍的花样也不少。囚车狭小，不避风雨，车顶又有可供伸出头颅的孔洞。若是押解之人存心要折磨人犯，只消将他的脖子卡在车顶孔洞之中，再将双腕用镣铐锁在车栏之上。如此一来，人犯无法坐卧甚至无法站直，不出几个时辰就会全身痛不可当，等押解到目的地时早已气息奄奄，就算侥幸保住性命，也会留下终身痼疾。因此当初潘岳一听“槛送”二字便心胆生寒，无法想象当年摸着自己的头称赞自己有国士之才、提出要把爱女阿容许配给自己的儒将杨肇，是否也会承受如此沉重的羞辱与折磨。

幸好，当亲眼看到杨肇此刻的情形时，他悬了多日的心终于落回胸膛中。有了齐王司马攸的特意关照，监军徐胤和他的手下并未为难杨肇。此刻杨肇虽然头发蓬乱、身着囚服，脸上却并无伤病之色。他静静地靠着栏杆坐在囚车之内，望向潘岳的眼中满是惊讶与欣慰。

“杨刺史。”潘岳无法当众表露与杨家的关系，只能站在杨肇的囚车外拱手为礼，尽量用平静的声音说，“齐王派下官前来照看杨刺史。刺史大人若有什么要求，只管对下官言明，下官一定竭力办到。”说到最后，虽然潘岳极力压制，仍是不可避免地传出一丝哽咽之声。

“多谢齐王，我很好。”杨肇举了举戴着镣铐的双手，在囚车内挺了挺腰板，看样子若是能站起身，他必定要肃立答礼，“潘郎君若是得便，还请转告朝廷，我杨肇打了败仗，乃是技不如人，甘愿领败军之罪。但杨肇一生坦坦荡荡，绝无与东吴苟且之事。杨肇可死，但绝不愿担着通敌罪名而死！”

杨肇这几句话语声琅琅，掷地有声，让潘岳紧绷的心弦略略放松。他对着杨肇一躬到地，沉声道：“杨刺史放心，下官一定竭尽全力，助杨刺史洗清冤屈。”

“若是证据湮灭，无法洗清呢？”杨肇忽然咄咄逼人地问。

“若是无法洗清……”潘岳咬了咬牙，声音低沉却果决，“下官也会铭记约定，断不会让杨刺史失望。”

“好，好！”杨肇心知潘岳所称的约定便是与杨容姬的婚约，心中顿时宽慰。他闭了闭眼睛，掩去眸中残余的一缕忧思，“还请潘郎君转告齐王，杨肇有罪，不及家人。若是朝廷将杨肇明正典刑，还请齐王安排小女在我临刑前出嫁，以免还要为我守孝三年。她已经被耽搁了太久，不能再耽搁下去了……”

“下官记下了，请杨刺史保重。”潘岳再度躬身为礼，只怕自己再说下去就要流下泪来。虽然杨肇的处境比他想象的要好，但最开始的担忧释去之后，取而代之的便是无法挥去的惨伤。他竭力不去回忆当年杨肇峨冠博带气宇轩昂的模样，努力稳住脚步慢慢走向自己的马车。

“潘郎君说完了吗？说完我们就继续上路了。”带队的偏将从路边站了起来。

“说完了，不过下官还有一件事请将军通融。”潘岳指了指自己的马车，车帘上还绣着一个古篆体的“齐”字，“朝廷虽明令将杨刺史槛送回京，但尚未免官定罪，至今犹算官身，那他的家眷也自然还算官眷。因此望将军首肯，将杨家女眷移送到下官这辆马车之中。”

“将杨家女眷移交给你？”那偏将眉毛一挑，显然生出了疑心，“男女大防，难道齐王殿下不曾考虑过？”

“齐王殿下当然考虑得十分周全。”一个清脆的声音忽然插了进来，竟是一直躲在车厢内的胡芳掀开车帘走了出来。她和潘岳没日没夜奔驰了几天，原本都是风沙满面憔悴落拓，此刻她躲在车厢内用清水洗净了面容，又重新梳理了头发，便恍如一颗明珠掸掉了尘土、一轮明月拂去了云翳，瞬间焕发出夺目的光彩，顿时把那偏将看得呆了。

“妾身乃是齐王……府中人，原本不想抛头露面，但齐王殿下命我前来照看杨家女眷,还望将军通融。”自称齐王府中人时,胡芳有些迟疑地埋下头去,生怕被人看穿自己的谎言,然而她这副神态落在那偏将眼中,却如海棠含羞娇美不胜。那偏将当即忙不迭地点头应允:“既是齐王有命,末将怎敢不从!这就将杨家女眷转挪过来。”

胡芳心中得意,朝一旁的潘岳挑了挑眼角。潘岳料不到她为了帮自己竟不惜损伤名节,震惊之余,却又更添了几许无奈。

得了为首偏将的命令,有兵卒将队尾那辆破旧窄小的马车赶了过来,吆喝着里面的人下车。此时杨肇的夫人早已过世,长子杨潭和次子杨歆都已在任上被拘,因此走下车来的乃是杨潭、杨歆的妻子,还有几个最大不过七八岁、最小尚在襁褓之中的孩子。

见那狭窄的车厢里塞了这么多人,潘岳暗暗攥住了自己的手指。他站在一旁,静静地等着两个年轻的母亲领着孩子们登上自己带来的宽大马车,眼光始终一瞬不瞬地紧盯着那辆破车,生怕只一眨眼,就错过了杨容姬。

终于,一只纤纤素手掀开车帘,露出一个身穿素衣的苗条身影。虽然此刻落难不能再做千金小姐的装扮,但这简洁朴素的模样,与数年前潘岳在邙山遇见的杨容姬毫无二致。就仿佛他和她之间不过只是昨日分别,所有的一切都依然是那么熟悉而亲切。

杨容姬的手中提着两个沉重的包裹,显然是为了收拾一家人的随身物品才耽搁了时间。潘岳见她提着包裹下车颇不方便,身子一倾几乎想要上前帮忙,却只能硬生生地顿在原地。齐王一向仁慈,派人暗中照拂老臣只是寻常。可若是被这些押解的官兵知晓潘岳与杨家的关系并传扬出去,司马攸的公心就会变成徇私,擅用骠骑营令牌也会遭到弹劾。到时候不仅营救杨肇会引发不必要的猜疑,只怕司马攸本人都要受到皇帝和政敌的指责了。

齐王司马攸虽然在朝野深孚众望,但睁大眼睛寻他错处的人也绝不会少。如履薄冰,如行刀尖,任何一点微小的差错都可能引来灭顶之灾,这才是齐王司马攸的真正处境。

潘岳满心纠结之际,杨容姬已经拎着包裹走下了马车。她状若无意地看了一眼胡芳,又朝潘岳这边扫了一眼,随即目不斜视地跟着两位嫂嫂上了新车。

目光只是交接了一瞬,却仿佛溪水贯通,让潘岳蓦地看懂了杨容姬的内心——惊讶,宽慰,还有一分不轻不重的嗔怨。

是嗔怪自己来得太迟了吗？见杨容姬刻意避开车厢上胡芳搀扶的手,自己拎着沉重的包袱上了车,潘岳心中一沉,忽然想起了在洛阳分别时她告诉自己的秘密——

“你和其他女子往来的事,别看我很大度,其实我——最爱吃醋了。”

糟糕。潘岳暗叫了一声,自己千不该万不该,不该同意胡芳一起前来。看这样子,他的阿容是吃醋了,只是她那个人,就算生再大的气也可以隐忍不发,但他以后该怎么跟她解释？

心念电转,潘岳的目光却一直追随着杨容姬的背影。就在车帘即将合上的那一刻,潘岳蓦地发现了一件事。这个发现让他仿佛被抛进了激流之中,四面八方涌来的浪头劈头盖脸地砸下,就连杨容姬吃醋这样的“大事”都已经不再重要了。

因为他清清楚楚地看见,杨容姬的衣服,无论衣领、袖口还是裙腰,全部用针线密密麻麻地缝了起来。这样的举措,从来只有身处险境却又拼死想护住贞洁的女子所为。那这是否说明,杨容姬也遭受过类似的威胁？

有那么一瞬,潘岳恨不得一把抓住领头偏将的脖领,大声质问究竟发生过什么。可是那除了让杨容姬在大庭广众之下感到羞辱,又有什么意义呢？发生过的事情已经发生,就算要追查,也应该等到达洛阳之后秘密进行。更何况,就算真的发生过什么,他又怎么可能因为这个抛弃他等待了十年的未婚妻？他现在要做的，反倒是千方百计隐瞒下此事，以免被潘家族人知道，为他们增添一条与杨家退婚的借口。

道理虽然条理分明，可潘岳还是觉得那一刻心脏如被一只大手攥住，让他痛得几乎站立不稳。直到负责押送的偏将唤了好几次，潘岳才勉强拖着脚步，振作精神爬上马车的车座，驾驭着马车跟随在三辆囚车和兵卒之后，朝着洛阳的方向迤逦行去。

一旦恢复了清明，潘岳只顾着小心翼翼地操控马匹，尽量将马车行驶得平平稳稳。此刻杨容姬就在他身后的车厢内，相隔不到五尺，他甚至能在幼儿的啼哭吵闹声中隐约听见她安抚劝慰的声音。这近在咫尺的距离让他莫名地感到心安，只觉自己跋涉多日总算没有白费。从现在开始，无论发生什么，他都会一直守护在她的身边。

马车周围都是押解的兵卒，以至于潘岳甚至不敢隔着车帘与杨容姬说上一句话。而为免多生事端，杨家女眷们除了迫不得已，一直都安安静静地躲在车厢内，连带着胡芳也不好放肆，只能老老实实地窝在车里，俨然一副规规矩矩的“齐王府中人”模样。

打尖吃饭的时候，女眷们也得以下车走动一阵。潘岳想要找个机会和杨容姬说话，杨容姬却眼观鼻鼻观心，就是不理他。见潘岳锲而不舍地问寒问暖，杨容姬最多只抛下一句话：“有什么话，郎君让胡小姐转达就好了。”

看这样子，果真是吃醋了，而且吃得还不少！潘岳心中叫苦，却又想到杨容姬此刻乍逢家难，前途未卜，自然更患得患失。那他该怎么做，才能宽慰她焦灼的心绪呢？

等到重新登车的时候，杨容姬忽然听到车座上的潘岳淡淡说了一句：“你的东西掉了。”低头一看，果见脚边多了两个黄澄澄圆滚滚的东西。她一时也来不及细看，只是迅速将它们捡起来，攥在了手心之中。与此同时，杨容姬将手中一把草药放在了车座旁，低低地嘱咐了一声：“泡水服用,可治风寒。”

潘岳身子一颤,凝目去看她,杨容姬却已被士兵们催促着钻进了车厢内。他不动声色地捡起她为他采的草药,放在鼻下深深吸了一口气,只觉得一股淡淡药香沁入肺腑,折磨他多日的外感内忧之症仿佛顿时减轻了不少。看来,就算是吃醋,杨容姬的心里还是装着他的。

等到马车又颠簸着重新上路,车厢内的杨容姬借着车帘缝隙透进来的光线,缓缓打开了湿润的手心。待到她看清手中那两个浅黄色的东西是什么,从家门遭逢大变后一直努力保持的镇静顷刻崩塌,她猛地抬起另一只手挡住眼睛,却终究没有挡住滚滚涌出的泪水。

齐王府的马车虽然宽敞,但塞了七八个人后也显得逼仄,一举一动都无法回避他人。下一刻,一个稚嫩的声音就响了起来:“姑姑,你怎么哭了?”

杨容姬听得出说话的是刚满五岁的侄儿杨经。但她一时没有力气开口,只是摆了摆手,示意自己无碍。

“杨姐姐怎么了?”胡芳和杨家家眷坐在同一辆马车中,早见惯了两位嫂嫂思念丈夫、担忧未来的泪水,但看见性格坚忍的杨容姬落泪还是头一遭。她凑到杨容姬身边,却不知道该如何开口安慰,只好去拉杨容姬放在膝上的手,目光也顿时凝固在了杨容姬的手心中。

此刻安安静静躺在杨容姬手心中的,是两颗黄色的野果。只是有人在野果上巧妙地切削了几刀,便将平平无奇的野果变成了憨态可掬的小鸭子。两只黄澄澄的小雏鸭挨挨挤挤地凑在一起,耳鬓厮磨,亲密无间。哪怕没有片言只字,也足以领会到制作者内心澎湃的浓浓情意。

只第一眼,胡芳就认出了这两只小鸭子从何而来。她的眼前闪过潘岳采摘野果时手上被荆棘划出的血痕,轻轻叹了一口气:“杨姐姐别哭了,你不知道我有多羡慕你呢。”话音未落,胡芳敏捷地转过身,挡住了好奇扑过来的几个小孩子,“都乖乖地回去坐好。那是姑姑的小鸭子,谁也不许抢！”见五岁的杨经瘪嘴要哭，胡芳又慌忙搂住他道，“不哭不哭。等到了洛阳，我给你们买真的小鸭子，会跑会动，比姑姑的好看多啦。骗你们的是小狗！”

见胡芳手忙脚乱地应付小孩子，杨容姬终于忍不住莞尔一笑，下意识想从袖子里掏出手帕将小鸭子包起来，才发现袖口早已被自己用针线缝得死死的，一丝缝隙也没有留下。于是她脸色一变，只是默默地把两个小果鸭放在了自己的座位旁边，眼中渐渐恢复了平日的深邃与稳静。

囚车行驶缓慢，参与押送的又多是步卒，因此回洛阳的行程比潘岳胡芳星夜赶来时慢了许多。潘岳每日缓缓赶着马车跟在队尾，只为了身周士卒略少些，可以趁着清静捕捉到杨容姬在车内的声音。为不落人口实，潘岳与杨家家眷几乎不交一言，与杨容姬更是几乎连眼神都难以触碰。可即使这样，潘岳依然希望回归洛阳的道路漫漫无际，这样就不用面对盘踞在洛阳等待杨家，也等待着他们的狰狞命运。

晋朝开国以来，虽然与东吴、羌氐偶有战事，境内却一直太平。因此谁也不会想到，当行程已过大半之时，变故会陡然发生。

那时正是黄昏时分，按照计划，只要穿过前方的树林，他们就能在天黑前到达歇宿的驿馆。

这片树林中杂生着各种树木，但最多的是泡桐树。此刻正是泡桐开花的季节，紫色的花朵密密麻麻地挂满了枝头，仿佛一个个迎风摇摆的铃铛，在夕阳的照耀下闪着金色的光。潘岳驾驶的马车从树林中穿过的时候，一朵一朵的泡桐花从天而降，如同雨点一般落在他的衣襟上，而他身后的踏板旁、车帘下，也堆积出了一层紫色的花朵。

不同于杨家女眷们的谨慎，胡芳大胆地掀开车帘探出身子，打算捡几朵完好的泡桐花，给车厢内憋闷坏了的孩子们玩。然而就在她埋着头挑选落花时，潘岳忽然伸手在她肩上猛推了一把：“快回去！”

胡芳一惊,抬头正看见一队黑衣蒙面人从树林深处冲了过来。他们手中都举着明晃晃的刀剑,跑在最前面的人已经砍倒了两个押解的兵卒。带队的偏将措手不及,只能大声呼喝着手下仓促应战。一时间兵刃出鞘碰撞之声、双方斥骂惨呼之声不绝于耳,原本静谧幽美的树林中一片混乱。

潘岳驾驶的马车照例排在队尾,那群黑衣人一时之间还没能攻杀过来。他凝目观察了片刻,发现那群黑衣人的目标是押解队伍正中的三辆囚车,一时也分不清他们的意图,只能向马车旁的士卒要了一副弓箭,悄悄地将马车向远方退去。幸而那些黑衣人的注意力都在囚车那边,并未注意到他们已经越跑越远。

“我父亲怎么样?”车厢内忽然传出一个焦虑的声音,正是杨容姬。此时此刻,她再顾不得和潘岳拈酸赌气,主动开口和他说话。

“应该没事。”潘岳一边驾着马车逃遁,一边回头查看身后的动静,“那些黑衣人主要是冲着两个东吴降将来的,看样子不是要杀他们,而是想把他们救走。”

“他们不是为父亲来的就好……”杨容姬略略松了一口气,攥紧了手中的车帘。她心里清楚,无论那些人是来杀父亲杨肇还是来救他,都只能证明父亲与东吴勾结,杨家都会大祸临头。

“那些黑衣人都操着江南口音,看样子应该是东吴的旧部。”潘岳也想到了这一层。此时此刻杨肇的囚车无人理会,对杨肇和杨家反倒是幸事。

一口气跑出二里多地,潘岳远远地将马车停在道边的山坡顶上,这样即使不下车,也可以隐约见到树林中的情形。

此刻天色渐渐昏暗,可围绕在囚车附近的打斗仍然在继续。若丢失了押送的囚犯,负责押解的偏将便是死罪,其余兵卒也都要遭受杖责和流徙。因此官军们虽然疲累,依然骁勇不减。相比而言,那群黑衣人却没有了刚刚冲出来的悍勇,显然见官军严防死守,心中暗暗生出了溃退之意。

果然,又打斗了一阵,黑衣人中为首一人忽然操着东吴口音大呼一声:“朱乔、俞赞二位将军,我们下次再来救你们!兄弟们,撤!”随即率先夺路而去。而他手下那些黑衣人,也仿佛一勺泼进油锅里的水,朝着四面八方炸了开去。

“乌合之众。”站在远处车辕上的潘岳看到这个结局,心中一宽,笑着摇了摇头。而官军虽然想抓住活口,却要牢牢护住囚车不敢走远,加上这些黑衣人四处逃散,攀树援藤,行动迅捷,一时间竟如鱼归大海,难以捕捉。

危机消弭,潘岳拉起马缰绳,打算驾驶马车回到官军队伍中去。然而他还未起步,两个逃窜的黑衣人便从树林里跑了出来,迎面看见这辆装饰华贵的马车,眼中顿时一亮。

“奶奶的,送上门的生意,车里肯定藏着好东西!”一个黑衣人肆无忌惮地笑道。

“杀了赶车人,抢了他的马车!”另一个黑衣人面无表情地回答。听他淡漠的口气,杀人抢劫和喝酒吃肉并没有什么不同。

耳听这两个黑衣人的对答与真正的强盗无异,潘岳心知不妙。正待思索对策,两个黑衣人已经举起带血的长刀,一边朝马车奔来,一边呼喝潘岳下车。潘岳心中迅速估算了一下距离,知道就算此刻开始驱马奔驰,以那两人的身手也轻而易举可以攀上车来。一旦被他们抢夺到马车的控制权,不仅自己凶多吉少,车厢内的女眷和幼童只怕都会遭到毒手。

心念电转之间,潘岳一把抄起方才要来的弓箭,一挺身在车座上站了起来。他虽然从未上过战场,但“射”本是儒家六艺之一,他从十五岁开始便勤加练习,以前在琅琊时也曾和王裁一起去山中射过雉鸡和野鹿。此刻生死攸关,他一把便将弓弦拉了个满,瞄准其中一个黑衣人射了出去。

那黑衣人猝不及防，被这一箭不偏不倚射进了小腹。他惨叫一声，举着刀带着箭兀自往前冲了两步,终于一头栽在地上。

潘岳见一击得中,正想搭弓再射出一箭,冷不防肩头一痛,竟是被另一个黑衣人甩出的匕首深深扎进了肩窝。剧痛中他手一松弓箭掉落在地,另一只手本能地抓住马缰绳想要驾车逃离。那没有受伤的黑衣人却仿佛一只出笼猛虎,扑过来旋身一踢,便将他踹下了马车。还未等潘岳爬起身,那黑衣人已双脚稳稳地落在他身前,手中带血的刀刃朝着潘岳的胸口直扎下来。

眼看那一刀就要扎个正着,忽然一条马鞭从天而降,恰正抽在那黑衣人的头脸上,而一把匕首也从黑衣人背后袭来,直直扎往他的后心。黑衣人仓促间旋身躲开匕首,脸侧却依然被马鞭抽出一条血口,让他抽刀下刺的动作不由得缓了一缓。潘岳趁此机会翻滚着躲过了这致命一击,却不防身边是一道极为陡峭的山梁。他情急之下收势不住,顷刻便沿着山梁直滚了下去。

最后的视线中,他看到的是抓着马鞭的杨容姬焦急仓皇的面容。

“檀郎！”兀自握着匕首的胡芳大叫了一声,跳下马车就想朝山梁下冲,却被那黑衣人一把拧住了胳膊,狠狠地将匕首夺了过去。

那黑衣人见自己被两个女子偷袭,脸上还被杨容姬狠狠抽了一鞭,心中愤恨,随手抓过胡芳一匕首就想扎下去。胡芳转过脸狠狠地怒视着他,一张俏脸憋得通红,仿佛怒放的牡丹,一时竟将那黑衣人看得心猿意马,抡开的胳膊陡然僵在半空,呆呆地扎不下去。

趁黑衣人愣神之际,胡芳忽然一口咬在他抓住自己的手上,想要借机挣脱。然而那黑衣人出身草莽,哪里会将这点小伤痛放在眼里,当即一把拎着胡芳甩回马车上,自己却一把抓住了马缰绳,竟是要连车带人一起抢走。

这一番变故来得突兀,车厢内的几个孩子耐不住惊吓,早已放声大哭起来。那黑衣人原本就杀红了眼,此刻听到哭声更是杀心大起,抓起长刀一把扯开了车帘,顿时将车内的女人和孩子们吓得惊叫起来。

眼看黑衣人就要行凶,好不容易从车厢门口爬起来的胡芳猛地伸手抓住了黑衣人的脚踝,同时大叫救命。此时此刻她只盼自己的呼救声能够传到远处的官兵耳中。可就算官兵们听到动静追踪过来,只怕黑衣人早已杀完了人,驾着马车逃之夭夭了。

“闭嘴,要不我先杀了你!”黑衣人朝胡芳踹了几脚,见她只是痛叫,却还是死死不肯放手,目中便露出了凶光,随手将掌中匕首一抛,擦着胡芳的鼻尖扎进了车板之中。这个女人虽然是个绝色,但性格太倔不肯顺从,他情急之下未必会留下她的性命。

“你放了他们,我跟你走。”车厢外忽然响起了一个平静的声音,随即一只手轻轻地朝黑衣人伸了过来。那黑衣人一个激灵,猛地回过头,才发现自己背后站着一个面目清丽的年轻女子,正是方才用马鞭抽自己的那个。

“官军马上就会过来,壮士是打算留下来对付他们,还是打算带着我离开?”那清丽女子自然是杨容姬。此刻她俯下身将胡芳扶到车厢内坐好,抬起脸朝黑衣人莞尔一笑,“她虽然比我美,但我会比她听话得多。”说着,她扔下了手中的马鞭,还俯身将黑衣人扎在车板上的匕首一把拔出,远远抛了出去,以示自己毫无反抗之力。

“你为什么要跟我走?”黑衣人暴戾地紧盯着杨容姬,显然在防备她要出什么花样。

“我是朝廷钦犯,到了洛阳免不了一死,不如跟着壮士逃离,总还能保留性命。”杨容姬从容地回答着,又斜睨了胡芳一眼,“她是看守,和我们不一样,自然我和她的选择也不一样。”

“少废话，你们两个，还有你、你——”黑衣人满是煞气的眼睛一横，伸手指向了杨容姬两个缩在车厢角落里的嫂嫂，“老子全都要带走！”说完，他眼睛一愣，又充满杀意地瞥向了缩在母亲怀中瑟瑟发抖的几个小孩子。

“请问壮士是打算驾车带我们走吗？”杨容姬见那黑衣人一愣，知道说中了他的心思，随即轻笑一声，“马车行走不快，我们人又太多，壮士驾着马车势必很快会被官兵追上。不如解了驾车的马匹，壮士只带着妾身快马加鞭而去，更容易远走高飞。”

那黑衣人刚才已经尝试过驱赶马车，知道这辆装饰华贵的马车宽大厚重，行驶起来虽然平稳却难以加速。他担忧搜寻的官兵即刻就会赶来，心里合计了一下便觉得杨容姬说得在理，当即点了点头：“好，我这就去卸马。你要是不乖乖跟我走，我就杀了这儿的所有人！”说着，扯开车帘跳下车去。

“阿容，你真的要跟他走？”见黑衣人果然将拉车的两匹马卸下，杨容姬的二嫂啜泣着问。

杨容姬默默点了点头。谁都看得出黑衣人手握利刃功夫了得，就算她们几个女子一起反抗都未必有胜算，何况还有几个年幼的孩子。无论是胡芳、嫂嫂还是侄儿侄女，她都不能拿他们冒险。

“壮士，借一下你的刀。”杨容姬忽然对黑衣人道。

“你要干什么？”黑衣人疑惑地威胁，“你要是敢自杀，我就杀光他们！”

“既然要伺候壮士，当然不能像现在这样。”杨容姬笑着指了指自己用针线密密缝死的衣领，“要不就劳烦壮士动手吧。”

“算你识相。”黑衣人刀尖一晃，果然一下子便挑断了杨容姬领口的丝线，引得车内众人一阵惊呼。

趁黑衣人将受伤的同伴放置在一匹马背上的当口，杨容姬伸手入怀，变戏法一般掏出一沓细细扎好的文书来，对呆若木鸡的胡芳笑了笑:“这是荆州刺史府被查抄之时，我趁乱保存下来的爹爹和东吴陆抗的往来书信,还有其他几封类似信函。它们能证明我爹爹并没有通敌卖国。”她将文书交到胡芳手中,细细叮嘱道,“因为有人在暗处陷害爹爹，我担心这些证据落入奸人手中，所以一直贴身保存。如今托付给妹妹，万望你转交给檀郎,最终将它们交到齐王手中。”

“我……你……”胡芳这才明白杨容姬将衣衫缝死的真相,此刻见她将如此重逾性命的东西交托给自己,一时心神激荡,语不成句,“还有檀郎……”

“檀郎就托付给你了……” 想起刚才潘岳受伤后滚落山梁，生死未卜,杨容姬气息一滞,还想叮嘱点什么,不料外面的黑衣人已经准备妥当,大声呼喝道,“快出来,再磨蹭我就不客气了！”

“杨姐姐……”胡芳一把抓住了杨容姬的手,而旁边的两位嫂嫂和几个孩子更是忍不住大放悲声。

“我走了,你们保重。”杨容姬没有再说什么,旋即挣脱胡芳的手,走出车厢爬上了马背。那黑衣强盗则在她身后上了马,将她紧紧地箍在怀中,重重抽下了马鞭。那马儿痛嘶一声,和另一匹驮着伤者的马儿一起,扬开四蹄朝前方奔去。

“杨姐姐!”胡芳站在马车边,用尽全力呼唤了一声,一直强忍的眼泪扑簌簌地落了下来。而就在她身后的树林里,寻觅他们的官兵也越来越近了。

自从在齐王府门前枯站了一宿,随后多日来奔波劳碌心力交瘁,潘岳的身体状况就一直不好,只是兀自强撑而已。此番他肩头中了黑衣强盗的匕首，剧痛之下大量失血，一下子把十余日的旧病新伤都勾了起来,还没等滚落到山梁底部,他已经失去了知觉。

然而即使在昏迷之中，他的心里依然担忧着杨容姬和马车上所有人的安危，没过多久就挣扎着醒了过来。听到头顶传来的嘈杂人声，他迷迷糊糊的神志陡然清醒，习惯性地想用手撑地爬起身来，左肩却蓦地传来一阵撕裂般的剧痛，他闷哼一声，再度跌倒在地上。

“潘郎君就在那里，快去救他！”头顶山坡上的声音又清晰了一些，让潘岳分辨出了胡芳焦急的呼喊。看来是负责押解的官军来了……潘岳心中暗暗松了一口气，既然胡芳无碍，那么车厢里的其他人应该也安然无恙吧。

“檀郎！”胡芳虽然不得不攥着碍事的裙摆，却比其他士卒跑得更快，第一个冲到了潘岳身边。看见他清醒睁着的眼睛，胡芳一颗在滚油中煎熬了多时的心才终于缓解了疼痛，脚下一软跪坐在潘岳身边，捂着脸哭泣起来。

“你们……没事吧？”潘岳在士卒们的搀扶下缓缓站起身，关切地问胡芳。

胡芳咬着嘴唇摇了摇头。虽然她明白他最想知道的是杨容姬的安危，但此刻看着潘岳半边身子染满的鲜血和煞白的脸色，她还是选择了隐瞒。她不能想象，若是潘岳执意要带伤追赶杨容姬，自己有什么理由可以说服他留下来。

然而胡芳并没能隐瞒多久。杨容姬是犯官杨肇之女，名义上也算是朝廷钦犯，如今这样不明不白地被人掳走，负责押解的偏将如何敢承担这个责任？于是他一方面分派了十余个兵卒沿路搜索，另一方面带着剩下的人马进了前方的县城，打算到县衙报案。毕竟在辖地内丢失了朝廷钦犯，县令也要承担守土不严的罪责。

此刻马车上已经另行套了两匹马，由偏将派了一名士卒驾车，而潘岳则勉强躺在狭窄的车板上休息。得知杨容姬被掳走的消息时，胡芳正拿着一卷绷带想要给潘岳包扎，却面对深深扎在他肩头的匕首不知所措，几次三番想要下手拔除却下不了决心。

潘岳虽然昏昏沉沉，但从车厢内女人和孩子的啜泣声中没有听到杨容姬的声音，心中已然起了疑惑。待听见一旁的偏将焦急地大声给手下分派任务，顿时将整个事情想明白了八九分。他蓦地睁开眼睛，抬起没有受伤的那只胳膊扯住了胡芳的衣袖，心底依然存着最后一丝侥幸："阿容她人呢？"

胡芳愣了愣，望着潘岳充满血丝的眼睛，心中一横，索性直接说道："杨姐姐……被那些强盗掳走了……"她抽了抽瞬间哽住的鼻子，艰难地叙述，"她是自愿的……临走之前，她让我好好照顾你……"说到这里，胡芳猛地捂住眼睛，泪水顺着指缝滚滚而下。

"她是自愿的？还让你以后照顾我？"潘岳如遭当头一棒，蓦地坐起身怒道，"纵观古今，我从没见过醋性如此之大的女子，竟然就这样赌气走了？实在是……荒谬至极！"说到最后，他眼眶发红，声音也嘶哑得几乎发不出声来。

"不不，杨姐姐不是赌气！如果她不跟着强盗走，强盗就会杀了我们所有人！"胡芳被潘岳的反应吓了一跳，连忙辩解，"那个强盗太厉害，我们加在一起也打不过他……"

怔怔地听着胡芳的话语，潘岳似乎好半天才明白过来。歉疚之后，心中升腾出的是最浓重的恐惧，将他整个身躯包裹得冰冷如铁。他艰难地吸了几口气，终于再度开口，"她走之前还说了什么？"

"她把一些可以证明杨刺史清白的文书交给了我……"胡芳抹了一把眼睛，伸手指了指自己的胸口，"她还说……还说……要你想法救杨家……"她原本想照实说"把你托付给我"，但蓦地发现潘岳眸中的光彩已经黯淡下去，就像是被滔天巨浪扑灭的火苗，让她的心顿时恐慌起来，本能地只想说点什么激发起潘岳生存的勇气。忽然，她将手伸进了车厢角落里，胡乱摸索了一阵，终于将一个东西塞进了潘岳的手中。

那是一只用野果雕刻成的小鸭子,虽然果皮果肉已经萎蔫发黑,仍然看得出原本的形状。见潘岳的眼睛果然亮了一下,胡芳讪讪地道:“只有这一只了,另一只掉在地上,不小心被人踩坏了……”

“我知道了……”潘岳看着手心里被杨容姬珍藏多日的小鸭子笑了笑,猛地伸手握住肩头的匕首,一把便拔了出来。鲜血飞溅到胡芳的红衣上,洇出暗红的斑点,吓得胡芳惊呼一声,手忙脚乱拿起绷带就往他肩膀上缠。

“不碍事……”潘岳痛得眼前一片昏黑,却终于可以将梗在胸中的那口气吐了出来。他咬牙忍过痛楚,脱力一般躺在车板上大口喘息,“说起来……还要谢谢你救了我一命……”

想起若没有自己刺出的匕首和杨容姬奋力抽下的马鞭,只怕那黑衣强盗的刀刃就会刺穿潘岳的胸膛,胡芳只觉得后背发凉,一辈子都没有这么害怕过。她见潘岳眼睑垂落神色凄凉,不由得安慰道:“官军已经派了人去救杨姐姐,她吉人自有天相,肯定会平安无事的。”

“仅靠沿途搜索用处不大。不过若是寻访当地官员,必定能找到线索……”潘岳的眸光渐渐微弱,声音也越发轻微,“我现在做不了什么,可等一会儿到了县衙,若是我睡着了,你不管用什么办法,都一定要将我弄醒。只要我醒了,就一定有办法把阿容救回来……”

“好……”胡芳知道他十多天都不曾好好休息过,却不敢拒绝他的要求,只是含泪点了点头。此刻他毫无防备地躺在她身边,眼睑微阖长睫低垂,仿佛一只收敛了羽毛温驯静卧的白鹤,竟是在她面前从未有过的信任和放松,让胡芳心中深埋的柔情再度从泥土中探出头来。可是,如果杨容姬再也无法回来,潘岳真的会接受她吗?而她,又可以心安理得地接受他吗?

她的命,原本就是杨容姬换来的。否则堂堂征南将军的女儿,面对无法抗拒的凌辱,只能有一个选择。而杨容姬义无反顾地离开时,是不是心中也做好了同样的选择?

不,不会的。想起杨容姬离开时惨淡而又坚定的面容,胡芳立刻否认了自己的念头。杨容姬必定会苦苦支撑到最后一刻,因为她和自己一样相信,无论发生了什么,只要她活着,潘岳都会娶她为妻,都会一如既往待她如珍宝。

发生劫案的地方属于修武县，等到达修武县县衙的时候天已经完全黑了。负责押解的偏将掏出朝廷令符,要求县衙当值的小吏立刻禀报县令。那小吏却借口县令早已安歇,要报案也须等明天早上再来。

听小吏支吾了半天,心急火燎的偏将一把抽出佩刀,架在了小吏的脖子上。那小吏吓得手足发软,终于不情不愿地吐露了实情:“县令外出公干,至今未归。”

他话中虽说是“公干”,但结合先前的推诿,明眼人都知道是借口。历来地方官守土有则,若是在任上擅离职守都要治罪。这个修武县令也是时运不济,竟然被人抓了个正着。

“人是在你们修武县丢的，县令既然不在，我们就在县衙里等他回来！”负责押解的偏将一腔怒火无处发泄,索性带着手下兵卒就往县衙大门里冲,将前来阻拦的当值衙役们推了个七零八落。

潘岳一路上在马车的颠簸中昏昏沉沉,却始终不敢真正睡着。此刻他听到周围一片吵闹嘈杂,想要强撑着睁开眼睛,空乏的身体里却连这点力气也挤不出来。他恍恍惚惚觉得有人守在身边,想要伸手抓住却无法动弹,好不容易才吐出几个字来:“拿水……泼我……”

这一路行来,胡芳一直跪坐在潘岳身边从未变换过姿势,目光更是一直牢牢地黏在他的脸上,不敢放过任何一点细微的表情。此刻她想起潘岳昏睡前的叮嘱,虽然心中不忍,还是取过储水的皮囊,倒了一点水在自己手心中,轻轻洒在潘岳的面颊上。

“不够……更多！”潘岳本能地觉得自己应该想起什么，脑子里却浑浑噩噩一片空白，不由得焦躁地喘息起来。胡芳见他挣扎得满面通红，额头上密密渗出一层冷汗来，终于蓦地狠下心抬起水囊，把剩下的小半囊水都淋在了他的脸上。

“咳咳咳……”潘岳被水流呛得不断咳嗽，混沌的脑中却果然清明起来。好不容易积蓄了一点力气，潘岳睁开眼睛，终于吐出了一直盘旋在脑海中的念头：“快去问问，现任的修武县令，是不是叫……”

他话还未说完，猛听远处县衙小吏高叫了一声“县令大人回来啦”，顿时让正在推搡咒骂的押解兵卒们一顿，齐齐往县衙前的长街望去。只听马蹄声由远及近，一匹马从黑暗中疾驰而来，而马背上却蹊跷地驮了两个人。

“阿容！”最先惊呼出声的是坐在囚车中的杨肇。他距离马匹的来路最近，也最容易看清马背上的情形。见落入贼手的女儿此刻又出现在自己面前，饶是杨肇带兵多年性格刚硬，也忍不住老泪纵横。

听到“阿容”这两个字，潘岳陡然生出一股力气，蓦地单手撑着车板坐起了身子。他想要继续起身，却不料眼前猛地一阵昏黑，几乎再度摔回车上。幸而胡芳在一旁牢牢地扶住了他，终于让他挣扎着站起了身子。

脑中依旧晕眩，眼前也飘动着一片片的黑翳，潘岳一手紧紧抓住身侧的车厢，一手牢牢地撑着胡芳的胳膊，好一阵儿眼前才恢复了清明。此刻远处的那匹马已经跑到了近前，潘岳也终于看清了坐在马背前面的果然是杨容姬。她的头发虽然被夜风吹得有些凌乱，但衣衫严整举止平静，让潘岳一下子放下心来，这才惊觉扶住马车的那条手臂痛入骨髓，却是用力过度，伤口重新绽裂，温热的血再次浸透了胡芳好不容易才扎好的绷带。

杨容姬也一眼看见了潘岳，看见他颀长的身影站立在车辕上，仿佛一棵秀竹独立于天地,即使狂风暴雨也不能摧折。这样坚韧挺拔傲立高车的身影,在她的记忆里还有两次:一次是为了解救嵇康先生,他带领三千太学生在洛阳街头请命;还有一次就是不久以前,他为了保护车厢中的妇孺,引弓扣弦箭射盗贼。无论哪一次,他的风采与担当都足以铭刻在她的心中,永不能忘,就算此去洛阳等待她的是囹圄流徙,她也绝不后悔这一生。想到这里，杨容姬的唇角露出了一个不易觉察的微笑，所有的情绪深深地禁锢在双眼之中。

四周人声鼎沸,却传不进他们两人的耳中,也传不进潘岳身边胡芳的耳中。胡芳用力支撑着潘岳半个身子的重量,他身体的温热隔着薄薄的衣料传到了她的体内，她甚至可以感受到他不知因为疼痛还是激动而引起的颤抖。可是即使她离他如此之近,杨容姬离他如此之远,她却注定只能成为一个旁观者——清丽出尘的女子策马奔来，俊美皎洁的男子倚车而望,不论横亘在他们面前的是屈辱还是伤痛,是国法还是构陷，都不能阻止她的靠近和他的守候。这样美好到让人绝望的画面,不仅其他人都成了多余,就连天上的明月也黯然失色。

耳听潘岳口中喃喃,胡芳不由凝神,模模糊糊听见的却是“宠辱不惊,贫贱不移。生死不顾,安危不惧”十六个字。她虽不知这是当年杨容姬写在退亲文书上的文字,却本能地感觉这十六个字的誓言读音铿锵,一字一字仿佛用金石錾成,无论外力如何捶打摧折也无法泯灭。

胡芳下意识地往外倾了倾身子，生怕隔绝了潘岳与杨容姬胶着在一起的视线。此时此刻,她只觉对杨容姬多年来的嫉妒彻底碎成了满天星光,从此她能做的只剩下守候与仰望。

那匹马驮着两个人,一直跑到县衙门口才停下。坐在杨容姬背后的黑袍青年率先下了马，又伸手将杨容姬搀扶下来。就这么一眨眼的工夫,县衙的小吏和衙役们便已经围到青年身边,有的问安有的诉苦,七嘴八舌响成一片:

“县大老爷您终于回来了，可要给小的们做主啊！”

“再不回来，您的县衙都要被人拆了！”

“老爷您受伤了？怎么衣服上有血？”

黑袍青年年龄不大，县令的气派却端得十足。他抬手止住了手下的喧哗，径直走到偏将面前拱手一礼：“在下修武县令石崇，不知将军到此有何贵干？”

“原来是石县令。”偏将还了一礼，“末将本来因为在贵县遭遇盗匪丢失了人犯来此报案，既然县令亲自将人犯送回，末将感激不尽。”

“好说好说。本县也是凑巧，才从盗匪手中救下了这位小姐。”石崇装作一副与杨容姬素不相识的模样，心不在焉地和偏将敷衍，“那些盗匪的事情，本县自然会派人详录事实，查报之后上奏朝廷。将军如果没有其他事情，就请先到本县驿馆安歇，明日本县再与将军一起商量上奏之事。”

石崇说话滴水不漏，偏将拙口笨舌无言可对，加上不敢耽误了押送人犯的期限，只好忍气吞声带人撤出县衙，前去驿馆休息。

石崇的脸上闪过一丝得意，转身正要迈进县衙，冷不防身后响起了一个淡淡的声音：“他们可以去驿馆，本官却想要叨扰石县令一夜。”

听到这个声音，石崇猛地一惊，一转头却看见一个长身玉立的青年站在马车前，虽然凌乱的发丝犹带水痕，半边衣袖都被鲜血染红，脸上却带着了然的冷笑。

“安仁，你怎么在这里？”石崇顿了顿才确认面前一身狼狈的青年是潘岳，不由得心中一虚。潘岳的冷笑仿佛一支利箭，顷刻穿透了石崇内心掩藏的秘密。

“怎么，石县令不欢迎下官？”潘岳依然是以官称回话，明显与石崇拉开了距离。而正在登车的杨容姬闻言也顿了一顿，回头看了一眼潘岳与石崇对峙的身影，随即一掀车帘消失在车厢内。

“哪里哪里，欢迎之至。”石崇迅速地瞥了一眼杨容姬的方向，脸上挤出一丝干巴巴的笑意，状似随意地招呼身边小吏：“既然这位潘郎君受了伤，就安排到本县后宅歇宿。你们赶紧去请个大夫，为潘郎君诊治。”

一直将潘岳领入后宅的客房，又等连夜催来的大夫给潘岳重新上药包扎，石崇这才将众人赶出房去，大剌剌地在床边坐了下来：“安仁，你都猜到了？”

“猜到了，却不敢相信。”潘岳抚了抚肩头重新包好的伤处，神色讥诮，“我不敢相信堂堂石大将军之子会做出这种龌龊勾当，不仅假冒强盗抢劫官家小姐，还视人命如草芥，差一点也要了在下的命！”

“没约束好那群家伙是我的错，可我这不是将功补过，总算没有铸成大错吗？”石崇一下子没了刚才大马金刀的气势，朝潘岳斜下身来，急急辩解，“再说我所做的，还不是为了救杨家满门！”

潘岳斜睨了石崇一眼，没有开口。这位石崇大老爷从小就行事与旁人不同，潘岳还真猜不出他大费周章究竟想要做什么。

“我听有人污蔑杨刺史通敌卖国，心中不忿，却又不知该如何相助。正好押解杨家的队伍要经过我修武县，我就策划了一场劫囚的戏码。我给手下打好招呼，要他们假扮东吴口音，劫囚的对象也是东吴那两名降将，对杨刺史反倒不闻不问。这样朝廷听了奏报，就会推测那两名降将只是诈降，故意诱导杨刺史犯错，因此东吴只想救回自己人，却与杨刺史毫无瓜葛……”石崇一边说一边观察潘岳脸色，见他神色平静，嘴角却露出一个不以为然的浅笑，心中便有些怯了，“安仁，我也是实在没办法，才想出这么个主意。毕竟我不能看着阿容被她父亲牵连获罪，凡是能减轻杨刺史罪名的事情，我都会做的……”

“若是这样倒也罢了，可是——”潘岳不好评论石崇所谓计谋的高下，话锋一转，“可是想要抢劫我们的马车，甚至劫掠车内妇女又是怎么回事？若非阿容和胡芳小姐舍命相救，只怕我现在也没命和你说话了！”

“我知道你心里恼我，就像阿容恼我一样。我也没什么可说的，大不了让你也捅回一刀出气。或者等你们以后成亲的时候，我准备一份最贵重的贺礼，再诚心诚意磕头道歉好了。”石崇不肯正面回答潘岳的问题，反倒做出一副无计可施的模样，倒显出他一贯的无赖了。

“捅你一刀就不必了，磕头我也不需要。”潘岳在床上挪了挪身子，借以缓解肩膀上火燎一般的疼痛，望向石崇的目光却依旧锋锐，“你先说说，是怎么救下阿容的？她……她究竟还遭受了什么惊吓？”

“阿容白璧无瑕，不会耽误以后嫁给你。”提到杨容姬被劫之事，石崇散漫的神情终于有了改变。

“不管发生过什么，她都会嫁给我。”潘岳冷冷地说。

“没发生就是没发生，你不用对我显摆你的情深意切！”石崇怒气渐涌，脸上的肌肉抽了抽，忽然背转身扯下上衣，露出了后背上一道道还在渗血的鞭痕，“看到了吗?这是我为了给阿容赔罪，让她亲手打的。那女人下手也是真狠……不过我一向给那些人下过严令，不论抢到什么都不许私吞，所以才来得及将她护住……”

“若是来不及呢？”潘岳打断了石崇的辩解。

“不可能来不及，我手下的人，我怎么可能控制不住?！”石崇蓦地怒不可遏，一把将衣服穿好，转身将赤红的双眼对准了潘岳，“若是来不及，我就自刎在她面前谢罪！行了，都是我的错，这不没有酿成大祸嘛，你还想怎样？”

“我只是不明白，你是堂堂朝廷命官，未来前途不可限量，为什么要自甘堕落，暗中豢养一群杀人不眨眼的强盗？”见石崇依然嘴硬，潘岳的怒火也被点燃了，他不顾肩伤一把从床上撑起，毫不示弱地斥责道，“你是石苞大将军最看重的儿子，日后到了泉下，你有什么面目去见你的父亲？”

“我为什么没面目见他?”石苞哼了一声，脸上却渐渐显出自信豪迈，

“那些人确实是江湖草莽，匪气未退，可他们有肝胆讲义气，对我忠心耿耿。连魏武帝曹操都说过‘唯才是举’，我为什么不能用他们？再说我对他们还存有约束，总比他们群龙无首无法无天的好吧！”

“强词夺理。”潘岳知道这位石崇公子自幼游侠江湖，早做惯了无法无天的事情，而石家从一介寒门发展到炙手可热的官宦大族，血液里自然不可避免带有冒险和赌博的成分，岂是旁人几句劝告就能收敛的？于是潘岳懒得再和石崇争论，翻了个身不再理会他。

“对了，我还要告诉你一件事。”石崇见潘岳不说话，自顾自地说下去，“杨刺史的案子，你在洛阳多费些心思，能拖一刻是一刻。我听说朝廷中那些主管官员都奢侈贪财，只要我搜集到足够的财物，不怕不能买通他们赦免杨家。”

潘岳一凛，竟是没有想到石崇对杨容姬的感情如此深长。而石崇所谓搜集财物，自然就是凭借他那群强盗兄弟掳掠富户和客商了，怪不得那些人侵扰囚车之后还想抢夺自己的马车。想到这里潘岳再度坐起，对着准备推门离开的石崇背影道：“齐王已经答应关照杨家的案子，你就不要再造杀孽了。”

“齐王是齐王，我是我。他做他的，我做我的。”石崇傲慢地扔下这句话，头也不回地离开了。

第六章

代嫁

生有修短之命，位有通塞之遇。

——潘岳

就在潘岳驾驶着马车冲出洛阳南下荆州的时候，司空府的后宅中，也正在经历一场滔天巨浪。

“我不要嫁给太子，不要不要！你们再逼我，我就从这里跳下去！”贾家最年少的四小姐贾午使劲靠着身后绣楼的栏杆，仿佛一只愤怒的小猫，对着团团围过来的丫鬟仆妇们张牙舞爪。

“没让你现在就出嫁，只是过来试试新衣服。”司空府的女主人郭槐脸上带着笑，轻言细语地哄着，“娘的乖女儿，你就要飞到天上做凤凰了，可不能再耍小孩子脾气。”一边说，一边试探着朝贾午走去。

“别过来！”贾午又往栏杆缝隙里缩了缩，尖声叫道，“什么凤凰，我看太子那模样就是只飞不起来的肥鸭子！”

“阿午，这话可不能乱说的！”郭槐脸上宠溺的表情一敛，眼睛向周围举着嫁衣的丫鬟仆妇们一横，众人便屏息静气地退了出去。

“我没有说错，太子真的……真的……”等绣楼上只剩下自己和母亲两个人，贾午委屈得几乎要哭出来，“那天我和姐姐进宫陪公主们玩，太子就躲在花丛后偷看我们。他以为隐藏得好，却被我看见了……娘，我真的不要嫁给那种人！”

“太子不就是胖一点嘛，这有什么关系？胖一点才有福相坐江山呢。”面对从小被自己娇惯到大的小女儿，郭槐只能耐心规劝。

“其实不是胖，而是……”贾午一时也说不清楚是什么感觉，她只知道当她瞥见在暗处偷窥自己的太子司马衷时，太子脸上那种憨厚得可称呆滞的笑容让她一想起来就恶心。“对了，卫瑾姐姐的爹爹有时会去东宫给太子授课，她肯定也知道些什么！”贾午蓦地回忆起入宫那日卫瑾的表现，恍然大悟，“怪不得她半途装病回家去了，原来就是怕被太子看上选作太子妃！”

“那是她傻，所以他们卫家才比不上我们贾家！”郭槐不屑地撇了撇嘴，复又耐心规劝，“天子和皇后都是人中龙凤，伉俪情深，他们所生的太子自然不会差。你不过是偷瞥到太子一眼，怎么能做得了准？再说太子忠厚老实，你嫁过去才不会受委屈。”郭槐顿了顿，语重心长地道，“看看你大姐贾荃只是当了齐王妃就趾高气扬，不把我们母女放在眼里。你若是成了太子妃就能压她一头，我们母女才能出这口气不是？”

“不管太子有多好，我就是不嫁！不嫁不嫁不嫁！”贾午将双手堵在耳朵上，使劲摇着头嘟囔。

“别胡闹了，跟娘来试试这件嫁衣！”见贾午一副无理取闹的模样，郭槐终于丧失了耐心。她两步冲到贾午面前，伸手去抓她的胳膊，“如今朝廷已经诏告天下要立贾氏女为太子妃，嫁不嫁都由不得你了！”

“你再逼我，我就真的跳下去了！”贾午奋力甩开郭槐的拉扯，猛地跨上了绣楼的栏杆。这个举动果真把郭槐吓了一跳，只好讪讪地退了一步，恼恨道：“你再这么胡闹，是要等着天子给贾家降罪吗？”

“让她跳，就当我贾充没有养这样的女儿！”一个声音忽然从楼下传了上来，郭槐惊讶地低头一看，却见丈夫贾充铁青着脸驱赶开守在楼下的众人，一撩衣摆大踏步走上楼来。

“老爷，发生什么事了？”郭槐迎上贾充，只觉得初夏天气里丈夫整个人却如同在冰水里浸泡，浑身都散发着刀锋般割人的寒气。她心知不妙，转头去看贾午，发现小女儿依旧坐在栏杆上，但是一张脸已经变得煞白。

“我只问你一句话。”贾充伸手拨开挡在身前的郭槐,眼睛直勾勾地盯着贾午,“上次天子赏我西域奇香,我转手给了你。如今那香在何处?”

“我……”贾午的嘴唇嗫嚅了两下,含含糊糊地道,“我让丫头拿来熏衣服,不小心就用完了。”

“是哪个贱婢如此糟蹋天子御赐的奇香,现在就抓起来打死!”贾充蓦地抓起一只花瓶扔在地上。贾午吓得浑身一抖,泪水夺眶而出,平素的伶牙俐齿也仿佛被人堵住,竟一个分辩的字也说不出来。

“不是用完了,是被人偷了吧?”贾充冷笑,“真巧,我今天闻见了那人身上的熏香。”

“爹爹!”贾午大惊失色,一下子就从栏杆上滑了下来,伸手抓住了贾充的衣袖,“不,不是的……”

“你怕什么?我已经抓住了偷香的小贼,不怕他不肯招认!”贾充一把扯出衣袖,冷冷地转向门口,“带进来!”

贾充话音刚落,门外果然拥进三个人来,却是两个身强力壮的贾府侍卫押着一个锦衣玉冠的年轻男子。那年轻男子双臂被扭在身后,行走不便,进门之际被门槛绊了一个踉跄,身上一阵奇特的幽香顿时氤氲开来。

“韩寿?”郭槐认出这个被押进来的年轻人正是司空掾韩寿,不由得吃了一惊。她转头去看女儿贾午,却发现她脸色惨白瑟瑟发抖,却一个字也说不出来。

贾充没有理会贾午,只是示意两个侍卫放开韩寿,冷笑着盯住年轻人强作镇定的眼睛:“韩寿,你且说说,你衣服上的熏香是哪里来的?”

“朋……朋友送的。”韩寿努力保持声线的平稳,可额头上的冷汗却如同甲虫沿着鬓角慢慢爬下,酥酥麻麻却又无法抬手擦拭。

“是吗?那这位朋友可是大方得很啊。”贾充呵呵一笑,语调陡然一转,“据老夫所知,这熏香乃是西域国的贡品,洛阳城甚至整个大晋只此一盒。敢问韩掾那位朋友姓甚名谁,官居何职,竟能得天子赏赐此西域奇香?”

他后面几句话语速仍是平常,可是听在韩寿耳中,却如同夜枭在头顶的鸣叫。不管躲藏在草丛和地洞中的野兔田鼠多么小心翼翼,迟早有一天,它们都会被从天而降的利爪贯穿。想到这里,韩寿偷偷望了一眼面无人色的贾午,努力平静地回答:“微末私事,记不清了。”

见他一副冥顽不灵的样子,贾充心火上蹿,冷冷地对候在门外的两个侍卫吩咐:“传杖!”

见两个侍卫果然应声搬了刑凳和木杖进来,饶是韩寿再想镇定以对,也忍不住语气颤抖:“贾司空这是要对属下用私刑吗?”

“我是府主,你是僚属。就算把你当场打死在这里,我最多不过是罢官黜爵而已!”贾充冷酷地道,“给我打!”

一声令下,韩寿顿时被侍卫摁在了刑凳上,手足都被绳索牢牢捆住。韩寿先还只是咬牙忍耐,然而当粗大的梨木杖重重拍下之时,他还是忍不住奋力仰起头,从喉咙深处发出了一声痛呼。

“说,你的熏香是从哪里得的?”贾充知道韩寿自幼娇生惯养,身体柔弱,断断吃不了这等苦楚。却不料几杖下去,韩寿尚未求饶,一旁默不作声的贾午却蓦地大喊了一声:“住手!”

“爹爹何必故意折辱韩郎,你明明知道那熏香是我送给他的!”贾午眼角含泪面色惨淡,却推开了母亲郭槐的阻拦,径直走到韩寿身边跪下,用手帕抹去他额头上滚落的冷汗。然后她转过头盯着贾充,冷笑道:“爹爹不用再拷问了,我直接说出来就是——是我看上了韩郎,约了他在后花园私会。我们早已有了肌肤之亲,所以那个太子妃,我是万万做不得的了!”

“你,你居然……”乍听此言,郭槐惊得后退两步,捂着胸口几乎昏厥过去。而贾充则狠狠一瞪眼,那两个侍卫慌忙扔下刑杖躲出门去了。

“司空大人,属下与令爱两情相悦,还望司空成全!”见贾午已经捅破了窗户纸,而贾充只是铁青着脸不开口,韩寿索性豁出性命,想要为自己和贾午求一个未来。

“你们两个糊涂东西,这是要害死我们一家人啊!”郭槐终于忍不住坐在榻上,掩面痛哭起来。天子司马炎已经对贾充生出了猜忌之心,否则不会一意孤行要贾充带兵出关。与太子联姻本就是贾充夫妇为了保住权势所押上的最大赌注,可偏偏贾午在这节骨眼上闹出了有辱门风的丑事,就连一向不肯认命服输的郭槐也忍不住心生惶恐:难道这一次,贾家就无可挽回地败落了吗?

司空贾充虽然站立不动,内心的恐惧却比郭槐还要强烈。在恼羞成怒刑讯韩寿之际,贾充脑中已经迅速勾勒出了可能出现的最坏结果:女儿失贞,不仅与太子的婚约作废,还会引来天子的震怒、群臣的嘲笑。到时候就算不远赴关外,他堂堂司空贾充也没有颜面继续在朝堂上立足了。而他一旦失势,平素得罪的那群名士派世家子弟就会像天上的秃鹫一样纷纷而下,等着在贾家的尸体上啄食分赃,到时候不只是辱于理色辱于辞令,只怕还要辱于身体辱于先祖……不,他贾充不惜身负弑君骂名爬到如今的高位,绝不允许这样的情况发生!

听郭槐哭哭啼啼地还想询问两人私会的细节,贾充一摆手止住了妻子,只是恨恨地对韩寿道:“如今天子下诏要立阿午为太子妃,你既然坏她名节,就准备好在东市斩首弃市吧!”

“司空大人!”韩寿心知罪责难逃,索性孤注一掷,“此事如果传扬出去,属下固然难免一死,阿午小姐定然也无法活下去。还望司空大人想个万全的办法,不仅救了我和阿午,也是保全司空大人您一家的名声啊!”

“事到如今,我只有一个选择——”贾充冷笑道,“先打杀了你,再杀了这个不肖女儿，去向天子请罪！”

“爹爹不要！”听到父亲如此狠戾无情的话语，贾午花容失色，膝行几步跪在贾充脚下，先前的倔强果决一扫而空，“这件事姐姐也知道，她说过有办法解决的。爹爹可以去找姐姐来商议……”

“阿时居然也帮你们瞒着？”贾充一听贾南风也牵扯了进去，怒不可遏，转头对郭槐喝道，“你生的两个好女儿，一前一后是要逼死我吗？”

郭槐平时凶悍，此刻却不敢回嘴，只是掏出帕子抹了抹眼睛，迈步想要出门去找贾南风。然而她还没有走出房门，迎面已有一个声音朗朗回道：“爹娘不要焦急，这件事未尝没有转圜的余地。”

贾充愕然回头，果然看见女儿贾南风款款走上楼来。她一手搀扶着郭槐，另一手则扶住了贾充的胳膊，平静地笑道：“我有一个法子，却不知妥不妥当。”

贾充瞪了一眼跪在韩寿身边哀哀哭泣的贾午，随着贾南风走到了楼下的小厅中。见四周再无其他人，贾充朝贾南风点了点头：“说吧。”

“阿午如今的情况，是绝不能嫁给太子了。”贾南风在父母面前开门见山地道，“幸而我也读了天子明发天下的诏旨，上面只说‘册贾氏女为太子妃’，而真正的庚帖婚书尚未交换，一切都还来得及弥补。”

“如何弥补？”郭槐疑惑地问。

“弥补的方法就是——由我代替阿午，嫁给太子。”贾南风一字一句说得平稳，显然这个念头她早已胸有成竹。

“你去做太子妃？”贾充眼前一亮，暗道这果然是个解决难题的办法。

“那可不行！”郭槐却赶紧摇头，“太子当日是亲口挑选的阿午，若是换了你去，太子不依怎么办？”

“婚姻大事，太子说了不算，天子和皇后说了才算。”贾南风早已想好了应对之辞，侃侃道，“天子和皇后想与贾家联姻，主要是想借助爹爹和贾家的权势抗衡齐王。那么只要成为太子妃的是爹娘的女儿，这个最主要的目的就达到了。虽说我的容貌比不上阿午,但俗语道‘娶妻娶德,娶妾娶色’。更何况以我的才能,以后必定能更好地辅佐太子,免去天子与皇后的后顾之忧。我相信只要爹爹同天子、娘同皇后细细分说,两位权衡利弊,必定会同意。”

“那倒是。我只要把你平时闲暇时做的文章拿给皇后看，皇后就知道你才德绝世,不愁今后太子地位不稳了。”郭槐想到这里,脸色稍霁,“我这就进宫去劝说皇后,阿午只会一味痴闹,一派小孩子心性,唯有你才是太子今后的贤内助,将来必定能扶保太子君临天下。”

“事到如今,也只能这样试试了。”贾充也知道这次联姻原本就是各取所需,只要皇帝家与贾家的联盟结成,天子司马炎不再担心贾家会偏向齐王司马攸，而太子司马衷的地位也得以巩固，这个联姻就算成功了。至于太子娶的是他贾充和郭槐的大女儿还是小女儿,是貌美还是貌陋,本就只是不值一提的细枝末节。

“那阿午那边……”郭槐这边心思稍定,转眼便又担心起小女儿来,“既然她和韩寿已经有了私情,韩寿也算是世家大族的翩翩公子,不至于辱没了阿午,不如将错就错,让他们……”

“这个我自有打算。”贾充摆了摆手,让郭槐和贾南风留在楼下,独自一人走上楼去。

等贾充回到楼上审问韩寿的房间，贾午已经解开了韩寿手足上的绑绳,扶着他坐在地上休息。见父亲回来,贾午张嘴想要询问什么,贾充却毫不动容地呵斥了一句:“你出去。”

“爹爹,一切都是女儿惹的祸事,你就不要再为难韩郎了!”贾午琢磨不透贾充的心思,生怕他又要折磨韩寿,只是苦苦哀求着不肯离去。

“阿午,你先离开一会儿,司空大人必定是有话要对我说,不会有事的。”见贾充只是黑着脸不动,韩寿忍痛扶着贾午站了起来,温言细语将她送出门去,又亲手关上了房门。

“韩掾倒是个聪明人。”等贾午终于离开，贾充斜睨了一眼局促站在下手的韩寿，揶揄了一句。

“属下不敢。”韩寿听出贾充话中的讥讽之意，脊背一寒，再度跪倒在地。

“你还有什么不敢的？”贾充目光森冷，“你与阿午私会之初，就是幻想着生米煮成熟饭，老夫不得不接纳你为婿吧？”贾充的眼光是何等毒辣，只随口一句话，就戳穿了韩寿谋划多日的心思。韩寿出自百年簪缨的韩氏家族，祖先最早可以追溯到汉初诸侯韩王信，而当年因为貌美深受汉武帝宠爱的上大夫韩嫣，则是韩家最出名的人物。只是数百年过去，韩家当年的滔天权势已无法挽回地没落，韩寿想要通过攀上贾家的亲事而飞黄腾达，完全顺理成章。

“不敢欺瞒司空大人，最开始，属下确实存了攀附之心。”韩寿如今把话全部挑明，反倒没有刚开始那么紧张了。他跪在地上，因为伤痛脸色惨白，摇摇欲坠，神情却渐渐从容，“可属下与阿午小姐相处越多，越感动于她的天然率真，对她的爱慕之情也越发深挚。若是今生能得阿午小姐为妻……”他说到这里，偷眼见贾充依然脸皮紧绷、毫不动容，不由得自嘲地一笑，“这些话确实空口无凭，司空大人若是不信，属下也无可辩驳，甘愿领罪就是。”说完他不再开口，只是静静地伏下身去，一副听天由命、任君宰割的模样。

贾充看着眼前美如冠玉一般的青年，虽然没有名满天下的檀郎潘岳出色，却也算是难得的青年才俊。“你想娶阿午。”他拈了拈胡须，微微一哂，“可是你拿得出什么像样的聘礼呢？”

这句话让韩寿先是一喜，随即便是一忧。韩家这些年人才凋零，为了维持大族的颜面几乎是坐吃山空，哪里拿得出什么能打动堂堂司空贾充的聘礼？此刻贾充的问话，倒不像是询问，而像是讥诮了。一个破落户的韩家想要与炙手可热的贾家结亲，原本就是高攀，更何况还有太子妃的位子摆在那里。

韩寿刚才好不容易找回的自信刹那间灰飞烟灭，他面如死灰地跪在原地，原本就单薄的身体颤抖着仿佛随时都要倒下。贾充心中叹息却又有些不屑，正准备转身而去，冷不防韩寿忽然挺起了脊背开口道："属下虽然拿不出价值连城的聘礼，却知道一个关乎天下存亡的秘密。如果司空大人同意把阿午小姐许配给我，我就把这个秘密告诉司空大人！"

"什么秘密，说吧。"贾充眉头一拧。他心里其实早已打定了主意，不过能从韩寿那里知道更多，何乐而不为。

韩寿察言观色，知道贾充面色虽然依旧严厉，口气却已经松了。他转头四顾了一下空荡荡的房间，这才压低了声音对贾充道："司空大人还记得天下第一术士管辂吗？当年他深得宣皇帝和文皇帝信任，曾对建立大晋做出了许多预言，而那些预言后来都一一验证了。"

贾充点了点头。管辂他自然是知道的，传说那天下第一术士神通广大，所著的《玄石图》中包含了无数预言，至今仍被人们好奇地猜测着。不过管辂在十几年前就带着他的弟子们失踪了，据说是率船出海，在神山上羽化登仙了，从此再也没有他的消息。

"管辂的预言大多结集而成《玄石图》，然而属下要说的这个秘密，却不在《玄石图》中。它是管辂一生中最大的预言，整个天下大概只有三个人知道，而司空大人，您是第四个。"韩寿也有文才，知道一篇好文章事先要经过层层铺垫，才能迎来高峰的华彩，"而这个预言就是——"他轻咳一声，见贾充果然直勾勾地盯着自己，终于吐露，"齐王身负六凶星相，将来必定殒身、灭家、亡国、乱天下。所以齐王还在年幼之时，管辂就想要杀死他，却因为文皇帝的阻拦而失败了。据属下猜测，这个预言之所以不曾外传，便是文皇帝下的命令，而管辂的死，也是文皇帝所为。"

"既然文皇帝下死令保住这个秘密，你是怎么知道的？"贾充强压住内心的震动，力图镇静地问，"另外两个知道这个预言的人又是谁？"

“另外两个知道的人，便是齐王与潘岳。”韩寿慢慢道出自己不为人知的经历，“文皇帝驾崩之时，齐王哀伤过度以致身体抱恙，属下与潘岳便到灵堂照应。齐王与潘岳交好，在静室内谈及了管辂的预言，却不料属下当时就在门外，全部听了个清楚。属下知道这是事关齐王声名的绝顶秘密，多年来一直深埋心底，不曾对任何人透露半分。如今将它告诉司空大人，还望司空大人定夺。”

这个预言岂止关乎齐王司马攸的声名，甚至可以说关乎朝局的大势、天下的前途，还有千万人的性命。贾充想到这点，两边太阳穴重重地抽痛了一下。“我知道了，你先退下吧。”他倦怠地对韩寿挥了挥手，“关于管辂的预言，不要对外说一个字。你和阿午的事，我会想办法。”

“是，属下知道此事干系太大，所以多年来一直守口如瓶，绝没有告诉过其他人，司空大人放心就是。”韩寿内心狂喜，面上却不敢流露太多，施了个礼出去了。

等韩寿下楼的脚步声渐渐远去，贾充蓦地往坐榻上靠了下去，只觉诸事繁乱，恍如一团乱麻梗在胸中。其实对他而言，要理出绝大多数的麻线并不困难，哪怕是贾午失贞和太子妃人选这样的大事，他都自信可以应付得过。反倒是韩寿刚刚说出的那个秘密，让沉浮宦海多年的贾充坐卧不安。

殒身、灭家、亡国、乱天下。贾充细细咀嚼着这几个字，越想越是心惊。如果管辂的预言是真的，那将来殒的就是齐王司马攸的身，灭的就是司马氏皇族的家，亡的就是刚刚建立不久的晋国，乱的就是涵盖九州的天下。这样可怕的未来，怪不得管辂想要直接杀死年幼的司马攸来阻止，而文皇帝司马昭也不惜杀死管辂来掩盖。

齐王司马攸是贾充的女婿，因此这个可怕的预言，势必要牵扯到贾充一家。贾充虽然不一定相信管辂，但无可否认自从知道了这个预言，它就像一根刺一样扎在心中再难拔出，甚至以后与齐王司马攸相见，贾充的感觉都会与往日大相径庭。即使齐王最平常的一举一动，落在贾充眼里都含有了拨动命运转轮的深意。

本朝虽然不像前汉笃信谶纬，但民谣与预言依旧在舆论中举足轻重，对于人心向背与朝廷决策具有决定性的力量，最典型的例子便是几年前天子司马炎因为“宫中大马几作驴，大石压之不得舒”的童谣而对征东大将军石苞发难，进而剥夺了他的一切官职。若是现在这个关于齐王司马攸的可怕预言落入有心人耳中，特别是被一向与齐王作对的冯紞、荀勖等人知晓，齐王党必定深受打击一蹶不振，彻底断绝齐王走向九五之尊的道路……贾充眼角微一抽搐，刚想做出某种决断，眼前却忽然浮现出了长女贾荃小时候的模样：她穿着一身金红的小棉袄，肉嘟嘟的小手抱着自己的腿，花瓣一样的小脸朝自己扬起一个纯真的笑容……那时候他第一次做父亲，对这个鲜嫩活泼的小东西简直不知道怎么宠爱才好，而女儿也最喜欢黏着他。可是现在——因为李夫人的事，那从小看大的女儿虽然依旧面如桃李，却已对自己这个父亲冷若冰霜，偏偏他心里知道，是他对不起她……

为了自保，他已经舍弃了她的母亲，难道还要再夺走她的丈夫吗？贾充蓦地闭上眼睛，痛苦地叹息了一声。在外人看来，他贾充二女一嫁齐王，一嫁太子，实在是运气弥天，享尽足踏二船之利。可是只有他自己知道，足踏二船固然不必担心溺水而亡，却必须忍受二船背道时手足撕裂之痛、心肝取舍之难。而这样的痛和难，岂是普通人能够承受得起的？

他要享尽朝堂的尊荣，就要背负弥天的重担。

泰始八年的夏天，晋朝朝野最关心的大事，莫过于皇太子娶妃。以至于荆州刺史杨肇一家被押解入京之后，廷尉府及尚书台都暂时延缓了对杨肇及东吴降将的审理，只是将他们暂押在廷尉狱中等待上命。这样的延宕对潘岳和杨家众人而言，也算是得了喘息之机。

在齐王司马攸的关照下，除了杨肇不得已被收入廷尉狱中，杨家其余家眷，包括杨肇先前已被扣押在洛阳的长子杨潭、次子杨歆都免去了牢狱之苦，被软禁在杨氏的一座小宅院中。而杨容姬曾经托付给胡芳保管的几封重要书信，也由潘岳交到了司马攸手中，转呈尚书令卫瓘和廷尉诸葛冲。有了这几封书信佐证，加上司马攸派去的骠骑营斥候在荆州抓获了传播杨肇受贿一事之人，证明那些说辞不过是毫无根据的谣言，潘岳一直悬着的心终于慢慢平定——看这个样子，杨肇不过是寻常的败军失察之罪，有齐王司马攸联合群臣求情，断不会有性命之忧，更不至于祸及家人了。潘岳已经下定决心，等到杨肇一案审结，他就与杨容姬完婚。

虽然心生希望，毕竟裁决未定，杨家人又被彻底隔绝了消息，潘岳只能耐着性子，在这夏季的溽热中耐心等待太子娶亲完毕。

太子娶亲的热闹，在洛阳人的记忆中，只有七年前晋王司马昭的爱子司马攸娶妻时的排场可以略略比肩。但那时司马攸只是侯爵，天下名义上还是曹家的天下，又哪里比得上如今世风侈靡？天子司马炎更是倾朝廷府库之力来筹备太子的婚事。据说下聘之时，珠玉金银满满装了几十箱，其余赏赐更是堆山灌海、物无巨细，光是座席便有乌韬赤花双文簟、细桃枝簟、黄篾双文簟、龙须席、赤皮席等各种名目。至于太子妃的服饰，更是艳压群芳，白縠、白纱、白绢衫、绛纱复裙、丹碧纱纹双裙、丹纱杯文罗裙等等，也不知要耗费多少织工绣娘一生青春。

这样泼天的富贵，也不知羡煞多少闺中女儿。只觉得那出阁的新妇既为贾氏女，又为太子妃，也不知前世要积下多少功德，才换来这样无与伦比的际遇。

可是此刻谁又知道，那被众星捧月一般迎出贾府大门的新嫁娘，在登上婚车驶往东宫的一刹那，心中转过的却是另一句话："为太子妃易，为潘岳妻难。"

她想起大姐贾荃出嫁时,潘岳作为司马攸的伴郎,也站在他们贾府的大门口,身后是河流一般蔓延的迎亲队伍。即使刻意站在阴影中,他身上明月一般的皎洁神采依然那么夺目。那个时候她就曾经幻想,如果有一天,站在大门口亲迎自己的人是他,她将会怎样欣喜若狂。可是几乎是同一时刻她就清醒地知道,那一天永远都不会到来。

她一直都是个清醒的人,哪怕在做出决定的前夜按捺不住去潘家亲口问了他,也早就预知了他的答案。她一直以自己的清醒为傲,也一直刻意忽略记忆中太子憨傻的面孔。可真到了登上婚车一去不返的那一刻,她还是感到了心底如同被虫蚁啃噬的锐痛。她的清醒,其实也是绝望和不甘。

她不甘,自己得不到的,却能被那个叫杨容姬的女人轻易获取。就算潘岳始终会娶一个女人为妻,她也绝不愿那个女人是杨容姬。

太子娶亲,大赦天下,连带着被收押在廷尉狱中的荆州刺史杨肇也沾了光。经过几番审讯,朝廷最终认定杨肇受贿通敌证据不足,仅以败军之罪免为庶人,革职还家。

杨肇只是一个镇守边境的刺史,并非朝中举足轻重的要员。因此杨肇革职之事随着邸报传到琅琊国治所开阳城时,并未引起琅琊王司马伦的重视。司马伦只是兴冲冲地守在王府门口,看着下人将朝廷因为太子大婚而颁下的赏赐一一搬入府库之内。

左挑右拣了一阵,司马伦从赏赐之物中亲自选了几匹上等的绸缎,加上其他珠玉布帛,命从人抬着送到了金真天师孙秀的住处。自从投入司马伦门下之后,孙秀就渐渐将五斗米道内的事务交给张林管理,自己则长住在开阳城中,一心一意为司马伦当起了谋士。没过多久,不仅琅琊国的政令全部出自孙秀之手,甚至司马伦对朝廷的奏表、与其他诸侯王和世家大臣的往来书信,都由孙秀捉刀润色。久而久之,这天地之间司马伦第一个离不得的，就是这位军师孙秀了。

司马伦走进孙秀住宅之时，他最倚重的军师正坐在后院的小池塘边，漫不经心地朝塘中的几条鲤鱼扔着鱼食。他今天没有穿五斗米道天师惯常穿的绛红色纱袍，却是因为天气溽热，只随意披了件家常的白绢暗纹单襦，一贯披散的乌黑长发也用一根玉簪高高束起，越发显得秀逸无伦，与池塘中的倒影恰正形成了一对无瑕玉人。

望着孙秀衣领上方露出的一截白皙精致的脖颈，站在远处的司马伦忍不住喉头一紧，费力地咽了咽口水。

“王爷看什么呢?”觉察到司马伦的到来，孙秀转过头微微一笑，继续抛着手中的鱼食。

“看你……”司马伦脱口回答。

“我有什么好看的？”孙秀的口气轻描淡写，似乎浑不在意却又似乎关注异常。

这句模棱两可的话激起了司马伦一直小心隐藏的暧昧心思，当即觍着脸夸赞道：“本王见过的美人不少，但像军师这样又高标清致又摄魂夺魄的人物，倒还从未见过。怪不得世人一见到军师，都会拜倒在军师脚下呢。”

“王爷过誉了。”孙秀的手指一紧，将捏成一团的鱼食远远扔进了池塘里，这才拍了拍双手站起身来，故意笑道，“王爷难道忘了洛阳檀郎了吗？在王爷心目中，孙秀始终不过是萤火之比日月罢了。”

“那不一样，不一样。”听孙秀提到潘岳，司马伦顿时有些局促，胡乱地摆着手，“你们都很好，都很好。”

“王爷来找我，可有什么事吗?”孙秀见司马伦鼻尖都冒出汗来，知道潘岳一向是司马伦的软肋，也不再戳下去，只袖着双手闲闲地问。

“你一说我就想起来了。”司马伦拍了拍脑袋，赶紧对外面吩咐，“快把东西拿进来！”话音刚落，几个从人便抬着礼物走进后院，鱼贯排列在孙秀面前。

见孙秀怔怔地盯着最面前的几匹锦缎,似乎没有反应过来,司马伦凑上两步,讨好地笑道:“这是因为太子大婚,天子颁给本王的赏赐。我琢磨着这几个花色极衬军师,就亲自选了送过来,可比我赐给府上那些姬妾们的都好得多呢……”

“王爷有心了。”孙秀不等司马伦说完,伸手从一个侍从手中扯过一匹锦缎,抓住帛头微一用力,那匹锦缎便骨碌碌地滚进了池塘之中。

一眼瞥见司马伦惊愕的神色,孙秀淡淡一笑,眼中满是嘲讽:“王爷把我孙秀与府中姬妾做比,究竟是何用意?”

“啊,军师不要误会,本王只是喜欢这些布料,想与军师分享朝廷的恩典而已……”司马伦猝不及防,张大了嘴巴讪讪地辩解。

“王爷觉得这些赏赐是朝廷的恩典,可对孙秀来说,却只是失败的耻辱!”孙秀说着,双手一分,竟将手中一直扯住的帛头撕成了两半。

“唉唉,军师不要动气啊!”司马伦赶紧使个眼色,命那些兀自抬着礼物的从人退下,这才觍着脸走到孙秀身前,小心翼翼地讨好道,“太子要娶贾充的女儿是谁也料不到的事情,本王现在都不郁闷了,军师也不要太过在意。”

“贾充老奸巨猾,轻轻巧巧就破了我扳倒他的计谋,不仅没有被赶出洛阳,还为女儿捞了个太子妃来做!我辛辛苦苦筹划了半年,到头来却是为贾家女儿做了嫁衣裳!”孙秀越说越是懊恼,白玉般的面颊渐渐发红,让一旁的司马伦越发有些口干舌燥起来。

“军师不必自责,虽然没有扳倒贾充,但把贾充从齐王司马攸那边拉到了太子一派,也算是折了司马攸一条臂膀,依然达到了我们最初的目的嘛。”司马伦藏在衣袖中的手指颤了颤,想要摸上孙秀明艳动人的面颊,却到底咽了口唾沫忍了下来。事到如今,他唯一可以倚仗的人便是这个从天而降的孙秀,万不敢得罪了他。好在他的言语虽是安慰孙秀,说的却也是大实话。他们原本的目的就是削弱齐王司马攸的力量,因此才除掉了拥戴司马攸的镇东大将军石苞,又设计对付司马攸的岳父贾充。如今贾充要顾及新女婿太子司马衷,就不再可能像以前那样回护司马攸。因此司马伦并不明白,孙秀既然已经成功,为何还如此耿耿于怀。

“王爷说得是,如今贾充已经不足为虑。”孙秀似乎想起了什么,缓缓点了点头,“那么下一步我们要做的,就是铲除齐王,好让朝廷召王爷回京了!”

司马伦心心念念的就是赶紧回到洛阳,此刻听孙秀终于进行到了关键一步,忍不住激动起来:“若不是齐王作梗,说不定我早就可以回洛阳了!好军师,你教教我后面该怎么做?”

“齐王对太子是最大的威胁。王爷觉得,除了咱们,还有谁最忌惮齐王?”孙秀问出这个问题,见司马伦的眉眼顿时皱成了一团,知道他无法回答,索性说出了答案,“自然是太子的生母杨皇后和她背后的整个杨家。”

“对呀!”司马伦一拍大腿,茅塞顿开,“杨皇后最爱太子,谁要是想让齐王取代太子,杨皇后绝对要和他拼命!”

“所以我们现在要做的,就是结交杨皇后和杨家人。”孙秀眼波盈盈,望着司马伦满是笑意,“齐王势大,要扳倒他势必需要不短的时间。王爷若是能先靠杨皇后的力量回到洛阳,行事也会比在这区区琅琊方便得多了。”

“你说得对。我这就回去多收拾一些稀世珍宝,派人进宫给杨皇后送去!”司马伦得了孙秀这个提醒,心花怒放,高高兴兴地带着从人们离开了。

一直到司马伦离开后很久,孙秀都站在池塘边没有移动分毫。他看着池水中自己俊美无俦的身影,忽然颤抖着抬起手,一把扯开了胸前薄薄的襦衫。

白绢制作的襦衫下，是他瘦而遒劲的胸膛，三分文弱，七分英挺，蕴含着旁人无法揣测的野心与力量。然而就在这白瓷一般温润无瑕的肌肤上，却横贯着三条血红的鞭痕，两条左向，一条右向，形成一个狰狞的大交叉，一下子就破坏了这具身体原本超凡脱俗的谪仙气度。

孙秀直直地盯着水中自己的倒影，手指慢慢地摩挲着那些鞭痕，忽然猛地一用力，指甲深深地抠进了红色的疤痕中。熟悉的撕裂般的疼痛袭来，让他忍不住身子一晃，几乎一头栽进池水中，却终于踉跄着站稳了脚步，缓缓睁开忍痛的眼睛。

“潘岳，这是你留给我的纪念，我一辈子也不会忘记！”孙秀死死地咬着牙关，却听见自己的声音在脑海中响起，“为了能再度出现在你面前，报复你对我做过的一切，我用药水留住了这三条鞭痕，怂恿蠢笨的司马伦和我一起走在追逐权力的悬崖边缘。可是哪怕我最终会失足掉下山崖，我也会拉着你为我陪葬！”

孙秀反手紧紧地抱住了自己，就仿佛在下坠时死死拖住了那具恨之入骨的身体。他桀桀地笑着，连自己也分不清这笑声中除了愤怒和不甘，还包含了什么另外的情绪。

在潘府受辱的事情，孙秀始终讳莫如深。而他之所以那么积极地为司马伦出谋划策，固然有对名利的渴求和追逐，更深的原因却是为了报复潘岳。他想要看他众叛亲离、身败名裂，想要看他跪在地上向自己卑微地求饶。只要是能伤害到潘岳的事情，他都会不择手段去实施。而他金真天师最擅长的，莫过于编造谣言、蛊惑人心。

所以这一次，为了除掉贾充削弱司马攸，他特地命令洛阳的五斗米道弟子在街头四处传播“泰山紫气绕顶，齐鲁之地当出贵人”的说法。而为了拿潘岳未来的岳父杨肇兵败之事大做文章，孙秀又派弟子前往荆州，大肆散播杨肇受贿卖国的谣言。彼时世家大族借着姻亲关系互相提携，只要扳倒了杨肇，潘岳以后就再也不可能依靠妻族飞黄腾达。若是能让潘岳因此而失去深爱的杨家小姐,孙秀更是求之不得。

可惜的是,潘岳虽然不知道孙秀的操纵,却识破了他的用心,不仅献计让贾充重新在朝中站稳了脚跟,更利用司空府的力量驱逐五斗米道弟子,让他们再也不敢在京城公开活动。至于杨肇那边,不知潘岳是怎么搜罗出了有力的证据的,加上齐王司马攸的大力协助,杨肇只是落了个削职为民的处罚,并未牵连到他的儿女。这样双重的失败,让心高气傲的孙秀怎能甘心?

既然潘岳与齐王互为倚重,那么一旦铲除了齐王,潘岳就会体会到手足折断、血肉撕裂的疼痛吧!若是他只能眼睁睁地看着齐王倒台却无能为力,这种痛苦与挫败是不是更加美妙呢?想到这里,孙秀嘴角扬起一个恶毒的笑意,一把合上敞开的衣襟,转身离开了池塘。

潘岳,一生还漫长,我们有的是时间慢慢较量。

第 七 章

突 变

陋吾人之拘挛，飘萍浮而蓬转。

——潘岳

夏季的天气总是变得快。晌午时还晴空万里，下午时分却仿佛巨笔滴下墨汁，在天幕上渲染出浓浓淡淡的乌云，一层层遮蔽了所有的日光。忽然，一阵大风刮过，吹乱了书案上堆积的文书奏表，等潘岳站起身关上窗户时，黄豆大小的雨珠已经密密匝匝地砸了下来。

这场雨来势不小，不知要下到何时才会停止。司空府内的僚属们原本就因为贾充忙于嫁女之事而有所懈怠，此刻见散衙时辰已近，便趁着雨势还未大作，三三两两起身回家。

潘岳坐回自己的书案前，因为本日的差事已经处理完毕，就随意翻开了朝中最新抄出的表章。还没看上几个字，就听坐在自己附近的韩寿站起身来，漫不经心地问："安仁，现在雨小些，还不走吗？"

"过一阵子再走。"潘岳微笑回应。

"又要等着去接杨家小姐是吧？"韩寿知道潘岳的底细，不由得玩笑道，"你这般温柔体贴，却不知杨家小姐嫁给你之后，还能每天去医馆坐诊吗？"

潘岳一怔，没有立刻回答韩寿的问题。自从杨肇被罢官贬为庶人之后，杨容姬没了以往官家小姐的身份束缚，索性扮了男装，在杨氏家族开设的医馆内为人看诊。可一旦她嫁给了潘岳，碍于潘家的名声，自然不便再在杨氏医馆抛头露面。否则就算婆母邢夫人没有怨言，潘家的其余宗族长辈们也会出来干涉。不过潘岳知道杨容姬的志向,又怎么舍得让她的余生禁锢在深宅后院之内,做一个靠家务打发无聊时光的平庸女子?

想起杨容姬在医馆内为人看诊时纤细却又专注的身影,潘岳只觉得心里一暖,实在是爱极了她那般认真做事的样子。

杨肇的案子了结之后,原本想要回归荥阳老家养老,然而考虑到杨容姬与潘岳婚期临近,便在洛阳为官的次子杨歆家里住了下来,而杨容姬也趁着未嫁前最后一点时间到杨氏家族开办的医馆中帮忙。潘岳思念杨容姬,却又碍于未婚夫妇不得擅自见面的礼法,便假装病人到杨氏医馆求医,想要多见上杨容姬几面。谁知才去了一两次就被杨容姬赶了出来,认真地告诫他以后不可以再上门来捣乱。

“我不是捣乱,是真的生病了。”潘岳赖在诊案前不走,委屈地伸出手腕,“不信神医请看,我这些天总是神魂颠倒、茶饭不思,脑子里总是晃着一个人的影子……”

听到前半句时,杨容姬将信将疑地伸手想要搭上潘岳的脉搏,待听到后半句,她的脸倏地一红,隔着诊案一把推开潘岳的手,含笑嗔道:“公子这病我无能为力,还是另请高明吧。”

“没法另请高明。”潘岳眨了眨眼睛,压低声音笑道,“高明们都说了,我这是相思病,只有你这位杨家女神医能治。”

“你什么时候也学得这么油嘴滑舌了……”杨容姬见有病人进门,顿时羞窘,双手用力把潘岳往医馆门外推,“你再跑这儿来,人们就不是来看病,是堵在门口看檀郎了——这不是捣乱是什么?”

想到杨容姬双颊绯红、眼眸如水的模样,潘岳忍不住再度露出了笑容。虽然依言不再进入医馆去“捣乱”,他却坚持每天在散衙之后去医馆接她。只是每一次他都乖乖地躲在马车里,直到医馆里的最后一个病人离开,才将杨容姬接上马车,送回杨家。

不过随着他们婚期的日益临近,这样的情况也不会多了。一想到下个月他们就可以名正言顺地日夜厮守在一处，再没有什么礼法和人言可以束缚,潘岳心情大好,只觉得敲打在窗户上噼啪作响的雨声都悦耳起来。

等潘岳从蜜罐子中醒过神来的时候，韩寿已经不知什么时候离开了。这些日子来韩寿明显一副意气风发的模样,却又闪烁其词不愿对人言明,惹得司空府内的同僚们私下里议论纷纷。不过潘岳一直沉浸于筹备婚礼的喜悦中,对韩寿的异样并没有太过在意,自然更不会猜到不久之后,韩寿就会成为府主贾充的乘龙快婿,青云直上与当今太子成了连襟。

知道离杨容姬结束看诊的时间还早,潘岳耐心地坐在公署中,和着雨声继续翻看手中最新抄出的朝中表章。看着看着，他的目光蓦地一凝,难以置信地停在了一道表章上,却是个不入流的小官上表进言,说天子司马炎即位多年宵衣旰食、勤于朝政,导致后宫匮乏、子息不丰,因此提议依照古制,广选公卿世家之女充备三夫人九嫔之位。而天子司马炎对这道表章的批复是“准。即日诏选公卿以下女备六宫,采择未毕,权禁天下婚娶”。

窗外一道霹雳响起,潘岳的眼前立刻闪过一道白光,让他一时间看不清手中的白纸黑字。一个名不见经传的小官一道溜须拍马的奏章却引来天子雷厉风行的回应,只能说明一个问题:这道奏章,原本就是天子司马炎授意写成的。那么奏章中的批复,很快就会经过中书令和尚书台,成为颁行天下的正式诏书!

想到这里,潘岳只觉一股冷气从后背蹿上,让他再也无法克制地从书案前站起,也不等仆从撑开雨伞,径直跑入了雨地中。

粗大的雨丝当头浇下,潘岳才跑出两步,丝织的单层公服便都湿透了。他抹了一把脸上遮住视线的雨水，不管不顾地跑出司空府大门,才发现潘家赶车的老仆还在远处的屋檐下避雨。心急如焚之下，潘岳来不及召唤车夫，径直爬上自家马车，缰绳一抖，马匹顿时顺着司空府前的大路疾驰而去。

为了避免招摇过市的嫌疑，多年来潘岳从未在洛阳街头驾驭过马车。然而这场大雨给了他放纵的借口，此时此刻，他只是不断挥动着长鞭，就像当初冲向荆州迎接杨家的押解队伍时一样，用最快的速度冲向了安民里的杨氏医馆。

往常潘岳乘车来接杨容姬，都是让车夫悄无声息地将马车停在医馆门口，小心地避开人员出入的通道。可是这一次他却顾不了许多，将马车随意停在路边，用袖子往头上一遮便跑进了医馆中。

此刻大雨仍未停止，成串的雨水顺着屋檐打落在门前的石板上，激起一片清晰却沉闷的噼啪声，越发显得医馆内晦暗而潮湿。潘岳也不待杨家的童仆上来询问，抖了抖袖子上的雨水，一眼便看见了坐在诊案之后的杨容姬。

杨容姬照例扮成男装，穿一身朴素的靛蓝布袍，满头青丝干净利落地挽成一个发髻，看上去比她的实际年龄还要小许多，就仿佛一个纤细白净的俊俏少年。此刻她正为病人撰写药方，专心地握着笔在纸上书写，竟没有注意到潘岳的闯入。

潘岳按捺住内心烧灼般的焦虑，好不容易等那病人慢吞吞地拿着药方走了，这才唤了一句："阿容，我有话跟你说。"

杨容姬转过头，见到潘岳满头满身的雨水也是一惊。她赶紧从诊案后站起来，左右一望，示意潘岳随着自己走进了诊堂后面的药房中。

药房中俱是高高的药柜，一个个小小的抽屉层层排列，散发出各种药材的气味，与雨天沉闷的空气混合在一起，有一种挥之不去的黏稠感觉。

杨容姬虽然心中疑惑，但还是从容地回身去关药房的门。她刚把门闩插好，冷不防潘岳已经从身后一把将她拥在了怀中。他的衣衫还带着外面的雨水，刚贴上她身体时带来一片凉意，而他也骤然惊觉，忙不迭想要放开她，却被她用力攥住了胳膊，主动往他的怀中贴紧。不过须臾之间，他们身上冰冷的水渍便被体温捂得暖了，让他们再舍不得分开。

“阿容，”潘岳的声音从她的耳后传来，急促的呼吸中带着灼人的热度，“我们不要等下个月了，我们这两天就成亲吧。”

“檀郎，发生什么事了？”杨容姬的身子窝在他怀中没有动，却就着他拥抱的姿势，转过脸关切地注视着他的面容。

“天子要采选公卿之女入宫，还要召取良家及小吏之女五千人候选。候选期间，天下婚娶之事一概禁止。”潘岳搂着杨容姬的胳膊又紧了些，语声急促，“我估算了一下流程，这道诏旨大概过几天就会颁行天下。若是我们赶在正式发布前成亲，还能躲得过去。”

“檀郎。”杨容姬忽然在潘岳怀中转过身，含笑望着他焦虑的眼睛，又伸手抚了抚他紧蹙的眉头，“别急，就算天子要采选嫔妃和宫女，我都这么大年纪了，再怎样也轮不到我啊。”

“我知道，可……”潘岳的确知道杨容姬早已过了双十之年，无论在民间还是士族之中都算是大龄的老姑娘了，自己那份担心确实有些荒谬可笑。可理智虽在，心中却不知为什么隐隐恐慌，恍惚觉得每次只要他和杨容姬甜蜜相守一阵，命运就会捉弄他们一番，就像他们的婚期，竟被各种缘故一拖再拖，平白生离了这么多年。

“我心里患得患失，总要正式把你娶进了门才放心。”潘岳看着杨容姬的眼睛，恍如哀恳，“我们回去分别给族中说说，看能不能将婚期提前？”

“好。”杨容姬见他眼中满是焦虑担忧，心下疼惜，想也不想地点了点头。其实她也知道，纳彩、问名、纳吉、纳征、请期、亲迎，是上古便流传下来的婚娶六礼。他们的婚期早已订下，岂是那么容易更改的？然而天子司马炎这一出采选不知要到何日才结束，她也不愿将本已延宕多年的婚期再度推迟，当下便下定了决心笑道："我这就回去跟父亲说。"

"只是委屈你了……"潘岳伸手将杨容姬散落的一缕头发别到耳后，俯身轻轻用下巴抵住了她的额头，心中满怀歉疚。婚礼是女子一生最重大的仪式，此番若是将婚期提前，势必会带来许多仓促简陋之处。

"你知道我不在乎那些虚礼。"杨容姬伸手抱住潘岳的脖子，让他的头垂得更低，而自己也悄悄地踮起了脚尖仰起了头，"只要和你在一起，怎样都不会委屈。"

"阿容……"他眼前只见她的眼眸清黑嘴唇红润，心中一荡，迎着那花瓣一样柔软的嘴唇吻了过去。一时间只觉得怀中充实内心熨帖，任外面风雨大作满地泥泞，他却已不再彷徨孤单。

两人正陶醉在对方兰麝一般的温柔气息之中，一阵急促的拍门声猛地响起，恍如一道道惊雷，吓得两人匆匆分开。看着被震得不住抖动的门闩，潘岳方才还恍如在云中的旖旎心思顿时直沉下去，不祥的预感如同四周黏稠的药草味道浸染了全身。

"阿容，你在里面吗？赶紧开门！"薄薄的门板挡不住外面急切的声音，而药房内的两个人都听了出来，拍门的正是杨容姬的二哥杨歆。

杨容姬和潘岳对视了一眼，伸手拉开了门闩。下一刻，还穿着公服的杨歆一脚便踏了进来，待看清药房内的两个人，不由恼怒地叹了一口气："你们两个，唉……"

"二哥，出什么事了？"杨容姬咬了咬嘴唇，语调却还平静。

"我接你回家去，以后你就老老实实在家里待着，再也不要到这里来了！"杨歆一边说，一边拉着杨容姬往外走，竟是一刻也不愿妹妹在医馆多待。

"二哥！"杨容姬一把甩开杨歆，站在原地不动，"我到这儿来是爹爹亲口允许的，潘家也并无异议，为什么再不能来了？"

“唉,我知道爹爹一向宠着你,安仁更是对你百依百顺,可是如今情势不同了!”杨歆看了一眼潘岳,见他只是紧跟在杨容姬身边,殷殷关切之意溢于言表,不由顿足叹道,“我也是刚刚得的消息,天子要采择世家与良家之女充备后宫了!”

“这个我也知道了。”潘岳压下心头的不安,勉强安慰杨歆,“不过世家之女为六宫嫔妃,良家女子为洒扫宫人,阿容哪一条都沾不上,二哥不必着急。”

“要是如你们所愿就好了!”杨歆望着并肩站在一处的妹妹和潘岳,心中也满是疼惜。他似是不忍打破对面二人心中的侥幸,犹豫了一下才决然道:“可是我刚刚得一位宫中交好的内侍提点,阿容的名字,已经列在草拟的采选名册上了!”

“这怎么可能?”饶是杨容姬再沉静,此刻也不由惊道,“我今年已经二十三岁了,怎么可能被选入宫侍奉天子?”

“这个我也不知道。”杨歆疑惑地摇了摇头,“就算是所有公卿未嫁之女全部列入,爹爹已经被贬为庶人,按理也不该选你。”

“正式的诏旨还未颁发,我这就和阿容成亲!”潘岳忽然道。杨容姬入选之事颇多蹊跷,让他忍不住怀疑有人暗地作祟。

“爹爹好不容易才洗清罪名,尚有诬陷他的小人蠢蠢欲动。你们此刻冒着抗旨的风险着急成亲,岂不是落人口实?”杨歆此言一出,见潘岳的脸色刹那间毫无血色,不忍再责备。他无奈地再次拉住妹妹的衣袖:“虽然你最终未必会入选,但既已名列后宫备选名册,行事便须处处谨慎。从今日开始,不仅这医馆你不能来,你和安仁也再不要私下见面了!”说着手上发力,拉着杨容姬就往医馆外走去。

潘岳知道杨歆所言在理,此刻杨容姬稍有不慎,就会给已遭大祸的杨家带来新一重罪责。他不敢出手相拦,只能亦步亦趋地跟在杨容姬身后,看着她被杨歆塞进了杨家的马车车厢内。见杨容姬掀开车上窗帘依依望着自己，潘岳五内俱焚，却只能强笑着宽慰道："你放心，我会想办法。"

"别担心，我又老又丑，天子才不会看上我……"杨容姬也用力笑了笑，从车窗中伸出手来紧紧握住了潘岳的手。马车辘辘驶出，潘岳随着车厢跑出一截，最终却无法赶上马车的速度，只能眼睁睁地看着自己手中杨容姬纤柔的手指慢慢滑脱，最终再也无法抓住。

"好事多磨，老天这是在考验我们吧。"马车渐远，杨容姬的低语却萦绕在潘岳耳边，"可是不管付出什么代价，我杨容姬一定会嫁给潘岳为妻！"

是啊，必定是老天见不得他们太幸福，才生出各种挫折磋磨来。潘岳无意识地握了握伸出的手，霎时只觉一阵空落，指尖却触到几丝细针一般的冰凉，却原来大雨一直未停，此刻早已将他全身都浇透了。

一阵风来，将沾满雨水的树叶刮了潘岳一身。他的身体微微一颤，恍惚记起杨容姬以前说过："要拥有天下最好的夫婿，势必要付出天下最高昂的代价。"这句话虽然早已时过境迁，却在他的心中刻下了深深的痕迹，哪怕只是最轻微的暗示，也会带来心底无法遏制的战栗。

天下最高昂的代价。这几个字仿佛不祥的谶语，让潘岳再难安宁。他冒着雨登上马车车座，缰绳一抖，朝着暮色迷离的齐王府方向驶去。

自从发生过潘岳在齐王府外枯等一夜的事件，齐王司马攸特意给门房下了命令：以后只要潘岳来访，可以不经排队通传，直接让他进府。因此这一次潘岳冒雨来访，才到齐王府门口便被人迎了进去。传话的小内侍殷勤地为潘岳撑着雨伞，还说齐王正准备用晚膳，潘郎君若是方便可以一起用饭。

经这么一提醒，潘岳才发现自己来得不巧。他心中有事并没有吃饭的胃口，却不便推辞，只好跟着小内侍步入王府后宅，走到一座小院前。

精致的垂花拱门上挂下一串串的蔷薇花，刮在小内侍的雨伞上轻微作响。潘岳认出了这个院子，当初他从琅琊回到洛阳，第一次见到司马攸就在这里。那个时候司马攸抱着刚刚出生的二公子山奴，站在廊下一脸初为人父的幸福和温柔。

进了廊下，小内侍收了雨伞，正打算掀开门帘进去通报，潘岳却朝他摆了摆手，示意他停下。因为一进院门潘岳便已发现，此刻房内灯火通明，显然有不少人在，而阵阵传来的脂粉香味更是提醒他内中有多名女子。虽然他与司马攸和王妃贾荃自幼一起长大，可以不避嫌疑。但司马攸的其他姬妾，他还是能回避就回避的好。

正犹豫是否到外院等候，忽听屋内一声清脆的破裂声，竟是有什么东西被人大力摔在了地上。潘岳一惊，将门帘掀开一条缝隙，正看见齐王妃贾荃直挺挺地站在屋子正中，而她的脚下，是四散飞溅的瓷片和深褐色的汤汁。

“是妾伺候不周，请殿下和王妃恕罪。”一个站在贾荃身边的女子愣了一下，如梦初醒般跪了下去。她深深地埋着头，潘岳只能模糊看到她略显丰满的身形和耳后异于常人的白皙肌肤。从她与四周侍女们截然不同的华丽穿着，潘岳猜到了这个女子就是当初司马攸酒后所纳的那个侧王妃胡姬。

“我自己不肯喝药，你凭什么揽到自己身上？”贾荃正眼都没有看一下跪在脚边的侧王妃，却冲着一旁的司马攸冷笑道，“我的病需要什么药，齐王殿下最清楚不过了，何必用这些没用的来打发我？”

“你身子不好，就该吃药调养。”当着众人的面，齐王司马攸的语气是一贯的平和。他示意侍女再盛来一碗汤药，又招手叫道：“海奴，山奴，去伺候你们母亲喝药。”

海奴司马蕤是胡姬灵襄所生，山奴司马冏则是王妃贾荃的亲子。两个男孩大的八岁、小的五岁，都是一派粉妆玉琢的俊俏模样，惹人怜爱。此刻听到父亲吩咐，山奴便伸手想去接药碗，却被烫得缩回手在嘴边小口吹着，于是哥哥海奴便代他捧起药碗，小心翼翼地走到贾荃面前，挨着生母胡姬灵襄跪下：“请母亲喝药。”

“我没病，不喝药！”贾荃因为天子司马炎一直寻找各种借口不肯册立山奴为齐王世子，便迁怒于海奴这个庶长子，一向对他没有什么好脸色。此刻见八岁的孩子颤颤巍巍想把药碗捧高，生怕被他洒出的药汁溅到，下意识嫌恶地后退了一步，仍然对着丈夫司马攸冷笑道：“你还是这个样子，那就等着我死吧！”

“是你在逼我去死！”司马攸霍然站起身来。他几乎从未在人前发怒过，可此时此刻，就算站在门外的潘岳也看得出来，司马攸虽然语声低沉，但额头上青筋暴起，双手也不住颤抖，显然气得不轻。

贾荃本能地想要反唇相讥，却似乎也被司马攸难得的暴怒吓到，紧紧抿住嘴唇不再开口。一时间，胡姬灵襄母子跪在地上，贾荃和司马攸隐隐对峙，屋内的气氛一片沉闷尴尬。

五岁的二公子山奴从小娇生惯养，哪里见过如此场面，当下“哇”的一声大哭起来，跑过去抱住了贾荃的腿：“娘快喝药吧，那天你突然晕过去，简直吓死山奴了！”

贾荃心气再高再硬，见到自己儿子这副可怜的小模样，也忍不住软了下来。她一把将山奴搂在怀中，用力忍下眼中蓄满的泪，忽然冷笑着朝门口唤了一句：“这场热闹，你还想看多久？”

潘岳一惊，知道被贾荃看破了行藏，只好硬着头皮走进屋内，向司马攸和贾荃见礼。他一进来，屋内所有人的视线便立刻落在了他身上，而山奴一向和潘岳熟稔惯了，更是放开母亲蹭到潘岳脚边，一口一个“檀奴叔叔”，又是委屈又是亲昵地拉扯他的衣袖想让他抱。

“你们都退下。”司马攸见潘岳衣服和头发上水痕未干，想起他冒雨前来必有要事，便打发一众妻妾和孩子们离开。侧妃灵襄一向温顺寡言，当即行了个礼，拉着儿子海奴站起身来往外走。八岁的海奴则在走出几步后恋恋不舍地回过头，见潘岳已经顺势把弟弟山奴抱在怀中亲了亲，眼中不由一黯，细小的牙齿暗暗咬住了下唇。

山奴虽然想要亲近檀奴叔叔，奈何父亲司马攸下了令，保姆便强行将他从潘岳怀中抱了出去。待到众人全都散去，烛火摇曳的屋内只剩下司马攸和潘岳，还有固执不肯离去的贾荃。见贾荃似乎想留下来，司马攸心中烦乱，叹口气对妻子道："你身子不好，回去休息一下吧。"

"檀奴，你来是找桃符帮忙吗？"贾荃没有理会司马攸，反倒款款地坐下来，状似随意地问潘岳。

"是，我有一事……"潘岳还没说完，贾荃已经冷冷地打断了他，"知道你来就是有事相求。你哪一次上门不是有事相求？"

此言一出，如同当头一棒，将潘岳打得有些蒙了。他只觉得所有的血液都涌上了头脸，顿时面红耳赤，无地自容，却偏偏无法辩驳。尴尬之中只听司马攸对贾荃怒斥道："你怎么能这样对檀奴说话？"而贾荃则不甘示弱地冷笑道："难道我说的不对吗？这些年来，一有风吹草动他就来求你帮忙，哪里知道你背后为他承担了多少风险、花费了多少精力？你对他可比对我和山奴母子上心得多了。不过也是，堂堂齐王殿下对外面八竿子打不着的人都比对我们母子上心得多了！"

"你要逼我，何苦又拉扯上檀奴？就算天子册封得晚些，山奴也是嫡子，世子之位除了给他还能给谁？"司马攸恼怒地道。

"什么叫拉扯上他？"贾荃冷笑，"若不是他出的好主意让我后母的女儿成了太子妃，她们母女能这样欺侮我？欺侮我倒也罢了，只可怜我的母亲，死去的魂魄都不得安宁……"说到哽咽处，贾荃红着眼睛对潘岳吼道，"赶紧给我离开，以后再也不要让我见到你！"

"她已经不可理喻，我们到外面去说。"司马攸不愿再与贾荃纠缠下去，伸手拉住一旁呆立的潘岳，径直就往外走。

潘岳看了一眼贾荃，见她依然桀骜而不甘地冷笑着，心中如被针扎一般。看这个样子，他当初谋划的联姻太子保住贾充的计策，还是不可避免地对贾荃造成了伤害。如今成为太子岳丈的贾充对待齐王夫妇越加冷淡，不禁让潘岳怀疑自己在绝境之中行出的那一步险棋，会不会弄巧成拙？

“她最近心情不好，你不要和她计较。”司马攸拉着潘岳走出屋子，伺候在廊下的内侍们连忙想过来撑伞，却被司马攸斥退。他拉着潘岳大步朝前，穿过垂花门和一片被雨水打得七零八落的花圃，一直走到了花园正中一座四面临水的凉亭之中。

此刻雨虽小了许多，但夜色已深，凉亭中一片漆黑。待到内侍点上灯退下，四周一片静谧，就仿佛茫茫天地间只剩下他们身处的这一叶孤舟，就连疏落的雨丝都只是无声地融入亭外的池水，丝毫不曾打扰亭中二人的谈话。

“刚才齐王妃说话太过分了些，我代她向你赔罪了。”司马攸说着站起来就要躬身。潘岳连忙拦住了他，涩声道：“她说的没错，我确实习惯了遇见难事就来找你，却从未想过给你添了多少困扰……”

“檀奴，你再这样说，我就真的生气了。”司马攸打断了潘岳，拉着他在凉亭中落座，这才缓缓道，“你也别怪她。不久前天子下发了一份诏书，说类似李夫人这样离异的案例都不得再判归夫家，就算死了也不能归葬夫家的坟茔。听到这个消息时，齐王妃当场就昏晕过去，至今身子还没恢复过来……”

“这封诏书，我也听说了，一直觉得无颜面对齐王妃。”听司马攸提起仍旧停灵未葬的李婉夫人灵柩，潘岳越发羞愧难当，“我一直没敢问你，天子原来还想为贾司空设立‘两夫人’的特例，现在态度却为何陡变？”

“说起来又是一桩纠结公案了。”司马攸叹道，“一切都是因为贾府三小姐当了太子妃。”

“不是一直说好是四小姐吗，怎么最后嫁入东宫的却是三小姐？”潘岳百思不得其解。在他原本的计划中,司空府四小姐贾午无论年龄与外貌都更适合嫁给太子。以贾午天真烂漫、不谙世事的性格,就算成了太子妃,也不会对局势起到什么作用。可现在嫁入东宫的却是性格乖戾、素有心计的三小姐贾南风,不得不说是潘岳从未料到的变数。

"听说原本不仅太子,就连皇后和天子也看中的是四小姐贾午。然而不知为什么,贾司空和夫人却分别游说天子和皇后,说三小姐贾南风更有才德,可以辅弼太子,并呈上贾南风日常所写文章若干。天子本来还有疑虑,但禁不住贾司空的死党荀勖、冯统等人一同劝说,便同意改纳贾南风为太子妃。"司马攸说到这里,淡淡一笑,"我那妻妹贾南风果然颇有手段,据说新婚之夜不过甩出几份东宫教习的考卷,就把太子收得服服帖帖,不仅不敢嫌弃她貌陋,还对她言听计从。看来中书监荀勖对天子夸赞她'才色绝世,若纳东宫,必能辅佐君子,有《关雎》后妃之德'也不算太离谱。"

司马攸一向为人中正平和,有古君子之风,此番话语说到后来竟也露出了淡淡嘲讽之意,让潘岳觉得有些新鲜。他想起坊间传说太子痴愚,无心向学,不由疑惑道:"虽然太子俯首,但太子妃性情强悍,只怕天子未必喜欢吧。"

"这就是太子妃的厉害之处了。"司马攸想起妻子贾荃怨恨的神色,有种无可奈何的无力,"她知道自己容貌不佳,天子不喜,便向天子进言,如今天下平靖有盛世气象,而后宫却主位虚置皇嗣单薄,因此谏言天子广纳公卿世家之女为妃嫔……"

他尚未说完,潘岳已惊呼出声。怪不得天子司马炎忽然下了采选六宫的旨意,这太子妃贾南风明白自己是皇室拉拢贾家的手段,索性建议皇帝亲自与诸多世家大族联姻,扩大外戚阵营。这样一来不仅讨好天子,满足了司马炎的虚荣好色之心,又切实加深了皇室与世家的利害关系,拉拢世家大族支持天子而疏远齐王。这样的妙招,果然非常人所能想到。

“这位太子妃贾南风，确实兼具了贾司空的谋略和郭夫人的强悍，不仅收服了太子，也得到了天子的信任，只怕那道不许李夫人归葬贾家坟茔的诏旨，也是在她的建议下颁发的。”司马攸说到这里，忽然落寞一笑，“不过也好，太子也正需要一个得力的内助……”

“桃符，这样下去，只怕你在朝堂的处境，会越发艰难了。”潘岳说到这里，恍然明白了贾荃如此愤恨的原因——如果只一味退让而不主动争取权力，等天子司马炎势力巩固之后，司马攸难免祸从天降。

“这倒无所谓。反正我一向秉持直道，不改初心。不论外界如何变化，我只做我便是了。就算有人存心要拿我错处，没有缘由又能奈我何？”司马攸安慰了几句，又关切地问潘岳，“如今为了备选六宫的事情，立刻就要停止天下婚娶，你和杨家小姐的婚事也会因此耽搁。檀奴，你是为了这个来找我的吗？”

司马攸还不知道杨容姬被列入备选名单之事，而潘岳自方才被贾荃一抢白，此刻也不好意思再提。且不说小时候的救命之恩，单近些年驱逐琅琊王司马伦、保荐自己入仕、为父亲潘芘延请御医、弥合自己与世家子弟关系、为杨肇洗清通敌罪名、保护杨家家眷，一桩桩一件件，司马攸为自己已经付出了太多。齐王虽然位高，却没有多少实权，所以这些事情背地里也不知耗费了司马攸多少精力和人情，却从未在自己面前提过一句。何况现今天子采选后宫，世家之女大多不愿，司马攸又怎能单独为杨容姬求人破例，引发天子和世家的不满？思及此处，潘岳愧疚更甚，只好岔开话头，将原本想求司马攸将杨容姬的名字从备选名单中去除的要求吞入了肚中。

多年以来，潘岳习惯了条分缕析，权衡筹谋，对自己的推断也颇具信心。如今考虑到杨容姬的年龄和家世，无论从哪一方面都不足以引起天子重视，被选入宫的可能性实在是低之又低。那么这一次就算司马攸不插手,应该也不会有什么妨碍。

想到这里,潘岳悬空的心,终于渐渐落回了实地。

就在司马攸与潘岳秉烛夜谈之际,灯火通明的太极殿中,天子司马炎坐在宽大的坐榻上,榻脚边金狻猊口中袅袅吐出的香烟将帝王莫测的表情遮掩得越发模糊。

"根据齐王府中侧妃胡姬传来的线报,齐王妃这些日子来颇多怨愤言辞,不仅常常暗中咒骂太子妃,字里行间还似乎在撺掇齐王揽权,以备不测。"说话之人身材高大魁梧,正是司马炎的心腹宠臣、匈奴王子刘渊。

"齐王妃性如烈火,朕料到她定会如此。"想起自己不久前颁布的有关李夫人的旨意,司马炎脸上露出了淡淡一笑,"齐王的反应呢?"

"齐王没有什么反应。"刘渊说到这里似乎有些失望,赶紧补充了一句,"不过齐王那人一向城府颇深,料那胡姬也看不出他的真实想法。"

见司马炎只是沉吟不语,刘渊犹豫了一下,终于压低声音道:"依齐王妃的言行已经足以治罪,陛下若是因此废掉齐王妃,贾司空那边就与齐王再无瓜葛了……"

"不能动她,让那女人放肆闹腾去。"司马炎蓦地抬手止住了刘渊的建议,"留着这个齐王妃,可比废掉她更有用处。"留着她,不过是在齐王和贾充之间连上一根纽带,可是如今伴随着贾南风为太子妃,司马炎又要广纳世家女扩充外戚,齐王司马攸与贾充之间的关系便不再有以前那般重要。更何况,如果没有那个专宠的齐王妃时刻挑唆逼迫,他那亲爱的如圣贤一般白璧无瑕的弟弟,又怎么可能流露出丝毫的怨恨和反心呢?

猎豹为了捕食山羊,可以在岩石后一动不动地蛰伏几个时辰,只求一击必中。他司马炎堂堂天子,面对威胁自己儿子继承大统的敌人,怎么还会比不上猎豹的耐心呢？

泰始年间的后宫采选依例是由皇后杨艳主持的。杨艳出身弘农杨氏，襁褓之中便父母双亡，由舅父赵俊抚养长大，与表妹赵粲感情深厚。杨艳自幼敏慧，曾有相面的术士一见之下便大惊失色，说此女日后贵不可言，因此名声大振，竟传进了当年的大将军司马昭耳中。

司马昭那时正为长子司马炎的婚事烦心。他原本想为儿子聘大名士阮籍之女为妻，却不料阮籍听说之后每日狂饮烂醉，让求亲的使者无从开口。司马昭其实颇有耐心，遂命使者每日拜访，谁知心向曹魏的阮籍为了躲避这门亲事，竟一连痛饮大醉了整整两个月，几乎将性命都赔了进去。司马昭见阮籍如此坚决，便熄了靠联姻拉拢这群狂放名士的心，只是暗地里对阮籍、嵇康等人越发厌恶。若非阮籍后来见嵇康被杀，无奈之下为司马昭进封晋王写下《劝进表》，只怕他的下场也不会比嵇康好多少。

聘娶阮家小姐的道路断绝，恰逢司马昭听到杨艳的名声，便不顾杨家式微，为长子司马炎聘了杨艳为妻。二人成婚之后倒也琴瑟和谐，一连生下三子三女。杨艳为了防止司马炎纳妾分心，甚至在晋朝建立之后劝司马炎将自己的表妹赵粲纳入后宫，封为夫人。因此直到此刻为止，司马炎的后宫之中便是这表姐妹二人专宠。

对于司马炎忽然要大张旗鼓广充后宫之事，杨艳自然怨恨不满。偏偏司马炎的理由极为冠冕堂皇，让杨艳无法辩驳——晋朝开国之初，皇权薄弱，夹在宗室和士族两大势力之间如履薄冰，更何况皇位旁还蛰伏着齐王司马攸这样的威胁。为了巩固皇权，也为了将来太子司马衷可以顺利继位，此刻司马炎只能联合第三种力量来对抗宗室和士族，而这种力量便是亟待扩充的外戚阵营。

一提到太子的前途，皇后杨艳只好忍气吞声地同意了司马炎的想法。好在司马炎一向对杨艳颇为尊重，为了表示自己并无好色享乐之心，便将采选的事宜全都交给杨艳负责，自己只是偶尔无事时来明光殿看看而已。

杨艳掌握了采选的决定权，果然没有客气。她每日在皇后所居的明光殿中挑选各州郡选送来的名家大族女子，看到端庄秀丽的一概黜落，只挑选白白胖胖、身高体壮之人，竟是一副挑选洒扫宫人的姿态。有一次司马炎前来明光殿，一眼看中卞藩的女儿容貌美丽，便用扇子遮住脸向杨艳耳语："卞家的女儿很好。"谁知杨艳根本不理会司马炎的委婉恳求，反倒正色回答："卞家三代都是曹魏皇后的亲属，他家的女儿入了宫，怎么能屈居在卑位呢？"司马炎吃了个瘪，却也没有发作，眼睁睁地看着杨艳将卞家小姐黜落，放出宫去了。

皇后别出心裁的采选方法很快传出宫外，也让潘岳对自己的判断更增添了信心。既然笃定杨容姬会安然无恙地出宫，候选那天潘岳特地乘了马车候在宫门外，只等杨容姬被皇后黜落之后，他们俩可以彼此嘲笑对方杞人忧天。

此刻，宫墙外已经密密麻麻伫立了不少候选女子。虽然有传言皇后并不会挑选美女，但这些深恐被纳入后宫的士族小姐们还是故意穿着粗陋弊旧的衣服，甚至故意画出丑陋夸张的妆容，以便自毁形貌，逃避被锁入宫墙的命运。

潘岳习惯性地躲在车帘后向人群张望，果然在人群之中发现了杨容姬。她未施粉黛，一张白净的脸孔颇为素净，配着朴素的衣服和发式，活脱脱便是当年在邙山中跟着孙登学医时的模样。想起当年自己最为落魄之际蒙她相救，此后又一同经历了生死一线的考验才得以剖明心迹，潘岳心中一热复又一酸，如此清丽慧卓的女子，嫉妒的皇后怎么会将她留在宫中？

正隔着帘缝远远凝望着杨容姬，不承想另有一辆马车从旁边驶来，堪堪阻隔了潘岳的视线。潘岳正要吩咐车夫挪动一下位置,旁边那辆马车上却已跳下一个少女来，虽然故意穿着一身暗淡襦裙不似以前那样明丽鲜艳,但明眸皓齿实在难以掩饰,潘岳还是一眼看出她是胡芳。

毫无疑问,一直拖延未嫁的胡芳也被列入了后宫备选名单,恰好与杨容姬是同一天进宫觐见皇后。

“我不会认错,这是檀郎家的马车。”胡芳推开侍女的阻挠,径直走到潘岳的车帘下,朝静悄悄的车厢内唤道,“檀郎,我跟你说句话。”

潘岳心头一震,掀开车帘望着一脸坚定的少女,无奈地笑了笑:“胡小姐想说什么,在下已经知道了,何必一定要在大庭广众之下说出来?”

“你真的知道我要说什么?”胡芳的脸忽然涨得通红,漆黑明亮的大眼睛里也因为紧张而蓄上了泪花,“我要你答应，万一……我是说万一杨家姐姐被选上了,而我没有,你……”

“不用说了,我知道。”潘岳打断了她的话,也鼓舞着自己的信心,“那样的事情,绝不会发生。”

“世上没有绝对之事,我只要一个希望就好。”胡芳见潘岳支着车帘的手指在微微颤抖,不忍再逼迫他,脸上漾起一个笑容,转身走到宫墙下候选女子的队列中去了。

如果杨容姬被选入后宫而自己落选，那么就算潘岳对杨容姬再情深意长,也不可能真的为了她而终身不娶,为潘家招来不测之祸。所以胡芳知道,一旦这种情况真的发生,自己嫁给潘岳就不再只是梦想。她不敢公然祈祷老天保佑杨容姬入选,却又难免心存侥幸,一时间只觉得心如擂鼓,双腿发软,几乎要扶着宫墙才能站稳。她举目扫过周边神态各异的女子,最终将视线定格在远处的杨容姬身上,却只见她静静地站在原地,目光中一片空阔,也不知道在想些什么。然而毋庸置疑,她们这些名门闺秀一生的命运,此刻都全在明光殿的皇后杨艳手中了。

实际上,明光殿中的皇后杨艳这些天来也不好过。虽然按照自己的心意驱逐了不少美人，但总有一些女子碍于联姻需要无法黜落，到此时为止，已经定下了司徒李胤、廷尉诸葛冲、太仆臧权、侍中冯荪等朝廷重臣之女为三夫人九嫔之列。

随着入选名单渐渐加长，杨艳原本的头痛寒热之症便越发严重起来，成日精神恹恹，浑身懈怠无力，连进了几付太医开的汤药也不见好转。司马炎见皇后身体不适，有意让她多加休息，改由自己亲自择选，杨艳却断然拒绝，强撑病体从床上坐起，非要将那些候选的世家女子们一一过目才肯放心。司马炎拗不过她，只好悻悻离开。

正在更衣装扮之际，杨艳忽听宫女禀告，夫人赵粲与太子妃贾南风前来给皇后问安。她皱了皱眉头，还是微微颔首，让她们进来。

虽然是自己一力说服司马炎与贾家联姻，杨艳对贾南风这个儿媳妇却说不上喜欢。杨艳一直记得太子大婚后第一日，新婚夫妇前来拜见皇帝皇后，一起跪在阶前行礼。太子司马衷虽然神态有些迟钝，但白皙富态，在杨艳这个亲生母亲眼中憨厚可爱，可太子妃贾南风却与太子恰恰相反，体瘦肤黑，即使面对皇帝和皇后，恭敬之下依然可以捕捉到一闪而过的精明犀利。

贾南风容貌不佳，不过太子在新婚之夜被她刻意显露的才学震住，对这个太子妃颇为依赖。而杨艳本就是借重贾南风的家世和能力来辅佐太子，因此内心虽然对这个儿媳妇难以亲近，却也只能强作笑颜加以拉拢。唯独天子司马炎神色不豫，显然对太子妃的容貌颇有不满。

贾南风觉察了司马炎的冷淡，因此才会谏言广纳后宫扩充外戚，一方面加强司马炎的权威，另一方面也确保太子的地位。这个提议果然让司马炎对贾南风大为改观，对东宫颇多赏赐。而杨艳虽然心内怨恨，却无法宣泄。因为她知道，对于太子司马衷的智力，群臣已私下有所揣测，若是再得罪了贾充家族，只怕太子的地位是决然保不住了。

正因为这种顾虑，当赵粲和贾南风进来时，杨艳已经换上了一副盈盈笑脸。贾南风知道扩充后宫的建议必定会惹恼皇后，因此不仅努力结交皇后的表妹赵粲，还屡屡到明光殿殷勤问安，礼数十足，让杨艳更是没有发作的机会。

此刻夫人赵粲和太子妃贾南风向皇后行了礼，便坐在一旁看皇后梳妆。赵粲与杨艳姐妹情深，见杨艳病中仍要支撑着化上严妆，戴上沉重累赘的头饰，不由得关切地道："皇后也病了不短的时间了，怎么太医院的那群太医还是找不出一个有效的方子来？"

"也不是什么大病，吃不吃药其实差别不大。"杨艳懒懒地回答。

"药自然还是要吃，但日常饮食调理也颇为重要。"赵粲说着打量了一圈明光殿中贴身服侍杨艳的宫女和内侍，不满地摇了摇头，"皇后身边之人虽然忠心勤谨，却不通医术，不懂养生之道。可若是调一个太医时时守候在皇后身边侍奉，却又不合礼制……"说到最后她叹息一声，似乎也陷入了困境。

"听赵夫人提到这个，倒是提醒妾身了。"一旁静静聆听的贾南风忽然开口道，"又要擅长医药和养生之术，又要是女子方便贴身伺候皇后，此刻就有一个现成的人物。"

"哦，是谁？"听贾南风这一说，就连杨艳也提起了兴趣。毕竟能寻到一个精通药理的女子可不是那么容易的事情。

"那人就是原荆州刺史杨肇之女杨容姬。"贾南风佯装思忖了一下，徐徐道，"臣妾听闻她以前曾拜隐士孙登为师学习养生术，后来不仅在荆州行医，不久前还在洛阳的杨氏医馆内以男装坐诊呢。"

"孙登，就是那个隐居在邙山的活神仙孙登吗？"赵粲忽而兴奋起来，"听说孙登擅长吐纳之法，七八十岁了依然鹤发童颜，果然是有门道的。这个杨容姬既然是他的徒弟，定然也精通养生术了，说不定还会炼制点什么祛病养颜的丹药，宣来伺候皇后正好！"

见贾南风只是笑而不语，赵粲眨了眨眼睛，疑惑地望向皇后杨艳：

“只是不知该以什么名义让她进宫呢？”

“她既然是世家女子，倒是容易了。”杨艳淡淡一笑，随即吩咐宫女，“去将采选的名册查一查，是否有叫作杨容姬的？”

宫女依言离去，不一会儿便回禀道：“启禀皇后，今天的名册里确实有一个叫作杨容姬的，出身荥阳杨氏，年二十三岁，但却没有录入她父亲的官职，不知道是否就是太子妃提到的那一个。”

见杨艳探询地朝自己望过来，贾南风赶紧回答：“应该就是了。她父亲原本是荆州刺史，后来获罪，免官为庶人了。”

“我说呢。否则堂堂的官家小姐，怎么能做出女扮男装医馆坐诊的事。”赵粲恍然大悟，却立刻生出新的疑虑，“这也算声名有瑕吧，年龄又太大，想要册封后宫位份怕是不妥，就算进宫也只能做个普通宫人了。”

“她父亲既然已是庶人，她自己年纪又太大，自然是无法册封的。待会儿我亲自看看，以后的事情就看她自己的造化了。”杨艳说着，见头上用假发托起的元宝髻已经梳好，便扶着宫女站起身来，让她们给自己披上皇后的烦冗礼服。

见杨艳马上就要到正殿中去挑选今日的世家女子，赵粲和贾南风知趣地行礼告退。走出殿外时，她们恰好看见今日备选的女子们排成队列，鱼贯走进明光殿的正殿。

“你看那个梳着十字髻的，就是号称洛阳第一美女的胡芳吧？”赵粲尖刻的眼睛嫉妒地在远处胡芳脸上一剜，随即释然地松了一口气，悄声庆幸，“幸亏皇后最不喜欢这种狐媚样子，她是注定没法进宫迷惑天子了。”

贾南风敷衍地应和了一声，视线却径直掠过胡芳，顺着备选女子的队列延伸到一个素衣背影之上。直到那个背影随着人流隐入了正殿之中，她才收回深邃复杂的目光，笑着对赵粲道：“走吧。”

她确实可以放心地离开了，因为杨容姬的命运已经注定。阿时想做的事情，从来没有做不成的，更何况她对杨容姬的不甘恨意，已经持续太多太多年了。她宁可一个陌生的女子嫁给潘岳，也绝不愿这个幸运的女子是她那么熟悉又那么妒忌的杨容姬。

可惜，此时此刻的杨容姬并不能感受到暗处这份浓烈的恶意。她只是和其他备选的世家女子一样，安静地在明光殿正殿中排成几行，等待皇后杨艳的遴选。

皇后杨艳在宫女的搀扶下，慢慢地在一个个女子的面前走过。她身后跟着一个小宫女，双手捧着一束红色丝绢，一旦皇后看中了哪个女子，在她面前点了点头，就会有人从小宫女手中取过一条红色丝绢，系在那个女子的胳膊上，也就此系住了她一生的命运。入选的女子，则必须向皇后下拜谢恩。

大概是知道自己的一生就在皇后一眼之间，所有的备选女子都屏息静气、低头垂目，整个正殿中只有皇后的裙裾轻轻摩擦着砖的声音，窸窸窣窣如同春蚕在啃噬桑叶，也啃噬着杨容姬的心。

虽然没有抬头，杨容姬也觉察得到皇后杨艳已经经过了前排胡芳所站的位置，并不出所料地略过了她。胡芳的美艳在所有备选女子中独一无二，杨艳自然不会将这样的劲敌放入宫中。而胡芳在杨艳走过之后大大松了一口气，唯一只想知道杨容姬的结果，却苦于无法回头张望，只能强忍住内心的悸动继续站在原地。

杨艳走得再慢，也终于走到了杨容姬面前。扫了一眼宫女手捧的名册，杨艳端详着低头不语的杨容姬，忽然破天荒地开口道："抬起头来。"

杨容姬依言抬头，目光却依然避开皇后的面容。杨艳仔细地看着这个清雅如兰的女子，忽然微微一笑："听说你会医术？"

杨容姬一怔，不知为什么皇后会问出这句话来。她还没有回答，却分明看到皇后已经轻轻点了点头，而跟随在皇后身边的宫女则取过一条红色丝绢，朝着她走了过来。

那薄薄的丝绢染成了最喜庆的大红色，在备选女子们投下的重重阴影中仍然不减炫彩，刺得杨容姬下意识地闭上了眼睛，就仿佛面前的丝绢不是恭贺的信物，而是毒蛇的信子。她想要转身奔逃，可身周却仿佛垂下了无数绳索，将她死死地绑在原地，竟连一丝一毫也挣脱不出。

胳膊上传来拉拽之力，让杨容姬再次睁开眼来，却原来是她的胳膊紧紧僵贴在身侧，以至于宫女无法将丝绢系上。见宫女抬起头无声地凝视着自己，眼光中含着劝慰和警告，杨容姬心头一痛，终于稍稍抬起胳膊，任那条红色丝绢牢牢地系在了胳膊上，一瞬间只觉得那不是普通的丝绢，而是在炉火中烧得发红的铁丝，否则怎么会引发如此强烈的灼痛，让她几乎失去了站立的力气？

"快谢恩。"见杨容姬只是苍白着脸站立不动，一旁的宫女赶紧小声提醒。

杨容姬抬起眼睛，正看见了厚重的脂粉下皇后杨艳面无表情的脸。她的喉头哽咽了一下，终于跪倒在杨艳面前，深深埋下头去，一字一字如同泣血："谢皇后恩典。"

皇后没有回答，华丽的裙裾从她面前缓缓掠过，继续挑选排在杨容姬后面的女子。对杨艳而言，她早已见惯了入选女子们迥然各异的神色表现，对杨容姬小小的失态根本不会放在心上。她是皇后，是整个后宫的主人，只要不会威胁到她的尊严与地位，她根本不必在意其他女子的喜怒哀乐。

"杨姐姐，你知不知道你以后是怎么死的？"僵硬地从地上站起来的时候，杨容姬耳边忽然响起了多年前贾午对自己说的话。

"你呀，能嫁给天下第一美少年檀郎，肯定是幸福死的！"贾午的笑声在脑海里清晰如昨，引发一阵阵令人眩晕的回声，"当然了，还有可能是被天下女子嫉妒死的。"

嫉妒死的，嫉妒死的……这四个字不断在杨容姬耳边回荡，让她情不自禁地露出了苦笑。从皇后杨艳的只言片语,她已经猜出有人在背后向皇后提到了自己,可那究竟是谁她已经无心理会了。她的胳膊上已经系上了红色丝绢，那就意味着她的檀郎再也不可能在新婚之夜亲手为她解下发髻上象征誓约的红缨。而他们原本即将举行的婚礼,也在这一瞬间化成了泡影。

原来太过美满的婚姻,真的是连老天也会嫉妒的。

神思恍惚之际,杨容姬忽然听远处传来一声宦官尖锐的通传:“天子驾到！”一时间,明光殿内所有的人,包括皇后杨艳都拜倒在地,迎接天子司马炎的到来。

“都平身吧。朕闲来无事,就过来看看。”司马炎亲手将皇后杨艳扶起,笑盈盈地问,“皇后今日甄选得如何了？”

“回陛下,基本上已经选完了。”杨艳说着吩咐宫女,“去将名册交给陛下验看。”

“名册一会儿再看。”司马炎挥了挥手,状似随意地在各入选女子附近走了几步,饶有兴趣地打量着她们的模样。杨艳虽然心中不快,却又不能阻止,只能亦步亦趋地跟在司马炎身后。

司马炎装模作样地左顾右盼一阵,终于转过头去,将目光正正对上了人群中的胡芳。他早就知道胡芳是今日入宫参选,因此故意在遴选接近尾声时摆驾明光殿,不出所料地发现他的皇后将胡芳遗漏过去。

司马炎还记得几年前在晋王府中初见胡芳的模样，那时候她穿着一身红衣,如同一只明丽耀眼的凤凰,站在高高的桥栏上怒斥呆鹅一般的九叔司马伦。如今的胡芳骤然换成朴素襦裙，虽然没有往日明艳,却别有一番动人韵味。只是那时司马炎虽然对胡芳惊艳,但父亲司马昭尚在,他也尚未掌握大权,因此再念念不忘也须强自撂开。原本想着这些年来她年纪已长早该嫁作人妇,却不料喜从天降,胡芳竟也在此番备选之列。从知道这个消息的那一刻,司马炎已经暗地下定了决心,哪怕引得皇后恼怒，也绝不放弃上天赐予自己的机会。

想到这里，司马炎招了招手，见尾随在皇后杨艳身后的小宫女不解其意，索性自己走过去，从她手中取过了一条红色丝绢。然后他看也不看皇后杨艳一眼，径直走到胡芳身边，不顾胡芳下意识地后退，亲自将红色丝绢牢牢系在了她的胳膊上。

“陛下！”意识到司马炎在做什么，杨艳脸上变色，忍不住唤了一声。

“征南将军胡奋乃是国之柱石，他的女儿自然有资格备位六宫。”司马炎淡淡开口，用早已想好的措辞成功堵住了杨艳尚未出口的阻挠，“怎么，皇后有异议吗？”

“臣妾不敢。”杨艳一口气被深深憋回胸中，只觉得烦闷欲呕，只能打起精神下令，“今日遴选结束，都散了吧。”

候选诸女闻命，齐齐下拜告退，逐步退出了明光殿。胡芳被司马炎亲自系上红绢后一直浑浑噩噩，被人潮一拥便自然而然跟着往外走，却正看见前方的杨容姬脚步蹒跚，似乎一步步都踩在飘摇的柳絮之中，而她胳膊上的红色丝绢在淡淡的水绿衣衫上显得尤为显眼。胡芳被那红色刺痛了眼睛，忽然想起什么，僵硬地转过头看着自己胳膊上一模一样的红色丝绢，心中堵了许久的怨愤哀痛终于再也忍耐不住，蓦地用袖子捂住眼睛，放声大哭起来。

此刻天子和皇后就在明光殿内，与胡芳仅一门之隔。胡芳这一哭，立刻将殿外侍立的宫女和宦官都吓得半死，纷纷上来制止：“快别哭了，陛下听到哭声可是要怪罪的！”

“我连死都不怕，还怕什么陛下！”胡芳原本就是个炽烈直率的性子，想也不想地扔下这句话，推开围在身边的宫女宦官往宫门外跑去。她知道一旦被选入后宫，朝廷立刻就会向家中颁下诏旨，她的一生就会像笼中的鸟雀一样，被牢牢地锁在高高的宫墙之中了！

狠狠抹去遮住视线的泪水，胡芳看见远处杨容姬的身影一转，已经出了宫门。她的心骤然一缩,蓦地冒出一个念头:自己和杨容姬都被选入了后宫,檀郎可怎么办?

想起不久前在宫门外自己对潘岳说过的话,胡芳只觉得好不容易盼来的一点希望砰然炸裂,如同飞溅的碎瓷片一样将她割得体无完肤。她痛得抱紧双臂直想蜷曲起来,却咬着牙一点点展开身体,拖着绵软无力的双腿朝着宫门外走去。

就算这一生与潘岳再无缘分,她也要在最后自由的时刻再见他一面。

这个念头给予了她新的力气。胡芳抬起下巴,脚步开始迈得越来越快。然而当她终于看见潘家那辆熟悉的马车时,却看见车帘中伸出一只玉雕般修长有力的手,拉着柔弱无力的杨容姬登上了马车。下一刻,杨容姬消失在车厢之内,而潘岳的马车,也用最快的速度疾驰而去。

仿佛全身的力气都被抽走了,胡芳猛地跌坐在地上。她的眼前还在不断晃动着那只玉雕般修长优美的手,梦想中那只手曾经掠过她的鬓角,描过她的眉眼,执过她的素手。可是现实之中,她却连碰一碰那只手的资格都从未获得过,今后也绝不可能拥有。

有一瞬间,胡芳怀疑潘岳就这样将杨容姬拉入了他的马车,然后他们两人快马加鞭,一直跑出洛阳,跑出晋国,跑到天涯海角,再也不会回来。

实际上,当潘岳在马车中紧紧搂住瑟瑟发抖的杨容姬时,他也希望这辆马车能跑出洛阳,跑出晋国,跑到天涯海角,再也不会回来。所以他只是不断催促着车夫李伯继续往前奔驰,至于马车终究会驶向哪里,他根本不想关心。

此时此刻,充满了他整个怀抱和内心的,只有杨容姬。

见到杨容姬手臂上所系的红色丝绢时,潘岳就明白发生了什么。可他只是狠狠地咬住自己的舌头,哪怕尝到了鲜明的血腥味也不曾发出一声惊呼,问出一句疑惑。他只是稳稳地将摇摇欲坠的杨容姬拉入车厢内,用手臂将她牢牢圈在怀中,生怕自己不够用力,杨容姬就会像名贵的瓷器一样在他面前轰然迸裂。

宫中的短短经历似乎耗尽了杨容姬所有的力气,她一动不动地靠在潘岳胸膛上,不说一个字,甚至没有一滴眼泪。直到很久以后,她终于积蓄了一些力气,便猛地抬起手,使劲撕扯起了胳膊上所系的红色丝绢。

她只有一只手能够使力,偏那丝绢系得甚是牢固,撕扯了几下竟是纹丝不动。杨容姬的牙齿狠狠咬住下唇,不顾那抽紧的丝绢将胳膊勒得生疼,只是一味地扯拽,顿时面红耳赤,额头上也冒出了细汗。正当她恨不得将整条胳膊都连同那丝绢一起斩断时,五根修长的手指伸过来,将她整个手掌都包裹进了一片温热之中。"我来吧。"随着身侧一声低低的叹息,潘岳亲手将那条丝绢解下来抛在一旁,再度用力将杨容姬颤抖的身影拥入怀中。

她把脸埋在他的胸膛上,终于像摆脱了毒蛇的缠绕,孩子般在他怀中啜泣起来。她哭得肩膀不停发颤,看上去越发瘦削单薄,让潘岳的心也一阵阵揪痛。以前的她,就算面临天大的困境,总是从容冷静,如同一泓清泉荡涤他焦灼的内心。他从没有见过她如此失态的样子,让他也忍不住慌乱起来,只能轻轻拍着她的肩头,安慰她也安慰自己:"别哭,别哭,我们一定能想出办法的……"

"没有办法的。"杨容姬在他怀中闷闷地回答,"我以前从没有这么慌乱过,那是因为以前我有自信,相信事在人为,哪怕再大的困难也能扛过去。可是这一次,却完全不同了,我知道不论我们怎样努力,都不可能改变今后的命运……"

潘岳咬着牙闭上了眼睛,一时间竟无法开口反驳杨容姬的话。以前他得罪了司马昭,可以进谏说服;不堪司马伦的骚扰,可以设计驱逐;哪怕杨肇被诬陷受贿通敌,也可以寻访线索加以澄清。可是这一次,真的和以前完全不同了，圣意已决，他们根本没有任何转圜和逃避的空间，哪怕去求齐王司马攸相助，司马攸也绝对无法干涉到天子的后宫事务。

“都怪我太过自信，以为你绝不会被选入宫中。早知如此，我就应该早做谋划……”潘岳的声音说到最后已全是哽咽。此刻他的心中满是痛恨懊悔，痛恨自己以前一向自负才智，因此当意料之外的厄运从天而降时，他们已经丧失了任何逃脱的机会。

“就算你知道，也不会有办法的。”杨容姬见他自责之下呼吸紊乱，慌忙按住他的胸口宽慰道，“巍巍皇权之下，连三公九卿家的小姐们都无力逃脱，更何况你我？檀郎，不是任何事情你都可以解决，所以不要把任何责任都怪罪在自己身上……”

见这个时候杨容姬还不忘了安慰自己，潘岳的心越发疼痛难忍：“不管怎样，我都会等你的。”

“不，不要等我！”杨容姬猛地从潘岳怀中挣扎坐好，惶急地盯住他清澈的眼睛，“一旦我被天子册封了名位，就永世都无法出宫。就算侥幸只成了普通宫女，能够活着出宫的机会也微乎其微……”

“不，前朝也曾有放归宫女的先例……”潘岳说到这里，自己也觉察得出这辩驳有多么苍白无力。汉代确实有“出宫人”制度，但那都是在皇帝驾崩之后，将宫女们或赏赐给诸侯，或遣散回家。可就算晋朝可以越过曹魏重拾汉朝旧例，杨容姬也有幸不被赏赐给王公大臣，要等到如今正当盛年、身体强健的天子司马炎驾崩，几乎也是无法期待的事情。因此杨容姬入宫之后无论是成为嫔妃还是宫女，想要出宫获得自由只有一种情况——死后被抬出宫墙安葬。至于是安葬于皇陵还是宫女的义冢，对他们而言已经没有任何区别。

“答应我，我入宫之后，你就另外娶一个好女子，与她夫妻恩爱，生儿育女……”杨容姬啜泣了一阵，似乎又恢复了以往从容稳重的模样，抬起袖子捂了捂嘴，将噎在咽喉处的那股气血咽下，方才缓缓地道，“你也知道我生性淡泊，只要你不让我担心，我其实在哪里都是一样的。”

“阿容……”潘岳还想说什么，马车却陡然停了下来，耳听赶车的李伯叫道，“公子，前面没路了。”

潘岳一手搂着杨容姬，一手掀开了车厢侧面的窗帘。但见外面树影重重，凉风习习，新鲜的花草泥土气息混合着头顶的鸟鸣一起灌进了车厢，却原来是他命车夫随意行路，马车竟一直驶出了洛阳，来到了大夏门外的邙山脚下。

道路至此而绝，似乎正应了他们走投无路的处境。可潘岳与杨容姬对望一眼，彼此只觉心意相通，便牵着手走下了马车，踏入了山坡上半人高的草丛中。

“公子……”身后忽然传来一声呼唤，满是忐忑担忧，正是赶车的李伯所发。潘岳停下脚步，转过头对李伯微微一笑：“我和杨小姐去山里走走，你若等不及就先回去吧。”

“公子，我不走的……”李伯是潘家老仆，自然明白发生了什么，嗫嚅一阵，还是忍不住开口，“不是老奴多嘴，公子要做什么，一定要为老夫人和潘杨两家想想，不要苦了自己，也连累了家人……”

“你放心，事关天子，我们不敢私奔，更不会殉情。”潘岳说着转眼看向杨容姬，见她虽然满目哀戚却依然点了点头，便对老仆苦笑道，“我们只是随便走走，一会儿便回来了。”说着，他与杨容姬十指相扣，走入了人烟稀少的邙山深处。

“那边就是孙登师父的隐居之处了。”走了一阵，杨容姬忽然指着不远处一道隐蔽的峡谷，眼中一亮。

“看来是老天指引我们来到这里的啊。”想起几年前自己逃入邙山邂逅杨容姬的情形，潘岳的精神勉强一振，“我们去找找孙登师父，说不定他能出点主意。”

“好。”杨容姬虽然明知孙登道行再高也影响不了天子后宫之事，绝境之中却难免萌生出最后一丝希望，强笑着点了点头。她曾在邙山中收集了一年的云谷醴泉，对道路颇为熟悉，很容易便领着潘岳绕过迷宫般的树林和小径，来到了孙登隐居的小院外。

“师父，师父你在吗？”杨容姬唤了两声，见无人应答，便推开柴门径直走了进去。

小院还是过去的样子，角落里的水缸，屋檐下的胡床还有篱笆上晾晒的草药都在老地方，似乎自从杨容姬离开后就没有变过。只是这些东西上都蒙上了一层薄灰，昭示着主人已经离开了一段不短的时间。

“师父，师父！许由，许由！”杨容姬不死心，将虚掩的房门一间间推开，声音里渐渐带上了哭音。在这个时候，似乎只有游离于人世之外的孙登才能安慰她绝望的心。可是孙登却似乎早已猜到了今天的困境，早早就带着黑狗许由云游他处，只留下在红尘中苦苦挣扎的痴男怨女在空荡荡的茅屋内束手无策。

似乎是走得累了，杨容姬无力地坐在潘岳曾经养伤的那张床上，抬起苍白的脸，勉强笑了笑：“我们在这里多等一会儿，说不定师父今天就会回来了。”

“好。”潘岳挨着她坐下，如同在马车里一样紧紧地拥住她，试图为她抵御从门缝里灌进来的山风。他不忍告诉她，自己这几年中也数次试图拜会孙登，却每次都失望而返。那个在洛阳百姓口中如同活神仙一般的隐士，还有他那条善解人意的大黑狗，这些年的行踪越发飘忽不定，说不定已经离开邙山，到别处隐修去了。

两个人都不再说话，只是紧紧地依偎在一起。此刻一切语言都太过无力，甚至比不上肌肤所感到的体温。那温暖隔着薄薄的衣衫传递过来，虽然可以抵御窗外呼啸的山风，却依然让人觉得不足，内心躁动地叫嚣着想要更多。

此刻心中爱慕的人就在自己怀中，而下一刻却可能离自己而去永不再见，甜蜜的悸动与绝望的恐惧如同冰火交织，让潘岳全身的血液都沸腾起来。猛地想起在琅琊时妖人孙秀冒充杨容姬对自己做过的事，潘岳只觉一把火猛地从下而上蹿起，烧得他头晕目眩口干舌燥，只能趁着自己头脑里还有最后一丝清明，一把推开了杨容姬。

“檀郎……”杨容姬精通医理，怎会不知潘岳已经动情，她下意识一把拉住了潘岳的衣袖，随着他从床榻边站了起来。

潘岳的喉头艰难地动了动，一寸一寸地别开头去。杨容姬自己都没有意识到她此刻的眼神是多么莹润娇媚，她的声音又是多么柔魅惑人，潘岳不敢再看也不敢再听，甚至想要转身逃出这间空气潮闷的屋子，可整个人却如同一只闯入了蛛网的蜜蜂，被绵密透明的丝线层层缠绕，根本无法移动分毫。

“檀郎，看着我。”潘岳一向禁欲自持，此刻难以克制的失态如同一枚火种，刹那间点燃了杨容姬深埋的勇气。她刻意咬了咬嘴唇，嫣红的唇色仿佛一朵骤然开放的花朵，对黏附在蛛网上的蜜蜂构成了难以抗拒的诱惑。下一刻，她伸手拔下了头顶的玉簪，绵密柔顺的长发丝缎般倾泻而下，让平日里清灵的林间仙子顷刻化身为妖娆惑人的山鬼，含睇宜笑，婀娜窈窕，呈现出潘岳从未想象到的曼妙风情。

见杨容姬如同藤蔓一般朝自己柔柔缠来，潘岳只觉得自己被放置在了烈火之上，虽然内心煎熬如沸，脑子里最后一点清明却依然在苦苦支撑，让他固执地梗着脖子，不肯随着杨容姬抚上脸颊的手指低下头去。他身形高挑，比杨容姬高了大半个头，因此就算杨容姬踮起脚尖，也只能轻轻地吻在他耳根后方。

耳畔杨容姬的气息虽轻，却如同闪电一般击打在潘岳身上，让他禁不住浑身战栗。“阿容……”他喃喃地唤出她的名字，明知自己现在应该退后，手臂却不由自主地想要将杨容姬拉入怀中。可那个山鬼一般精灵曼妙的女子却旋了个身，如同清风一样从他的指缝中钻了出去。

“檀郎，檀郎……”她不停地低声呼唤着他，似乎这两个字是一个符咒，只要她从唇齿间吐出，就会增添无穷的勇气。随后她双手一抽，已经解开了腰间的绶带，黛蓝色的敝膝与水绿的罗裙便如雨中的落叶，缓缓坠地。

眼看杨容姬的手又伸到了襦衣的衣带上，潘岳恍然明白了她要做什么，一时间只觉得欲望的潮水铺天盖地地涌来，几乎要淹没他的耳鼻眼口，剥夺他的一切感官和神志。他就像一个溺水濒死的人，拼命挣扎着想要逃脱这席卷而来的洪流：“不要……”

然而杨容姬根本不曾理会他的抗拒，手指一动，上身所穿的襦衣、裲裆和贴身的白绫内衫也如花蕾一般渐次打开，她白璧无瑕的身体终于一览无遗地显示在他的面前。

“檀郎……”她伸出手臂抓住他的手，放在了自己的胸口，让他感受着自己擂鼓一般的心跳。她凝视着他，嘴角含笑，泪水却从眼角一颗颗滚落：“有了今天，我这一生便可以算完满了。”

最大的绝望，催生出了最浓烈的情欲。手掌间超越一切想象的温润柔软仿佛一个大浪，顷刻间将挣扎的潘岳卷入水底。他只觉得脑子里“嗡”的一声，心中原本炽烈燃烧的情欲被火上浇油，火焰轰然蓬勃，将紧绷的理智之弦在一瞬间焚烧殆尽。下一刻，他已经情不自禁地拥着杨容姬倒在床榻上，热烈地虔诚地吻住了她分外嫣红的嘴唇。

“既然连老天都嫉妒我，那我一定要做出让老天嫉妒的事来……”杨容姬热烈地回应着潘岳的吻，含糊地呢喃着。等两个人的唇好不容易分开，杨容姬伸手扯落潘岳的衣带，拉开了他的衣领。他紧实白皙的肩膀如同最上等的瓷器袒露在她的眼中，而肩膀上一道突兀的伤痕也扎痛了她的眼睛。那是从荆州回洛阳的路上，他为了保护她和她的亲人被强盗刺伤的地方，虽然已经愈合，但时日未久，伤口依然鲜红纠突，衬着四周白皙的肌肤越发显得残酷狰狞。

“檀郎……”杨容姬从胸腔深处发出一声嘤咛，蓦地抬起身体，在潘岳肩膀的伤痕上轻轻落下一吻。潘岳一时只觉伤处酥酥麻麻，犹如被芳草落花肆意掠过，心神荡漾之际，杨容姬的两只手已经伸到他胸前，剥去了他的外衫。

“宠辱不惊，贫贱不移。生死不顾，安危不惧……”杨容姬一边喘息一边笑着念出这十六个字，泪水却在眼角慢慢凝聚。这是她亲手写给潘岳的誓言，那个时候他们以为死别就是最大的痛苦，却怎么预料得到生离更加让人绝望？过了今日，一道宫墙就会将他们的一生活生生分割成两半，或许只有等到肉身死去，他们的灵魂才有可能再度重聚。

这十六个字一出口，“生死不顾”一句中的那个“死”字仿佛一柄利剑，顷刻刺穿了潘岳被情欲熊熊焚烧的内心。“不，我会害死你的！”他一把从床榻上撑起，只觉冷汗刹那间浸透了后背，仿佛一场瓢泼大雨，终于让他恢复了些许清明。他迅速捡起地上杨容姬的衣衫，紧紧地包裹在了她的身上。

“我不能，万一以后被发现……你会死，整个杨家也会被连累……”潘岳不敢看杨容姬的脸，后退一步，捂住眼睛撑在墙上，深深地弯下了腰，“我不能，不能害死你……”

杨容姬默默地看着他剧烈颤抖的肩膀，停顿了一会儿，终于缓缓穿回了衣衫。她知道潘岳在害怕什么，一旦她入宫后被司马炎临幸，不是处子之身势必会招来杀身大祸，而她的父亲和兄长们，甚至整个荥阳杨氏家族都会因为她而蒙羞获罪。在这个世间，他们不只是一个人，身上还肩负着家族亲人的生死荣辱，即使可以舍弃自己的生命，也绝不能肆意妄为。这样浅显的道理，就连潘家赶车的老仆都知道。

“檀郎，对不起。”她穿戴整齐，伸手理了理鬓边散落的鬓发，仿佛又变成了以前那个从容稳重的杨容姬，“你放心，我绝不会自蹈死地。”

“对，不要死，只有活着才有出宫的机会。”潘岳转回头，眼中一片晶亮,仿佛泪光,又仿佛点燃的希望,“俗话说,事在人为。历代都有将宫女赐予外官婚配的例子。只要你没有被册封为嫔妃,我们就有团圆的一天。”

“好。”明知道潘岳所说的例子是多么微乎其微,杨容姬还是柔顺地笑了。她拉着他坐回床榻上,重新靠近他滚烫的胸膛,心中唯愿这一刻长长久久,永远不会止歇。

潘岳的下巴抵着杨容姬的头顶,鼻端萦绕的都是她身上散发的幽香。他想起当年正是在这张床榻上,他百无聊赖地趴着养伤,而她则故作冷漠在院中整理药材,那时候他满心幻想着若是能抱一抱她,付出再大的代价也心甘情愿。可是如今当他真的可以在这个地方实现梦想时,他才发现这代价早已超过了他承受的极限。

“绵邈寄绝域,眷恋想平素。”这是以前分别时他为杨容姬所写的诗。可是那时候太过幼稚,以为千里之外的荆州便是绝域。现在才知道,真正的绝域,就在这洛阳城中。

从此一墙之隔,便是渺如天际。

此时此刻,洛阳城外的官道上,几辆牛车正在大雨后的泥泞中艰难前行。

牛车不似马车轻便,除非拖运重物,一般不宜长途跋涉。从泥地里留下的深深辙印和牛车旁众多五大三粗的护卫来看,这几辆用油布遮盖的牛车中,必定运载着大量沉重且珍贵的物品。

押运牛车的护卫们都是步行,唯有领头一个年轻人骑着一匹高头大马,衣冠光鲜,神采飞扬。他远眺着前方隐隐在望的洛阳城,不时扫一眼身边满载的牛车,心中踌躇满志。

这个年轻人,正是刚由修武县令升任城阳太守的石崇。那些牛车中,乃是他在为官期间率领手下绿林弟兄打劫客商和富户搜集来的诸多财宝。

石崇一向胆大心细，精明能干，做起打家劫舍的勾当比当官还要纯熟得多，因此这亦官亦盗的身份一直不曾被人察觉。就算有上级官员心存怀疑，石崇也会用足以打动对方的钱财堵住他的嘴。

此番他押运如此多的财宝进京，一方面是为了结交朝廷人脉，为自己的仕途铺路；另一方面则是他听说杨肇被罢官为庶人，想要为他疏通门路再度起复为官。

石崇与杨肇没什么交情，想要帮他不过是为了杨容姬，也为了在潘岳面前争口气。他知道潘岳与杨容姬即将成婚，而当今风俗讲究门当户对。杨肇免官后杨容姬就失去了娘家的怙恃，就算潘岳不计较，石崇也担心杨容姬受到潘家其他人的轻视。只有杨肇挺直了腰杆，杨容姬才不会在潘家受气。

为了将这些财宝物尽其用，石崇心里早有了一本账，而洛阳城中那些权贵的贪婪嘴脸，他更是清清楚楚。当今世风人人贪财逐利，他不信重金之下，还有什么事情无法办到。

牛车沉重，马蹄轻快，石崇只觉耳边清风阵阵，说不出的舒爽快意。

忽然，一匹快马从前方洛阳城中冲出，直朝着石崇所率的队伍而来。等马匹跑到近前，石崇蓦然认出，来人正是自己早先安排到洛阳打探消息的心腹侍从。

“郎君，石郎君，急报！”那侍从一见石崇，连忙滚鞍下马，气都快跑断了，“刚刚知道的消息，杨家小姐被选入后宫了！”

石崇一怔，在马上定了定神问：“哪个杨家小姐？”

“就是郎君吩咐我一直暗中打听的杨家小姐，原荆州杨刺史的女儿——”那侍从还没有说完，石崇已经劈头盖脸一马鞭抽了下去，声音都变了调，“怎么早不禀报！”

“所有未出嫁的世家女子都在候选之列，小人以为郎君早知道的。”

那侍从平白无故地挨了一鞭，委屈地伸手捂住额头伤口，“再说，谁也想不到她会当真入选……”

是啊，她怎么可能入选？石崇脑子里瞬间一片空白，身子一歪从马背上滑下，一屁股坐在了地上的泥泞之中，怔怔地抱住了头：“她被封了什么名位？”

“没有名位。”侍从说到这里，见石崇猛地一眼瞪过来，吓得一抖，赶紧解释道，“只有公卿家的小姐才能被封为嫔妃。杨家老爷已经被免官为庶人，所以杨小姐是以普通宫人的身份进宫。”

“她什么时候进宫？”石崇咄咄逼人地追问。

“明天，或许今天……”侍从瑟缩了一下身子，预备石崇又会一鞭甩来。

石崇插在自己发间的手指猛地紧了紧，却仿佛失去了力气，颓然垂了下来。拉车的老牛好不容易得了休息，惬意地咕哝了几声，歪着头伸出舌头，将路边的野草卷进了口中。石崇茫然地望了一眼身边的牛车，才发现就算再多的金银财宝，也不可能换得回杨容姬的自由了。从此以后，他再也不能幻想着就算杨容姬嫁给潘岳，自己也可以假装生病受伤，换取她温柔而细心的对待。实际上，他这一辈子，也许再也不可能见到她了。多年来的一缕相思，哪怕他已经一退再退，也终究被残忍地击成了齑粉，不肯给他留下一点慰藉。

他再怎么努力，终究只能是她生命中的路人。她甚至不会再记得他曾经的存在。

猛地拔出腰间的佩剑，石崇狠狠地砍在一辆牛车之上。油布边缘一条串钱的绳子被剑锋扫断，金灿灿的铜钱便接二连三地溅落在脏污的泥水之中，恍如枝头被风雨打落的残花。

石崇踩在满地的金钱上，狠狠地跺了几脚，终于号啕大哭起来。

第八章

生　离

壁衣苍苔，瓦被驳藓。处悴而荣，在幽弥显。

——潘岳

晋时后宫体制，除了皇后，另设三夫人九嫔，其中三夫人按照尊卑依次为贵嫔、夫人、贵人；九嫔则依次为淑妃、淑媛、淑仪、修华、修容、修仪、婕妤、容华、充华。除了出身士族公卿之家的三夫人九嫔，司马炎还设立了美人、才人、中才人等低级位份，便于对后宫中骤然多出的数千女子进行封赏。

因为天子司马炎的垂青，征南将军胡奋之女胡芳甫一进宫，就被封为三夫人中的贵人，地位仅在侍奉司马炎多年的皇后杨艳和夫人赵粲之下。而胡芳之父胡奋，也同时被升任为镇国大将军。司马炎对胡芳的宠爱，一时之间冠绝后宫。

相比起众人目光焦点中的胡芳，一个名叫杨容姬的新进宫女则平凡得如同海洋中的一滴水，丝毫不引人注意。因为父亲只是庶人，杨容姬并未获得任何册封，只是被皇后杨艳召入明光殿中，成了一名最普通的宫女。

司马炎明面上对杨艳颇为敬重，但杨艳一直恹恹卧病，加上后宫中一下子多了那么多嫔妃，司马炎到明光殿的次数就越发稀疏起来。就算顾及结发夫妻之情到来，也只是慰问杨艳病情，几乎从不留宿。宫中都传言虽然后宫充盈、佳丽无数，但司马炎专宠贵人胡芳，十日里倒有七八日都歇宿在胡芳所居的承光殿内。

因为后宫嫔妃每到固定的日子都须到明光殿向皇后问安，杨容姬偶尔也会看见胡芳。那个时候胡芳站在一众花枝招展的后宫佳丽之中，虽然从来不会刻意修饰，却总是如同鹤立鸡群一般醒目。而且哪怕胡芳穿戴得再低调，周围也总有一双双眼睛盯着她从上到下地打量，背地里的窃窃私语更是毫无顾忌地钻入侍立一旁的杨容姬的耳朵：

“看她那目中无人的模样，是仗着陛下宠爱才这么高傲吧？”

“听说刚入宫就这么傲的，偏偏不知道为什么陛下就是喜欢她这种口无遮拦、率性妄为的样子。”

“什么口无遮拦、率性妄为，不过是变一种法子的狐媚罢了。”

“就算比别人长得好些，她那性子陛下不过是图个新鲜，失宠不过是早晚的事。不信，咱们走着瞧。”

杨容姬相信胡芳也听得见这些不怀好意的对话。不过胡芳就连天子司马炎都不会屈意奉承，更何况这些成日无所事事只能闲磕嘴皮的嫔妃呢？每次到明光殿来向皇后问安，胡芳从来都是聊尽礼数，绝不会像其他人那样围拢在皇后杨艳身边嘘寒问暖、温言讨喜。她只是默默地站在人群外围，不怎么开口甚至没有什么表情。哪怕视线撞上了侍立在角落里的杨容姬，胡芳的眼光依然是那么淡漠，就仿佛她根本不认识杨容姬，不曾一起经历过荆州道上的生死抉择。

实际上，每次看到胡芳，杨容姬都有一种隐隐的心痛。无论是像胡芳一样宠冠后宫还是像自己一样屈膝为奴，杨容姬知道她们俩其实是一样的，一样地被折断翅膀关入笼中，一样地身如槁木心如死灰。同病，所以相怜。

胡芳对杨容姬视而不见，杨容姬也宁可将自己隐藏在衣饰朴素的宫女之中，绝不引起任何上位者，特别是天子司马炎的注意。皇后杨艳原本因为听说杨容姬是活神仙孙登的徒弟才选她入宫，不料几句话问下来才知道杨容姬只略通医术，既不知如何吐纳修仙，又不知如何返老还童,甚至连用醴泉云谷炼制养颜丹药也不会。由此她对杨容姬失去了兴趣,只将她编入明光殿的侍女群中,甚至连近身服侍皇后的机会都少之又少。

整个后宫之中,唯一看重杨容姬的只有一个人。那个人就是太子妃贾南风。

“呀,这不是杨家姐姐吗?”初次在明光殿外看见杨容姬时,贾南风就径直走了过来,脸上挂出一丝意味深长的笑容。此刻她穿着太子妃的华贵服饰,身后跟随着几个服服帖帖的宫女,仿佛一只羽毛丰盛的飞鹰。相比而言,身穿宫女服饰的杨容姬则单薄黯淡,恍如一根孤零零的枯草。只要飞鹰扇动翅膀,那根枯草就会被带起的罡风卷倒在泥土之中。

听出贾南风口气中的嘲讽意味,杨容姬看着这个从小就刁钻刻薄的女子,淡淡地笑了笑:“见过太子妃。”

“大胆!既然知道是太子妃,还不跪下见礼!”见贾南风不开口,一个随侍在太子妃身边的年长女官立刻出言训斥。

杨容姬神色一凝,随即顺从地跪了下去,柔声道:“奴婢见过太子妃。”

“放肆。杨姐姐现在是皇后面前的红人,我可不敢随便得罪。”贾南风装模作样地训斥了手下宫女一句,眼睛却满足地盯着杨容姬伏低的发髻,还有鬓边两粒小而白净的耳垂。见杨容姬跪着没有动,贾南风忍不住笑道:“再说了,姐姐才貌双全,若是哪天被天子临幸封个才人美人什么的也是寻常,到时候你就是我的长辈,你要跪我就更当不起了。”

贾南风的话中句句都含暗刺,刺得杨容姬只能暗暗咬住嘴唇,就仿佛又回到了司马攸和贾荃大婚那日,她被座席中暗藏的银针直刺入双膝,必须尽力克制才不至于被人看出失态。

见杨容姬始终不开口,甚至身形都不曾晃动一下,贾南风只觉得双拳都打在轻飘飘的柳絮上,心中失望,面上却越发笑意盎然:“这样吧,若是天子一时没有临幸杨姐姐，皇后也用不着你了，我就去求皇后将你派到东宫来，我们一起侍奉太子可好？”

“太子妃问话，怎么不回答？想被掌嘴吗？”见杨容姬还是不说话，贾南风身后的年长女官再度狐假虎威地呵斥。

“谢太子妃恩典。”杨容姬深吸了一口气，缓缓磕头谢恩。虽然入宫时间不长，但她已经从他人的闲谈中得知“东宫”两个字就是宫女们的梦魇。名义上那位憨愚懵懂的太子是东宫的主人，可东宫实际的主宰却是工于心计又无比善妒的太子妃贾南风。为了防止别的宫人被太子宠幸而生下孩子，贾南风对东宫上上下下的女子都防范甚严，稍有姿色者都不允许走到太子近前。若是有宫女运气不佳被太子注意，哪怕只是多看两眼多笑一笑，背地里就会被贾南风整得死去活来，甚至杖责至死。贾南风虽然比母亲郭槐还要聪明能干，但这嫉妒以至于杀人的手段，贾南风倒是向郭槐学了个十足。

因此杨容姬知道，一旦她真的被贾南风带到东宫，只怕连如今在皇后宫中这无闻却平安的日子都不可得。贾南风从数年前就对自己心存不满，那个时候自己可以不与她计较。可如今贾南风是主而自己是奴。只要一句话，贾南风就可以要了自己的命，而自己连一丝反抗的机会都没有。

可是知道贾南风不怀好意又能怎么办呢？杨容姬还是得恭恭敬敬地磕头谢恩。

察觉到杨容姬无可奈何的反应，贾南风心中得意，转身想要离开，却又想起了什么，俯身在杨容姬耳边低声道：“杨姐姐你知不知道，你的檀郎就要结另一门亲事了？”

乍闻“檀郎”二字，杨容姬冷静从容的脸上终于掠过一丝震惊。她看着贾南风近在咫尺的眼睛，忽然笑了笑：“那原本就是应该的。”

“想不想知道他要和哪家结亲？说来也是真巧，那一家也是姓杨呢。”

贾南风说着朝皇后所居的明光殿扬了扬下颌，促狭一笑，“而且那个弘农杨氏的门第可比你们荥阳杨氏高得多了，你真应该好好恭喜檀郎才是。”见自己终于刺痛了杨容姬，贾南风微微一笑，扔下犹自跪在地上的杨容姬，满足地径自去了。

杨容姬低头盯着膝下的石板地，只觉得眼中一片模糊，过了好一阵视线才渐渐清晰起来。忍过心底的绞痛，她扶着酸疼的膝盖吃力地站起来，却发现远处有一个人站在那里，将这边发生的一切刁难尽收眼底。

见杨容姬发现了自己，那个人一言不发转身便走。虽然只瞄到一个背影，杨容姬还是认出了她便是贵人胡芳。

贾南风提到潘岳要与弘农杨氏结亲的消息并非空穴来风。实际上，一得知杨容姬被选入宫的消息后，有人便开始动了心思。

自从杨容姬入宫之后，潘岳虽然每日照例到司空府衙署办公，却抵不住神气低落，郁郁寡欢，甚至连好友韩寿迎娶司空贾充之女贾午这样盛大的喜事都不曾参加。韩寿脸上那志得意满的幸福光辉太过耀眼，越发衬托得潘岳的身影清黑而孤独。潘岳只想躲在一个阳光照射不到的角落中，自虐一般地追忆与杨容姬相处的点点滴滴。

母亲邢夫人和兄长潘释最能体会到潘岳的变化。每每看着他茶饭不思神情恍惚，邢夫人和潘释虽然心疼无奈，却也觉得这不过是一时之痛，随着时间慢慢逝去，潘岳总能从痛失所爱的打击中恢复过来。

这一日散衙时分，潘岳照例独自一人走出司空府衙署，登上自家马车准备回家。他神色恹恹地倚靠在车厢内，不言不动，脑中一片混沌，好半天才察觉车座下方有不同寻常的动静，低头一看，竟是一个七八岁的男孩慢慢从座位下爬了出来！

似乎是生怕惊动了车内的人，男孩的动作非常小心，屏息静气没有弄出一点声响。然而等他终于爬出车座抬头一看，却正好对上了潘岳一双黑白分明的清透双眸，顿时吓得一呆，讷讷地唤了一声："檀奴叔叔。"

"海奴？"潘岳眯了眯眼睛，好不容易认出这孩子是齐王司马攸的长子司马蕤。当初司马攸因为潘岳的《登虎牢山赋》给次子司马冏取小字山奴，顺便就将一向被冷落的长子司马蕤唤作海奴。这孩子在齐王府中默默无闻，潘岳甚至没见过几次，却不知这次他怎么会藏在了自己的马车中。

"檀奴叔叔，原来你没有睡着啊？"海奴眨了眨浓长的睫毛，摸了摸自己的小脑袋不好意思地嗫嚅。

海奴的生母是胡姬，因此他生得比普通孩子更加白皙挺拔，单论外貌其实比嫡子山奴还要出色些。潘岳虽然和海奴并不熟悉，但看在他是司马攸之子的情面上，还是温和地伸出手将孩子拉到自己身边坐下，柔声问："你怎么会在这里？"

"王妃带山奴去司空府，我央她带我一起来的。"海奴避重就轻地回答。

"李伯，掉头回司空府！"潘岳扬声对外面赶车的老仆吩咐了一声，忍不住轻声责备海奴，"你这么偷跑出来，王妃找不到你，该着急了。"

"她才不会着急，我要是不见了她更开心……"海奴刚嘟囔到这里，冷不防潘岳正色唤了一声"大公子"，孩子便惊得住了口，好半天才眼泪汪汪地道，"我没有说谎。王妃是山奴的母亲，贾司空是山奴的外祖父，只有我什么都不是。我偷跑出来的时候都没人管我的。"

"当然不是这样，王妃是你的嫡母，贾司空自然也是你的外祖父。你要是不见了，你父王也会着急……"潘岳刚说到这里，海奴却蓦地打断了他的话："檀奴叔叔，为什么你也敷衍我？"

面对男孩子清澈的眼睛，潘岳面上一赧，随即醒悟到自己的心不在焉，顿时振作精神道："叔叔没骗你。你是你父王的亲生儿子，你父王就算平日对你严厉些，心里毕竟也是爱你的。”

“我倒是宁可他对我严厉些，哪怕打我骂我都好，可他根本就不会看我一眼，他只喜欢山奴……”海奴忽然伸手抓住了潘岳的衣袖，可怜巴巴地央求道，“檀奴叔叔，我藏进你的马车里，是想求你答应我一件事。”

“说吧。”见马车已经驶近司空府，潘岳收敛自己这些日子来恍惚的神思，认真地对海奴道，“只要叔叔能做到，就会答应你。”

“我……我想求檀奴叔叔做我的老师，就像山奴一样。”海奴磕磕绊绊地说出这几个字，后面的话渐渐顺畅起来，“那天我偷偷听见了，父王让山奴拜檀奴叔叔做老师，而你当时也答应了。既然檀奴叔叔会教导山奴读书，那也可以一起教我吗？我保证会很乖，会比山奴还要用功……”他越说越是心虚，声音也越来越低，“就算你不答应，你可不可以抱抱我，就像抱山奴那样……”

“我答应。”潘岳见司空府外此刻已聚集了好几个人，乱哄哄地在那里寻找失踪的齐王府大公子，赶紧点了点头，一把将海奴抱在怀中，走下了马车。

“呀，大公子你总算回来了，再不回来王妃都气得要传板子了！”一个下人忙不迭地跑上来，想将海奴从潘岳手臂中接过。

“檀奴叔叔，记得你答应了我的！”幼小的男孩子仿佛一只小猴子紧紧箍着大树，不得到潘岳的再次确认就不肯放手。等到潘岳再次重重点头，海奴才不情不愿地被下人从潘岳身上撕扯开去。然而他仿佛蓦地想到某个重大问题，奋力从大人们的挟制中转过头来，朝着潘岳叫道：“那下次我见到你时，到底是应该叫老师，还是檀奴叔叔？”

“都可以。”潘岳被这调皮又顽固的孩子弄得有些哭笑不得，直到下人们将海奴横拖竖抱地弄进了司空府，这才转身重新登上马车回家。

司马攸疼爱次子司马冏而冷淡庶长子司马蕤原本不是秘密，这似乎是他清白无瑕的人格中唯一的缺陷。潘岳曾经尝试过劝说司马攸对两个孩子一视同仁，司马攸却欲言又止，仿佛有难言之隐。联想起多年来司马攸屡屡上书朝廷请立嫡子司马冏为齐王世子，天子司马炎却想方设法极力拖延的怪异情形，潘岳也就不好再说什么，心中盘算以后前往齐王府辅导二公子山奴课业时，可以多提点海奴几句，以免他受过多的冷落。

脑子里充盈的对杨容姬的思念被海奴一搅，越发有些混乱起来。好不容易到了家，潘岳只觉得脑子里昏昏沉沉，只想关上房门倒头便睡。

按照家规，潘岳回家之后第一件事便是到上房向母亲邢夫人请安。然而他走到上房时，才发现不仅大哥潘释陪坐在母亲身侧，一旁的客座上还坐着一个衣饰华贵的高门公子，身后侍立着一个身材瘦小埋头待命的童仆。

“檀奴，快来见过杨公子。”潘释见弟弟回来，忙不迭站起来引荐。

骤听一个“杨”字，潘岳心神一凝，眼中顿时多了些神采。他仔细看向客座上那个年轻的杨公子，却未能将他与杨容姬的家人对上号来，不由面露疑惑：“杨公子？”

“在下杨禹，出自弘农杨氏。”那年轻人目不转睛地上下打量着潘岳，嘴角露出了一丝满意的微笑，拱手向潘岳还礼。

“这位杨公子，乃是当今皇后的堂弟。”潘释似乎对这位杨禹颇为殷勤，拉着潘岳在他旁边坐下，又转向母亲邢夫人道，“母亲，您跟檀奴说说？”

邢夫人没有潘释那样喜形于色，但唇边依然带了微笑，对潘岳柔声道：“檀奴，这位杨公子是代表弘农杨氏来我们潘家提亲的。杨公子的堂妹乃是杨家嫡女，如今正当及笄之年，美貌温婉，对你慕名已久。如今咱们与荥阳杨氏的婚约已然无效，所以想问问你……”

“我不！”还未等邢夫人说完，潘岳就下意识地吐出了这两个字。下一刻，他显然意识到这样做实在太过无礼，面红耳赤地向母亲跪下谢罪，

“荥阳杨家的小姐并非天子嫔妃，尚有出宫之时，潘杨两家的婚约并未作废。儿子斗胆，不敢背负这毁约另娶、负心薄幸之名。还望母亲三思！”他重重地磕下一个头去，清脆的撞击声让在场每个人心中都是一缩，“檀奴不敢再听到这种话，请容我告退。”说着，他一撩衣摆站起身，竟是头也不回地离开了。

“檀奴，放肆！”潘释怒气上涌，想要将潘岳追回来，坐在上座的邢夫人却抬手止住了他，转而向杨禹歉然道：“弘农杨氏的好意，我潘家感激不尽。只是檀奴生性重情，对前段婚约尚未忘怀，我这做母亲的也不好相逼。还请杨公子向杨家诸位大人美言，论门第潘家已是高攀，只待檀奴有所纾解，我们就会主动向你家小姐求亲。”

邢夫人说话有情有理，不卑不亢，杨禹一时也无法辩驳，只好站起身来告辞道：“既然如此，就麻烦老夫人了。”说完拱手作别，带着身后侍立的童仆走出了潘家大门。

“二哥，檀郎不肯答应，你说我该怎么办？”才一钻进自家的马车中，那个一直默不作声的童仆就急不可待地开口，娇柔的声音中还带着哭音。原来她便是杨禹口中的堂妹，皇后杨艳叔父之女杨芷。

杨芷久慕潘岳风采，几年前的人日还因为偷偷制作了潘岳形象的华胜而遭到贾午等人取笑。她生性娇怯，虽然爱恋潘岳却不敢像胡芳那样表现出来，如今好不容易等到潘岳的婚约作废，这才撒娇撒痴，向父亲杨骏提出自己要嫁给潘岳的念头。

弘农杨氏在汉末年间人才辈出，杨彪、杨修等人均名满天下，然而到了曹魏时代，门第便不复先前显赫。更何况杨芷的父亲杨骏才具庸碌，人到中年依然不过是个七品高陆县令。因此杨骏对于这门亲事并无异议，还央了侄儿杨禹来潘家试探口风。

见了潘岳适才决绝的态度，杨禹也知道此事一时无法成功。他见堂妹杨芷一副泫然欲泣的模样，懊恼之余忍不住道：“你哭什么？二哥迟早帮你达成心愿。”

“可檀郎到现在还惦记着阿容姐姐呢。”杨芷一边抹着眼泪,一边羡慕地道,“阿容姐姐真是好福气,竟难为檀郎一心一意地记挂她。可……”可也是这样情深义重的檀郎,才更让闺中女儿朝思暮想,不可自拔。后面一句话,杨芷只是心里想想,口中却不好意思说出来。

“症结就出在这个杨容姬身上。”杨禹皱着眉头,理了理自己的衣领,忽然眼前一亮,“若是那个杨容姬被天子临幸记录在册,潘岳就再也不可能肖想了。到那个时候,看他还有什么借口推拒我们家的婚事!”

“可是天子后宫宫女有几千人,什么时候才会轮到杨容姬啊。”杨芷苦恼地道。

“这有什么难的?”杨禹想通了关窍,心怀大畅,“我打听过了,杨容姬此刻正在皇后宫中侍奉。只要我们给皇后递个消息,让皇后将她引荐给天子,还怕天子不临幸她吗?”

“二哥,这样做真的好吗?”杨芷想起方才潘岳重重磕下的那个头,心有余悸,“万一被檀郎知道了,他以后会不会恨我……”

“后宫的手段,他怎么可能知道?”杨禹不屑地瞟了一眼懦弱的堂妹,“就算婚后他真的知道了,你也抵死不认,他无凭无据,还能借此休了你不成?”

见杨芷低下头不说话,只是连耳根都烧得红了,杨禹拍着胸脯保证道:“你放心,有皇后撑腰,这件事断无不成之理。”

过了不久,杨骏的正室夫人、杨芷之母庞氏趁着进宫探望皇后的工夫,果然向皇后杨艳委婉地提出了请求。然而杨艳一听到“杨容姬”这三个字就不由冷笑起来,哪怕在病中也忍不住作色道:“你们说得晚了,如今那杨容姬已不在明光殿内,我哪里还做得了她的主?”

此话一出,倒把庞氏吓了一跳:“皇后您是整个后宫之主,一个小小的宫女怎么会支使不了?”

杨艳冷哼一声，恨恨地别过头去。倒是一旁相陪的夫人赵粲忍不住酸溜溜地道："皇后当然是后宫之主，可也架不住有的狐媚子勾引天子，仰仗天子宠爱胡作非为。皇后大度，只是不跟那狐媚子计较罢了。"

这番话庞氏听得更是晕头转向，好半天才醒悟过来："夫人说的，就是如今那个贵人胡芳吗？"

"不是她还能是谁？"赵粲揣摩了一下皇后杨艳的脸色，见她并不阻止，就对着庞氏说下去，"那个胡贵人心高气傲，别说对我们不理不睬，对皇后也只是略尽礼数。偏偏她看中了那个宫女杨容姬，生生将她从明光殿调到自己的承光殿去了。"

庞氏一听，张大的嘴巴几乎可以塞下一个鸡蛋："她就算再受宠，也只是个贵人，怎么能有这么大的能耐从皇后宫中挖人？皇后若是不答应，她还能翻了天去？"

"那个胡芳表面直率大方，其实也是个有心计的，自然不会亲自来皇后这里讨没趣，因此就把主意打到天子那里去了。"见皇后杨艳只是半靠在榻上漫不经心地揉着手中帕子，赵粲恨恨地对娘家亲戚叙述，"她借口与天子玩搏戏樗蒱，说若是赢了天子就必须答应她一个要求。天子被她迷惑，自然满口答应。等到搏戏之时，她生怕被天子抢了先机，竟然大胆犯上，和天子抢夺投掷的五木，将天子的手都抓伤了。天子大怒，罚她跪地请罪，责骂她说：'果然是个彊种！'她居然梗着脖子顶撞说：'我父亲北伐公孙渊，西抗诸葛亮，我不是将种，还能是什么种？'天子一听，竟然无言以对，居然真的应了她的要求，亲自下旨把杨容姬从明光殿派到她那里去了。"

"我的天，看来天子真是被她迷惑得不轻！"庞氏惊得拍了拍胸口，半晌却又期期艾艾地问，"可是，那胡贵人最后那句话是什么意思？怎么天子一听态度就软了呢？"

赵粲哂笑了一声，见庞氏脸上有些挂不住，便敛容解释道："胡芳的父亲胡奋北伐公孙渊、西抗诸葛亮，都是在天子的祖父宣皇帝麾下。她虽是自承将种，却提醒天子自己也是将种。如此大胆悖逆的举动，天子不仅不怪罪，还面带惭色，也真是天下奇闻了！”

“宠幸最盛之时，自然什么都是好的。”皇后杨艳忽然懒懒地说了一句。她后面的话并没有出口，但赵粲和庞氏都明白了皇后的意思：如今后宫美人众多，等到天子对胡芳的新鲜劲儿一过，自然容不得她如此放肆无礼。

庞氏记起自己进宫的目的，疼惜女儿杨芷对潘岳的相思之苦，少不得厚起脸皮，再度请皇后和赵粲想法将杨容姬引荐给天子司马炎临幸，好绝了潘岳的相候之心。杨艳对这位婶娘的要求无可无不可，便随口吩咐赵粲去办。赵粲原本是个没主意的，却想起太子妃贾南风足智多谋，便满口答应，将千恩万谢的庞氏送出宫去了。

赵粲对庞氏说得没错，胡芳软硬兼施，甚至不惜触怒天子司马炎，就是为了将杨容姬揽入自己的承光殿中。只是等杨容姬真的成了承光殿中伺候的宫人，胡芳却又对她毫无优待，只随随便便编入轮值的宫女班中，从此便不闻不问，就仿佛她们以前从未有过交往。

然而杨容姬心底却是十分感激胡芳的。她不知道胡芳是不是听到了太子妃贾南风要将自己调往东宫的威胁，才故意抢先将自己要到承光殿中。不过有了宠冠后宫的胡芳做靠山，杨容姬好歹可以期许一段平静的岁月，不至于因为贾南风的敌意而成日提心吊胆。

杨容姬一向性格沉静，哪怕轮班闲暇之时，也很少与其他宫女一起聚众聊天。她对宫女们津津乐道的各宫妃子为了邀夺圣宠而使出的种种心机手段毫无兴趣，而她内心深处隐藏的痛苦忧郁也无人可以倾诉，因此无事时常常一个人走到偏僻荒废的宫室去，望着宫墙上方四角的天空，尽情地回忆着心中最思念的那个人。

幼时的初见,少年时的重逢,洛阳道上的生死相依,邙山草屋中的赤诚相对……这一幕幕难以忘却的画面，在她一遍遍的咀嚼中被窖藏成了馥郁的浓酒，可以麻痹她心尖针扎火焚的痛楚。光是凭借这些回忆，杨容姬觉得自己就可以过完一生。

这天,杨容姬照例坐在废宫旁的池塘边发呆,却蓦地听到不远处的红墙内传来隐隐的哭声。她向那曹魏时期便已废置的宫室望了一眼,随即转回头来,继续盯着池塘里变幻的天光云影。这个时候,她不会去打搅别人,也不希望被别人打搅。

那哭声高高低低地起伏了一阵,终于渐渐止住。过了一会儿,只听一阵荒草被撩动的窸窸窣窣声，有人从那堵被雨水冲刷得斑驳倾颓的宫墙后转出,停顿了一下,随即朝着杨容姬所在的池塘边走来。

杨容姬没有回头。能够到这荒僻废宫来的人,多半也和自己抱着一样的伤心落寞。而在这个后宫里,到处都是伤心之人。这种摧肝噬心的无望悲伤,就算倾诉再多也毫无用处,最终只能一个人慢慢用余生去消磨。

那人也不说话,只是默默地站在一旁看着杨容姬,好半晌终于忍不住问:“你在做什么？”

这声音虽然清澈,却已带有一丝后宫中绝难听到的低沉沙哑,很明显并非是女子的嗓音。杨容姬心中一惊,抬起眼睛,恰好看见面前的池塘里多了一个倒影,分明是个金簪广袖的少年装扮。

“奴婢见过殿下！”虽然不知道这个少年的来历,但能在后宫中来去自如的少年必定只能是天子司马炎的几个儿子之一，因此杨容姬依照宫规拜倒施礼,再统称一声“殿下”,绝不会错。

“起来吧。”那少年皇子不过十二三岁模样,虽然穿着层层叠叠的华服,脸上犹带稚气,一双哭得微微发红的眼睛越发显得他年龄幼小。他弯腰捡起杨容姬身边一件东西,托在手心里端详了一下,好奇地问:“这是什么？”

“回禀殿下，奴婢闲来无事，随意刻了只鸭子。”杨容姬说到这里，脸上不由得漾起一丝红晕。今日天子司马炎命人给贵人胡芳送来新进贡的海棠果，胡芳不喜欢，便命承光殿中的侍女们分了。杨容姬握着几只光滑圆润的海棠果，不由得想起当日在邙山和洛阳道上时，潘岳曾经用野果雕刻出栩栩如生的小鸭子送给自己。于是她也找了一把小裁纸刀，躲到废宫里自己练习起来。

“这是鸭子？我还以为是蛤蟆呢。”那少年皇子毕竟年少贪玩，方才还躲着伤心哭泣，此刻却被眼前的新奇事物吸引了注意力，嘴角不由得带出一个笑容来。

“奴婢刻得不好，请殿下还给奴婢吧。”见少年发笑，杨容姬有些尴尬。她并不知道如何雕刻，只是凭着记忆尝试下刀，因此这半成品看上去不伦不类，让她羞于示人。

“我也试试。”少年皇子不待杨容姬回答，俯身捡起裁纸小刀，在手中的海棠果上切削起来。他虽然没有做过类似的活计，但天生心灵手巧，不多一会儿就摸索出了雕刻的窍门。等到第三个海棠果落在他手上后，随着小刀的旋转，一只禽鸟果然在他手中慢慢成形。

“看，本王雕得不错吧……”少年正得意，忽然“哎哟”一声，竟是小刀一偏，将他的手指划出一道深深的口子，顷刻之间鲜血涌出，浸入了海棠果中。

杨容姬一惊，赶紧拉过少年的手指在口中吮了两下，随即掏出随身的手绢将伤口紧紧缠住，口中问道：“殿下的侍从呢？这伤口很深，还是赶紧宣太医用药吧。”

少年换了只手握住小刀和海棠果，不以为然地笑道：“他们都被我甩开了，一时半会儿找不到这里来。再说了，我以后可是要做大将军上阵杀敌的，这点小伤还要上什么药？”

“可是……”杨容姬见血流迅疾，不多时便将包裹的手绢浸透了，还想说什么，少年却突然有些不耐烦起来，“本王说没事就没事！要是惊动了太医，还不知道母后要怎么骂我惹是生非呢。”说到这里，他嗓子一哽，眼圈顿时又有些发红。

杨容姬不好多问，便走开两步，在废弃的宫墙边采了几株小草，用小刀切碎了敷在少年的手指上，用手绢重新裹好。“这是紫珠草，敷一会儿就好了。”仿佛猜到了少年的心思，杨容姬低声解释，“待会儿止了血解开手绢，殿下自己留点神，就不会被别人发现了。”

“看不出姐姐还懂医药。”少年惊讶的目光中带上了一丝崇拜，“你叫什么名字，是哪个宫里的？”

“奴婢叫杨容姬，在承光殿服侍胡贵人。”杨容姬看了看天色，收起小刀向少年行礼，“快到奴婢当班的时辰了，请殿下恕奴婢告退。”

“我叫司马柬。你以后还会到这里吗？我来找你玩。”少年见杨容姬要走，连忙捡起地上的海棠果晃了晃，“我保证下次可以把这小鸭子雕得更好的，你可一定要来看呀。”

“好。”杨容姬并没有将少年的话当真，敷衍一笑，离开废宫回承光殿去了。

那自称司马柬的少年正是当今皇后杨艳所生的第三子，几年前便被册封为汝南王。他比太子司马衷小三岁，尚未到出宫开府的年龄，因此便随着其他年幼的皇子公主住在后宫之中。

当年杨艳生司马柬时难产体弱而忽略了司马衷，导致司马衷病后不复聪明伶俐，杨艳对司马柬这个幼子一直心存芥蒂。加上司马柬从小机灵淘气，抢了迟钝的司马衷不少风头，杨艳便时时警惕司马柬生出夺取司马衷太子位的想法，多年来一直明里暗里敲打他要谨守本分。司马柬觉察到母后的偏心，性子渐渐变得沉默木讷，与杨艳的关系也越发疏离。这一日，因为皇后杨艳责骂他在父皇司马炎面前撒娇邀宠，妄图压过太子，司马衷心生委屈，便一个人悄悄躲到废宫来哭泣发泄，不料却巧遇了杨容姬。

司马衷自幼生长在后宫中，接触的女子要么像母后杨艳一样端方严肃，要么像伺候她的宫女一样唯唯诺诺，却没有一个人像杨容姬这样不卑不亢却又敏慧细心。他一遍遍地回想着杨容姬将他的手指含入口中吮吸时的情形，只觉得哪怕是亲生母亲杨艳都不曾对自己这样上心过，偏偏她的眼波是那样清澈宁静，毫无一丝因为自己身份而产生的惶恐或谄媚。

司马衷回到自己的宫室后，命人找来了许多海棠果，开始不断练习雕刻。他雕了一只又一只，整整齐齐地排在书案上，看着它们越来越精巧逼真，心中盘桓不去的抑郁终于一扫而空。

“殿下雕得真好，就像是御花园池塘里成双成对的鸳鸯呢。”一旁伺候的内侍暧昧笑道，“原来我们的殿下，不知不觉也长大了。”

“胡说，我雕的是鸭子，才不是什么鸳鸯！”司马衷有些羞恼，抓起一个海棠果扔在了内侍的脑门儿上。

接下来的几天，司马衷天天捧着自己雕得最满意的小鸭子跑到废宫去，终于再次与杨容姬相遇。见少年献宝一般将一对雕好的小鸭子放在自己手心里，杨容姬蓦地想起当年潘岳也是这样珍而重之将它们交到自己手中，不由得心中一酸，强忍着才没有掉下泪来。

“杨姐姐，你不喜欢吗?我可是在这里等了你好几天呢。”心思单纯的小小少年疑惑地摸了摸头，“难道是我雕得不好？别人都说不像鸭子，更像是鸳鸯……”

提到“鸳鸯”二字，杨容姬心中更是酸楚。她勉强朝司马衷笑道：“殿下雕得很好。只是以后不要再到这里来找奴婢，被别人发现了不好。”

“有什么不好的，我还想跟你学认药草呢。”司马衷兴奋地道，“学会了辨识治伤治病的药草，我以后率兵打仗就更不怕啦！”

“殿下想学,自然可以请教宫中尚药监的药丞,奴婢是教不了的。”杨容姬不愿与皇室有什么纠葛,更不愿司马柬就此缠上自己,当即铁下心道,“奴婢在承光殿还有事，这就告退了。以后奴婢不会再到这里来,殿下也不要再来了。”说着,果然拜了一拜,转身就走。

“唉,你别走!”司马柬一把抓住杨容姬的衣袖,着急道,“我知道你心里有很多伤心事,可我心里也有很多伤心事呀。我没有坏心,不会害你,你为什么要避我如同蛇蝎一般呢？”说到后面，语气便有些哽咽起来，“虽然我现在还小,还没用,但我以后肯定能帮你的……”

杨容姬心中一动，果然停下了脚步。她转头看着这个少年汝南王，见他长得虽不算俊美,却浓眉大眼沉毅端正,不由得轻叹了一声道:“奴婢只是不想惹麻烦。”

“别自称奴婢了。我已经查过,你原本是世家小姐,是因为父亲获罪才沦落为宫女的。”司马柬见杨容姬软下了声色,就势拉着她的衣袖靠近了一些,低声道,“杨姐姐,这宫里没有人喜欢我。你对我好一些可以吗?”他顿了顿,又黯然道,“我不会缠着你。哪天你真的烦我了,我就再也不来了。”

杨容姬见他稚气的脸上满是诚恳,心中一软,不由自主地点了点头。如果不出意外,她会在这高墙围困的宫城中度过一生,孤寂仿佛永夜一样难以逃脱,哪怕一小点光亮也会让人身不由己地靠近。刚才她已经试图拒绝一次,可如今面对少年小鹿一样清澈孺慕的眼神,她忽然失去了再度拒绝的勇气。

见杨容姬点头同意,司马柬欢呼一声,在原地跳了起来:“太好了!那我们以后就约在这里见面,你一定要来啊！”

“我要伺候贵人,不见得时时有空。如果来不了,还请殿下见谅。”杨容姬笑道。

“这样啊……”司马柬有些不满,摸了摸自己的发髻,忽然道,“这样吧，我跟母后求个情，把你调到我身边服侍，这样我们就可以时时见面了！”

“不！”杨容姬一惊，下意识地吐出这个字来。司马柬虽然年幼，毕竟是皇子，若是自己调到他宫中伺候，便会被默认为他未来的侍妾，只怕想出宫就更难了。她如今原本就靠着那一缕微薄的希望活着，无论什么温情和诱惑都不能让她放弃出宫的希望。

司马柬见杨容姬如此抗拒，生怕她着恼，不敢再坚持，便拉着杨容姬教他辨识废宫内生长的药草，直到杨容姬必须回承光殿去当值，才依依不舍地目送她去了。

握着手里两只红彤彤的海棠果，司马柬信步离开废宫，往自己的住处走去。还没走出多远，迎面就见前方锦绣灿烂，一个衣衫华贵的女子领着个内侍款步而来，竟是司马柬的嫂嫂、太子妃贾南风。

司马柬从小被母后杨艳督促对太子哥哥恭顺，连带着对太子妃也心存敬畏。他慌忙闪到路旁，向着贾南风躬身见礼：“见过太子妃。”

“原来是汝南王殿下。”贾南风似乎心情不错，笑着向司马柬回了礼，随口问道，“殿下怎么一个人在这里？”

“我……”司马柬原本不是机变之人，此刻不想说实话，却又不敢撒谎，顿时面露尴尬，嗫嚅着不知如何开口才好。

“殿下不必慌张，方才太子妃都看见了，那对小鸳鸯雕得可真好。”跟在贾南风身后的中年内侍笑了起来，让司马柬越发不知所措。

“董猛，汝南王还小，你别吓着了他。”贾南风比司马柬大五岁，一派长嫂风范。她训斥过那个叫作董猛的内侍，又转而向司马柬和蔼笑道，“殿下如今也大了。若是看中了刚才那个宫女，我这就去向皇后求个恩宠，将她赐给你收房如何？”

“不，不是的……”司马柬越发窘迫起来，拼命地摆手，“我没有那个意思，只是把她当姐姐罢了……”话虽这样说，想起刚才自己主动提出时杨容姬斩钉截铁的拒绝，少年还是觉得心中一痛，却固执地不肯承认。

“既是这样，殿下刚才为何闷闷不乐？”贾南风端详着少年面红耳赤的模样，会心一笑，“殿下有什么想法就说出来，说不定我可以帮你出出主意呢。”

“其实也没什么……”司马柬摸了摸头，不好意思地说，“我在跟她学认药草，可她要回宫当值，空闲不多。要是太子妃能跟她侍奉的贵人求个情，将她当值的时辰缩短一二便好了。”

“我明白了，不就是可以多一点时间陪你吗？”贾南风胸有成竹地一笑，见少年的眼中蓦地燃起了光亮，便循循善诱道，“其实我有个更好的法子——若是她得了天子册封，哪怕只是位份最低的嫔御，就不用再做宫女当值了。那时候她天天都是空闲，不就有更多的时间陪殿下了吗？”

“可是如果她不愿要天子册封呢？”司马柬苦恼道。

“哈哈哈——”贾南风忍不住笑了起来，连头上的金步摇都笑得乱抖。她身后的心腹内侍董猛也附和着笑道：“殿下这句话就说岔了。天子贵为天下至尊，世间的女子无一不以侍奉天子为荣。试想这后宫数千佳丽，哪一个不是未得宠幸时郁郁寡欢长吁短叹，得了册封就荣耀无比感激涕零？为了争得天子一顾，她们可是什么手段都使得出来，怎么还可能不愿？若是殿下帮她遂了心愿，只怕她感激殿下还来不及呢。”

这些话一句句灌入涉世未深的司马柬耳中，仿佛一把把野火，将他烧得茅塞顿开。他想起杨容姬眉间抹不去的忧郁，想起她对自己不容反驳的拒绝，还有她一个人偷偷雕刻的那些小鸭子——不，现在他真的笃定那是鸳鸯了，这一切不正是说明，那个原本出身世家却被黜落在宫女群中的女子，并不甘于眼下卑贱的命运，却又碍于自尊不肯说出口来。

察觉到面前少年变幻的神色，贾南风微微一笑，凑近司马柬放低了声音：“殿下若想帮她得到天子垂青，我这里倒是有一个办法，不过千万别说是我告诉你的……”

自从后宫中一下子选入数千宫女之后，司马炎这位勤政了数年的开国天子，就如同在沙漠中久困之人掉进一个五彩缤纷的大花园，顿时眼花缭乱手足无措起来。虽然贵人胡芳依然是他心目中不可替代的绚丽凤凰，可这并不妨碍他在人山人海的宫女中挑拣莺莺燕燕。到得后来，挑花了眼的司马炎索性让人置办了一辆羊车，自己端坐在车上由着拉车的山羊在后宫随意乱走。山羊在哪个女子面前停下，他当晚就宠幸哪个女子。一时间只觉平生乐事，无过于此。

这一日，司马炎在御书房草草看了几眼朝廷的奏表，只觉心生倦怠，便命人驾出羊车，开始他后宫的巡幸。看着后宫中各色美人为了拦下羊车在附近追逐嬉笑，司马炎只觉心怀大畅，刚刚被政事搅扰的烦闷一扫而空，于今才真正体会到了当皇帝的乐趣。

今天拉车的山羊不知道为什么，无论路上遇见的嫔妃宫女们如何拦截，都坚定地绕过她们往前方而去，竟是越走越是偏僻。司马炎心中奇怪，仔细观察才发现不知是谁沿路洒下了一些竹叶，引诱得山羊一路觅食，才会离前面曹魏时就废弃的宫室越来越近。

司马炎朝一旁随侍的内侍抬了抬下巴，内侍会意，捡起一枚竹叶反复看了看，又伸出舌头舔了添，这才对司马炎回禀道：“启禀陛下，这些竹叶上撒了盐水。”

司马炎的眼睛微微一眯。用洒了盐水的竹叶来引诱拉车山羊，能想出这样主意的必定不会是平常女子。他的后宫中已经收集了各种各样的女子，貌美的、贤德的、豪爽的、娇媚的，甚至连貌丑而才华横溢的才女左棻，都被他封为九嫔中的修仪。因此，如今这个心计深沉却一心企盼自己宠幸的女子，不仅不让司马炎反感，反倒生出了隐隐的期待。

拉车的山羊鼻翼耸动，追逐着盐水竹叶一路前行，终于在蔓草丛生的小径上失去了目标，茫然地停了下来。司马炎走下羊车，发现这里是荒僻已久的废宫，宫墙斑驳，野草遍地，池塘上满是野生的浮萍，而池塘对岸一个宫女打扮的女子则惊讶地站起身来，正是与司马柬相约在此地见面的杨容姬。

“天子驾到，还不过来见驾！”司马炎身后的内侍见杨容姬满脸惶惑，只道她是欢喜得发晕，便提高声音唤了一声。

司马炎摆了摆手，示意侍从噤声，自己则一撩衣摆，迈步沿着池塘边缘走了过去。随着距离拉近，他渐渐看清那个跪在地上的宫女身形苗条婀娜，即使低着头看不清颜面，必定也是个美人无疑。

快步走到杨容姬面前，司马炎见她还是低头不语，心中不由得有些不快：“抬起头来。”

杨容姬顿了顿。司马炎经常临幸承光殿，她自然是认得这位九五之尊的，不过那时候她总是隐藏在一群不起眼的宫人中，想必司马炎并不认得她。听到司马炎的吩咐，杨容姬虽然满心抗拒，终究还是慢慢抬起头，露出一张未施脂粉却天然素雅的面庞。司马炎仔细看了看，心中满意，故意问道：“你在这里做什么？”

“奴婢……奴婢在等人。”杨容姬原本不想说实话，又怕和自己相约见面的汝南王司马柬骤然出现，只好含含糊糊地回答。

然而这话落在司马炎耳中，却明明白白是说在等候圣驾临幸一般。司马炎当即哈哈一笑，伸出两根手指抬起杨容姬的下颌，对着那张幽兰一般清新雅致的面庞又端详了一会儿，终于点了点头，转身走开了。

见司马炎重新坐上羊车准备离去，杨容姬舒了一口气，抬起袖子将下颌使劲擦了擦。正想站起身，一个内侍却已快步跑了过来，对着她满脸含笑作了一个揖：“恭喜这位姐姐了。还请姐姐告知姓甚名谁，在哪位娘娘的殿中侍奉？”

“我叫杨容姬，在承光殿伺候胡贵人。”杨容姬不知这内侍所谓“恭喜”是什么意思，却只能据实回答。

“好，我记下了，这就去呈报御前。”那个内侍问完了话，转身要走，杨容姬却似乎想起了什么，脸色一变，追上一步问：“请问这位常侍，为什么要呈报御前？”

那内侍回过头，神色暧昧地扫了一眼杨容姬，似乎在责怪她明知故问：“为什么？你费心引了圣驾前来，不就是图今夜能一承天子的雨露恩泽吗？别在这里耽误了，快回去好好沐浴梳洗吧，傍晚自然会有人去承光殿接你。”

这几句话恍如五雷轰顶，将杨容姬顿时打得蒙了。直到司马炎和他所有随从的身影都消失不见，她才回过神来，只觉得身如柳絮，哪怕一阵微风也能将自己刮倒。好不容易扶着一堵倾颓的宫墙喘息了片刻，杨容姬狠狠一咬下唇积攒出些许力气，终于深一脚浅一脚地走回了承光殿。

此刻并非是杨容姬当班伺候贵人胡芳的时辰，然而她一时也顾不得许多，径直就往承光殿正殿走。侍立在殿外的宫女们连忙拦住了她，低声斥责她不懂规矩，说贵人正在午睡，就算有什么事也须胡芳醒来再说。

杨容姬不知道司马炎那边的人什么时候来接自己，只觉得一分一刻都耽误不起，当下一把推开阻拦自己的宫女，一边向殿内闯去一边大声唤道：“奴婢杨容姬，有急事求见贵人！”

“这是反了吗？”胡芳身边贴身伺候的内侍恼怒地冲出来，厉声斥责四周阻拦不力的手下，“还愣着干什么，赶紧将这个疯婢赶出去！”

“让她进来！”就在几个内侍冲上来想将杨容姬拖出殿外时，寝殿内却传出了胡芳清晰的命令。

抓住杨容姬的内侍们一放手，杨容姬便抚了抚被捏痛的手臂，快步走进了胡芳午睡的寝殿。

此刻的胡芳斜倚在六尺宽的柏木大床之上，床头镶嵌着银镂金花，床脚雕刻着两重福寿纹样。用明光锦制作的复帐即使在昏暗的光线中也流光溢彩，偏又恐惊扰了床中之人的好梦，将绵实柔软的白缣衬在了帐幔里层。复帐帐顶安放了一朵装饰用的金莲花，四个帐角则配以纯金银凿镂香炉，香炉中爇着百和香，袅袅的香气无声地在空气中弥漫，将这昏暗华丽的寝殿衬托得不似凡间。而躺在帐中的女子，更仿佛世外仙姝，美不胜收。

胡芳小睡被扰，便在宫女服侍下坐直了身子，疑惑地盯着一反常态的杨容姬。此刻的杨容姬面色惨白如死，双目发红，嘴唇轻颤，与胡芳素日所见那个从容稳重的杨容姬截然不同。意识到发生了什么不同寻常的事情，胡芳微微抬手，将寝殿内所有侍奉的宫女内侍都屏退出去。

“有什么话，现在可以说了。”见杨容姬只是跪在地上微微阖着双目，胸口剧烈起伏，胡芳从床上下来，亲自伸手将她扶起，低低唤了一声，“杨姐姐。”

杨容姬睁开了眼睛。所有的恐惧和软弱都在方才被她生生咽下，此刻她的眼睛中再度焕发出了光彩，仿佛一缕阳光投进古井之中，清透深邃，平静而又蕴含着吞噬一切的力量。

胡芳不由自主地放开了手。她忽然觉得，就算没有自己，杨容姬也可以站得很稳，走得很远，世间任何难事都不能将她压垮。

“奴婢有一事，想请贵人成全。”杨容姬才一开口，胡芳就冷笑着打断了她：“此刻并无外人，杨姐姐既然和我见外，就什么都不要说，直接出去吧。”

“是。”杨容姬咬了咬嘴唇，舌尖再度尝到了咸涩的血气，终于说道，“方才我遇见了天子，他要我今天晚上侍寝。”

胡芳一惊，一双黑白分明的杏眼顿时瞪得圆了：“他怎么会注意到你？”

“我不知道。”杨容姬此刻已经无心去分辨遇见司马炎究竟是巧合还是人为的安排，只是坚决地摇着头，“我只知道，今晚我一定不能去侍寝。”

“为什么不去？”联想到自己入宫的第一夜就被司马炎召幸，胡芳只觉心中仿佛被一根针刺了一下，语气顿时尖酸起来，“好好伺候天子，说不定天子一高兴就封你做了嫔妃，可不比你做奴婢强得多了？”

“不，我不能侍寝。”杨容姬默默地听完胡芳的讥讽，没有反驳也没有辩解，只是再度坚定地摇了摇头，“我也不要做嫔妃。”

“你还在妄想能出宫去找檀郎吗？”胡芳蓦地猜透了杨容姬的心态，原本就刺痛的心越发焦躁，让她恨不得将隐忍了多日的怨愤发泄出来，如同洪水一般冲毁面前的一切。只有未被天子临幸过的女人才有出宫的可能，而胡芳自己，则早在被司马炎抱上龙床的那一刻起，就永远丧失了重获自由的希望。

见杨容姬只是默然不语，显然是默认了方才自己的诘问，胡芳越发尖酸地道：“实话告诉你吧，就算你一直为檀郎守身如玉，你这辈子也不可能出宫嫁给他了！还是说——”忽然想起当日候选完毕出宫之时，杨容姬被潘岳拉上了潘家的马车，胡芳只觉一道闷雷在耳边响起，震得她脑中嗡嗡作响，“还是说，你入宫之前，早已经和檀郎……和檀郎有了肌肤之亲?!”

“是又如何？”杨容姬明明白白地感受到胡芳的嫉妒和愤怒，下意识地顶撞了一句，却顿时想起入宫前一天，潘岳在孙登空置的小屋内苦苦克制的情形，不禁心头一酸，眼泪无声滚落，“我倒是希望如此，可檀郎不是那样的人，他生怕会害了我……”

胡芳暗暗舒了一口气，不仅是因为稍纵即逝的嫉妒心，更是担心一旦杨容姬被司马炎发现并非处子之身，必定会遭受严酷的惩罚。“虽是如此，可召你侍寝是天子之命，我又能如何帮你？”半晌，胡芳幽幽地问道。

“我想过了，只有一个办法。”杨容姬说着，蓦地再度跪了下去，“承光殿宫人杨容姬，冲撞贵人，被贵人依照宫规施行杖责。”她埋着头苦笑了一声，“我想天子再好色，也不会对一个受杖重伤的女人感兴趣吧。后宫美女如云，等我伤好时，他肯定不会再记得我了。”

“你！你真要如此？”胡芳大惊，难以置信地盯着跪在自己脚下的杨容姬。虽然自己站着杨容姬跪着，可胡芳却觉得杨容姬的气质坚定凛冽，仿佛一座漂流在大海上的冰山，宁可崩裂成碎片撒入大海，也绝不愿被人攀爬玷污。

哪怕那个人，是天下最尊贵的皇帝。

“请贵人成全。”杨容姬说着，缓慢而又坚决地俯下身去。

胡芳心中暗暗叹了一口气。她忽然明白了，为什么她比杨容姬美貌，潘岳却始终对杨容姬一往情深。这个女子表面平平无奇，可她内心深处所隐藏的力量和意志，却绝不是自己可以望其项背的。也只有这样的女子，才能顶住天意的磋磨、命运的捉弄和世人的嫉妒，成为世上独一无二的檀郎的最爱。

“能遇上他，确实是我的运气。不过他能遇上我，也是他的运气。”想起当初面对自己的嘲讽杨容姬不卑不亢的回答，胡芳忽然明白，在潘岳心目中，自己这一生确实是永远无法与杨容姬相比了。

不敢再看此刻跪在地上的杨容姬，胡芳转过身，将架子上一块晶莹剔透的玉璧抓在手中，狠狠掼在地上，霎时间碎玉四溅，打在肌肤上仿佛针扎刀刺。胡芳吸了一口气，对着殿外高声叫道：“来人！宫人杨氏打碎御赐玉璧，拖下去杖责四十！”

“谢贵人责罚。”杨容姬盯着满地玉屑，真心诚意地说出这个“谢”字。下一刻，内侍们已经走了进来，手掌如同铁钳一般攥住了她的双臂，将她踉踉跄跄地拽出了寝殿。

当身体被拖到刑凳之上时，杨容姬眼前回荡的还是方才玉璧磕碰在地板上碎裂四溅的情形。下一刻，沉重的刑杖就大力地落了下来，带着不容抗拒的暴烈，仿佛也要将她的身体如同那枚玉璧一样拍打成碎片。

四十杖并不是小数目，足以将人打得皮开肉绽鲜血迸流。掌刑的内侍见杨容姬生得苗条单薄，担心她受痛不过嘶声大叫惊扰宫闱，早在一旁预备了堵嘴的麻核，却不料自始至终杨容姬都不曾发出过惨呼，实在痛得受不了也只是狠狠咬住的自己的胳膊，从喉咙深处泄出几声难耐的呻吟。等到四十杖打完，杨容姬身后已是一片血肉模糊，让她再也支撑不住，脸贴着刑凳昏晕了过去。掌刑的内侍得了胡芳吩咐，将杨容姬抬下刑凳请医用药，却惊讶地发现这个受刑宫女惨白的脸上，竟然还带着模糊的笑意。

杨容姬醒来的时候已经回到了宫女所住的小屋，趴在自己日常所睡的那张床上。身后的伤处应该已经上了药，却依然疼得火烧火燎，让她疲惫欲死却难以入睡。

同屋的宫女想是正在承光殿内当值，此刻屋内空空荡荡，安静得只能听见自己略显沉重的呼吸声。杨容姬闭目等待了一阵，睁眼时窗外的日影仍旧挂在墙边那颗杏树的树梢，就仿佛时间这匹白驹被人硬生生拉住了笼头，每往前一步都要含辛茹苦、挣出全力，才能将日影稍稍斜移一格。

原来这才是真真正正的度日如年。杨容姬忽然想起当年潘岳在邙山小屋内养伤时，自己出于莫名其妙的矜持和顾虑对他刻意疏远冷落，不由得心中越发后悔。那个时候他一个人俯卧在床榻上忍耐着痛楚和孤寂，肯定和现在的自己一样，满心期待着心爱之人能够走到自己床边，哪怕只是轻轻问一句“你疼不疼”，也足以化解这挣不脱化不开的锥心之痛。

也许是当初自己刻意推开他的报应，杨容姬绝望地想，所以如今的自己就要加倍地承受潘岳曾经承受过的痛楚和孤寂。

“阿容一向是个小心谨慎的人，你说怎么好好的就会砸碎了御赐的玉璧呢？”门外忽然传来了一个宫女的声音。虽然声音并不高，但因为屋内太静，还是让杨容姬听清了七八分。

“当然是贵人要惩治她，拿玉璧做借口罢了。”另一个年长些的宫女摆出见多识广的架势，神神秘秘地笑道，“你没看刚才御前的陈常侍来过？听说今天天子不知怎么的看上了阿容，原本是要她今晚侍寝的。”

“原来是这样！”先前的宫女恍然大悟，“贵人也真够狠的，打成这样血葫芦一般，当然就没法侍寝了……”

“这也叫狠？”年长的宫女哧笑一声，“你要是在这宫里待久了，就会知道有太多杀人不见血的手段。咱们贵人这样心直口快，其实才是容易吃亏的主儿呢……”

“贵人却也没吃亏。以往天子总是嫌她态度冷冰冰的，现在来这么一出，反倒让天子知道贵人为了他拈酸吃醋，天子说不定会更宠爱贵人了呢……”

两个宫女的说话声渐渐远去，终于什么都听不到了。屋内的杨容姬轻轻呼出一口气，唇边艰难地勾出了一缕笑意。这件事得到这样的结果，已经可说是最好的了。当初潘岳为了营救嵇康甘愿承受家法，如今她主动向胡芳求来这顿责罚，其实一样是为了心中那点微弱却不肯消逝的理想。

再次醒来的时候，杨容姬听到了床边一阵嘤嘤的哭泣声。她吃力地睁开眼睛，蒙眬看见一个半大的少年伏在自己床边，哭得眼眶都红肿了。定了定神，杨容姬露出一个微笑：“殿下怎么来了？”

“杨姐姐，对不起……”那少年正是汝南王司马柬，此刻见杨容姬醒来，越发哭得抽抽噎噎，“是我害了你，你别怪我……”

“殿下做了什么了？”杨容姬和声问道。

“我在竹叶上撒了盐水，引诱给父皇拉车的山羊走到我们见面的废宫去……”司马柬说到这里，见杨容姬脸上的笑容渐渐散了去，心下顿时有些慌张。但他自忖自己本是好意，一定要对杨容姬解释清楚，便接着道，“我只是觉得姐姐这样才貌双全的女子，做奴婢实在太可惜了，你一点不比那些父皇喜欢的嫔妃们差。”十二岁的少年说着，渐渐有些义愤填膺，“可是谁会想到胡贵人居然这么狠心，把你打成这样。看来母后说得对，胡贵人就是一个坏女人……”

“殿下别说了。”杨容姬打断了司马柬的话，微笑着转换了话题，“这里是承光殿，殿下怎么进来的？”

司马柬虽然是还未成年的皇子，但平时不得允许，也无法擅入嫔妃宫殿。此刻听杨容姬问起，他顿时有些得意地笑道：“我想来看姐姐，自然找得到法子。”他故意顿了顿卖个关子，见杨容姬果然露出好奇的神色，这才和盘托出，“琅琊王给父皇母后进奉了一批玉器玩物，母后见其中一个叫‘子母珠’的煞是有趣，寓意又好，就赐给了胡贵人。于是我就借着观赏这个‘子母珠’的由头得了父皇和胡贵人的许可，才堂而皇之地进了承光殿。杨姐姐，你知道什么是‘子母珠’吗？”

杨容姬知道司马柬正是好奇心最旺盛的时候，不忍心扫他兴致，便打起精神回答：“不知道。殿下给我说说吧。”

“嗯，那子母珠放在一个琉璃制成的圆盘里，上面盖着琉璃盖子，不能用手碰。初看上去，就是一颗浑圆的淡灰色珠子在圆盘上滚来滚去，没有什么奇异的地方。”司马柬趴在杨容姬床边，一双浓黑的眼睛中满是赞叹和惊喜，“可是如果用手掌在琉璃盘外侧用力一拍，那颗大大的珠子就会一下子散成好几颗小珠子，每颗都和原来的珠子一样圆滚滚的，就仿佛大珠生下的孩子一般。可是一旦那些小珠彼此遇见，就会立刻融入对方身体里去，重新汇聚成原先那颗大珠。我仔细看了，果真是一点接缝都看不出来，真是神奇极了！怪不得琅琊王进奉的表章里说这颗子母珠寓意母慈子孝、天家亲和，实在是吉祥之物。母后特地将它赐给胡贵人，也是想让胡贵人借这个彩头早日为父皇诞下龙子。父皇知道之后一个劲儿夸母后贤良呢。”

“殿下所说的琅琊王，就是名讳叫作司马伦的？”因为潘岳的缘故，杨容姬对“琅琊王”三个字颇为敏感。

“是啊。他虽然年轻，却是我叔祖呢。”司马柬的心思完全不在司马伦身上，敷衍了一句后又关切地问，“杨姐姐，你不生我的气了吗？以后你还是会继续教我认药草的吧？……”

“殿下是未来的大将军，我……我自然是荣幸的。”杨容姬说了一会儿话，精神不济，便及时改了口，打发司马柬离开了。

屋内重新安静下来，杨容姬昏昏沉沉地伏在床上，虽然困倦欲死，脑子里却仿佛风吹浪打，片刻也宁定不下来。她成日惦念潘岳，对潘岳最为厌恶畏惧的琅琊王司马伦自然颇为留心。司马柬提到司马伦专程向皇帝皇后送来诸多宝物，杨容姬不用多想也能猜到，那个奢侈好色的王爷自然不甘永世蛰居荒僻之地，他费尽心思讨好司马炎和杨艳，必定是想求情示好，重新返回京城洛阳。

一会儿想到潘岳有齐王司马攸保护不会有大碍，一会儿却又担心司马伦奸猾，除了给宫中送礼，必定也疏通拉拢了不少朝廷权贵，说不定什么时候真的会重返京城。杨容姬越想越是焦虑，在床上辗转反侧，将入宫以来的点点滴滴都在脑中细细梳理回味了一遍，直到最后想起了司马柬提到的子母珠。

大珠可分裂为小珠，小珠也可以毫无痕迹地融合为大珠……杨容姬回想起司马柬的描述，觉得自己仿佛在什么地方也见过类似的东西。她揉了揉胀痛的太阳穴，苦思冥想了一阵，猛地睁大眼睛，脱口冲出一声:“不好!”

“有人吗?”杨容姬只觉得背上蓦地出了一层冷汗,努力提高声音呼唤起来。然而她所居住的宫女房原本就在承光殿的僻静角落,此刻宫女们都在正殿当值,四周静悄悄的毫无人声。杨容姬唤了几声无人应答,索性双臂一撑,想从床上爬下地来。

她受杖不过一日,身后杖伤仅是勉强结痂,此番强力一动,顿时只觉肤若刀割,疼得她眼前一黑重新摔回床上。待到眼前重新清明,杨容姬再度撑起身体,一咬牙翻身站在了床下。

身后大大小小的疮口似乎挣裂了不少,有细细的温热血流渐渐渗出。然而杨容姬已经顾不得了,她用力地扶着墙壁,一步一步慢慢挪出了屋子,又一步一步向着前方胡芳所居的承光殿正殿走去。

此刻正殿前一派热闹,檐下阶前不仅伫立着承光殿的宫女和内侍,还多了不少其他宫室前来随侍的宫人。杨容姬找了个相熟的宫女悄声问了一下,才知道是夫人赵粲和几个嫔妃听说胡芳新得了宝物子母珠,便慕名前来赏玩,此刻俱都待在正殿内和胡芳说话。

杨容姬心中发急,却知道此刻不能贸然闯入,只能耐住性子在殿外等候。过了一会儿,却听殿内传出一阵惊呼,声音嘈杂高亢,显然发生了什么了不得的大事。殿外侍立的宫人们面面相觑,却不得传召不敢入内。幸而那惊呼也不过一瞬,转眼殿内又恢复了平静。

过了一会儿,正殿大门内走出了一群衣饰华贵的女人,杨容姬依稀认得是夫人赵粲领着审美人、徐才人等几个低等嫔妃。因为赵粲的夫人位份比贵人略高,胡芳尽管与她们关系淡漠,也依照礼仪送出门来。

虽然作势要离开,赵粲却揪住一个宫女问胡芳:“妹妹真的不介意吗?听说上次妹妹手下一个宫人打碎了御赐玉璧,妹妹就罚了她四十重杖。难道此番这个贱婢,妹妹就真的算了?”

“子母珠虽然珍贵,但我这些日子也看得腻味了,就算她不打破,也要收到箱子里去的。”胡芳淡淡地回答，似乎真的全不放在心上。

“妹妹真是大人有大量。”赵粲说着，猛地将手中那个宫女一推，厉声道，“胡贵人饶得了你，我可饶不了！回去你也领四十板子，让承光殿派人来验刑！”

“姐姐的人姐姐自己处置就好，验刑什么的就不必了。”胡芳似乎颇为厌倦这种虚伪作态的对话，面露倦色，也不管那个闯祸的宫女跪地求饶，朝赵粲微微一福便转身回正殿去了。

好不容易等赵粲和审美人徐才人等离开了承光殿，杨容姬这才从宫墙角落里走出来，对守在殿外的内侍道：“劳烦常侍禀告贵人，就说杨容姬有紧急要事，请贵人立刻出殿。”

那内侍打量了一眼杨容姬，见她面色惨淡头发蓬松，额上一层薄薄的虚汗，甚至连站姿都是勉强维持，不由得皱眉道：“你不是才受了杖责吗？不好好养伤又跑来添什么乱？想让贵人出殿来见你，你哪里来这么大的面子？”

“敢问常侍，方才是不是有人在殿内打碎了子母珠？”杨容姬此刻只觉站立在刀尖之上，眼前一阵阵发黑，再耽搁下去只怕立刻就要倒下，索性开口道，“贵人若不离开正殿，只怕有性命之险，还望常侍一定帮我通禀！”

“你胡说什么！”那内侍还没反应过来，杨容姬已接口道，“常侍只管通禀，若是贵人怪罪，杨容姬愿再受四十刑杖！”

那内侍见她伤后惨白的脸颊上竟被生生逼出了几分红晕，显然是焦急到了极致，只好点头道：“你在这儿等着。若是一会儿惹出什么祸事，别怪我没有提醒你！”说完径直进殿去了。

杨容姬略略松了口气，脚下一软赶紧靠住了廊下的木柱。好不容易等那内侍出来，却道贵人命杨容姬到殿中回话。

杨容姬见胡芳并未听从自己的劝告离开正殿，只好狠狠一掐自己的虎口，撑起力气迈进了承光殿正殿高高的门槛。她平日对这里颇为熟悉，因此一进殿中，随手就将身边所有能开启的窗户全都推开，引得殿内侍奉的宫女们一派惊慌，赶紧冲过来想要阻止她的无礼行为。

“让她过来。”胡芳听见动静，随口吩咐了一声，众宫女这才将杨容姬领进了寝殿。却见胡芳正斜靠在紫丝绣榻之上，手中百无聊赖地把玩着一枚闹蛾扑花金华胜。

胡芳显然没有料到杨容姬会在这个时候再度求见自己，此刻见她云鬓蓬乱冷汗涔涔，若非宫人搀扶几乎连行走的力气都没有，胡芳不由得从榻上坐直了身体，吩咐身边人都退了出去。

“你身后有伤，就不用行礼了。”胡芳摆了摆手，狐疑地盯着杨容姬憔悴的病容，“有什么话就说吧。”

“请问贵人，那子母珠何在？”杨容姬虚撑住一张条案稳住身体，语声虚弱却不容置疑。

胡芳微微一愣，随即无所谓地笑了笑：“刚才在外面赏玩的时候，被赵夫人带来的宫女失手摔碎了。”

“不知贵人可否带我到现场看看？”杨容姬平静地问。

胡芳不明所以，但也看出杨容姬的反应极不寻常，于是她不再拖延，从榻上走下地，带领杨容姬走到了寝殿外间用以招待访客的正殿之中。

“喏，就是在这里。”胡芳指着一圈座席萦绕的桌案道，“其实摔碎的只是盛放子母珠的琉璃盘，不过打扫碎片的宫人说没有找到子母珠，大概是滚到某个角落里去了。”

杨容姬没有立刻回答，忍着身后的伤痛跪在座席上，俯低了身子在地上细细查看了一阵，这才抬头对胡芳道：“如果我预料不错，此刻这间正殿已经不再安全。还请贵人立刻离开这里，并将这里窗户全部打开，任何人都不许擅进。”

“究竟是怎么回事？”胡芳疑窦丛生，却也知道此刻不是细问之时。她心中对杨容姬极为信赖，当即命人将整个正殿外加寝殿的窗户全部大开,自己则带着杨容姬走了出去。

“立刻去给贵人端一份羊乳过来。”事态紧急,杨容姬此刻也顾不得谦退,赶紧向一个伺候膳食的宫女嘱咐道,“若是一时寻不到羊乳,一盏鸡蛋清也可以。”

“从现在起,你们都要听从阿容的吩咐。”见那宫女尚带犹豫,胡芳即刻下命。

“还有,立刻到宫中尚药监那里,多取一些硫黄粉过来。”杨容姬又对一个内侍道。

“若是尚药监问起用途,该怎么回话呢？”内侍惶惑地问。

“就说贵人的寝殿里发现了虫豸,要一些硫黄粉来灭虫。”杨容姬略一思索,找到了一个最好的借口,“记住,硫黄粉一定要足够洒遍整个正殿。”

过了一会儿,宫女果然端来了一盏新鲜羊乳,胡芳接过喝了。见取硫黄粉的内侍还没回来,胡芳按捺不住心中疑惑,领着杨容姬走到一处四面开阔的虹桥之上。见四周都是一览无遗的水面,就连池边的荷叶都疏疏落落遮不住水面上的点点青萍，胡芳这才转身对杨容姬道:“这里很安全,可以放心说话了。”

杨容姬点了点头，扶着桥栏缓了缓自己急促的呼吸，方才开口道:“贵人可知道,那子母珠是何物？”

胡芳摇了摇头:“只知道是琅琊王进贡的宝物。”

“大珠可以分裂为无数小珠,小珠则可毫无痕迹地融入大珠,我想了很久,觉得世间只有一种东西会如此神奇。而我刚才在正殿地上所观察到的,也印证了我的猜测。”杨容姬不着痕迹地擦去鬓边滚落的冷汗,缓缓道,“其实所谓子母珠,说白了就是水银。水银无论怎么分散,都会凝结成银灰色的珠子,而一旦汇聚,就会像水一样融为一体。”

“水银？”胡芳恍惚觉得自己听说过这个东西，仔细想想却又毫无头绪。

“水银是从丹砂里提炼出来的。纯水银像水珠一样四处滚动又容易散佚，因此很少有人见过。我若不是幼时醉心医术，只怕也想不起来。”杨容姬见胡芳只是睁着大眼睛怔怔地盯着自己，便接下去说道，“据我的猜测，琅琊王所进献的子母珠是用琉璃盘和琉璃盖密封的，所以水银不会发散消失。可一旦封口失效，或者像方才一样被人打碎，里面的水银就会倾泻而出，四散滚落，根本不可能被全部清扫，最终会在承光殿内慢慢挥发。”

“你是说，皇后是故意把子母珠赐给我，而今天赵粲手下的宫女，也是故意把琉璃盘打碎的？”胡芳虽然性格直爽，脑子却并不笨，从杨容姬的神态语气中已经猜到了事情的严重性，“水银珠散落在承光殿内，会有什么后果？”

“水银乃是剧毒之物，特别是纯水银，散佚之后会将毒素密布于殿内空气中，经久难散。贵人日日在殿中起居，久而久之必定中毒。”杨容姬思索着往日看到的水银毒性，一字一字补充，“呼吸间吸入水银，会导致口舌生疮溃烂，咽喉食管肿痛。若是吸入量大，还会导致肝肺受损，甚至昏迷死亡。不过我听人描述了子母珠的大小，应该还不到致死的剂量……”说到这里，杨容姬脑中忽然灵光一现，失声道，“我明白了！”

“你明白了什么？”胡芳此刻已经听得心惊胆战，不由自主伸手攥住了杨容姬的胳膊，就像溺水之人紧紧抱住身边的浮木，连自己都不曾意识到长长的指甲掐进了杨容姬的肌肤之中。

“我记得以前听人说过，青楼中的女子都会喝下绝子酒或者五毒汤，可致终身不孕。而无论绝子酒还是五毒汤，里面最重要的成分便是水银……”

“不用说了！”胡芳忽然失控地高喊了一句，打断了杨容姬的叙述。她放开杨容姬的胳膊，在虹桥上来回走了两步，忽然冷笑道，“原来皇后最忌惮我的，不是我夺了天子的宠爱，而是将来我会给天子生下皇子。那倒是，她生的那个傻太子，保不定什么时候就会被天子给废了，就算不废，群臣也会拥齐王而代之……”

“贵人！”虽然明知四下再无第三人，杨容姬还是担忧地出言制止。这些话虽然无可反驳，但所有人都只能在心中盘算，一旦说出口来，便是无法饶恕的罪过。

“你放心，在其他人面前我可小心得很。就算是今天这件事，我也只能打落牙齿往肚里吞，不能与皇后和赵粲撕破脸去。”胡芳无谓地笑了笑。

“贵人不打算把这件事告诉天子吗？”杨容姬问。

“告诉他做什么？”胡芳轻哼了一声，“子母珠是琅琊王进献的，是小宫女打破的，皇后和赵粲轻轻巧巧就可以推个一干二净，还能指望天子把她们废了不成？”

“贵人说得是，不过以后一定要小心些。”杨容姬明白胡芳在后宫中孤立无援。更何况，司马炎后宫佳丽无数，谁也不知道他对胡芳的宠爱能维持到什么时候。一旦日后色衰爱弛又与后宫地位最高的皇后与赵夫人结下仇怨，只怕胡芳在这宫中就再无立锥之地。想到一向毫无心机的胡芳能考虑到这一层，杨容姬心中略略宽慰。

胡芳正与杨容姬说话，忽见桥下远处一个内侍在那里逡巡不前，便招了招手，让他过来。

“启禀贵人，硫黄粉已经从尚药监取来了。”那内侍看得出胡芳神色不好，小心地回禀。

“你先去，我随后就来。”胡芳见那内侍去了，这才转头问杨容姬，“你要硫黄粉做什么？”

“正殿内散落的水银珠难以清除，唯有遍洒硫黄粉可以解除毒性。”杨容姬说着，宽慰地一笑，“这个贵人就不用操心了，交给我来办就好。

贵人只需要每天坚持服用羊乳，就算吸入了一点水银，也不会有大碍了。”

胡芳见到杨容姬的笑容，不禁一怔。那笑容绽放在惨白如纸的脸颊上，配着鬓边细微的冷汗，就仿佛料峭春寒里勉力开出的一朵花，惨淡，荏弱，只要轻轻一抹就会陷落在泥淖之中。可是就是这样转瞬即逝的笑容，却让胡芳感到无比的安心。她也不知道从什么时候开始，杨容姬对自己而言就像是沉默却强大的姐姐，不论自己遇见什么困难，她都会用她特有的方式保护自己不受任何伤害。就像当初她们在从荆州回洛阳的道路上，杨容姬舍身引走强盗，最终保护了胡芳的清白和安全一样。

按照胡芳的意思，既然散落在承光殿内的水银珠有剧毒，那么洒硫黄粉的事情就让别人去做好了。可杨容姬却生怕其他人做得不够透彻，以至于无法彻底清除毒素，坚持要自己亲自动手。她用一张手帕蒙住口鼻，跪在地上将硫黄粉细细地洒遍每一个角落，遇见肉眼可见的水银珠更是不肯放过，一直要亲眼见到那些米粒大小的水银珠被硫黄粉彻底中和成赤红色的结晶才放心。

承光殿正殿原本宽大，而散落的水银珠被先前来来回回的裙摆、鞋履和笤帚一带，更是散得七零八落。杨容姬伏在地上一寸寸撒着硫黄粉，也不知是伤势未愈还是毒气熏人，只觉得脑中越来越眩晕，眼前也一阵阵发黑，而身后的伤口被不断扯动，更多的棒疮绽裂，温热的血仿佛小虫子一样钻出了肌肤，将素色的裙子染出了点点红痕。

硫黄粉只洒了大半，守在殿外的胡芳却再也忍不下去了。她命人将摇摇欲坠的杨容姬从正殿内强行扶了出来，一把扯去了她蒙住口鼻的手帕，将她手中的硫黄粉夺下交给了别人。

“不要……”杨容姬知道胡芳要让旁人代替自己未完成的活计，赶紧开口阻挠，“会害了他们的。”

“闭嘴！”胡芳凶狠地打断了她，“那你怎么不想想会害了你自己？”

“我？”杨容姬惨然一笑，“我的心反正都是死的，还有什么能害得了我？”

“胡说！你的心要是真的死了，先前为什么要挨那四十刑杖？”想起杨容姬宁可受刑也不愿侍寝，无非是想为潘岳保留清白之身，胡芳只觉得又是嫉妒又是佩服，忽然一把抓起了杨容姬虚弱无力的手指，流光溢彩的美丽眼睛也直直对上了杨容姬了无生趣的眼眸，“你听好了，我胡芳在此发誓，将来一定会想方设法放你出宫！若违此誓，我就把欠你的两条命都还给你！”

“多谢贵人……”杨容姬难以置信地盯着满脸认真的胡芳，唇边浮起一个感激的微笑，随即眼睛一阖，倒在了胡芳的手臂之中。

第九章

离合

不见山下松，隆冬不易故。不见涧边柏，岁寒守一度。

——潘岳

秋风萧瑟天气凉，草木摇落露为霜。眨眼之间，天气自夏转秋，自杨容姬入宫，已是四月有余。

宫中消息向来不传坊间，更何况杨容姬只是一个小小宫女。哪怕齐王司马攸颇费了些精力帮潘岳打听，也只是隐约得知杨容姬从皇后所在的明光殿调往承光殿，专门伺候贵人胡芳，其余便一概不知。

见潘岳一直为杨容姬入宫之事郁郁寡欢，齐王司马攸这一日专程前来相邀，约潘岳到邙山之中行猎射雉，以遣忧思。潘岳虽知射雉适合春末夏初，此刻暮秋绝非令时，但他不忍违背司马攸的好意，勉强打起精神，随众前往。

因为只是行猎，司马攸轻车简从，除了潘岳，便只邀请了表兄夏侯湛作陪，齐王府长史温裕则带了几个侍从一路护送侍奉。一行人马出了洛阳，直奔洛阳城外的九曲。

洛阳，顾名思义，位于洛水之阳。而洛水在邙山脚下打了几个弯儿，在繁茂的山林下形成一段曲曲折折的河滩，那一段便被命名为九曲，乃是洛阳郊外一处不大不小的名胜。按照当时风气，行猎之后必定要登高览胜、饮酒赋诗，因此齐王司马攸特意选了九曲之畔的山林作为射雉之地。

雉鸡一贯胆小谨慎，又擅长借草木隐藏行踪，单靠弓箭犬马很难有所收获。潘岳在琅琊时与琅琊王氏的王裁交游，得知琅琊风俗喜欢豢养雉鸡，却并非豢养以供食肉或观赏，乃是用精细食物将这雉鸡养得驯熟了，哪怕打开笼子也不会走远，甚至心甘情愿地钻回笼中才算成功。等到行猎之时，将这驯养的雉鸡也带入山林，放它在林中散步鸣叫，就能吸引来更多的野生雉鸡，方便人们射杀。

这种引诱同伴的雉鸡，就称为“雉媒”。

“这是琅琊王专程给我送来的雉媒，今天我们就拿它派派用场。”见温裕带人从笼子里放出一只五彩羽毛、神气活现的雉鸡，司马攸将一把弓箭塞在潘岳手中，笑着解释。

“琅琊王？”潘岳几乎都快忘了司马伦这个人，此刻骤然听闻，不由得有些意外，“他专程给你齐王送礼，是何用意？”

“琅琊王岂止是给齐王送礼，上至天子和皇后，下至亲朋故旧、宗室公卿，他哪一个不打点了礼物？”一旁的夏侯湛笑道，“说白了，他就是想一洗偷盗御裘之罪，能够离开琅琊回归洛阳。”

司马攸心细，见潘岳虽然只是不易觉察地皱了皱眉，神色中却难掩一丝厌恶，不由得宽慰道：“檀奴放心，只要有我在，就绝不会让琅琊王回来。”

“好。”潘岳重重地点了点头。他知道司马攸言出必行，定然会全力阻止司马伦。而他面对司马攸的重重关照，已是连个“谢”字都不好意思出口了。

“早就听说安仁是射雉高手，你那篇在琅琊时写的《射雉赋》可是脍炙人口呢。来来来，让我们看看你的箭术有没有文笔好！”夏侯湛知道此番司马攸约潘岳散心的目的，赶紧走过来笑道，“你们再不藏好，一会儿那些雉鸡都吓得不敢来了！”

“‘郁轩翥以余怒，思长鸣以效能。’你看雉媒都等得不耐烦了。”司马攸也笑着拉起潘岳的手，和他一起矮身潜藏在草木之中。待到众人全都隐藏起来，林间空地上便只剩下了那只昂首阔步、趾高气扬的五彩雉鸡。

听司马攸背出了自己当年《射雉赋》中的句子，潘岳先是勾了勾嘴角，随即眼神再度黯淡下来。他想起自己随父亲去琅琊国上任的那一年，亲朋远隔，人生地疏，唯有学习拄翳射雉之术时兴趣盎然。那时候他以不到弱冠之年写出了文采斐然的《射雉赋》，详细描写了行猎的过程和乐趣，末尾却不忘了引用古典，说“昔贾氏之如皋，始解颜于一箭，丑夫为之改貌，憾妻为之释怨”。借用周朝丑陋的贾大夫因为射雉博得美妻欢心的故事，委婉地表露了对远在荆州的杨容姬的思念之情。可是如今数年过去，他重新拾起了射雉的弓箭，杨容姬却始终不是他的妻子。他们虽然同在洛阳，可彼此之间的距离甚至比当初琅琊到荆州还要遥远。

见众人都准备好了，一个侍从从草木中探出手臂，开始挥动指挥雉媒所用的扇巾。那雉媒一见主人的信号，顿时挺胸凸肚，引颈长鸣，清脆的叫声直传入树林深处，似乎因为发现了美餐而欢呼雀跃，召唤同伴们一起前来享用。

雉媒的鸣叫声声远播，在寂静的树林里显得尤为清亮。潘岳紧握弓箭蹲伏在草丛内，目不转睛地盯着前方。忽觉鼻尖吹来一阵细风，却是司马攸嘬唇呼气，将一只将要降落到潘岳鼻子上的蜘蛛吹得荡开了老远。

潘岳转头看向蹲伏在自己旁边的司马攸，见他此刻眼神清澈，唇边满是纯净笑意，活脱脱还是年幼时自己认识的那个柔和少年桃符，哪里是这些年来身处峙耸高位，却始终小心谨慎如履薄冰的齐王殿下？只可惜这样放松身心远忘尘事的瞬间，对于痛失爱侣的潘岳固然难得，对处于皇室与党争夹缝中的司马攸而言，又何尝不是一种奢侈？

见潘岳口唇微动，司马攸连忙将食指竖到唇边，对他使了个眼色。潘岳醒悟过来连忙转头，见空地上虽只有雉媒鸣叫，寂静的山林却星星点点地响起了禽鸟唱和之声，渐渐由远而近。

过了一会儿，林中的空地边缘渐渐多了几个晃动的身影。它们行走得小心翼翼，或停或行，时不时还会埋下头在地上啄食什么。见雉媒还在热情地鸣叫，而周围也没有任何危险，那些野雉的胆子便大了起来，走进空地中开始寻觅食物。雉媒见召唤到了同伴，越发叫得得意，过了一会儿更多的野雉应声而来，林间空地上一时间到处都晃动着五色斑斓的羽毛，在秋日阳光的映射下越发流光溢彩。

见雉鸡来得差不多了，司马攸和潘岳对了一个眼色，猛地开口疾呼："射！"

司马攸这一声命令仿佛切金断玉，在静谧的林间显得尤为突兀，顿时将正欢快啄食的雉鸡们吓得一呆，拔高身子愕然而立。然而尚不得它们反应过来，埋伏在草丛的众人已纷纷开弓放箭，箭矢带着秋日炫目的反光朝着鸡群雨点般落了下来。一时间，但听亢然鸣叫之声、羽翅杂沓之声不绝于耳，脱落纷飞的羽毛也如同被剪碎的五彩绸缎四处飘扬，迷惑了四周众位猎人的视线。

眼看几只最强壮最艳丽的雄雉在混乱中离群而出，朝着密林深处逃去，司马攸拉着潘岳从隐身处站起，笑着一挥手中弓箭："走，我们去追那逃跑的几只！"

"好，看看谁最后猎到的雉鸡多！"见司马攸难得有这么好的兴致，潘岳不忍拂违，便打起精神，和他一起朝着那几只雄雉逃跑之处追去。

邙山乃是黄河与洛水长年携带的泥土堆积而成，土质肥厚，林木繁茂。那些雉鸡原本就生活在山间，仗着一身斑斓羽毛隐身在土堆草窠之后，不用心寻觅绝难发现。潘岳和司马攸手握弓箭在草木间蹑足而行，目光四望，期冀在山风吹拂的荒草间发现雉鸡隐匿的身影。全神贯注之中，他们两人也渐渐远离了众人，沿着山麓走得越来越低，那条被称为"九曲"的洛水河道，隔着林木赫然出现在了视线之内，隐隐还可以看见河道旁修筑的矮亭之上，有人正在聚众宴饮。

九曲算洛阳一景，有人在此聚会也是常事，因此潘岳一瞥之下并不在意，眼睛仍只盯着前方石块后隐隐露出的一截尾羽。他屏息凝神等待了许久，终于见那只躲在山石后的雉鸡沉不住气，探头探脑想要出来查看究竟，于是悄无声息地搭上箭矢，将弓弦拉到了最满。

然而还没等潘岳松开拉弦的右手，一只手忽然伸过来，握住了他静止的箭头。潘岳惊讶地转过头，看见司马攸静静地站在旁边，朝他无声地摇了摇头。

意识到司马攸眼中不同寻常的凝重眼神，潘岳悚然一惊，缓缓放下了手中的弓箭。他随着司马攸朝山脚下望去，正看见在九曲亭中宴饮的那群人停下了饮酒闲谈，正襟危坐在为首之人身旁，而那人以木箸敲击几案，正在放声而歌。

此时秋日明媚，天高云淡。那些人虽远在九曲河畔，但潘岳和司马攸居高临下，依然可以看得十分清楚。只见为首那人身材高大魁梧，即使踞坐在席上动作散漫，却依然散发着凛冽骄人之气，与同席之人相比便如玉树之在蒹葭，令人为之目眩心折。而此刻他口中发出的歌声虽然不甚动听，却胜在粗犷豪迈，豪气干云，让潘岳不由自主凝神细听，却听他唱的是：

> 鰕䱇游潢潦，不知江海流。燕雀戏藩柴，安识鸿鹄游，世士此诚明，大德固无俦。驾言登五岳，然后小陵丘。俯观上路人，势利惟是谋。雠高念皇家，远怀柔九州。抚剑而雷音，猛气纵横浮。泛泊徒嗷嗷，谁知壮士忧！

才听了第一句，潘岳便知道那人唱的是曹植的《鰕䱇篇》。不过虽然自己对这首诗倒背如流，潘岳还是被那人歌唱的气魄所感染，情不自禁地驻足屏息，从头到尾专心听完。他隐隐见那人每唱一句，就用手中木箸在几案上敲击一下。一首诗唱完，手中木箸竟断了好几次，从人不得不奉上新的。不过木箸断裂虽然稍稍扰乱了那人歌唱的节拍，却丝毫没有影响他的气势，反倒横生出许多英挺豪迈之气。

“檀奴，你觉得此人如何？”等那亭中高大之人唱完了，司马攸悠悠地向潘岳发问，视线却依旧落在亭中那人身上。

“桀骜不逞之材，抑郁难伸之志。”潘岳脱口而出这两句评价，心中一动，不由极目想要看清那人的模样。

“那人你不认得，我却再熟悉不过——‘桀骜不逞之材，抑郁难伸之志’这两句评语还真是贴切。”司马攸重复了一遍潘岳的无心之语，似乎从中咂摸出了更多的含义，“连你都这么说，怪不得王济父子将他视为英雄，对他极力推崇。”他顿了顿，终于吐露了那个人的身份，“他就是匈奴质子刘渊。”

“原来是他！”潘岳此刻才发现那人体形魁梧、高鼻浓髯，果然不似中原人模样，不由得稍稍明白司马攸为何对此人颇为关注。刘渊虽然是匈奴质子，但一直深得司马昭、司马炎父子宠信，与当今天子司马炎的关系甚至比司马攸这个嫡亲皇弟还要亲密。

“这个刘渊一向对先帝和当今天子曲意逢迎，我早就有所怀疑，只是苦于他善于矫饰，难以拿到证据。却不料今日他这一慷慨作歌，倒让我碰了个正着。”司马攸说到这里，家族标志性的长眉微微一挑，眼中闪过一丝凌厉，“‘泛泊徒嗷嗷，谁知壮士忧’，你说他这壮士，究竟在忧什么呢？”说完，他猛地转过身，朝追寻而来的齐王府长史温裕道：“立刻派人下去打探，九曲亭中与刘渊宴饮的都是什么人。”

等到众人回到原先的林中空地，将猎获的雉鸡收整在一处时，前往九曲亭下打探之人也已返回，向司马攸回禀：“启禀殿下，刘渊是为了给好友王弥践行才在九曲亭设宴的，一同参与的还有匈奴其余各部的首领。”

“包括匈奴右部的人吗？”司马攸追问。

“匈奴五部中人都有。”从人点了点头。

“方才我隐约看见刘渊作歌之后，在座诸人大多掩面而泣。你可知他们还说了什么？”司马攸又问。

那从人原本就是司马攸属下骠骑营中得力的斥候，对于打探军情一向颇有手段，顿时不负众望地回答：“属下虽只听了一小会儿，却也听清刘渊说朝中有人忌恨他的才能，向天子进谗言要害他，他怕是要死在洛阳，再也无法返回匈奴故土了，所以众人听了纷纷哭泣。”

“他果真是这么说的？”司马攸听斥候说完，嘴角慢慢现出一丝冷笑，忽然对温裕吩咐道，“传我的骠骑将军令，立刻调三百骑兵包围九曲亭，里面的人一个都不许走脱！”

“殿下？”温裕听到此令，不由得大吃一惊，“擅自调兵，若是天子问罪……”

“天子怪罪自然我一人承担！”司马攸显然颇为焦虑，轻叱了一声，“快去！”

“是。”温裕不敢再问，连忙携了令牌匆匆打马而去。

“殿下可是抓到了刘渊谋反的证据？”行猎的兴致荡然无存，众人默然之中，唯有司马攸的表兄夏侯湛迟疑着开口询问。

“要是真有证据，我立刻就会命令骠骑营将他斩杀当场，而不是仅仅将他们围困起来了。”司马攸苦笑了一声，翻身上马，“我这就进宫去面见天子。”

“那殿下打算跟天子说什么？”夏侯湛满脸担忧，一把抓住了司马攸的马缰绳不肯放手。他知道司马攸掌管的骠骑营一向是天子司马炎的眼中钉肉中刺，因此多年来司马攸一直谨言慎行，绝不擅动兵权。可如今司马攸居然为了天子宠信的刘渊大动干戈，只怕越发会引起司马炎的猜忌。

“檀奴，你觉得我应该怎么说？”司马攸忽然转头看向潘岳。

“我……”潘岳一愣，一时不知该如何回答。虽然过去他经常与司马攸谈论边境胡人之事，但自从杨容姬入宫之后，他成日浑浑噩噩，已经很久没有理会过这些距离遥远的国家大政了。

“对呀。安仁平日最有智计，你赶紧想个好办法，让齐王殿下不要冒险！”夏侯湛也赶紧道。

“想个……好办法？”潘岳的唇边浮出一个惨淡的笑容，无力地摇了摇头。自从未能阻止杨容姬入宫之后，他就对自己一向自负的谋略眼光生出了深深的怀疑。他既然连杨容姬的厄运都无法预料，又有什么颜面来给齐王司马攸出谋献策？他曾经满满的信心，早已在杨容姬入宫的那一刻被掏空了。

“檀奴！”见潘岳刚刚因为打猎而提起的一点兴致损失殆尽，又恢复成失魂落魄的模样，司马攸又是心疼又是气恼，忽地扬起手，鞭梢从他身边的草地上一掠而过，“我知道你儿女情长，但这样你就忘了当年嵇康铁铺之前，你说要助我匡扶天下的誓言了吗？”

“我要锻造的，自然是绝世之剑！上保社稷，下安黎庶，斩尽天下不平之事！”

“好，那我不仅为你持钳，还可以为你拉风箱、烧炉子、劈柴火，做什么都行！”

小小少年铿锵的话语又回荡在潘岳耳边，让他悚然一惊，仿佛一个溺水之人猛地探出了水面。他抬眼看着马背上司马攸殷切的眼神，定了定神终于开口：“殿下所虑的不仅是刘渊，还有并州乃至整个关中的安危？”

“知我者，檀奴也。”司马攸欣慰地点了点头，脸上神色随即有些沉重起来。

潘岳见司马攸语带鼓励，便对满脸疑惑的夏侯湛解释道：“我虽然没有与匈奴王子刘渊交往过，却也知道他的父亲刘豹曾经统一过匈奴。是景皇帝和文皇帝生怕匈奴占据并州，危害我朝关中地区，才将匈奴硬生生分拆为五部，刘豹、刘渊父子只能统帅五部中的左部。先前右部首领刘猛叛逃，自称单于，却被刘渊派人刺杀，按理右部众人应该深恨刘渊才对。可听方才殿下问话，匈奴右部与其余四部都簇拥到刘渊麾下，俯首奉他为尊，匈奴五部又有一统的趋势。到时候不仅并州不安，只怕整个关中都会动荡了。”

“道理虽是如此，可如今刘渊并无反象，骤然派兵索拿只怕不妥吧。”夏侯湛不无忧虑地道。他知道以司马攸的尴尬处境，最明哲保身的做法就是不动兵权不问政事。如今为了个圣眷正隆的刘渊触动天子司马炎的忌讳，实在不是明智之举。

“檀奴说对了一部分，然而事情还不止这么简单。”司马攸见夏侯湛还是死死拉住自己的马缰绳不肯放手，只好耐下性子解释道，“今日参与宴饮之人除了匈奴五部头领，还有王弥等中原游侠，可见刘渊结交广泛，志向不小。他故意说自己壮志难伸会死在洛阳，分明就是要激发众人重建匈奴故国的志向。如今我虽然未必能杀了他防患于未然，也要向天子证明他有不臣之心，以免天子对他太过宠信。否则日后我朝之难，必定来自匈奴！”

“我知道殿下是心忧天下，可也要为自己想想，不该在京城擅自调兵，犯了天子的大忌……”夏侯湛还想劝说，潘岳却从旁边伸手抽出了马缰绳，双手奉还给了司马攸。夏侯湛惊愕转头，却见潘岳站在他身边，对他摇了摇头：“夏侯兄不必劝了。我虽然官职低微，却也听说朝中屡屡有人劝谏天子授予刘渊兵权，或西进征伐鲜卑，或南下对抗东吴。若非齐王殿下屡屡劝阻，只怕刘渊早已蛟龙脱困、猛虎归山了。此刻殿下调兵将他们包围，是希望能在刘渊猝不及防之下搜出一些证据，未雨绸缪。关中边患从汉朝末年持续至今多年不得消弭，一直是中原大患，也是齐王殿下多年来一直深为忧虑之事。如今既然有这个难得的机会，就让殿下去试试吧。四分五裂的匈奴不足惧，为了我中原安危，匈奴绝不能再出现一位大单于！”

“檀奴说得对，匈奴绝不能再出现一位号令各部的大单于！只要能为并州和关中换得一个太平，我一人荣辱又算得了什么？大不了日后将骠骑营兵权交还就是！”司马攸说到这里，猛地一鞭抽在坐骑臀上，那马匹吃痛，顿时扬开四蹄朝着山下跑去。

齐王位尊，又是天子至亲，因此拥有随时求见司马炎的特权。而潘岳官职不过是七品司空掾，无权跟随司马攸进宫，只能与夏侯湛在宫墙外焦虑徘徊，等待消息。

等了一阵，终于有人从宫门内出来，却不是齐王司马攸，而是一位头戴武冠、腰佩紫绶的官员。潘岳尚未认出来人身份，那官员却一眼看见了潘岳，忽然主动走过来问道：“敢问足下便是司空掾潘岳潘安仁？”见潘岳面带意外之色，那武职打扮的官员忽然淡淡一笑，“我是胡奋。”

胡奋，贵人胡芳的亲生父亲。潘岳意识到来人身份，连忙以晚辈身份向来人躬身施礼：“潘岳见过镇国大将军。”

胡奋乃是当朝名将，身材高大，面目英挺，与女儿胡芳的眉眼有五六分相似。他原本儿女双全，儿子却在未成年时便夭折，因此对唯一的女儿胡芳宠溺非常，也养出了胡芳我行我素的直爽性格。当听说胡芳被司马炎选入宫廷之后，沙场上战神一般的大将军居然和女儿一样当众大哭，慨叹说：“我这个老东西该死不死，唯有一双儿女，儿子进入九泉之下，女儿登上九天之上。”言下之意，一双儿女或生离或死别，都不能再见。铮铮武将的柔情之泪，让旁观者尽皆动容。

潘岳虽然与胡芳认识多年，对胡奋却并不相熟，此刻见胡奋拉着自己走向宫墙旁的僻静之处，不由心中生疑：“大将军有话请说。”

胡奋盯着潘岳仔细打量了几眼，心中暗自喟叹了一声，方才开口道：“两月之前，内子蒙恩进宫，见到了贵人。”

潘岳没有说话，也没有做出任何表情，只默默点了点头。他知道宫中嫔妃的女性亲属在一定时日可以进宫探望，但胡奋提到他的夫人进宫见了胡芳，不知是何用意。

见潘岳不动声色，胡奋也故意语气淡淡："贵人向内子专门提到了一个宫女，叫作杨容姬。"

如同一枚石子投入古井直抵波心，最后三个字一出口，潘岳蓦地抬眼，原本平静如井水的眼中顿时翻起了波澜。他抿了抿发干的嘴唇，喉头上下滑动了两下，好半天才咽下嗓子中的酸涩，保持语调平稳不至失态："她……贵人怎么说？"

看着潘岳原本安静的脸悚然动容，就仿佛一座精美的玉雕刹那间鲜活过来，偏还要苦苦压抑，不敢流露太多内心的关切，胡奋在战场上早已历练得冷硬的心也忍不住一软，出口安慰："没什么，只是贵人说那杨容姬最近身体偶有不适，若是潘掾有什么书信，下次内子进宫觐见贵人时可以代为传递。"

"大将军！"潘岳愕然抬眼，难以置信地盯着面前的紫绶玉印的官员。向宫禁之中私相授受乃是大罪，胡奋夫妇为何愿意为他和杨容姬承担这么大的风险？

"贵人也没说得很清楚，只说杨容姬对她有恩，具体是什么事我们也不知道。"胡奋一向对女儿胡芳言听计从，因此明知此事不妥也不忍拒绝。他摸了摸头上武冠上的貂尾，压下声音对潘岳叮嘱："不过为防节外生枝，潘掾的书信还是简明扼要为好，内中也切不可有犯禁之语。"

"这个潘岳理会得，绝不会连累大将军一家。"潘岳说着，躬身长揖到地，轻颤的声音中满是对胡奋和胡芳的感激之情。

"距离内子下次入宫还有一些时日，你慢慢写。写好就派人送到我府中来。"胡奋也明知此事要担莫大干系，便坦然受了潘岳一拜，这才告辞去了。

潘岳回到宫门前，与夏侯湛又等了一阵，终于看见齐王司马攸走出宫来。一见到司马攸沉郁的脸色，潘岳就知道他觐见天子并不顺利。不过从一开始，潘岳就没有对结果抱着过高的期待。司马炎虽然一直对司马攸客客气气，但无论司马攸的任何进谏，司马炎都不会真心采纳。

“殿下？”虽然预感不祥，潘岳还是和夏侯湛一起朝司马攸迎了过去，关切地询问详情。

“天子已经传旨，撤回骠骑营兵马。”司马攸伸手揌了揌酸涩的眼眶，哑声回答。

“那刘渊呢？就这么放过他？”潘岳方才目睹了刘渊领袖群侪临风而歌的气势，自然理解司马攸对刘渊和匈奴边患的忧虑，不由得也担心起来。这次司马攸出其不意包围刘渊和他的同党，说不定真能搜查出他的不法证据。一旦打草惊蛇，只怕以后再想抓住刘渊的把柄就难了。

“是。”司马攸打起精神朝潘岳和夏侯湛笑笑，“不过天子虽然不同意除掉刘渊，却也答应我，终刘渊一世，绝不会对他委以兵权。”

“若真是这样，也不辜负你一番苦心。”潘岳与司马攸相交多年，自然知道他的脾性，就算方才被司马炎痛斥无端生事、诽谤大臣，司马攸也绝不会吐露一个字。

“殿下，你听我一句劝，以后切不可再做这种事情了。”夏侯湛生性柔和，先前只是默默听潘岳与司马攸对话，此刻却终于忍不住提醒了一句，“再这样下去，只会引得天子越发……”说到这里，夏侯湛喉咙一动，将未出口的“猜忌”两个字生生咽了回去。

“家国一体，也顾不得许多了。”虽然夏侯湛不说，司马攸也猜得到他的意思，苦笑着回答。他想起方才在太极殿东堂之中，自己向哥哥司马炎也说出了这四个字。虽然司马炎没有说什么，司马攸却隐约察觉自己身周的空气更冷了几分。如今回想起来，“家国一体”这四个字以后还是不提为好，虽然自己问心无愧，但却保不住天子司马炎会生出何种联想。

“虽然这次刘渊仗着天子庇护侥幸逃脱，但若他真有作奸犯科之心，日后必定会露出端倪。”见司马攸神色黯然，潘岳忍不住开口安慰。

“胡人坐大，一直是中原的心腹大患，而刘渊，则是胡人之中潜藏的蛟龙。若不能将这蛟龙斩杀于蛰伏之时，待他日后兴风作浪，我们只能祈祷上天保佑我晋祚绵长了。”司马攸抬起头，迎着天边的残阳望过去，正好看见西方那一片广阔的天空完全被染成了赤红之色，仿佛连天的战火一样朝着他们脚下的洛阳城席卷而来。而他身边的潘岳，则专注地看着司马攸眼中密集的红丝，默默地在心底坚定道：“桃符，无论你要做什么，檀奴都誓死相随。”

包围九曲亭的骠骑营兵马在接到宫中圣旨后，如同他们到来时一样，眨眼间又风驰电掣般消失在远方。亭中聚会的诸位匈奴贵族和关中豪客如释重负，纷纷瘫软在地，为方才命悬一线的险境后怕不已。只有左贤王之子刘渊依旧坐在亭中主位上，手持酒杯自斟自饮，浑不把来如风去如电的骠骑营军士放在心上。他这副气定神闲的模样鹤立鸡群，令在座众人越发认定了他的王者之风。

刘渊如此淡定自然是有原因的，他的底气来源正是当今天子司马炎。自幼便来到洛阳城充当人质，刘渊这些年来广为结交三教九流之人。只要司马炎还需要刘渊手中的线人打探宗室和世家的情报，他就一直是司马炎的耳目喉舌——但凡常人，岂有不保护自己耳目喉舌之理？

更何况，司马炎想要敲击那一颗若干年前就已经埋下的秘密钉子，只能通过刘渊这柄重锤。

正是因为清楚自己在天子司马炎心目中的分量，刘渊才有恃无恐，并未将骠骑营的三百骑兵放在眼中。何况他也知道，派兵围困自己已经是齐王司马攸所能做到的极限。若是齐王真敢先斩后奏杀了自己，那他就不是这些年来隐忍自持、克己复礼的齐王了。

心中虽然笃定，等到几天之后刘渊终于得以觐见司马炎时，仍然做出了一副诚惶诚恐、感激涕零的模样。

“多谢陛下相救，否则臣早已死在铁骑之下，再也不能向陛下尽忠了！”刘渊匍匐在司马炎脚下，涕泗滂沱，仿佛他已经被齐王司马攸的骠骑营军士吓破了胆。

“没有朕的命令，谁能杀得了你！”司马炎有些不耐烦轻踢了刘渊一脚，示意他起身。

“臣的生死自然只系于陛下一人之手，可是齐王……”刘渊说到这里顿了一顿，再度哭号出声，“臣不知哪里得罪了齐王，竟让他必除臣而后快。齐王身份高贵朝野服膺，一旦起了杀心，只怕臣以后无论如何也难逃一死……”

“行了，少来挑拨朕与齐王的关系！”司马炎自忖看穿了刘渊的心思，冷冷一哂，“莫说齐王不敢擅自对你动手，就算他敢，朕还救不了你了吗？”

“可是齐王手握兵权……”刘渊试探着说到这里，蓦地瞥见司马炎眼中闪过一道凌厉之色，心知目的已经达到，便不再说下去，只是俯身道，“臣多谢陛下厚恩，唯有粉身碎骨以报万一！”

“行了。朕知道你忠心，否则还能对你委以重任？”司马炎见这昂藏大汉跪在自己脚下满是驯服，心满意足之余又有些烦闷，“以后行事低调些，特别是朕让你做的事，千万不能泄露分毫。”

“是。”刘渊知道司马炎叮嘱的乃是监视齐王司马攸的事，连忙拍着胸脯保证，“陛下放心，臣知道这其中的利害，绝不会牵连陛下……”

“牵连我什么？”虽然此刻并无旁人，司马炎还是忍不住挑起眉毛，轻哼了一声。

“是臣出言无状，请陛下治罪！”刘渊忽然发现自己触及了司马炎的忌讳，吓得赶紧叩头。他还未表完忠心，忽听堂外传来急促的脚步声，走到门口却又生生顿住。“陛下……”一个宫中特有的尖细嗓音小心翼翼地响起，虽然刻意压低却掩不住其中的惊慌失措,“陛下,奴婢有急事禀报!”

司马炎抬起眼,认出那是明光殿中的内侍。他只当是皇后杨艳的病情有了反复,当即挥挥手遣退了刘渊,这才将那内侍招近前来:“何事如此慌张?”

“出大事了,皇后请陛下即刻移驾承光殿!”那内侍一路疾跑而来,满头满脸都是汗水,气喘连连,语速因为惶急而说得飞快。

“是皇后的病情加重了吗?太医宣了没有……”司马炎朝着门外走了两步,蓦地顿住了脚步。此刻他才反应过来,内侍说的是“承光殿”而非皇后所居的“明光殿”,而承光殿,恰正是他最心爱的贵人胡芳所居之处!

“胡贵人出什么事了?”司马炎心中一沉。

“这个……奴婢也不知道。”那内侍被司马炎这一问,方才止住的汗水又唰地冒了出来,哭丧着脸道,“陛下还是亲自过去看看吧。”

司马炎见他面如土色却又不敢言明,心知出了不得了的大事,索性不再追问,袍袖一甩扫开前来侍奉的内侍宫女,也不等步辇送到,迈开大步就朝承光殿方向走了过去。

自从晋朝建国以来,世上奢侈之风渐盛,皇宫亦不能免俗。其中装饰最繁华的,除了皇后所居的明光殿,便是贵人胡芳所在的承光殿了。在司马炎的旨意下,巧手工匠们将千千万万的云母片点缀在承光殿馆阁的窗棂和墙壁上,一旦旭日初升或夕阳西下,明亮的阳光照射在那些薄如蝉翼的云母片上,就会反射出极为璀璨绚丽的金光来。一时间,整个承光殿仿佛是用纯金打造的天上宫阙,而居住在其中的宫装丽人,便是可遇而不可求的世外仙姝了。

司马炎非常满意这样的设计。每当他靠近承光殿,就如同富有四海、长生不老的天帝驾着龙车停留在了天宫门前,而那天下第一的美人儿已经梳洗装扮,默默地等待着自己的肆意爱怜。

一想到胡芳那倾国倾城的绝美容颜,司马炎的脚步忍不住又快了几分，终于在一大群内侍宫女的跪拜声中踏进了承光殿正殿的大门。

然而这一次，他第一眼在承光殿内看见的人竟是皇后杨艳。

“妾身参见陛下！”见司马炎闯了进来，原本端坐在主位上的皇后杨艳脸上露出了一丝得意的笑容，在身旁侍女的搀扶下款款起身，朝司马炎见礼。

司马炎目光一凝，眼神随即从杨艳蜡黄的脸上转向一旁，发现不仅夫人赵粲、审美人、徐才人、程才人等一众嫔妃在场，甚至连貌陋体弱、深居简出的修仪左棻都赫然在列，不禁暗中吃了一惊。他的视线迅速在下跪见礼的众后妃身上转了一圈，最终才看到他最心爱的贵人胡芳此刻正直直地跪在大殿正中，面色惨白目光低垂，狼狈中却透出了她一贯的刚硬和倔强。

“都平身吧。”司马炎按捺住心绪，淡淡吩咐了一声，随即走到主位上坐下。众后妃谢恩起身，唯独胡芳依然跪在地下，不言不动，仿佛一尊玉石雕像。

“皇后身体抱恙，怎么跑到承光殿来了？”胡芳的憔悴和柔弱让司马炎心中一疼，板着脸问皇后杨艳。

见司马炎语气中有责怪自己小题大做之意，杨艳冷冷一笑：“妾身也想安心养病，可有的人却让妾身没法安心啊。”

“皇后这话是什么意思？”司马炎原本想到杨艳有病在身，想要让她坐下，此刻见她语带讥讽，满是对胡芳的嘲弄之意，不由沉下脸来。

“这事，还是请陛下先问问胡贵人吧。”皇后杨艳说完，见司马炎的目光果然转到跪在殿中的胡芳身上，而胡芳却依然木雕泥塑般毫无反应，便冷笑着代司马炎发问，“胡贵人不妨说说，刚才发生了什么事情？”

见胡芳仍然只是僵硬地跪在原处，恍如凄风冷雨中一枝孤傲的寒梅，虽然姿态倔强，到底单薄可怜，让司马炎心下疼惜，不由得放缓了声音道：“你起来回话，有什么委屈，朕替你做主。”

司马炎这句话似乎起到了效果，胡芳眼帘一动，抬起一双黑白分明的眼睛望向了端坐上首的皇帝。就在司马炎暗暗下定决心无论如何也要保护胡芳时，他最心爱的贵人却缓缓低下头去，声音清冷地回答了一句："请陛下赐我一死。"

"什么？"司马炎心中一沉，转头见皇后杨艳仍然噙着一副胸有成竹的冷笑，而其他嫔妃宫人则噤若寒蝉大气也不敢出，顿时勃然大怒，指着承光殿中贴身伺候胡芳的大宫女下令，"究竟怎么回事，你来说！"

那宫女吓得面如土色，扑通跪在地上，结结巴巴地回禀："回陛下的话，奴婢……奴婢只知道方才镇国大将军夫人前来探望贵人，其他的就什么也不知道了。求陛下恕罪！"

镇国大将军夫人就是胡芳的母亲，按照宫规前来探望女儿并不是大事。见司马炎面色稍缓，皇后杨艳轻哂一声："那胡贵人能否告诉陛下，镇国大将军夫人交给了你什么？"

"请陛下赐我一死。"胡芳仍是毫无表情地重复了这一句。

"放肆！"皇后杨艳这声斥责才刚出口，司马炎就忍不住朝皇后怒道："皇后你说！"

"这样的丑事，怎么能玷污了皇后的金口？"在一旁默默观察了许久的夫人赵粲走上一步站在皇后身后，朝司马炎深深一福，"不如让臣妾来说吧。"

司马炎瞪了一眼赵粲，烦躁地挥了挥手："快说！"

"是。"赵粲看了看跪在一旁仿佛从青云中跌落在地的胡芳，心中涓起一阵快意，弯起嘴角道，"方才皇后陛下收到禀报，镇国大将军夫人前来探望胡贵人时，交给了胡贵人一封密信，还神神秘秘地叮嘱千万不能让人看见……"

"承光殿是哪个奴婢这么忠心，贵人接到一封家书也要巴巴去告诉皇后？"司马炎眉心一拧，眼风扫过之处，承光殿内大大小小的内侍宫女顿时乌压压跪倒了一片。

见司马炎到这个时候还在袒护胡芳,赵粲心中发冷,偷眼看了一眼皇后黄得发黑的脸色，终于摊开了说道:“陛下不想问问那封密信是谁写给胡贵人的吗？难道陛下也不想知道,胡贵人入宫之前心心念念的人究竟是谁？”

最后一个问题仿佛有千钧之力,生生把司马炎撞得一个激灵,眼神随即一凝。入宫之前,胡芳年过二十而未嫁;入宫之后,哪怕自己千般顺遂万般讨好,胡芳依旧冷淡自持,从未有任何邀宠献媚之举。那时自己只当她生性清冷孤傲,不仅不怪罪反倒更生敬重怜爱。如今被赵粲这么一点破,司马炎只觉心中荡漾多日的轻怜蜜爱都化作了醋意。他凝目盯着下方的胡芳,见她依然是一副生无可恋的恼人神情,口气不由严厉起来:“那封密信在哪里？”

“启禀陛下,密信就在胡贵人的贴身衣衫内。”赵粲见司马炎果然被激发了怒气,心中得意,口气却刻意恭敬起来,“皇后心慈,虽然早得了禀报,却不愿惊动镇国大将军夫人。因此直到大将军夫人出宫后,才带领臣妾等到来。皇后驾到时,胡贵人正打算拆阅密信,见无处藏匿,便将密信藏入怀中。皇后尊贵,自然不便命人强夺,因此才专程请来陛下,请陛下定夺。”

“那封信,是谁写的?”司马炎知道皇后和赵粲口中虽不明说,却字字句句含沙射影暗示胡芳有私情,不禁恼羞成怒。他虽然宠爱胡芳,但若是此事坐实,暴怒之下,司马炎也不知自己究竟会做出什么事来。

“这封信不是写给我的。”见司马炎立刻就要发作,胡芳终于难得开口辩解了一句,却并没有听从司马炎的吩咐交出信件。她跪直身子拢了拢鬓边散落的发丝,抬起下巴硬声回复:“我只能说这一句,陛下若是信便罢了;若是不信,还是刚才那句话,请陛下赐我一死。”

“咚”一声沉闷的撞击声在承光殿内响起,仿佛一道惊雷从天劈下,连殿内地板都震颤起来。却原来是司马炎怒不可遏，一脚踢翻了坐榻边一座三足鼎青铜香炉。顷刻之间，香炉内的银箔和龙脑香滚了一地，通红的炭块更是将殿内的松木地板烧出了阵阵黑烟，咄咄逼人。

“事到如今，胡贵人的狡辩又有什么意义？”皇后杨艳胜券在握，冷冷一笑，朝身旁的夫人赵粲使了一个眼色。赵粲身为皇后的表妹和心腹，自然明白皇后的意思，当即朱唇轻启，给予胡芳最后一击：“其实胡贵人不说，陛下迟早也会知道。那封密信，是天下第一美男子潘岳写给你的。听说胡贵人未入宫前便迷恋潘岳的美貌，行事多有被人诟病之处，如今进了宫居然也不知收敛，却把天子的尊严和皇家颜面置于何地……”

“你闭嘴！”司马炎蓦地朝赵粲怒吼了一声，随即狠狠一甩衣袖，从齿缝中喃喃吐出这两个字来，“潘岳？就是那个人称容止无双的洛阳檀郎吗？”

“没错，就是他。”皇后讥讽一笑，“听说那潘岳生得俊美无双，怪不得连我们胡贵人身在禁宫，都会与他暗通款曲。”

“不，不是这样的！”胡芳就算再不怕死，也怕皇后赵粲等人的恶意揣测会连累潘岳的性命。

“既然不是，胡贵人为什么不敢把那封信交给天子呢？”赵粲不失时机地揶揄。

“朕给你留几分颜面，自己把信交出来。”司马炎走到胡芳面前，忽然一把抓住了她的手腕，逼迫她抬起头望向自己，“你究竟在怕什么？”

司马炎的手劲太大，一瞬间疼得胡芳眼中蓄满了泪水。那封潘岳托胡芳母亲送进来的书信是写给杨容姬的，胡芳并没有打开看过，也无从知道潘岳在信中具体写了什么。可就算她胡芳以贵人的头衔可以扛下这私相授受之罪，作为收信人的杨容姬和写信人的潘岳却绝对逃不脱罪责，说不定还会因此双双失去性命。她原本是想让母亲偷偷带来潘岳的书信告慰杨容姬，也算是报答杨容姬在子母珠一事上的相救之情。可如今被皇后安插在承光殿中的眼线一告密，她不仅无法报恩，反倒要害了杨容姬和潘岳的性命。这样的痛苦,胡芳宁可去死也不愿承受。

“交出来!”司马炎发红的目光盯在了胡芳的胸口。胡芳的胸膛剧烈起伏,泪水顺着两颊滚滚落下,终于不愿承受被人搜身的耻辱,自己将手探入怀中,取出那封信来。

司马炎劈手夺过那封信,手中狠狠一甩,将胡芳推倒在地板上。他一把将信纸扯出,凝神看了起来。

皇后杨艳和夫人赵粲相视一笑,静默地等待司马炎看信之后的暴怒。她们好不容易抓住了胡芳的把柄,费心费力将司马炎和后宫有等级的嫔妃们召集而来,就是为了看这位宠冠后宫的胡贵人是怎么死的。就算她侥幸不死,恐怕也只能在冷宫中度过余生了。

信封中抽出的信纸只有薄薄一张,上面也不过寥寥数十字,然而司马炎却翻来覆去看了几遍。皇后杨艳没有等到自己预料中的雷霆之怒,不由得心中大罕,正想开口询问,司马炎却忽然对默默侍立在一旁的修仪左棻道:“左修仪,你才学出众,来帮朕看看这上面写的是什么。”

修仪左棻乃是当世大才子左思之妹,自幼好学善文、辞章宏丽,虽然长相粗陋、身体羸弱,司马炎仍然封她为九嫔之一的修仪,以示敬重。此刻听到天子召唤,左棻便施礼出列,双手接过了司马炎递来的那页薄薄纸笺,仔细研读。

而皇后杨艳,则趁着左棻读信之际走到她身边,目光也落在了那白纸黑字上,只见上面写着:

佃渔始化,人民穴处;
意守醇朴,音应律吕。
桑梓被源,卉木在野;
锡鸾未设,金石拂举。
害咎蠲消,吉德流普;

豁谷可安，奚作栋宇。
嫣然以熹，焉惧外侮；
熙神委命，已求多祜。
叹彼季末，口出择语；
谁能默识，言丧厥所。
垄亩之谚，龙潜岩阻；
尠义崇乱，少长失叙。

皇后杨艳虽然算不得才女，但也精通文墨，却不料这封信上的字虽然几乎个个认识，串在一起却怎么也不符合自己的猜想。她正忐忑间，却听司马炎又道：“这封信上说的是什么，左修仪不妨读给大家听听。”

左棻应了声是，果真将信上字句一字字读了出来。她容貌虽不美丽，声音却颇为温婉，加上那信上之语四字为律、句句押韵，读起来便如吟诵一般悦耳，让人一时虽不明白句中真意，却难免被音韵所迷。

左棻读完之后，见诸多嫔妃面现迷惑之色，便淡淡说道：“这首诗前半部分在描述上古史事，那时的人们穴居渔猎，生活纯朴，顺遂自然，不加破坏，所以上天赐予他们幸福；而诗的后半部分则描述当世之况，现在人们说话心口不一，许多人伦常道已被背弃……”

“不是密信吗，怎么会是诗？”赵粲听左棻说到这里，不顾驾前失仪，惊诧出声。

“确实是一首四言诗。辞章雍容，寓意雅正。”左棻才女之名冠于当世，平素清高自持，从不参与宫闱之争，她的话自然带着不容辩驳的权威。她扬了扬手中的薄薄白纸，眼珠一动似乎想要说什么，终究忍住了，只几不可查地叹了一口气：“所以这不是一封信，而是一张诗笺。”

“不论是诗还是信，它是潘岳写了送给胡贵人的，谁知道里面藏着什么别人不明白的机锋？”赵粲虽知大势已去，仍不甘心就此放过胡芳，连忙从左棻手中夺过诗笺，匆匆忙忙地想要从字里行间寻出暗语来。

司马炎刚才看了半天也没能看出端倪，自然不信赵粲能发现什么，再转头见胡芳就着方才被推倒的姿势趴在地上，眼睛直直地盯着地板，眼泪却跟断线珠子一般滚滚而落，不由想起她先前分辩说这信不是写给她的，看来并不是谎言。司马炎见她面色惨白、毫无血色，恰似一朵被人掀落在地的无瑕梨花，不由得心中有些后悔："说吧，你为什么让你母亲把潘岳的诗带进来？"

"是汝南王殿下上次说到钦慕潘岳的文才，央我家人将他的新作抄进宫来的。"胡芳先前揣度潘岳给杨容姬写的书信，自忖罪无可赦，便生了自暴自弃的想法。此刻听修仪左棻一解释，不由得心中暗暗对潘岳的才智和谨慎叫好，脑子顷刻间清明过来。她扯出常跑到承光殿做客的小皇子司马柬，顿时让自己的解释显得更加合理起来。

"是柬儿找你要的，你为什么不早说？"司马炎原本已生悔意，此刻更是心痛自责，顿时弯下腰亲自伸手，将胡芳从地上扶了起来。

"既然只是一篇寻常诗文，胡贵人先前为什么不肯解释？"赵粲知道这一局已是输了，奈何见皇后杨艳虽不发话，身体却不住轻轻颤抖，也不知是病是气，只好硬起头皮，发出最后的质问。

"诛心之论，辩无可辩。陛下若是不信，臣妾唯有一死以证清白。"胡芳的语气虽然依旧倔强，身子却已经软软地靠在了司马炎的臂弯中。司马炎怜惜她方才受了委屈惊吓，也顾不得皇后和诸多嫔妃在场，伸臂紧紧搂住胡芳，朝殿内诸人不耐烦地扫视了一眼："既然无事，都退下吧，以后不要再小题大做，徒损颜面！"说到最后一句，眼光恰好扫到了皇后杨艳身上。

杨艳眼前一黑，身子蓦地一晃，幸得赵粲和审美人一把扶住。一时间，原本挤挤挨挨的承光殿重新归为空旷，只剩下司马炎搂着撒娇哭泣的胡芳柔声抚慰。

司马炎当晚便歇宿在承光殿内，又下诏对胡贵人予以诸多赏赐。在明光殿中卧病的皇后杨艳则气得砸了药碗，病势刹那间又重了三分。

直到司马炎第二日早朝离开之后，胡芳才有空私下召来杨容姬，将潘岳的诗作交给了她。见杨容姬展开纸笺凝神阅读，胡芳好奇地问："这首诗里究竟藏了什么玄机，为什么我看了那么多遍都没能看出来？总不会是檀郎想给你送信，却错拿了他的诗文吧？"

杨容姬没有回答，只是凝神紧盯住手中的数句诗行，发现既非藏头、嵌字，也非回文、倒读，难怪司马炎和杨艳他们都看不出端倪。她不死心又定定地发了一会儿怔，忽然眼前一亮，随即一片模糊，却是眼泪一刹那间涌了出来。

"檀郎究竟写了什么？"胡芳见杨容姬遽然泪崩，心知她果然明白了潘岳之意，不由得心中有些怅然。说到底，在杨容姬和潘岳之间，她终究只是个不解风情的路人罢了。

"檀郎所用的，乃是离合之法。"杨容姬好不容易收了泪，低声向胡芳解释，"所谓离合诗，乃是前朝孔融所创，每四句离合为一个字，以次句的第一个字与前句的第一个字相减，从而分离出一个新字。因为太难，我尚未见过别的例证。"她见胡芳听得懵懵懂懂，便将潘岳的诗笺放在桌案上，指着句首的两个字道，"檀郎这次所用的离合之法，便与孔融类似。比如这句'佃渔始化，人民穴处；意守醇朴，音应律吕'，就是'佃'字离'人'为'田'，'意'字离'音'为'心'，而'田'和'心'便组成了一个'思'字。"

"原来如此，檀郎这份苦心，果真只有你才看得出来！"胡芳心中一酸，面上却露出笑容来，"让我看看后面的——'桑梓被源，卉木在野；锡鸾未设，金石拂举'，'桑'离'卉'取'木'，'锡'离'金'取'易'，'木''易'相合便是一个'杨'字——这剥离后重新组合果真神奇，怪不得叫作'离合诗'呢。"她似是读出了趣味，继续研读后面的诗句，"'害咎蠲消，吉德流普；谿谷可安，奚作栋宇'，'害'离'吉'取'宀'，再取'谷'字，就是'容'。'嫣然以熹，焉惧外侮；熙神委命，已求多祜'，'嫣'离'焉'取'女'，'熙'离

‘已’取……取……”

“‘熙’取‘匠’，加‘女’便是‘姬’字。”杨容姬暗叹了一声，虽然不想在胡芳面前哭泣，眼眶却再度发湿。

“我全都猜出来了。二十四句诗，真正想说的只有六个字。”胡芳一字字揣摩下去，终于从诗笺上抬起头来，又是羡慕又是哀伤地望着杨容姬，一字一字说出了潘岳心中所想，“思—杨—容—姬—难—堪。”

“思杨容姬难堪。”杨容姬默默地重复了一遍这六个字，才发现自己捏着那张诗笺太过用力，连指尖都灼热发痛，就仿佛指尖上也长了一颗心，随着自己贲张的血脉激荡起伏。

“费了千辛万苦，檀郎怎么就说了这句话……”胡芳强笑着说到这里，口中仿佛倒灌了一口凉气，竟一时间噎住了。“思杨容姬难堪。”难堪，就是难以承受。潘岳只说了他难以承受对杨容姬的思念，就仿佛用一张白纸展现辽阔天地，并不需要画出满屏山水，只需一枚小小的风筝就足以意会。潘岳没有叙说他的近况，没有描写他的寂寥，也没有抒发对杨容姬的爱恋，却仅仅用了“难堪”二字，就清清楚楚地展示了他对她难以承受却永难磨灭的思念与情意。

电光火石之间，胡芳想起了先前修仪左棻检视这首诗时，目光中一闪而过的了然。她忽然想到以左棻的才学，自然已经看穿了这首离合诗中的玄机，然而她却没有说破，从而挽救了胡芳，更挽救了潘岳和杨容姬的性命。

说起来，那个才气纵横却被幽禁深宫的才女左棻，与自己和杨容姬都算是同病相怜吧。在这个金碧辉煌的牢笼之中，她们早已注定得不到幸福，唯一能聊以自慰的，是成全别人的幸福。

“杨姐姐，相信我，我很快就能帮你出宫了。”胡芳低头看了看自己腰间的绯碧绉纱裙，轻轻地笑了起来。

第　十　章

窥　　驾

情长戚以永慕兮，思弥远而逾深。

——潘岳

承光殿密信事件就这样不了了之了。表面上看贵人胡芳洗清了自己的冤屈，还将明光殿内的皇后杨艳气得卧床不起，赢得真是风风光光。然而就连杨艳和赵粲都料不到的是，她们虽然没有扳倒胡芳，却成功地在天子司马炎心中种下了一根刺。

这根刺的名字，就叫作潘岳。

世上男子总是对妻子的忠贞分外敏感，更何况九五之尊的天子？联想起自己当年还是晋王府大公子时初见胡芳的情形，司马炎在冷静下来后蓦地记起，那时候胡芳就是因为女扮男装冒充潘岳才惹恼了九叔司马伦。这么说，胡芳与潘岳的交情，只怕并没有像其他少女逐车掷果那么单纯。

司马炎越想越是烦躁，但他毕竟迷恋胡芳的美貌，并不想将自己对胡芳的怀疑透露给任何人。于是他招来刘渊，只命他差遣手下线人打听潘岳这些年来的风化德行，若有任何风流失德、干犯礼法之处，都不得遗漏通通报来。

司马炎登基以来，虽然洛阳檀郎名声响亮，司马炎却不过读过他一篇《籍田赋》而已，从未当庭召对过。因此司马炎对潘岳的印象，除了当年为了解救嵇康率领三千太学生奔赴洛阳东市，剩下的便是曹魏景元年间的上巳节，司马炎跟随父亲司马昭乘舟洛水，亲眼看见洛阳民众争睹檀郎、掷果盈车的那一幕了。

桀骜抗命、哗众取宠，这就是潘岳给司马炎留下的印象。因此，虽然齐王司马攸屡次推荐潘岳大才，又献上字字珠玑的《籍田赋》，司马炎也借口朝中大臣风评不高，不顾潘岳年年考绩之优而弃他不用。

洛阳檀郎虽然文辞高妙，更出名的只怕还是他倾国倾城的美色。否则怎么会让琅琊王司马伦为了他偷盗御裘，又怎么能让那圣人一般的齐王司马攸也对他死心塌地地维护？司马炎不无鄙夷地盘算着，这样一个动辄引发诸多女子拦车逾墙的美貌才子，刘渊要找出他几条失德丑行，实在是易如反掌。只要坐实了潘岳的罪名，自己要惩治他就连齐王司马攸也无话可说。

司马炎耐心等待了数日，却始终等不到刘渊的回禀。他忍不住再度召见刘渊催问进展，刘渊却只能焦头烂额地回禀："潘岳多年来谨言慎行，在女色方面尤其审慎，从未有任何瓜田李下之举。臣这些天命人查访，只知道常有女子在他家墙头门外偷窥，可潘岳总是目不斜视。就连最近有人登门提亲，他也毫无兴趣……"

"废物！"司马炎懒得再听下去，"朕就不信，他是个无情无欲的木头人！"

见天子不悦，刘渊眼珠一转，当即笑道："臣也不信。有些人看上去贤德，只是善于作伪。一旦近身观察，立刻就能撕下他的伪装。"

他这句话果然提醒了司马炎。潘岳至今拒绝成亲，难道是因为心中有人求而不得？想起胡芳和潘岳之间那若有若无的牵连，司马炎心中一动，若是将这二人同置于一处，岂不可以验证二人之间确否有私情？

"潘岳现在是什么官职，俸禄几何？"司马炎想清了此节，口气轻松。

"潘岳现为贾司空府中七品司空掾，俸禄四百石。"刘渊对答如流。

"传朕的旨意，征召潘岳为虎贲中郎，俸禄六百石，入宫扈从！"司马炎遽然下令。

"陛下？"刘渊眯起了眼睛。虎贲卫士是天子贴身宿卫，若非弓马娴熟，则必为重臣贤达之子，以示君恩亲厚。潘岳既非武士，又非高门贵胄，怎么会被骤然提拔到天子近臣的位置？难道司马炎将他召到近前，只是想要抓住他的错处好施以严惩？

"齐王一直向朕荐举潘岳的才能，此番就算是遂了齐王的意吧。朕倒是想见识见识，他在朕眼皮底下能翻出怎样的妖孽？"想起潘岳与齐王司马攸非同寻常的关系，司马炎冷冷一笑，唇角抿出一道残忍的弧线。他记得父亲司马昭临死前不仅殷殷嘱托自己以后要善待弟弟司马攸，也曾提过潘岳性情纯良，若无大过不可加害。可若是潘岳自己犯下大错，那就怪不得他司马炎依律处置了。

天子的诏令很快下达到了司空府，府中同僚听闻潘岳得以升迁，纷纷前来恭贺。就连已经当上贾充的乘龙快婿、由司空掾擢升为散骑常侍的韩寿，也特地回到司空府向潘岳道喜。

"虎贲中郎虽是武职，但多以勋贵之后担任，父死子继，阖门荣宠。安仁你此番不仅可以随侍天子驾前，还可以结交同僚中的世家子弟，日后前途不可限量，实在是可喜可贺呀。"韩寿笑意盈盈，眼光闪闪。

"那以后还要请韩兄多多提携了。"潘岳知道韩寿担任的散骑常侍也时时随侍天子，以备顾问，看他此刻一派春风得意之态，便知道他与贾午成婚之后夫妻恩爱、仕途顺畅，不由得在羡慕之余生出一丝悲凉。

虽然在出仕多年之后才得到了人生的第一次升迁，潘岳却感受不到多大的欢愉。他记起自己当年与杨容姬定亲时，曾向岳父杨肇承诺：不到品秩五百石时绝不迎娶杨容姬。如今这么多年过去，他终于从四百石的司空掾变成了六百石的虎贲中郎。可他想要迎娶的那个女子，却已经被锁在金丝笼中，再也不得相见。

这姗姗来迟的六百石俸禄，对潘岳而言，更像是讽刺。

虽然心中惆怅，一想到进宫宿卫有可能见到杨容姬，潘岳又渐渐期待起来。上次镇国大将军胡奋允诺让夫人代他给杨容姬送信,他思前想后,总觉得此事干系太大,一旦被发觉杨容姬必死无疑,因此考虑再三,只写了一首既无抬头又无落款的离合诗,托胡夫人送入宫去。

虽然知道自己那首诗寓意隐讳,胡夫人能够入宫探望女儿的机会也寥寥可数,可潘岳心中仍然隐隐期盼着杨容姬的回复。这种期盼让他如坐针毡。等到进入宫禁就任虎贲中郎一职时,他内心深处更加渴慕着能见杨容姬一面。哪怕只是在人群中遥遥望见一眼,也好。

"虎贲"一词意为老虎一般奔走的精锐武士。西汉末年设虎贲郎,以虎贲中郎将为统领,作为天子的贴身亲卫。虽然虎贲中郎将及下属的虎贲中郎、虎贲郎中等皆为武职,但后世多以世家亲贵子弟担任,就连官服中的虎纹纱縠单衣制式也与文臣相差不大。唯一还能体现文武之别的除了所佩刀剑,就是头上的鹖冠了。

虎贲军身为宫城禁卫,平时守卫皇宫,天子出行时则随行前后,拱卫皇室。不过潘岳担任虎贲中郎后虽然可以进出宫城,却也局限在天子接见群臣的太极殿一带,至于后宫自然无法涉足。因此履职半月有余,并未能窥见杨容姬的分毫身影,一切按部就班,无趣却也平静。

然而眨眼之间,变故便已到来。

天子司马炎心血来潮,要率领后妃、宗室、百官前往邙山祭祀天地。因为皇后杨艳卧病,司马炎特准她在后宫歇息。当天卯时,天子御驾在宫城内启程,有品级的嫔妃也各自坐在车中相随。司马炎借口朝廷力行简素,严禁铺张,便将嫔妃们乘坐的马车数量减少了一半;又将随行嫔妃中地位最尊的夫人赵粲和贵人胡芳宣来,与自己同乘一车;赵粲和胡芳的侍从宫女,则紧跟在车边步行相随。

天子出行,作为天子亲卫的虎贲军自然责无旁贷,簇拥在车驾前后充任仪仗与护卫之职。潘岳身为虎贲中郎,虽然比不得虎贲中郎将那样品秩二千石的高官,却也拥有骑马扈从的特权。此刻他身着纱縠单衣,头戴鹖冠，腰悬虎纹佩剑，配上颀长英挺的身躯和俊美无伦的容貌，仿佛鱼目堆中的一粒珍珠，就算极力想隐藏在人群之中，也无论如何抑制不住耀眼的光芒。

这是潘岳担任虎贲中郎以来，第一次在公开场合亮相。一时之间，几乎所有人的目光都聚集在他身上。特别是那些关在深宫之中枯寂寥落的宫女们，都仿佛青青园葵，顾不得森严宫规扭头凝眸，只巴不得能多迎上一缕炫目春晖。

潘岳也意识到了因为自己引发的小小骚动，当即不动声色地低头催马，想要走到一千五百名虎贲军士的外围去。然而就在浩浩荡荡的皇室仪仗即将行出宫门之时，他眼角的余光骤然一闪，仿佛有一根透明的钓线勾住了他的心脏，让他情不自禁地侧过了头。

只一眼，潘岳便觉得整个世界安静了下来。神采奕奕的人马不再前行，猎猎飞扬的旌旗不再飘扬，就连宫城飞檐上悬挂的小小铜铃，也在一刹那间无力再摇动分毫——就和他那颗被凝冻的心一模一样。

他看到了杨容姬。

虽然随侍的宫女们都是一模一样的打扮，他还是一眼就认出了她。

杨容姬也意识到潘岳看见了自己。她微微转过眼睛，对着骑在马上的潘岳淡淡一笑，随即便如清风拂过的水面，再不留一丝痕迹。

实际上，杨容姬早已在人群中遥遥望见了潘岳，却苦于无法相认，只能偷偷将目光锁住他的背影。看到潘岳如今与昔日的文士装扮颇不相同，特别是腰间所配虎纹长剑，更于清雅文秀中平添英挺朝气、玉树峻拔、金石峥嵘，让她不由得想起在押解道上他引弓迎贼时的勇武，心中大恸，却不敢表露分毫。

相比杨容姬长久的凝视，潘岳只得看清了杨容姬一眼，她的身影旋即被四周如云的宫女们所遮蔽。可哪怕只一眼，也仿佛用尽了他所有的力气。他发现杨容姬的身子似乎比从荆州到洛阳的押解途中又清减了许多,脸色也是病态的苍白。很明显,她在宫中的日子过得并不好,也不知道遭受了多少苦楚。潘岳心中酸涩,却只能紧紧咬住牙关,甚至连屏在胸口的那股浊气都死死憋住不敢吐出。他怕自己一呼一吸之间,心弦就会不受控制地被铮铮拨动,那深埋的悸动就会扩散到全身,让他耳中嗡鸣头脑晕眩,甚至会从马上一头栽下。

他知道现在是在御前,他是天子的护卫,她是嫔妃的侍从,他们中任何一个人的失态都会引来滔天大祸。因此哪怕他再想呼唤她的名字,再想跳下马背朝她的方向奔去,再想将她拥入怀中一诉相思之苦,他也只能强迫自己生生斩断凝结在她身上的视线,一寸一寸扭开头颅。然而他却不知道, 就是方才那一刹那倾尽心力的凝眸, 恍如明珠骤然绽放光华,让无数偷偷注视他的宫女嫔妃心旌摇曳,方寸大乱。

就在潘岳准备策马远离时,杨容姬所在的方向忽然传来一阵惊呼。潘岳寻声望去,却是走在杨容姬身边的一个宫女跌倒在地,连带着将身后几个宫女一起绊倒。她们手忙脚乱地想要爬起身,却又有人彼此踩到了衣带裙角再度跌倒,一时间钗散鬓乱,狼狈不堪,就连她们身边的那辆金根车也不得不停了下来。

“大胆!”见惹祸的都是自己鸾德殿中宫女,坐在车内的夫人赵粲一掀车帘,压低声音怒斥道,“竟敢在天子銮驾前失仪,通通拉下去打死!”

“夫人饶命,夫人饶命!”几个宫女吓得花容失色,跪在地上抖做一团。见立刻就有内侍过来要将她们架走,赵粲手下一个颇有头脸的女官隔着马车躬身求情:“夫人息怒。这些丫头都是因为方才那位虎贲中郎骤然凝目注视才失神跌倒的,求夫人饶了她们性命。”

“哪位虎贲中郎,他遥望圣驾做什么?”赵粲正假作疑惑,忽听身边的天子司马炎轻咳一声,随即不敢再出声。

司马炎自然发现了潘岳的出现引得众宫人失神,心中早已不悦,不过他的心思主要还是落在身边的贵人胡芳身上, 悄无声息地观察着潘岳出现后胡芳的神色变化。此刻见赵粲知趣地将祸水蔓延到潘岳身上，便淡淡吩咐："今日祭祀上天，不宜杀生。且将驾前失仪之人通通发付有司，议罪论处。"

"敢问陛下，方才遥望车驾的虎贲中郎潘岳，也一并论罪吗？"随侍驾前的官员小心翼翼地问。

司马炎眉头一皱："朕说了'通通发付有司'，卿听不懂吗？"说完，也不顾那人惶恐神情，轻描淡写地转头对胡芳问道，"爱妃可知，驾前失仪是什么罪？"

"臣妾后宫女流，不通政事，所以不知道是什么罪。"胡芳此刻已经隐隐猜到了司马炎的目的，可惜她一向性情耿介直爽，此刻极力想要不露声色却难以为继，说到最后声音中已带了几丝颤抖。

司马炎见胡芳神态局促，想起方才后宫众女被潘岳迷得神魂颠倒的模样，心中怒意更盛。见不远处潘岳已被人拽下马来押跪在地上，不由发狠道："将潘岳发往廷尉狱中仔细审问，私窥圣驾究竟是何居心？"他先前只说"驾前失仪"，此刻却用了"私窥圣驾"几个字，很明显加重了潘岳的罪名。若是廷尉善揣圣心，以"大不敬"治潘岳一个死罪都无可厚非。

天子一言九鼎，立时有人摘去了潘岳腰间佩剑和头上鹖冠，押着他就要往外走。然而还没走两步，就听有人大喊一声："且慢，等本王见过天子再行定夺！"却是神色焦急、步履匆匆的齐王司马攸。

司马攸原本与其他宗室大臣一起在宫门外等候圣驾，不料随侍天子司马炎的散骑常侍韩寿忽然遣人报信，要他即刻进宫搭救潘岳性命。事态紧急，那从人又语焉不详，司马攸情急之下只好冒险入宫，急奔到天子司马炎驾前求情。

"臣司马攸参见陛下！"司马攸拦住正要重新行驶的金根车，端端正正跪下见礼。他今日穿着全套高冠广袖的朝服，从宫门外一路急奔而来，早已跑得气喘吁吁、面色发白，好不容易向司马炎行了礼，便忍不住用袖子掩住口鼻，呛咳连连。

“齐王平身。”司马炎猜得到司马攸的来意。他表面上不动声色，心中却暗暗打定主意，不论司马攸如何舌灿莲花，他都坚决不会宽宥潘岳。

“敢问陛下，虎贲中郎潘岳究竟所犯何罪，竟要发付廷尉审问？”司马攸谢恩起身，却依然拦在司马炎的金根车前，姿态恭敬，神情严肃。

司马炎最讨厌司马攸这副庄重却又倔强的模样，却又无法宣泄，只能捺住性子回答：“潘岳驾前失仪，有大不敬之罪，自然需要廷尉审问。”

“臣方才候于宫门，只见虎贲勤谨肃穆，陛下威仪赫赫。不知潘岳驾前如何失仪，还请陛下赐教。”司马攸低头追问。

司马炎一怔，顿时只觉气血上涌，怒气勃然而生。他身为堂堂天子，对潘岳的嫉妒自然不能对任何人明言，好不容易在宫内设下这个局，就是要既显得堂堂正正又不让司马攸和其他朝臣掺和。此番却不知何人走漏了风声，还是将这个难缠的齐王司马攸招惹了过来。一旦惹起群臣非议，他就算是天子也无法随心所欲。

“齐王耳目灵敏，朕这边发生了什么事都知道。”司马炎冷笑一声，将矛头对准了司马攸，“还有朕这宫门，齐王也是来去自如啊。”

这几句话分量极重，司马攸才听到前半句就已经重新跪倒在地。好不容易等司马炎说完了，司马攸这才伏地顿首道：“臣擅闯宫门，还请陛下治罪。不过虎贲中郎潘岳如无过失，还请陛下暂停发付廷尉！”

“大胆！”司马炎大怒，再顾不得在众人面前和司马攸扮演兄友弟恭，厉声道，“潘岳私窥御驾，罪无可恕。齐王擅闯宫门，还不速速退去？”说着，簇拥在金根车附近的内侍一拥而上，作势就要将司马攸撵出宫城。

“陛下，臣有话要说！”潘岳原本已是心如死灰，此刻见司马攸为了自己受辱，那死灰中便重新燃起一簇星星之火。他在桎梏中挣扎着抬起头，对着隐藏在绵密车帘后的天子司马炎奋力道，“臣蒙陛下恩典，忝居虎贲中郎一职。虎贲卫士奔走巡视、护卫圣驾，乃是职责所在。不知臣这‘私窥圣驾’之罪，当作何解释？”

“解释什么？你潘岳罪大恶极，不仅要问罪，还应该杀头呢！”不待司马炎出声，一个洪亮的声音忽然从旁边插了进来，让在场众人都吃了一惊。只见一个身穿华贵王服、须发花白的老者越众而来，几个拱卫在御驾旁的侍从阻拦不住，只好向司马炎下跪请罪。

“老臣司马干，见过陛下！”来人正是司马炎和司马攸的嫡亲叔叔，平原王司马干。他地位尊崇又素有疯癫之名，连天子司马炎都对他不无恭敬，因此满朝上下明知他放浪形骸行为不羁，却也无可奈何。好在司马干也有自知之明，平素只在自己王府内发疯，与世家公卿互不往来，对朝政大事更是不发一言。

“平原王平身。”司马炎原本不知该如何回答潘岳的质问，此刻被司马干横插一脚，乐得转换了话题。

“多谢陛下！”司马干虽然一向疯疯癫癫，身子骨却保养得极好，满面红光，声如洪钟，站起身来更是高大魁梧、气势不凡。虽然齐王司马攸此刻仍旧跪在他的身边，司马干却像根本没有看见一般，只愤愤地对司马炎启奏道，“老臣这次来，是想向陛下求一个恩典。”

“平原王请讲。”司马炎猜不到这个疯子三叔的来意，不过他更厌恶与司马攸争论潘岳的处置。因此他刻意冷落跪在地上的齐王司马攸，只看着司马干和颜悦色地道：“朕还要赶去郊外祭祀，请平原王长话短说。”

“臣是短话，没有长话，只是来求陛下一个恩典！”司马干咋咋呼呼地道，“求陛下恩准，让臣去砸了宫门外大街上那一对铜驼！”

“这是为何？”司马炎讶异地盯着司马干，不知道这个半痴不颠的三叔葫芦里卖的什么药。宫城外那条大街贯通洛阳南北，是城内第一繁华所在，因为安放了汉武帝时铸造的一对铜驼，因此被称为铜驼大街。那对铜驼不仅是古物,还是洛阳城第一的名胜,但凡外地来京之人,无一不去瞻仰那对铜驼。因此司马干现在提出要砸了那对铜驼,显而易见就是疯话了。

司马炎虽然不耐,但司马干是他的长辈,他司马氏标榜以孝治天下,他贵为天子也不敢对司马干太过无礼。于是司马炎只是看了看同坐在车内的夫人赵粲和贵人胡芳,故作轻松地笑道:“平原王此言差矣。那对铜驼是浑铜铸成,想要砸掉只怕王叔没有那个力气吧。”

听司马炎难得说了句玩笑话,夫人赵粲知趣地掩口而笑,而贵人胡芳则仿佛没有听见一般,贝齿暗暗咬着自己的舌尖,端坐在车内仿佛木雕泥塑一般。

“就算砸不掉,臣还可以架起大火,将它们熔为铜水!”司马干不服气地道,“只要陛下恩准,臣马上就去办!”

“那对铜驼究竟是怎么惹上平原王了?”司马炎瞟了一眼跪在地上神色惨淡的司马攸和潘岳,心中闪过一丝快意,好心情地陪着司马干闲话。

“臣今日来皇宫路上看见那对铜驼,不小心多看了几眼,却不料一群外乡人也在那里盯着铜驼不走。臣被他们一撞,就从马上摔了下来,到现在胳膊还疼得很呢。”司马干作势揉了揉自己的胳膊,愤愤道,“说起来,就是那对铜驼害臣摔跤,臣当然要毁了它们解气!”

他此言一出,不仅司马炎失声而笑,就连一旁随侍的近臣内侍们都不禁莞尔。夫人赵粲见司马炎心情不错,便隔着帘子笑道:“平原王这就不对了,你们争睹铜驼而摔倒,怎么就怪到铜驼头上去了呢?”

“不怪铜驼还能怪谁?”司马干似乎没有明白自己错在何处,迷迷糊糊地分辩道,“刚才不就是因为宫女们贪看檀郎才阻碍了圣驾吗?天子圣明,将那可恶的潘岳治罪,臣难道就不能将那对铜驼治罪吗?”

他此言一出,齐王司马攸就算不了解详情,也可以将事实猜出了七八分。他见司马炎的金根车立刻就要启动，连忙膝行几步，一把抓住车辕哀求道："陛下，古语云：'桃李不言，下自成蹊。'何况潘岳乃是檀木之姿。檀味馨香，檀质如玉，含香非罪，怀璧无辜。若是因为众人争睹潘岳而将他治罪，岂不是本末倒置，有损陛下圣明？"他缓缓放开抓住车辕木的手，额角触地拜伏下去，"销香何憾，毁玉何冤。还望陛下体恤下情，宽宥潘岳！"

"陛下，齐王刚才啰啰唆唆说了这一通，究竟是什么意思？"见司马炎只是铁青着脸不开口，平原王司马干疑惑地挠了挠头，求援一般望向众人，"莫非齐王是说，我不该去砸了那对铜驼？"

"那齐王的意思，朕就处置不得潘岳了？"司马炎此刻已经明了司马干装疯卖傻不过是在帮司马攸和潘岳，心中暗骂了一句老匹夫。可他偏偏对司马攸的恳求毫无反驳之力，只能冷笑着反问过去。

"潘岳自是有罪，然而先帝临终之前曾有吩咐，潘岳本性纯良，非有大逆不可加害……"司马攸不敢完全反驳司马炎，正想引用先帝司马昭的话劝谏，司马干却已笑道，"我知道了，潘岳的罪就是出现在了不该出现的地方。那就让他从哪里来滚回哪里去好了，省得在陛下面前碍眼！"

司马炎设下这个局，原本就是为了考察胡芳。此刻见自始至终胡芳反应冷漠，似乎对潘岳毫不关心，心中的杀意不知不觉淡去。他是弱势天子，全靠宗室和世家扶持才能坐稳皇位，并不愿在朝臣和百姓中留下残暴之名，更不愿得罪将他拥戴到帝位上的司马家宗室，于是便顺水推舟地点了点头："那就依平原王之见，褫夺潘岳虎贲中郎之职，仍退为司空掾。"

"多谢陛下圣恩！"司马攸如释重负，叩头谢恩。而先前被人押跪在一旁的潘岳也摆脱了桎梏，冲着缓缓驶过的金根车叩下头去。

尽管在生死边缘滚过一圈，潘岳此刻却想在宫门中多停留一刻。他眼角的余光中，一排排随侍宫女们的裙角从他身前飘摇掠过，仿佛一条没有尽头的锁链,他已经无法分清,究竟是哪一截,锁住了他最爱的那个女子的身心。

身在樊笼,不得自由。是非黑白,生杀予夺,都不过是上位者的一句话。虽然这一直是这个世上的规则,但潘岳从未像今日这样充满憋屈与愤懑。他伏在地上,深深地埋着头,听着连绵不绝的车轮声和脚步声阵阵远去,心中发誓以后绝不要再经历今日这样的屈辱。可惜现在的他还不知道,他未来的人生中,还要经历许多比今天更加激烈的动荡和考验。

“陛下,臣妾有些不舒服。”天子御驾驶出宫门,还未能走出洛阳城,一直默不作声的胡芳忽然开口。

“你怎么了?”司马炎余怒未消,不耐烦地问。

“臣妾心口有些发闷……”胡芳说到这里,只觉得刚才被咬破的舌尖弥漫出一股血腥气,令人欲呕。她努力想要揉揉满是冷汗的额头,却蓦地眼前一黑,斜斜倒了下去。

“爱妃,爱妃!”见胡芳猝然晕倒,司马炎心中那点怒意顿时吓得烟消云散。他紧紧抱着昏迷不醒的胡芳,大声朝车外吩咐:“即刻回宫,招太医令!”

原本声势浩大的祭天之礼因为贵人胡芳的晕厥而被迫取消。当司马炎心急火燎地守在胡芳床边,看着太医令将手指搭在那皓白如玉的手腕上时,九五之尊的天子忽然觉得深究过去已经毫无意义,只要这个女子能一直好好活在自己身边就已足够。

太医令号完了胡芳右脉,又提出再号一下她的左脉。就在司马炎忍不住要大声斥责太医令的庸碌时,太医令忽然站起身,恭恭敬敬朝司马炎拜了下去:“臣斗胆,恭喜陛下了!”

“什么?”司马炎一怔,似乎没有明白太医令的意思。

“恭喜陛下,贵人已经怀妊二月,目前脉象平稳,陛下不必担心。”太医令心中也自欢喜。他知道这位胡贵人宠冠后宫,如今喜讯从自己口中传出,司马炎少不得要多加赏赐了。

“真的吗?朕的爱妃要给朕生小皇子了!”司马炎大喜过望,果然重赏了太医令,又拉着苏醒过来的胡芳的手道,“爱妃辛苦了。朕这就传旨,将你的位份从贵人擢升为贵嫔!从此这后宫之中,除却皇后,以你为尊!”

齐王司马攸虽然侥幸靠平原王司马干的帮助保下了潘岳,却也深知自己再度大大地得罪了天子司马炎。回到齐王府时,司马攸已经做好准备要被王妃贾荃数落,却不料贾荃这次居然什么都没说,只闲扯了几句二公子山奴的课业。司马攸正手把手教山奴练字时,有内侍前来禀报,说弘训宫羊太后传召,请齐王到宫中一叙。

羊太后名叫羊徽瑜,乃是景皇帝司马师的正妻,也是齐王司马攸的嗣母。她嫁给司马师后并未生育,对过继来的嗣子司马攸十分疼爱,司马攸也对她极为孝顺。两人的感情比亲生母子还要深厚。司马炎代魏称帝后,因为无法否认伯父司马师的功绩和巨大影响,尊他为景皇帝,尊羊徽瑜为皇伯母皇太后,所居宫殿称为弘训宫。

弘训宫与齐王府相接,司马攸以亲子之礼供奉羊徽瑜,晨昏定省从不懈怠。羊太后生性淡泊,深居简出,因此虽然贵为皇太后,却从不会对司马炎、司马攸的事情多加干涉。如今她难得派人传召,司马攸自然不敢怠慢,便吩咐山奴自行练字,自己整理衣冠匆匆朝弘训宫而去。

弘训宫中,太后羊徽瑜一身素服,正在给后殿中供奉的景皇帝司马师灵位上香。见司马攸前来,羊徽瑜关切地注视了他片刻,这才缓缓点头道:“今日是太常寺选定的祭日,你也来拜拜你父亲吧。”

“是。”司马攸点头,恭恭敬敬地在司马师灵位前跪下来,拜了三拜。

“听说天子最后取消了郊祭?”等司马攸起身,羊徽瑜淡淡地问。

“是,天子身体不适,中途回宫,所以委托四叔扶风王代为致祭。”司马攸其实知道司马炎中途回宫是因为贵人胡芳，不过为尊者讳，宫中传出的消息都做了改动。

羊徽瑜笑了笑，对于司马炎的回答心照不宣。她招呼司马攸到外殿坐下，等侍女奉上新煮的茶水，这才殷殷看着司马攸年轻俊朗的面容，无声地叹了一口气："桃符，你今日惹天子生气了？"

"母亲也知道了？"司马攸自然知道自己今日拦住天子车驾为潘岳求情的事早已传开，也不讶异，只是苦笑着开口，"母亲，桃符只是……"

"你不必说了，母亲都明白。"羊徽瑜轻轻摆了摆手，并没有在这件事上深究下去，"桃符，我今日唤你来，只是忽然想起了一件旧事，想跟你说说。"

"母亲请讲。"司马攸知道自己这位嗣母出身高门士族，虽然性格温和，却极有决断。那么她招他专程来听的这件旧事，必定极不寻常。

羊徽瑜挥手屏退了一旁的侍女，闭了闭眼睛，这才缓缓打破殿内的沉寂："你可知道，我是你父亲的第三任妻子？"

司马攸点了点头。据他所知，嗣父司马师的原配妻子名叫夏侯徽，乃是大名士夏侯玄的嫡亲妹妹。夏侯徽为司马师生了五个女儿，在二十四岁那年因病逝世。夏侯徽死后，司马师娶吴氏为继室，却不久就将她休弃。又过了几年，司马师才聘泰山羊氏的羊徽瑜为妻，却没有再生下一儿半女，便过继了弟弟司马昭的次子司马攸为嗣子。

"那你对你父亲的原配景怀皇后可有所知？"羊徽瑜追问。

司马攸微微一怔。他知道景怀皇后是晋朝成立后对夏侯徽的谥号，但这个谥号却是已被尊为皇太后的羊徽瑜多次劝谏才讨来的。那时候他并未细想过其中原因，如今被羊徽瑜提起，才觉出其中古怪。

"景怀皇后去世时桃符还未出生，后来也几乎没有听人提起过她，因此一无所知。"司马攸说到这里，悚然一惊，就算父母不提，那五个早已出嫁的长公主可是夏侯徽的亲生女儿。就算她们与自己关系淡漠，却为何也从未提到过亲生母亲？

“景怀皇后十六岁就嫁给了你父亲，年少夫妻，恩爱异常，所以八年时间就生下了五个女儿。”羊徽瑜轻叹了一声，目光不由自主地凝结在窗边摆放的一瓶木芙蓉之上。那个时候的夏侯徽，出身名门，青春年少，必定也和这鲜花一般鲜嫩娇艳，让年轻的司马师爱如珍宝。

“景怀皇后不仅美貌高贵，更难得的是才情过人，哪怕在朝廷大事上对你父亲也颇多辅弼。和她比起来，我就是玉树旁一根芦苇了……”羊徽瑜微笑着摇了摇头。

“母亲不必过谦……”司马攸正想劝慰，羊徽瑜却按下了他的手，目光渐渐变得凝重，“可是景怀皇后毕竟出身夏侯世家，夏侯氏与曹魏皇室是同宗。特别是景怀皇后的哥哥夏侯玄，更是一直对司马氏不满。所以景怀皇后虽然与你父亲夫妻恩爱，在司马氏代魏的大事上却存在根本分歧。”

司马攸点了点头。他知道夏侯徽死后，她的哥哥夏侯玄就与中书令李丰等人阴谋除掉司马师，最后夏侯玄被公开处斩，李丰被司马师亲手所杀。李丰乃是齐王妃贾荃的外公。若不是因为这桩谋逆案，贾荃的母亲李婉夫人也不至于被流放辽东，最终含恨而逝。想起至今贾荃依然因为李夫人的事与自己置气，司马攸关切地问：“那景怀皇后后来怎么样了？”

“没怎么样，就是死了。”羊徽瑜幽幽地道，“她那么聪慧，又忠于曹魏皇室，你父亲怎么会留下她？”

司马攸悚然一惊：“难道景怀皇后……不是病死的？”

“她是饮下金屑酒死的，而那杯酒，是你父亲亲手递给她的。”羊徽瑜的声音冷静平稳，让司马攸无端有些发冷。虽然他也知道，如果留下夏侯徽，只怕司马家要取代曹魏建立新朝就没有那么容易。但一想起司马师亲自毒死了自己最爱的妻子，他还是难以接受。

“你这孩子，一直都这么心善。”羊徽瑜心疼地抚了抚司马攸消瘦的脸颊，语气却渐渐坚定，“你父亲雄才大略，睿智果敢，所以才一手奠定了如今晋朝的大好局面。你若是能像他，我也就放心了。”

“桃符不肖，愧对父母。”司马攸立刻长身跪起，面红耳赤。对于涵养极佳的羊太后而言，这句话已经是最重的责备了。

“就像今天的事情，你哪怕一心要救潘岳，也大可等廷尉审理之后，再依照朝廷制度上表为他求情就是。偏偏你拦在天子驾前一副誓不罢休的模样，加上平原王在一旁插科打诨，这不就是逼迫天子就范吗？这样的做法，可谓不智至极！”羊徽瑜说到这里，心里又气又急，忽然捂住胸口咳嗽起来。

“是桃符不好，母亲切莫动气伤身！”司马攸赶紧扶住羊徽瑜给她顺气，明知母亲说得在理却无法做到。他不敢告诉羊徽瑜，他当时那样急切地逼迫司马炎赦免潘岳，就是怕潘岳入廷尉狱中受苦，所以宁可触怒天子，也要当场将潘岳保下。

“你过来。”羊徽瑜好不容易平伏下心绪，撑着司马攸的手站起来，带着他重新回到供奉司马师灵位的后殿。她指了指灵位前一方青石板，吩咐道：“把它打开。”

司马攸不明所以，却还是按照羊徽瑜的指点，从殿宇角落里找出一根早已准备好的撬棍，将尖头插入了石板缝隙之中。

石板镶嵌得并不紧，司马攸并没有费多大的劲儿就将它撬了开来。石板下放着一个石匣，司马攸将它抱出来打开，发现里面是一个一尺来长的石人。那石人是少年男子的模样，眉目清俊，隐隐有些眼熟。

司马攸心中吃惊，赶紧将那石人翻过面来，便见石人背后刻着“潘岳”二字，还有司马攸自己和潘岳两人的生辰八字。再看那石匣内部，四壁都刻着古怪奇异的字符，每一个字符都用鲜红的朱砂细细钩填，白石红字，透着说不出的诡异。

“这是什么？”司马攸手一抖，赶紧将那刻着潘岳名字的石人放回了石匣中。

“这是石真，你的石真。”见司马攸惊讶地睁大了眼睛，羊徽瑜继续道，“古来风俗，孩子出生之时，家人会请人雕刻一个石像，在上面刻上‘石若烂，人来换’之语埋入地下，以求石人可以代替孩子承担灾厄，从而让孩子一生顺遂，无病无灾。这个石像，就叫作石真。”

“你七岁那年，为了救潘岳掉进池塘，高烧不退，生死一线。是你叔父文皇帝和你父亲商量，把潘岳特意叫到你床前，才唤回了你的神志。”见司马攸缓缓点头，羊徽瑜顿了顿又道，“也不知道你叔父和潘岳谈了什么，潘岳同意雕刻了这个石真，发誓以后你但凡遭遇灾祸苦厄，都转嫁到这个石真身上，最终由他来代你承担……”

“这是巫术！”未等羊徽瑜说完，司马攸就忍不住打断了她。他随即意识到自己的失态，双膝一软，跪倒在羊徽瑜身前。

“没错，这只是骗人的巫术。哪怕我特意将它埋在你父亲的灵位前，想借助你父亲的力量让它生效，也丝毫救不了你！”羊徽瑜说着，猛地抓起那个石人狠狠一摔，只听一声沉闷声响，那石人已被砸成了两截。

一块飞溅的石屑砸在了司马攸的额头上，火辣辣地疼痛。他顾不得拂拭，膝行一步抱住羊徽瑜的腿，眼圈早已红了：“母亲若是恼怒，就责罚桃符吧，何苦因为一块石头气坏了身子？”

“它可不是石头，它是潘岳。”羊徽瑜看着石人背后用朱砂钩填的名字，冷笑道，“当初刻这石真，是为了让潘岳替你抵挡灾厄。可是现在他不仅辅弼不了你分毫，反倒要你三番五次牺牲自己去解救他！若是你父亲和叔父九泉有知，只怕魂魄都难以安宁吧！”

“母亲这样的话，桃符就是粉身碎骨也不敢承受。”司马攸不敢抬头，哽咽道，“潘岳是桃符的总角之交，情比手足。圣人言：‘立人之道，曰仁与义。’他有了急难，儿子怎么能袖手旁观？若是连朋友都可以背弃，儿子活着还有什么意义？”

“所以才说你不肖！”羊徽瑜知道司马攸一向以儒家君子之风自律，然而平素引以为豪的品格遇上君权倾轧，就成了致命的弱点，“我刚才为什么要跟你说你父亲和景怀皇后的事？就是要告诉你大丈夫要成大事，哪怕是挚爱亲人都可以舍弃。如今那潘岳并非你手足兄弟，只是一介臣下而已，你若为他继续得罪天子，与那些色令智昏的庸人又有何区别？要记住，你不是普通人，你是当今齐王，一人之下万人之上。你身上肩负的，不仅是潘岳的荣辱，还有我和整个齐王府的家人，还有那些支持你的世家公卿的前途，甚至还有百姓的命运和天下的兴亡！你说，你怎么敢为了一个潘岳就不知珍重？一旦天子和齐王敌对，刚刚建立的大晋又会面临怎样的局面？”

“母亲，儿子此举不单单是维护潘岳，也是为了维护自己爱才惜才的名声。昔日燕昭王学古人千金买马骨，天下人才皆投于燕国。潘岳对我，也有马骨的意义。”司马攸低声分辩，“儿子如今能在朝堂上安身立命，靠的就是这点名声了。”

“就算潘岳是马骨，他的意义也已经达到了。现在就让潘岳离开洛阳，以后再不要与他往来！”见司马攸嘴角一抽还想说什么，羊徽瑜疲惫地用手按了按额头，“你还年轻，以后还有机会补偿他。今天我已经累了，你就回去吧。”

“是。”见到羊徽瑜难得露出的老态，司马攸不敢再说什么，叩头离开。他心里明白羊徽瑜最后一句话的意思，他还年轻，还可以等到哥哥司马炎驾崩的那一天。然而只要哥哥司马炎还在位，他就必须隐忍，一旦与天子司马炎扯破温情脉脉的面纱，整个朝廷势必分裂，刚刚平静的天下就会再度面临动荡。

看着司马攸离去的背影，羊徽瑜弯下腰捡起被砸坏的石人，将它重新放进了石匣内。她清楚司马攸的性子，只凭自己这番话未必能让他狠心将潘岳逐出洛阳，还得等待另外的契机。她更知道司马攸生性重情，一旦与潘岳绝交必定要承受巨大的痛苦。因为哪怕决绝狠辣如景皇帝司马师，在亲手毒杀结发妻子夏侯徽之后，后半辈子也再不能从悲痛中醒来。

“阿徽，阿徽……”耳边似乎又响起了司马师温存的呼唤，让羊徽瑜一时怔忡。她不知道自己是什么时候才发现，这一声声满含深情的“阿徽”，表面上是在呼唤自己，其实是透过自己看到了另一个人的容颜。

夏侯徽，羊徽瑜。如果不是因为自己的名字里也有个“徽”字，权倾天下的大将军司马师估计也不会娶自己为正妻吧。也许正是托这个“徽”字之福，她才没有像前任吴氏一样，过门没多久就被司马师休弃，赶回了娘家。可是那又怎么样呢？虽然得以保持了正妻的头衔，她与司马师共寝的次数却屈指可数，以至于她一直没能有自己的孩子。那个峻拔霸道的男子娶她的目的，大概只是可以名正言顺地唤出“阿徽”这两个字来吧。

羊徽瑜神色一黯，默默转身，隐进了弘训宫永恒的寂寞阴影中。

贵人胡芳怀孕并册封为贵嫔的消息仿佛一阵风，迅速从承光殿传遍了整个宫城，又飞越洛阳城传进了琅琊王司马伦的耳中。

“这才怀孕就被封了贵嫔，若是生了皇子要怎么封，让她当皇后吗？”想到被自己恨得牙痒痒的胡芳距离皇后的位子只有一步之遥，琅琊王司马伦嫉恨之余，更多的是对自身前途的担忧，“那杨皇后怎么说？”

“杨皇后听说之后，病势顿时加重，听太医们说，只怕……只怕……”报信人偷偷瞅了瞅司马伦，不敢再说下去。

“只怕什么？”司马伦看不得报信人吞吞吐吐的模样，一把揪住他的衣领，眼珠都快瞪了出来。

“只怕过不了今年冬天……”报信人战战兢兢地说完，就被司马伦一把掼在了地上，冲着大腿踢了一脚，“傻愣着干什么，快去把军师请来商量！”

见那报信人连滚带爬地去了，司马伦烦躁地抓了抓头发，无头苍蝇一般在屋内兜起了圈子。这几年为了能够重返洛阳，他在孙秀的指点下给皇后杨艳和她的几个兄弟送了不少重礼，就是想借着后族杨家的力量对抗齐王司马攸。眼看着如今回京指日可待，偏偏杨皇后病重将死，讨厌自己的胡芳又怀上了身孕。依照胡芳如今专宠的势头，一旦她生下皇子，别说当上皇后阻挠自己回京，只怕废掉当今太子立她的亲生儿子为太子也板上钉钉。若是胡芳母子以后坐了天下，那他司马伦这辈子就永无出头之日，只有老死在这天遥水远的琅琊，再也回不了洛阳的花花世界了。

想到这里，司马伦心里更加烦躁，随手抓住一件东西就往门口砸去：“狗奴才，叫你们去请军师，怎么还没请来？”

“已经去请了！”司马伦的心腹长随张林赶紧赔笑道，“军师正在拾芳园里午睡，可能要来得迟些，请王爷莫怪。”

“罢了，本王自己去找他。”司马伦一刻也等不及，火烧火燎地一个人就往琅琊王府的花园里赶去。

拾芳园是琅琊王府里一个侧院。因为司马伦一应事务都离不开孙秀，便安排了这里当作孙秀的住处。拾芳园并不大，却难得地清幽雅致。等司马伦风风火火地走进月洞门时，园内所有的婢仆都识趣地远远避了开去。

“军师，军师在哪里？”司马伦放眼一望，没有看到孙秀的身影，只好疑惑地出声呼喊。此刻虽然已到秋季，日光晒在身上依然暖洋洋的，十分舒服，拾芳园内的草木也多未凋零，空气中似乎还弥漫着淡淡的甜香。

“王爷。”一个声音懒洋洋地从一旁传来，司马伦转了个身，这才发现在女墙下放着一张刺绣精美的软榻，榻上斜斜躺着一个长发披散、睡眼惺忪的美貌男子，正是他的军师、五斗米道金真天师孙秀。因为绣榻四周都是一丛丛半人多高的花草，孙秀又穿了一件翠绿的寝衣，因此司马伦恍惚之间竟没有发现。此刻孙秀从榻上坐起，一只手随意地将散在脸颊上的长发向颈后一撩，顿时显出一段洁白修长的脖颈，秀致的锁骨更是在寝衣的领口内若隐若现。

“王爷来找我，可有什么事吗?”见司马伦盯着自己发怔，喉头还不由自主地滑动，孙秀粲然一笑，“王爷恕罪，臣这就去换件衣服。”

“不，不用了……”司马伦这才回过神来，尴尬地掩饰道，“本王早就说过，军师在王府内不用拘礼。”

“那王爷有事就请直说吧。”孙秀说着，伸手拂开挡在身前的花草迈步而出。那榻边种植的花卉生着巴掌大小的心型叶片，嫩绿可爱，与孙秀的寝衣颜色十分类似。白色的花蕾从叶缝中抽出，洁白细腻，散发出一阵阵沁人心脾的甜香。

“本王心中有个疑虑，想请军师占卜一下。”司马伦说着，伸手从孙秀身边摘下一朵白色小花，捏在手指间把玩，“就用这朵花占卜吧。”

“不知王爷想问什么？”孙秀神态自若地拈起自己垂在胸前的一缕发丝，绿袖青丝，更显得他的手指修长莹白，就似司马伦手中把玩的花朵一般。

“本王想问……”司马伦费力地咽了一口口水，强迫自己把视线从孙秀的手指转移到花朵上，“想问洛阳宫中的贵嫔，能不能平安生出小皇子来？”

“王爷可知您手中所持的是什么花吗？”孙秀伸手掐下另一朵含苞待放的白花，托在手心中，“王爷请看，这花的颜色形状，是否像一支上好的羊脂白玉簪？所以它就叫玉簪花。”见司马伦频频点头，一副洗耳恭听的模样，孙秀将花朵凑到鼻下轻轻嗅了嗅，继续道，“当年商纣王一个妃子难产，眼看就要一尸两命，恰逢侍女献上一盘玉簪花。妃子见到花蕾绽放，竟然一下子就把孩子生下来了。纣王大喜，所以又把玉簪花赐名为催生草。如今王爷恰好用这花来问洛阳宫中生产之事，岂不是上天明示，那个孩子必定会平安出生？”

“那可如何是好？”司马伦一听，赶紧将手中那朵玉簪花扔在泥地里，又伸脚狠狠地踝了踝，哀号道，“皇后马上就要病死了，胡芳要是生下孩子当上皇后，我以后可怎么办？这些年来不断地给皇后和杨家送礼，我的老底都要掏空了！”

“王爷不必着急。胡贵嫔就算生下孩子，未必是男孩，就算是男孩，她也未必能当上皇后。毕竟杨皇后是当今天子的结发之妻，她不会眼睁睁地看着胡芳母子抢走皇后和太子的位子。”孙秀笑道。

“杨皇后未必是省油的灯，可她马上就要油尽灯枯了不是吗？”司马伦越想越是心痛自己不计血本送出去的金银财宝、古玩珠玉，颓然抱住头蹲在了地上。

孙秀看不得司马伦的小家子气，却不能发作，只好笑着安慰道：“王爷放心，我必定不会让王爷这几年的努力白费。这样吧，过两天我亲自去一趟洛阳，势必斡旋公卿，让天子下诏请王爷回京。”

“你亲自去洛阳？”司马伦一惊，赶紧从地上站了起来，“你在洛阳能做什么？”

“联络杨皇后家族，还有我散布在洛阳的五斗米道徒，一起对付王爷您的老对头——齐王。”孙秀见司马伦一副不可思议的模样，哂然一笑，“听说最近天子和齐王又生了龃龉，我若是再掀起一点风浪，不愁天子不下决心除掉齐王。只要齐王一倒，王爷回京自然毫无障碍了。”说到这里，他眼珠一转，嘴角漾起一丝狡黠，“怎么，王爷不信我有这个本事？”

“军师的本事，我自然是信的。”司马伦这几年来早已对孙秀心悦诚服、五体投地，从未怀疑过孙秀的手段。他嗫嚅了一阵，终于说出心中的顾虑：“只是洛阳到处都是达官贵人，我是怕军师到洛阳后另投明主，把我一个人孤零零地抛在琅琊……”

“那王爷要怎样才会相信我呢？” 孙秀又掐下一朵玉簪花在鼻下轻嗅，斜睨了司马伦一眼。

“我……我不知道……”也不知是花朵的甜香还是孙秀的眼波让他热血上涌，司马伦面红耳赤得再说不出话来。

“那我就证明一下对王爷的忠心吧。”孙秀款款走到司马伦面前，把手中花朵随意一抛，一条修长的腿悄悄从寝衣下摆伸出，蛇一般缠上了司马伦的身躯。

“军师……军师……”司马伦虽然一直沉迷于孙秀的美色，但慑于他的威势，并不敢打正经主意。因此此番孙秀主动示好，司马伦在难以抵抗的迷醉中，依然带着一丝诧异惊恐。

“我做了王爷的人，王爷就会信我了吧。”孙秀在司马伦耳边吹了口气，媚眼如丝，“怎么，王爷不敢？”

这句话成功地撩拨起了司马伦的血性，他的呼吸陡然变得粗重，猛地将孙秀扑倒在甜香四溢的玉簪花丛中。一时间，原本鲜嫩的叶片和花朵如同被暴风雨摧打，青翠折毁，白玉委地，最终混入泥土，混成一团难解难分的泥泞。

“这是怎么回事？”司马伦骤然一顿，手指抠上孙秀胸脯前陈旧的鞭痕。那三道暗红色的鞭痕横亘在白玉雕成的胸脯上，触目惊心却又别有一分诱人滋味。

“是……潘岳！”孙秀吐出这两个字，头颈猛地后仰，双目盯着天空恍如盟誓，“我要……杀了他！”

“什么？我不许！”听清孙秀的回答，司马伦蓦地变了一个人，脸上表情顿时凶恶起来，“不管什么时候，我都不准你动他！”或许是被“潘岳”这两个字激发了内心最大的欲望，或许是此刻雌伏在自己身下的孙秀没有了天师的神秘，司马伦难得地显露出了他的王者之威。他一把抓住孙秀散乱的长发，气势如虹地喝道：“记住，本王要对付的只是齐王司马攸，不是潘岳。如果你敢擅作主张，本王绝不会饶了你！说，听明白了吗？”

“明……白了……”孙秀咬牙切齿，断断续续地回应着，张开的手指紧紧抓住了身下烂成一团的玉簪花枝叶，碧绿的汁水顷刻间就染绿了他的手掌。即使智计过人、道徒众多，即使司马伦平日对他言听计从、尊敬有加，他依然只是一介草民，位于这个帝国的最底层。哪怕是司马伦这种颟顸失势的王爷都可以轻易侮辱他、驱策他，甚至杀死他。可纵然心底满是不甘的屈辱，他也不得不曲意迎合，亲身承受司马伦蓦然爆发的怒气。因为在司马伦心目中，他和潘岳永远是无法比拟的存在，一个是在手中肆意玩弄的萤火虫，一个是天边只能仰望的皓月。

可是那又怎样呢？孙秀在撕心裂肺的痛楚中笑了起来，就算是从泥土中飞出来的萤火虫又如何？他用尽全力攀附司马伦，付出一切黏附在他的门下，是为了终有一天能站在帝国的权力之巅。那个时候，就算是天上那轮遥不可及的明月，也终像这荏弱的玉簪花一样，被他摘下揉进掌心之中。

第 十 一 章

重 聚

猗猗春兰，柔条含芳。

——潘岳

胡芳因为怀孕而被封为贵嫔之后，皇后杨艳固然气得病势加重，但与皇后一样愤恨不平的还有一个人——太子妃贾南风。

贾南风的丈夫司马衷虽然已被册立为太子多年，但他生性愚钝又不爱读书，这“太子不慧”的传言便渐渐从东宫流传出去，闹得满朝文武尽人皆知。若是这个时候宠妃胡芳再生下一个皇子，日后取代太子的可能性极大，那贾南风委曲求全，还有什么盼头？从提出代替妹妹贾午嫁入东宫的那一刻起，贾南风就暗暗发誓，不仅要辅佐自己的丈夫当上天子，还要保证自己的儿子能当上天子。任何妨碍她实现这个目标的人，她都绝不会放过。

这天，贾南风照例来明光殿中探望皇后杨艳，顺便想要试探她的口风。可惜还没说上几句，宫女就进来通报，说承光殿的胡贵嫔前来向皇后问安。

除却嫔妃们的日常拜见，胡芳从未主动来过皇后的明光殿，因此杨艳一听，当即冷笑道：“胡贵嫔现在身怀龙种，身份贵重，我可当不起她来问安。叫她回去吧。”

“就是，她来做什么，显摆她肚子里的孩子吗？”一旁的夫人赵粲嫉恨胡芳头衔压过自己，堵住了自己升为皇后的通道，语气越发尖酸，“不管怎么说，皇后生的太子才是嫡长子，她再怎么得宠也压不过去！”

“赵夫人说得对。太子年长,又是嫡出,皇后不必为此事烦心。”见皇后杨艳脸色难看,贾南风也适时地劝慰。

“好孩子。”杨艳伸出枯枝般的手指,轻轻拍了拍贾南风,费力一笑,“太子不爱读书,听说他的课业很多是由你辅佐,辛苦你了。”见贾南风正要逊谢,杨艳话锋一转,“可是你也看到了,当务之急是赶紧给太子生一个儿子,才能不被旁人觊觎……”

“是,臣妾记下了。”贾南风脸一红,讪讪地低下头去。她与太子成婚已有两年,至今还未怀孕,此事也成了她自己的一个心病。

“启禀皇后——”先前传话的宫女去而复返,小心翼翼地回话,“胡贵嫔说了,事关重大,请皇后一定要见她一面。”

“除了狐媚天子,她还能有什么事?”赵粲冷哼了一声。

“皇后陛下还是见一见胡贵嫔吧。”见杨艳神色犹豫,贾南风劝道,“否则若是胡贵嫔在明光殿吃了闭门羹,她在天子面前嚷嚷动了胎气,倒成了皇后的不是了。”

“那就让她进来吧。”杨艳点了点头。她倒要看看,如今胡芳红运当头,还有什么要求到自己的。

胡芳进入明光殿时,迎面感受到的就是一股药味。那药味经过多日的浸淫,早已渗透进了明光殿的一砖一石、一丝一缕,随着裙裾扫过的地板和宫女掀开的帷幕扩散在空气中,带着不祥的死气。就连从窗棂中射进来的阳光,也晦暗得仿佛挣扎的残烛。

“贵嫔胡芳,见过皇后。”在随身侍女的搀扶下,胡芳慢慢跪倒,向斜躺在病榻上的杨艳施礼。

“快起来吧,要是惊到了龙种,岂不是……咳咳,更要折我的寿了。”一直等胡芳叩头完毕,杨艳才懒洋洋地回答。由于长期患病,她此刻的脸色黄中带青,脸颊更是深深凹陷,哪怕想多抢白胡芳几句,都没有太多力气了。

胡芳此刻孕相已十分明显,在侍女的搀扶下略显笨拙地站起身,脸上并没有因为皇后的冷嘲热讽而动容。反倒是夫人赵粲和太子妃贾南风依制来向她见礼时,胡芳略有不耐地道:“我想和皇后私下谈谈,有劳两位先回去吧。”

赵粲脸色一沉,求援般看了皇后杨艳一眼。贾南风却轻轻拉了拉她的衣袖,两个人行礼之后便退出了明光殿。

见殿内再也没有外人,胡芳这才款款站在了杨艳的身边。杨艳病中虚弱,只能斜倚在靠枕上望着她,只觉得怀孕后的胡芳比以前丰润了一些,越发娇艳动人,而她自己,却已经很久都不敢照镜子了。如今她和她,一个躺着,一个站着,就是丑陋与鲜妍、枯萎与盛放的区别,就是死与生的区别。这个认知,陡然让杨艳万念俱灰。

“我来,是想和皇后做一个交易的。”胡芳向来不惯虚伪客套,索性开门见山地说出自己的来意。

“你?”杨艳见胡芳果然是有求而来,不由得笑得喘息,“凭什么?”

“现在您是皇后,我自然是没有资格和您交换什么。”胡芳微微一笑,轻轻抚了抚自己隆起的腹部,“可是,以后呢?”

“你要干什么?”杨艳忽然爆发出一股怒气,在床榻上撑起身子瞪圆了眼睛,带动得蜀锦斗帐四角的五色流苏都在微微晃动,“你若是敢打太子的主意,我死后化鬼也不会放过你!”

“皇后放心,我对太子之位丝毫没有兴趣,对皇后的位子也没有兴趣。”胡芳望了望帐上所绣代表皇后身份的五彩金凤,好整以暇地笑道,“不过还需要皇后答应我一件事,我才能保证‘没兴趣’变成‘不可能’。”

“说出你的条件。”杨艳颓然躺回靠枕上,虚弱地道。

“我想请皇后向天子提议,为了给您的病体祈福,后宫中释放一部分宫女出宫,任凭婚嫁。”胡芳胸有成竹地道。

放宫女出宫?杨艳一愣,实在没有想到胡芳会提出这么古怪的要求。

不过她想起自己的病因正是因为司马炎大肆选女入宫，而司马炎每多宠幸一个女子,她的病势就会沉重一分。因此胡芳这个要求,倒也暗合她的心意。

“要放出去的宫女里面,有你想除去的人?”为了掩饰自己的心思,杨艳故意问。

“那是自然。”胡芳知道她们的心思兜兜转转都在争宠上,心中鄙夷,却懒得分辩。

“我可以向天子提出释放宫女为我祈福,可你又如何保证不做皇后不争太子？”杨艳不放心地追问。很显然,这笔交易她同意了。

“天子与皇后您毕竟是少年时的结发夫妻，感情深厚。只要您亲自向天子推荐新皇后的人选,天子一定会同意的。”胡芳知道自己提出的条件杨艳根本无法抵御,从容一笑,“您若是不信我,大可让天子当着您的面写下立新后的诏书,我保证绝不会多说一个字。”

“那好,我答应你。”杨艳知道以胡芳如今得宠的势头,若是撒娇撒痴,必定能撺掇司马炎封她为后。因此胡芳的建议颇有道理。杨艳只有趁活着的时候逼司马炎另立新后，而这新后又必须与杨家和太子同气连枝,才能保证日后太子地位稳固。

眼看胡芳就要告辞离开,杨艳还是忍不住多问了一句:“你果真不想当这个皇后？”

“当不当皇后,还不都是笼子里的鸟儿?”胡芳不以为意地一笑,转身离去。

泰始十年八月二十五日,贵嫔胡芳在承光殿中生下一个女儿,封武安公主。公主降生的消息传到明光殿中，病榻上的皇后杨艳一惊而起，继而开怀大笑。笑着笑着,杨艳身子一歪倒在搀扶的宫女身上,从此断绝了呼吸。而在她死前数日,天子司马炎在她的病榻前含泪答应了杨艳最后的请求:立她的堂妹杨芷为后。

虽然皇后崩逝，司马炎为了悼念发妻，还是依照杨艳生前的愿望，从各宫室释放宫女两百人，为皇后祈福。这两百名得以走出宫门的宫女中，就包含了胡芳刻意从承光殿中挑选的杨容姬。

“杨姐姐，我答应你的事情，终于做到了。”当杨容姬前来向胡芳辞别的时候，胡芳拉着杨容姬的手粲然一笑，随即扑簌簌地掉下泪来。

杨容姬也抬起衣袖擦去了眼角的泪珠。她看着躺在胡芳身边沉沉睡着的婴儿，不无担心地望着胡芳：“我离宫之后，贵嫔一定要好好保重，看着小公主平平安安地长大。”

“你放心。如今我一不争皇后，二不争宠，宫里还有谁想害我？再说了，就算她们想害，也要她们有那个本事！”胡芳说着，眉目间又露出将门虎女特有的英气来。

杨容姬点了点头。如今的胡芳比初入宫时沉稳了不少，加上皇后去世她的地位在后宫便是最高，确实比以前安全得多。

“你就别担心我了。我如今有了她陪我，这辈子也就足够了。”胡芳说着，转头看着摇篮中熟睡的女儿温柔一笑，绝美的脸上顿时更显出动人的光辉来。杨容姬恍然看见了一朵鲜花绽放到了它最盛最美的时刻，可是她也知道，这个时刻并不代表一生。胡芳的前途似乎才刚刚开始，却也似乎到了尽头。

“你快走吧，说不定檀郎就在宫外等着你呢。”胡芳轻轻推了一把杨容姬，强颜笑道，“我专门打听过了，你进宫这两年他没有另娶，也没有和别的女子定亲，一直在苦苦等着你呢。快去吧，别让他等急了。”

“贵嫔……”杨容姬只觉得视线中的胡芳蓦地模糊起来，喉头的哽咽更是让她再也说不出话。她蓦地推开胡芳的阻拦，执意跪了下去，以最隆重的礼节表示自己对胡芳的感激之情。她心里清楚，自己能活着走出这个宫门，就是靠胡芳牺牲了皇后之位换来的。这份天大的恩情，她永生永世也难以回报。

“叫我一声妹妹吧。”胡芳将杨容姬拉起来，紧紧地抱住了她单薄的肩膀。

“妹妹……”杨容姬也反手紧紧抱住了胡芳，泪水决堤而下。她们相识多年，患难与共，却从不曾像此时此刻这样亲密无间、情同姐妹。可惜，她们彼此都知道，哪怕她们的心已经连在了一起，现在却可能是她们一生最后一次相见。

“答应我，以后和檀郎一定要好好的，要过得比任何人都幸福。”胡芳说到这里，忽然将杨容姬推了开去，“你走吧。”说着她背转身，再也不肯多看杨容姬一眼。

杨容姬的嘴唇嚅动了一下，似乎想说什么却没能说出口。她默默地站了一会儿，终于转身离开了承光殿。走出殿外时，她看见送她出宫的内侍早已等候在那里，而内侍身边还站着一个十三四岁的少年，正是汝南王司马柬。

“杨姐姐！”一见杨容姬出现，司马柬连忙奔了过来，“杨姐姐，你真的要走了吗？”

杨容姬见司马柬一身重孝，知道他还在给崩逝的皇后杨艳守灵，连忙点了点头，低声道：“殿下快回去吧。这个时候跑出来，被人发现就糟了。”

“杨姐姐是在赶我走吗？”司马柬原本就因为哭祭和守夜熬得两眼通红，此刻更是可怜得如同一只无家可归的幼兽，委屈地低下头，“你走了之后，这宫里我就连个说话的人都没有了。”

“殿下马上就可以出宫开府了，那时候我们还会再见的。”杨容姬轻轻拂开司马柬孝带上垂落的发丝，不无怜爱地宽慰。

“嗯，父皇说过，等我满十五岁就可以出宫了。”司马柬终于有些开心起来，从袖子里摸出一把白玉柄的小刀递给杨容姬，“杨姐姐，我也没有什么好送给你的。这把小刀是我用来刻小鸭子的，你以后拿它做信物，无论什么事情我都会帮你的！”

“多谢殿下。我还等着看殿下以后当上大将军呢。”杨容姬随身只带着一个小包裹，便将小刀仔细地收了进去。见一旁的内侍开始催促，杨容姬与司马柬依依不舍地道了别，汇入一起出宫的两百名宫女之中。走出老远，她恍惚听到后面司马柬还在喊“杨姐姐”，回头看时，那个孤独的男孩却已经被人群淹没了。

两百名宫女被内侍带领到宫门处，便一个个唱名让她们跟随前来迎接的家人离开。杨容姬事先知道父亲杨肇免官后已经返回家乡荥阳隐居，唯一留在洛阳为官的二哥杨歆忙于公事，二嫂又即将临盆，只吩咐了一个仆人驾车前来接她回家。

虽然知道于礼不合，但杨容姬的心中，还是企盼着走出宫门后能一眼看见潘岳站在那里等她。哪怕他不敢光天化日之下引人非议，也会像他以前惯用的那样，躲在马车中给她一个惊喜。可是当杨容姬真的踏出宫城那高高的门槛时，她不仅没有看见潘岳，也没有看见熟悉的潘家马车。只有一个头戴斗笠、满脸络腮胡子的大叔驾了杨家的马车过来，用马鞭点了点车辕，示意杨容姬上车。

杨容姬此刻满心都是没有看见潘岳的忐忑失望，没有多想什么就坐进了马车里。眼看着那堵曾经以为永不能逃脱的宫墙被渐渐甩在身后，杨容姬轻舒一口气，心中却渐渐浮起了对未来的疑虑不安。

过了这个年，她就二十五岁了。在这个世道上，二十五岁而未嫁的女子已是异数，按照晋朝律令，是要被官府指定人家强制婚配的。可是就算潘岳为了她死死守着他们之前的婚约，她现在这个样子，还能够再嫁给他吗？

或许最好的归宿，是永远女扮男装，在杨氏家族开设的医馆里当一辈子的大夫吧……至于那个已经深深镌刻进她骨髓之中的男子，如果一直不曾出现，或者永远不再出现，对于他们双方未必不是幸事。

只是，哪怕可以下定决心老死不再往来，她还是企盼能再见他一面，哪怕就像上次在郊祭仪仗中，远远地望见一眼也好……一念及此，杨容姬的手不由自主地撩开了车帘，向着车外望去。谁知这一望之下，她不由得大吃了一惊。

因为她乘坐的这辆马车，根本没有往二哥杨歆所住的靖安里方向驶去，反倒拉着她一路向北，眼看着就要驶出洛阳最北面的大夏门了。

“停车，快停车！”杨容姬冲着车夫佝偻的背影唤了几声，那车夫却恍若不闻，几个起落之间，马车已经冲出了洛阳城，向着前方绵延的邙山山脉驶去。

“你再不停车，我就跳下去了！”杨容姬猜测自己遇上了歹人，情急之下喊出了这一句，却并没有真的跳车，只是趁着那车夫用力勒马放缓车速的刹那，一把摘下了那车夫头上的斗笠。

“是你？”虽然还是满脸的胡子，虽然还是刻意佝偻的脊背，可杨容姬一对上那双失去斗笠遮蔽的眼睛，还是在一瞬间失了神。她猛地在那人的肩膀上用力打了一拳，随即转过身用袖子捂住嘴，像个孩子一样呜呜地哭了起来。

“对不起，我……我只想给你一个惊喜……”那车夫慌忙撕去脸上粘贴的假胡子，露出一张俊美无伦的面庞来，正是杨容姬苦寻不见的潘岳。他见杨容姬哭得肩膀都在抽动，似乎是被自己气得不轻，手忙脚乱地蹭到她身边，忙不迭地赔罪：“是我不好，你别生气了。一会儿看看我给你准备了什么礼物。”

“你要带我去哪里？”杨容姬一向不会在一件事上刻意纠缠，见潘岳温言软语地道歉，便拭了泪看着他问。

“洛阳城里人多眼杂，我只想找个清静地方好好看看你。”潘岳语气温柔，眉梢眼角都是笑意。

杨容姬娇羞地点了点头，任凭潘岳继续驾车，来到了一处幽静无人的树林边缘。他们走下马车进入林中,但觉初冬的空气凛冽清爽,头顶鸟雀的叫声清脆深远,竟是多年来难得享受到的自由天地。不知不觉间,潘岳伸手握住了杨容姬微凉的手指,两个人十指相扣凝眸对望了好一阵子,这才觉察出自己的痴傻,不约而同地一起笑了起来。

"你瘦了好多,宫中的日子过得不好是吗?"潘岳轻轻摸了摸杨容姬清瘦的脸颊,想起她一个世家千金沦落到宫中为奴为婢,不禁怜惜不已,"你放心,以后我绝不会再让你吃一点苦。"

"你也受苦了……"杨容姬骤然想起郊祭那日,他被天子呵斥跪在地上待罪的情景,心中又泛起熟悉的绞痛,话说到一半便哽咽地再也发不出声音。

"我没事。倒是你,脸色这么苍白。回头娶你进了门,一定要好好给你补一补。"潘岳说到这里,见杨容姬陡然垂下眼去,扣在掌心中的手指也倏然撤回,以为她心生娇羞,不由笑道,"潘杨两家已经商量好了,只等天下为皇后举哀的日子一过,我们马上就成亲。"

见杨容姬还是默不作声,潘岳便从袖子里掏出一块手帕,打开现出里面包裹的一样东西:"看看这是什么?"

杨容姬的视线落进他的掌心,发现又是一只潘岳擅长雕刻的小鸭子。不过这次这个不像鸭子,倒更像是——

"大雁?"杨容姬猜测。

"是大雁,不过看来还不够像。"潘岳苦恼地端详了一下手中的水果大雁,"婚礼之时必行授雁之礼。我原本想若是真的能雕好,就不用真雁。如今看来手艺不精,只能放弃了。"

婚礼贽礼用雁,就是取大雁一生一世只有一个伴侣、夫唱妇随、生死相依之意。杨容姬明白这一点,不忍再看潘岳认真的模样,终于忍不住道:"檀郎,我有一件事情必须告诉你。你听完之后,就算不肯娶我,我也不会怨你。"

“不会的!”潘岳不假思索地回应。杨容姬入宫近两年,这两年中发生过什么他无法猜测。可是他却知道,现在的她活生生地站在他面前,什么都不可能再阻碍他们成为夫妻。

杨容姬苦笑了一下。她知道就算自己真的在宫中失去了贞操,潘岳也绝不会因此拒绝自己。可是她此刻面临的情况,却更为严重得多。“檀郎,我在宫中的时候……生过病,一直气血不足癸水不调,怕是……怕是以后很难有孩子了……”杨容姬一闭眼,终于把缠绕自己多时的心病吐露出来。她没有提自己的病是由于那次帮胡芳清除子母珠而导致水银中毒,因为不论起因为何,日后她必将很难为潘岳生儿育女。而“不孝有三,无后为大”,到那个时候,就算潘岳安之若素,只怕也有无数人给他们施加压力,要潘岳为了宗嗣而纳妾了。

听到杨容姬的话,潘岳仿佛被吓住了,愣了好一阵没有开口。杨容姬心中微冷,低下头就想往外走,却被潘岳一把揽进了怀中。“对不起,我不知道你竟然受了那么多折磨……我,我好心痛……”他抓起她的手按在自己的胸膛上,让她感受着他从心底散发的激烈决心,“你要我发誓吗?”他看着她的眼睛,定定地问,“我现在就可以发誓,潘岳这一生只娶杨容姬一人,平生绝不二色,绝不纳妾,只有我们两个白头偕老。阿容,你相信我吗?”

“我信,我信……”眼看他果真举起手要发下毒誓,杨容姬一把将潘岳的手臂拽了下来,含泪笑道,“好好的咒自己做什么!要是你真有什么三长两短,我以后可怎么办?”

“孙登师父早就说过,只要你活着,我就不会死。可见我们就是天造地设的一对儿,生必同衾死必同穴。”潘岳就势紧紧地搂住她,展颜笑道,“至于子嗣,你根本不用担心。潘家也算大族,就算你的身子调理不好,日后从子侄辈过继一个孩子也就是了。你看桃符就是过继的,除了亲生父母,平白还多了一对父母疼爱,哪里不好了?”

“可是……”杨容姬还想挣扎。

“没有什么可是。”潘岳将杨容姬紧紧地拥在怀中，指着树梢上一对追逐跳跃的小鸟道，“其实，就算只有我们两个，生活也可以很完满。等过了几十年，你是头发花白的老太太，我是眼瞎耳背的老头子，只要你到时候不嫌弃我老头子蠢笨聒噪就好了。”

“就算你变成了老头子，也是世上最好看的老头子。”杨容姬见潘岳笑得眉眼弯弯，仿佛一个大孩子般调皮可爱，终于“扑哧”一声笑了出来，将头埋在潘岳的胸膛里再也不肯抬起。两个人就这样紧紧相拥在寂静的树林之中，只觉洒在身侧的阳光都如同金子一般熠熠生辉，让他们窒塞了多年的心终于通透敞亮。而他们的将来，终于可以像那两棵紧紧缠绕在一起的大树一样，一生一世再不分离。

皇后杨艳的死成全了潘岳与杨容姬的姻缘，也成全了另一家人的富贵，那就是杨艳的叔父杨骏一家。

为了杜绝贵嫔胡芳成为皇后的可能性，弥留之际的杨艳抓住司马炎的手，要他答应册立自己的堂妹杨芷为皇后。杨芷年少貌美，性格又温婉可人。杨艳想来想去，这实在是保全自己身后哀荣和太子地位的最佳人选。

面对发妻最后的请求，天子司马炎含泪答应。虽然按照礼制司马炎也需要为杨艳服丧一年后才可以册立新后，但朝廷已经降旨将杨芷的父亲杨骏从高陆县令任上调回洛阳，升任为镇军将军，杨芷即将成为新皇后的事情便成了公开的秘密。

想到女儿即将成为新皇后，最兴奋的人莫过于杨芷的母亲庞氏。从听到消息的那一刻起，庞氏就笑得合不拢嘴，颠颠儿地跑到女儿的闺房，向她通报这个天大的好消息。

“什么？我当皇后？”正在窗边看着一枚华胜发呆的杨芷似乎没有听

清楚母亲的话,呆呆地重复了一句,“为什么?”

“什么为什么,这可是天大的恩典。除了我的女儿,谁还有这样一步登天的福气?”庞氏喜滋滋地转着圈,手舞足蹈。

“那……潘家呢?”杨芷忽然问。

“什么潘家?”庞氏愣了愣,这才反应过来,“上次你二哥杨禹去潘家提亲,幸亏潘岳没答应。哼,我女儿是大富大贵的命,他们潘家门第又不高,哪里消受得起!”

见杨芷只是死死攥着手心中的华胜不说话,庞氏忽然一把将那金箔镂刻的华胜夺了过来。她见上面镌刻的乃是一个驾车的年轻男子,便狠狠将那华胜一掰,从窗户扔了出去:“别以为你的心思我不知道。不过你还是收了心吧。等以后你进了宫母仪天下,这种幼稚的念头更是提都不能再提,知道了吗?”

杨芷一向性格软弱,被母亲这么一斥责,只能含泪点了点头。她虽然没有再说什么,但接下来的日子里茶饭不思、渐渐消瘦,到最后竟衰弱得连下床的力气都没有了。

等到杨芷之父杨骏从高陆县欢天喜地地回到洛阳家中时,见宝贝女儿病成了这副模样,不由得大惊失色。他知道杨氏一门未来的荣华富贵都寄托在这个女儿身上,连忙叫来妻子庞氏,责怪她没有好好照顾杨芷。

庞氏将女儿的心病告诉了杨骏,将杨骏唬得一跳:“这件事千万不能外传,要是被人知道,我们一家还能活命吗?”

“我哪里敢声张,只能请医用药罢了。”庞氏无奈,“要不老爷去劝一劝她?”

杨骏又哪里会劝怀春少女,只能左一句“现在也不知多少人在嫉妒我们杨家,千万不能让人抓住一点把柄”,右一句“保重身体,等着日后尽享荣华富贵”。他说得口干舌燥,杨芷却只是木头人一样病恹恹地躺在床上，也不知道听进去了多少。

杨骏无法，却又知道杨芷的心事不能外传，甚至连自家人都不敢点破。他和弟弟杨珧、杨济商量了一下，还是决定在洛阳城内广求名医，为女儿治病。

大夫流水价来了不少，却对杨芷的情况无能为力。眼看着女儿一天天枯萎下去，杨骏正急得无法，忽听仆从禀告，有人奉琅琊王之命前来为小姐看诊。

杨骏一听，连忙让仆人将来客引入府中。出乎他意料的是，来人并非大夫，而是一个身穿绛红纱袍、俊美飘逸的年轻术士。

“五斗米道金真天师孙秀，拜见杨将军。”孙秀见杨骏面带狐疑，施礼笑道，“早听琅琊王提起杨将军风采，今日一见，果然名不虚传。”这些年来司马伦虽然刻意结交后族杨氏，礼物送了不少，却多是送给杨家最杰出的人物杨珧和杨济。杨骏虽然是杨珧、杨济的兄长，但才干平庸，仕途不畅，若非杨济、杨珧没有适龄的女儿备嫁，只怕一辈子都没有出头之日。不过如今杨骏今非昔比，孙秀少不得改变策略，热心笼络。而替杨骏即将成为新皇后的女儿治病，无疑是一个最好的契机。

“五斗米道？”杨骏皱了皱眉，并不清楚这个道派和其他术士有什么区别。他上下打量了一下孙秀，试探道：“看天师的样子是个有法术的，不知可会呼风唤雨、役使鬼神？”

“呼风唤雨、役使鬼神也未尝不可。不过在下今日前来，是专为小姐治病的。”孙秀说着自负地一笑，大有天下之事尽在掌控之势。

“哦，那你且说说，怎样才能治好我女儿的病？”杨骏见孙秀仪容秀美，飘飘然有神仙之姿，心里先就信了三分。反正他此刻死马当活马医，药石既然无灵，也不妨试试法术。

“在下只需要杨将军给我准备一支蜡烛，让我和小姐在房内单独待上一个时辰即可。”孙秀见杨骏面露疑虑，了然一笑，“杨将军放心，在下知道杨小姐的身份，若是敢动小姐一根头发，杨将军只管将我碎尸万段。”

“看在你是琅琊王推荐的分儿上,我权且信你一次。”杨骏吩咐下人给孙秀送来一支蜡烛，又将他引往后宅杨芷的住处。他想想仍不放心，便让妻子庞氏躲在杨芷房门外,悉心听取里面的动静。

杨芷此刻仍是毫无生气地斜靠在软榻上，目光无神地盯着窗外随风摆动的枝条，就仿佛她的生命随时都会随着枝头的叶片一样飘摇凋零。孙秀略通医理,摸了摸杨芷的脉象只是体虚,并无其他病症,越发坐实了心中猜测——未来皇后的这场病,果然只是心病。只是这心病杨家人讳莫如深,自己也必须装作一无所知,否则只怕会招来无穷后患。

虽然知道杨家人正在门外偷听,孙秀倒也不惧。他点燃了那支蜡烛,将它举到杨芷的面前,用只有他和杨芷能听见的声音轻声道:“来,看着这蜡烛,它会帮你实现一切愿望。”

杨芷原本以为孙秀只是新来的大夫,对他的到来毫不理会。此刻听到他最后一句话,她涣散的眼神骤然一凝,果然慢慢地将视线落在了眼前的烛焰之上。

“告诉我,你的愿望是什么?”孙秀的声音忽然变得柔韧而魅惑,仿佛从碧落黄泉中传来的一缕幽魂，锲而不舍地缠绕在杨芷耳边,“告诉我，我就可以帮你实现愿望。”

杨芷定定地盯着烛焰,刚开始还想要逃开这炫目的光亮,但那橘色的火焰一圈圈地扩散进了她的整个世界，让她仿佛沉进深潭一般挣脱不开。耳边那个诱惑的声音还在一遍遍回响:“说出来,你就可以不必承担这份苦楚。想想看,凭什么只让你一个人受苦呢? 这多不公平……”这句话触到了杨芷心底的伤痛,泪水霎时从她大睁的眼睛里滚滚而落,而一直死死咬住的嘴唇也终于张开，从心底深处叹息般吐出两个字来：“檀郎……”

孙秀举着蜡烛的手一抖，一滴滚烫的蜡油滴在了他的手背上，而他却仿佛毫无知觉。一种得来全不费工夫的狂喜从他心中升起，让他不得不拼命克制，才能保证语速的平稳："告诉我，檀郎怎么了？"

"我，我只想再见檀郎一面，一面就足够了。"杨芷一旦开了口，就仿佛坚固的堤坝开了闸门，心底的想法顿时与眼泪一起汹涌而出，"他不肯娶我，我原本该忘了他的。可是我忘不了，白天夜里想的都是他。原本我还可以等他回心转意，可是很快我就要进宫了，一辈子都不能再见檀郎了。一想到这里，我就觉得还活着做什么……"

孙秀静静地观察着烛焰后杨芷憔悴的脸，还有每次提到"檀郎"两个字时她脸上骤然散发的光辉。终于等杨芷发泄完了，孙秀才默默放开将大腿掐得青紫的手指，继续用不可抵御的魅惑声音道："我可以帮你见檀郎一面，可你怎么报答我呢？"

"真的……可以再见檀郎吗？"由于太过激动，杨芷的声音一下子哽在喉中。

"可以，现在就可以。"孙秀微笑道，"不过，你以后要听从我的吩咐，明白吗？"

"我听，我什么都听。"杨芷原本性格就懦弱依赖，此刻无论孙秀说什么她都会一口答应。"檀郎呢，他在哪里？你现在就带我去见他！"情急之下，她一掀身上薄被就要翻身下榻，却又像想起了什么重新蜷缩起了身子，"不行，不行，我现在这么丑，怎么还能去见他？"说着她心中又急又苦，忍不住又呜呜哭了起来。

"小姐不必着急，我这是让你们魂魄相会。不论肉身怎么变化，魂魄都不会变的。"孙秀耐下性子半哄半劝，成功地让杨芷再次注视着手中燃烧了一半的蜡烛，"看见火苗最深处的蓝色焰心了吗？对，看进去，看进去……然后你的魂魄就会脱离肉身，进入火焰的虚空中与檀郎相会……"

杨骏处理了几份公事，惦记女儿的情况，又心神不宁地转回了后宅。

“里面怎么样？”见妻子庞氏还趴在门缝边张望，杨骏忍不住小声问。

庞氏摇了摇头。她守在女儿门外，自始至终只看见孙秀举着蜡烛和杨芷说话，可惜说的话没有一个字能听得清。眼看一支蜡烛堪堪烧尽，孙秀揭开手上的蜡油站起身来。杨骏和庞氏正想躲开，孙秀已经一把拉开了房门。

“可以了，两位请进吧。”孙秀似乎有些疲惫，脸色比刚来时苍白了一些。

庞氏担心女儿，赶紧三步并作两步跑到了杨芷床前，才发现杨芷斜斜倚在靠枕上，呼吸匀称，已经睡熟了。

“小姐身体里的病气已经被小道做法驱走了，将军和将军夫人只管放心。小姐再将养几日，必定痊愈。”孙秀拂了拂衣襟，朝杨骏和庞氏拱手。

杨骏凑到庞氏身边，细细观察着熟睡的杨芷。此刻那少女的额头上有薄薄的细汗，脸颊上浮着一层红晕，嘴角还带着一丝稚气的笑意，与先前那病恹恹的模样简直判若两人。杨骏心中大喜，转身朝孙秀施礼道：“天师对小女的救命之恩，杨骏实在不知该如何报答。”

“琅琊王一向仰慕杨将军的风采为人，孙秀身为琅琊王属下，为小姐看诊乃分内之事，杨将军不必介怀。”孙秀十分清楚自己的来意，刻意将司马伦的头衔重新提起。他转身正要离开，熟睡中的杨芷却仿佛有所感知，蓦地睁开眼睛唤了一声：“别走……”

“小姐不必惊慌，好好养病就是。”孙秀折回身，哂然笑道，“待到小姐成为天下共主说一不二之时，小道还有一份大礼相赠。”

“那……你千万不要忘了。”杨芷睁着小鹿般天真的眼睛，忐忑地叮嘱。

“小姐是未来的皇后，孙秀怎敢欺瞒。”孙秀哄道，“那时候若是不满意小道的礼物，皇后陛下只管砍了小道的脑袋就是。”说着，他举起手掌，在自己脖子上轻轻砍了一记。

“那也要我当得上皇后……”杨芷说到这里娇羞满面，转过身不再理睬孙秀了。

杨骏和庞氏相视而笑，知道女儿终于开了窍，杨家的满门富贵也终于有了保证。杨骏虽然觉得孙秀“天下共主”的说法用在皇后身上似乎并不贴切，但满心感激之下也无心追问，亲自将孙秀送到杨府门口，郑重地道：“烦请转告琅琊王，这份恩情，杨骏心中记下了，日后必定想方设法请琅琊王还京。”

“那孙秀就代我家王爷多谢杨将军了。”孙秀一笑，朝杨骏毕恭毕敬地施了一礼，告辞离开。

“天师，依您的本事，这洛阳城中哪个王公贵戚不会倾心接纳，为什么一定要绑在琅琊王身上呢？”一直走出很远，孙秀身边的心腹道徒张林不解地问。

“以后要是再提这种话，小心我对你不客气！”孙秀抿了抿薄唇，眼中闪过一丝冷诮。他当然知道琅琊王司马伦智慧不足、颟顸有余，想要从一个闲散宗室爬上权力巅峰路途遥远艰难。可是除了司马伦，还有谁会对他一介草民如此言听计从？若是他转而投靠了洛阳城中的某个权贵，就算为对方出谋划策、鞠躬尽瘁，只怕地位还是比不过一个游手好闲的世家子弟。在这个士族与庶族泾渭分明的天子脚下，他孙秀想要出人头地，唯一的办法只能是剑走偏锋。

“对了，方才刚得了一个消息，天师不妨听一听。”见孙秀没有继续怪罪，张林连忙知趣地转换了话题，“半月之后，潘岳要正式迎娶杨家小姐为妻，届时齐王也会亲临致贺。”

孙秀蓦地停住了脚步。“潘岳？齐王？”他皱起了眉头，眼中一瞬间流转过无数情绪，最终冷冷一笑，“还有半个月，那已经足够准备一场大戏了。”

“天师的意思是，让潘岳娶不成亲？”张林疑惑地请教。

“潘岳是否成亲，无关大局。”孙秀抬头望了望洛阳天空下鳞次栉比的飞檐斗拱，掩饰住心底满溢的恼恨与嫉妒，尽量冷漠地道，“我们为琅琊王办事，要做的自然是除掉琅琊王的宿敌。”

“那天师是打算刺杀齐王？”张林一拍脑袋，作恍然大悟状。

“光杀死齐王有什么用，琅琊王还是没有上位的机会。”孙秀的嘴角噙起一股莫测笑意，“你说，被压在石头下的种子想要发芽长大，唯一的办法是什么？”

“是什么？”张林茫然。

“当然是要把那块石头撕裂！只有上面有了裂缝，下面才有往上攀爬的机会！而齐王，正是可以让整个朝廷四分五裂的关键！”孙秀一字一句地说到这里，忽然哈哈一笑，大步往前走去。他绛红色的衣袍在洛阳城青灰色的街道上飘过，就仿佛落入树林间的一朵火星。谁也不曾预料，这星星之火，终有一天燎遍了整个洛阳，直至蔓延天下。

第 十 二 章

婚　　礼

欢携手以偕老，庶报德之有邻。

——潘岳

潘岳与杨容姬即将成亲的消息恍如一只飞鸟，越过宫城高耸厚重的围墙，最终落在了太子妃贾南风的耳畔。

“哐当”一声，贾南风随手扔出了手中的一只白玉羽觞，正中殿侧装饰用的漆金长戟，刹那间碎玉与酒液四溅，吓得周遭侍奉的宫女和内侍齐齐跪下待罪。

“太子呢？”贾南风压抑着怒气问。

“启禀太子妃，太子到明光殿去为元皇后守灵去了。”一个宫人战战兢兢地回禀。

“元”是刚刚薨逝的皇后杨艳的谥号。杨艳死后，太子司马衷常常前往明光殿悼念，贾南风便乐得在东宫清静度日。此番她找不到太子发作，便让宫女重新换了一只新羽觞来，重新倒满了今年新供的鹤鸣春醪，举在唇边细细啜饮。虽说此刻是贾南风为婆母元皇后杨艳服齐衰之时，按礼制不得饮酒，但东宫乃是贾南风的天下，宫中诸人根本不敢置喙。

鹤鸣春醪乃是洛阳名酒，洛阳权贵出郡登藩无不携带此酒同行，因此美名传于天下。然而此刻贾南风饮着这美酒甘霖，入口却觉得辛辣烧灼，就仿佛那精美华贵的白玉羽觞中，盛着的都是她心中积累多年却倾倒不出的苦水。

她想起多年以前的洛水边,她第一次看到了那个挺拔如玉树、皎洁如皓月的男子。那个时候,所有的女子都围绕在他的马车前,将手中的鲜花和水果扔进他的马车,只希望他黑而清的眼眸能够轻轻转过来看上自己一眼。在这烈火烹油一般的热烈气氛中,始终只有一个女子置身事外。那个女子站在青绫搭建的步障之中,只往外看了一眼就淡漠地走了回去,仿佛一只不屑于与鸟雀争食的倨傲凤鸟。

贾南风知道,就是从那个时候,她深深地恨上了杨容姬。她恨这个女子不费吹灰之力就占据了所有人求之不得的檀郎。而她更恨的是,杨容姬明明撞了天大的好运,面上却依然一副云淡风轻、坦然受纳的宁定模样。

面对潘岳矢志不渝的深情,杨容姬越是平静,贾南风就越是恼恨。她幻想着有一天能撕下杨容姬从容自矜的伪装,看着她和其他女子一样深深体会到求而不得的痛苦,辗转难眠,忧思落泪。就算潘岳终于会娶一个女子为妻,那个女子也绝不应该是杨容姬。

为了这点恨意,贾南风可谓煞费苦心,直至设计将杨容姬选入后宫,彻底断绝她与潘岳的联系。可是谁又知道杨容姬明明已经陷入死局,却依然能死中求活,逃出生天,直到今日名正言顺地成为潘岳的正妻。

这样的结果,固然让贾南风恼羞成怒,也让她深刻地意识到自己失败的根源。如果她能压得住杨艳斗得过胡芳,如果她能掌握更大的权力,也许一切结果都不会是现在这个样……

“太子驾到!”贾南风正在出神,忽听门外有人高声宣示。她还没有放下手中的羽觞,太子司马衷就兴冲冲地跑了进来,口中一迭声地叫道:“太子妃最聪明,这个问题问太子妃准没错!”

“太子?”贾南风疑惑地迎上去,看见司马衷白白胖胖的脸上蒙着一层油汗,脸颊也晒得有些发红,当即朝司马衷身后的内侍呵斥道,“我说太子怎么又去明光殿守灵了,原来是你们这帮混账东西又撺掇太子出去玩了！要是被大臣们抓住把柄，看我不揭了你们的皮！”

“你猜猜，我刚才看见什么了？”司马衷仿佛根本没听见贾南风的训斥，只是抓着她的袖子迫不及待地道，“我刚才在华林园里看到了几只蛤蟆！咕——呱，咕——呱，叫得可欢了！”刚兴致勃勃地叫了几声，司马衷又挠了挠头皮苦恼地道，“不过我不知道，那些蛤蟆是官家的呢，还是私人的呢？”

贾南风知道自己丈夫心智不高，懒得和他多费唇舌，只随口问垂头侍立在司马衷身后的几个常侍：“你们是怎么回答太子的？”

太子妃问话，内侍们不敢不答。于是一个内侍大着胆子道：“小人当时回禀太子的是‘在官地为官，在私地为私’。”

“你答得不错，太子——”贾南风刚想敷衍两句，眼角余光一晃，眼睛顿时如被尖针刺痛，让她瞬间睁大了眼睛：“什么人，出来！”

“奴婢见过太子妃……”被贾南风这么厉声一吼，原本躲在侍从身后的一个妙龄女子战战兢兢地走了出来，向贾南风行礼。她穿着一身宫女的装束，容貌清秀可人，此刻因为紧张浑身发抖，更加显得楚楚可怜。

“哦，她叫承珠，是母后宫里的宫女。”见贾南风满脸戾色，司马衷连忙赔笑着过来打圆场，伸手把那小美人扶了起来，“母后还在的时候就答应把她赐给我，所以这次我把她带回东宫来了。”

贾南风没有说话，眼光缓缓扫过承珠明显凸起的小腹，又看了看司马衷脸上猥琐的笑容。她忽然觉得眼前有些眩晕，方才因为潘岳成亲而喝下的闷酒也在这一刻发作起来，噎得她昏沉欲呕。她用袖子捂住嘴，忽然哈哈笑了起来。

“太子妃，你怎么了？”见贾南风笑得身子乱颤，眼角都沁出了泪珠，司马衷张开双臂就想抱住她，口中喜道，“怎么，你也看出来了？父皇老是嫌我没有生儿子，这下我就快要有儿子了！他可是我第一个儿子啊！”

“看出来了，早就看出来了。”贾南风用袖子蒙住脸，笑得不可遏抑。

她觉得自己真是一个笑话，枉自从小自视甚高，处处经营，到头来却什么都没有得到。如今不仅杨容姬就要心满意足地嫁给潘岳，连这蠢笨如牛的太子司马衷居然也背地里拈花惹草。太子长子的位子眼看就要被别人夺走，那她牺牲了自己关到这不见天日的深宫里来，苦心孤诣地伺候这个愚蠢痴顽的男人又是为了什么？

“你别笑了，帮我想想给承珠封个什么封号呢？是美人，还是宝林？不对，好像只有天子的嫔妃才能封美人……”司马衷正被后宫中这些烦琐的位份名目弄得头昏脑涨，却不妨贾南风一把将他推到一边，自顾走到殿侧，抄起了放置在那里作为装饰的漆金长戟。

当手指握住那冰凉的髹漆木柄时，贾南风忽然觉得自己狂乱的心渐渐安定下来。她忽然明白了母亲郭槐当年活活鞭死弟弟乳母时的心情，那种被背叛被愚弄的恨意如同雨后的蛛网般疯狂生长，一层一层，足以蒙蔽住她的眼耳口鼻，让她无法呼吸无法思考，唯一能做的，是用尽全力地挥出手中的武器。

既然什么都没有了，她还害怕什么呢？贾南风冷冷一笑，横过一人来高的长戟，猛地朝承珠孕相显著的肚腹之上击去。

眼看长戟打来，承珠惊叫一声，下意识地往旁边闪躲：“太子救我！”

太子救你，可谁又来救我？贾南风一击落空，心中酸苦尽数化为暴戾，“啪——”又是一记长戟挥下。这一次她将承珠逼到了角落之中，长戟扫过太子司马衷阻拦的手指，终于落在了承珠柔软的跳动的肚腹上。

承珠踉跄着往后退了一步，随即被冻僵了一般站在原地，脸色白得像刚刚入贡的新纸。静默了一会儿，一个血淋淋的刚刚成形的胎儿从她的长裙里滚了出来，如同一摊软泥坠落在地上。承珠低头看了一眼，口中忽然爆发出一阵不似人声的尖叫，倒在了地上。

“怎么会这样，怎么会这样？”司马衷虽然心疼，但因一向害怕贾南风，并不敢斥责，只能无奈地搓着手，语无伦次地满地转圈，“怎么办？怎么办？”

“还要怎么办，都拖出去埋了！谁要是敢把这件事声张出去，我要了他的命！”贾南风压下心头的恐慌，一把抛开长戟，眼风扫过殿内呆若木鸡的众人，色厉内荏地吩咐。仓皇离开前，她偷偷瞟了一眼倒在地上生死不知的承珠，看见鲜血还在汩汩地从她下身涌出，将一条青色纱裙染了个通透。那个颜色，倒和新郎婚服中纁色的下裳有七八分相似。

玄衣纁裳，爵弁赤舄，这套早已准备了多年的婚服，如今终于穿在了潘岳的身上。而这一年，他已经二十七岁，距离与杨容姬定亲之日足足过去了十五年。

“安仁这副打扮，端的是人中龙凤。若我是女子，别说等十五年，就是五十年我也等了。”作为傧相之一的韩寿看着侍女给潘岳穿戴好衣冠，端详着他打趣道。

潘岳对着韩寿拿来的镜子照了照，见镜中的自己熠熠生光，眉梢眼角都是掩藏不了的笑意。十五年了，这中间经历了各种艰难困苦，但更多的还是无形却磨人的绵长等待。如今终于等到了迎娶杨容姬的日子，憧憬多年的幸福触手可得，可潘岳心中却依然藏着小小的忐忑。毕竟在他们的姻缘中，出现过太多未曾预料过的阻碍。除非他真真切切地将杨容姬接进家门，与她行过同牢沃盥、合卺撤馔的成婚礼仪，他那颗悬在胸中多年的心才能真正放回实处。

“现在是什么时辰了？”再次整理了一下衣领和敝膝，潘岳望着外面的天色问道。

“就知道你等不及了，我们马上就出发去迎亲！”韩寿和夏侯湛等傧相一边说笑，一边簇拥着潘岳往外走。按照礼制，新郎应该与傧相前往新娘家中亲迎新娘。此刻杨容姬就住在同在洛阳的二哥杨歆家中，就连岳父杨肇也专程从荥阳老家赶来，亲自为女儿送嫁。

一行人刚出了潘岳房门,就见院子里忽然多了十几个人,抬着七八个沉甸甸的箱子放在地上。潘岳的大哥潘释则拿着一份礼单,疑惑地走过来问道:“檀奴,你有什么朋友如此豪阔,竟送了如此重礼?”

潘岳接过礼单匆匆一瞥,只见上面写道:“彩缎五十匹,蜀锦五十匹,金杯两对,白璧两对,珍珠两斛,同心雀钿一具,黄金步摇一具,七宝鹧鸪枕两个,七彩文绮被一床,绛罗四幅被一床,海兽双凤镜一面……”还没等他将这冗长的礼单看完,一个送礼的仆人就走上来行礼,笑道:“这些都是我家主人送给潘郎君和新婚夫人的。我家主人说了,唯愿潘杨和睦,白头偕老。他身为太守有守土之责,不能亲自前来履行当年之约,还望潘郎君恕罪。”

“你家主人究竟是谁?出手竟然如此豪阔?”见潘岳一副了然模样,韩寿忍不住追问。

“我家主人现任城阳太守,名讳上石下崇。”那仆人说完,又恭恭敬敬行礼,“小人差事已经办完,不敢再耽搁潘郎君,就此告退。”

“原来是石崇!”韩寿恍然之后随即惑然,“安仁,看不出你和他居然有这么深的交情。你们当年约定了什么,他竟要花费重金前来赔罪?”

潘岳没有回答,心中却想起了当初杨容姬一家从荆州被押赴洛阳时,遭遇石崇手下盗贼劫掠之事。那时候石崇为表歉意,许诺要在他们的婚礼时亲自送礼赔罪。如今他果真送上了一份厚礼,只是这些礼物的价值大大超过了他担任太守的俸禄,想必仍然是他手下盗匪打家劫舍来的。想到这里,潘岳叫住那送礼的仆人,正色道:“告诉你家主人,他的好意潘岳心领了。只是这些礼物太过贵重,潘岳愧不敢收,请你们都拿回去吧。”

“潘郎君,这……”那仆人见潘岳不收,吓得赶紧跑过来拦在潘岳身前,打躬作揖,“潘郎君若是不收,小人回去可怎么跟主人交代?”见潘岳绕过他要走,其他送礼的仆人也赶紧过来阻拦,七嘴八舌地哀求道,“主人临行之前就特地吩咐小的们，一定要把礼物送到，否则……”

“好了，别在这里聒噪了，这礼我替檀郎收下了。”潘岳正被缠得无法，忽听大门处有人开口。他寻声一望，不禁又惊又喜：“桃符，你怎么也来了？”

此刻站在潘府门口的，正是齐王司马攸。他身穿便服，身后除了长史温裕，只有区区两个侍从，望之便如寻常的士人子弟一般。潘岳知道潘杨两家并非显赫门第，司马攸以齐王之尊不便莅临婚礼，因此并没有奢望司马攸的到来。此刻见司马攸如此打扮，已然明了他隐藏形迹的心思，因此与韩寿、夏侯湛一起和司马攸见了礼，却并没有点破他的身份。

“石崇无赖，你若是不收他的礼物，以后还不知怎么缠着你呢。”司马攸打发了那群石家家仆，笑着拉起潘岳的手往外走，“赶紧去杨家迎亲吧，耽搁了时辰可就不好了。”

“齐王府内线的消息果然准确，齐王真的微服来为潘岳贺喜了。”潘家对面的一座小楼上，凭窗张望的五斗米道祭酒张林喜上眉梢，“看来天师的计划，必定万无一失！”

“还要看那胡奴的箭法如何。”坐在张林身后的金真天师孙秀一口饮干杯中的酒水，慢慢踱到了张林身边。

“天师放心，那胡奴是属下亲自挑选的，不仅箭法出众，还对我们五斗米道忠心耿耿。”张林指着楼下看热闹的人群中一个高鼻深目、身材魁梧的胡人，交给孙秀一面小红旗，“只要天师摇动这面小旗，那胡奴就会发箭，保证射中潘岳。”

孙秀握紧了那面小旗，没有说话，目光却紧紧盯住了从潘家大门内走出来的一行人，而目光的焦点，自然牢牢地黏在了一身新郎华服的潘岳身上。孙秀记得，八年前自己在琅琊国的开阳城中第一次见到潘岳，依稀也是现在的情景——他隐藏在街边不起眼的小楼上，而他则置身于层层叠叠的人群之中。他的目光中只有他，可他却连他的存在都不会感知。

八年过去了，这八年间潘岳似乎并没有什么变化，反倒更加声名远扬、容光焕发，而他孙秀呢，却已经从清心寡欲的修仙之人变成了利欲熏心、不择手段的贪婪恶鬼。对于自己的堕落，孙秀心知肚明，却毫不后悔。他隐隐明白了梦中潘岳驮着他直上青云君临洛阳的暗示——如果不是被潘岳的决绝激发了他对权力的欲望，只怕他现在还蜗居在琅琊的穷乡僻壤，满足于愚夫愚妇们的称颂膜拜，却永远体会不到在刀山上攀爬时的艰险与快意，更领略不到未来刀峰之巅主宰万物的豪迈和霸气。

是潘岳，为他打开了人生新的大门；也是潘岳，给了他拼命奔跑追逐的动力。说起来，他究竟应该是恨他多一些，还是感谢他多一些呢？

“天师，现在动手吗？”眼看潘岳就要登上迎亲的马车，孙秀手中所握的小红旗却一动不动，张林有些焦急地小声提醒。

孙秀的手一抖，红旗略略一抬，旋即又垂落下去。“下去给那胡奴传话，等他们迎亲回来之时再动手。而且目标从潘岳变成齐王司马攸。”

“天师是担心射死了潘岳不好向琅琊王交代吗？”面对骤然更改的计划，张林有些不知所措，“那个胡奴下手会有分寸的，再说只有伤了潘岳，才能激起齐王的怒气不是吗？”

“按我的吩咐做！”孙秀低吼了一声，吓得张林不敢再辩，匆匆下楼向那匈奴射手交代去了。

孙秀没有理会张林，眼睛只是死死盯住潘岳乘坐的那辆马车，看着马车劈开围观的人群，向着华灯初上的洛阳靖安里驶去。他怎么可能告诉张林，筹谋多日的计划之所以一瞬改变，一切只是因为八年之后，他再度看见了潘岳的身影。说来也奇怪，在这八年中他日日夜夜痛恨于潘岳带给他的痛苦与羞辱，恨不得将他千刀万剐以泄心头之恨。可是如今他真的看见了他，手中那面小红旗就刹那间重若千钧，让他无论如何也无法下令将利箭射进那具完美的躯体。

遵循古制，潘杨两家的婚礼在黄昏时刻举行。当潘岳从岳父杨肇手中接过杨容姬的手，拉着她缓缓走进自己的迎娶的马车时，他恍然觉得暮色四合的洛阳城一瞬间明亮起来。过去十五年中死亡的威胁、杨家的大变、宫墙的阻隔，还有他被天子和士族屡屡打压的仕途都变得模糊而轻飘起来，只有他手中牵着的这只柔软温润的手是真切的实在的。它感应到他手中磐石一般的坚定，便暗暗回报以蒲苇一般绵长不绝的柔韧。从此以后，他们牵着的双手将永远不会分开，宠辱不惊，贫贱不移，生死不顾，安危不惧。

“我带你回家。”整个身躯里充满的都是感激与欣喜，饶是潘岳平日满腹才华，此刻出口的只是如此平直的话语，没有当世流行的文章中那样华丽的辞藻和繁复的修饰，却让杨容姬一瞬间泪盈于睫。

她轻轻地点了点头，恋恋不舍地放开潘岳的指尖，在伴娘的搀扶下登上了潘家迎亲的马车。马车在杨家的大门口转了三圈，以示新娘眷恋之意，随即马不停蹄地奔向了潘家宅院的方向。

马车的脚程比不上单骑，因此虽然亲自前往杨府迎亲，潘岳和司马攸、夏侯湛等人还是率先骑马回到了潘宅。按照礼制，新郎要在家宅门口缀满灯笼与烛火，等待新娘的马车到达。于是潘岳亲自点亮了一盏盏灯笼，悬挂在大门四周，又将一盏灯笼交到了司马攸手中：“今日委屈桃符了。”

“怎么会委屈？能看到你们有情人终成眷属，我也就放心了。”司马攸看着灯笼的光晕中潘岳的脸如同蒙上了一层珠光，灿然若仙，不由得笑道，“你看山奴都快八岁了。你也赶紧生个女儿，我好赶着给山奴下聘。”

“对呀。安仁的女儿必定姿容绝世，日后求娶之人数不胜数。还是齐王殿下想得周全，这么早早就先定下了。”一旁的韩寿和夏侯湛也兴致勃勃地附和。

潘岳笑了笑，点头敷衍。他不愿扫了司马攸的兴，也不愿将杨容姬的隐疾暴露在众人面前。在他的心底，早已接受了这一生无儿无女的结局。但这是他能够历尽艰辛迎娶杨容姬的代价，他不悔，亦无怨。

说笑之间，忽然一道黑影穿过远处看热闹的人群，猛地朝着潘岳和司马攸所站的方向扑来，吓得站在台阶下的两个齐王府侍卫猛地攥紧了刀柄。平日里齐王出府必定前呼后拥护卫森严，闲杂人等根本无法近前。可今日司马攸为免惊动众人，微服出府参加潘岳的婚礼，连侍卫也只带了区区两名。谁会料到就在这喜庆热闹的婚礼期间，竟会有人意图行刺？

"保护殿下！"两个王府侍卫发一声喊，拔刀就要朝黑影砍下去。那黑影却蓦地一头撞进了潘岳的怀中，几乎将他整个人扑倒在地。

"没事，是许由！"潘岳一把抱住了怀中的黑影，触手蓬松柔软，带着熟悉的温热和气味。他笑着将怀中的黑狗放下，拍了拍它的脑袋举目四望，"许由来参加我的婚礼，那孙登师父大概也在附近了。"然而任他将济济宾客都仔细观察了一遍，也没能发现那个神龙见首不见尾的师父孙登。想起师父并不愿出现在如此热闹嘈杂的场合，潘岳只能作罢，而他脚下的黑狗许由，则早摇着尾巴把他的新郎服嗅了个遍，咧开的大嘴呼呼喘息，就仿佛开怀大笑一般欢喜。

见"刺客"只是一条黑狗，两个侍卫刚刚绷紧的神经顿时松懈下来。他们将刀收入鞘中，重新走回阶下去了。

"这就是孙仙人养的那条黑狗？"司马攸蓦地想起当年自己送潘岳入邙山避祸时的情景，不禁也伸手摸了摸黑狗许由的头，"你看，它脖子上挂着什么？"

潘岳此刻也发现许由的脖子上挂着一个小小的锦囊。他伸手将它摘下，打开一看，里面放着一对鲜红欲滴的灵芝，就仿佛两颗不离不弃的心。

"桃符你看,孙登师父送……"潘岳正要将那对珍贵的灵芝递给司马攸,忽听耳边风声呼啸,让他本能地预感不妙。还没待分辨出来者是何物,身体已经抢先做出了反应——他猛地将司马攸一推,合身扑了过去。只听一声利刃扎入骨肉的闷响,潘岳身子一晃,脚下一软几乎跌倒下去,却被司马攸本能地一把扶住。

满目的烛火之中,司马攸首先看到潘岳手中两朵鲜红的灵芝颓然坠落,而几点鲜红的液体也不知从何处溅来,洒在灵芝旁边的地上。司马攸惊愕地抬起头,蓦地发现潘岳后背上露出了一截带着羽毛的箭杆,不由得心中又痛又怒,朝自己带来的两个贴身侍卫叱道:"还不去追?"

"臣等不敢擅离,以防中了敌人调虎离山之计!"两个侍卫知道刚才那支箭是朝着自家殿下射去的,若非潘岳相救,齐王势必无幸,顿时吓出了一身冷汗。不过他们训练有素,知道我在明敌在暗,而敌人正好把时机选在他们因为黑狗虚惊一场、骤然松懈的当口,可见对方老谋深算,不可小觑。如今他们只能死死守护在司马攸身前,生怕再有暗箭袭来。

"还撑得住吗?我叫人去给你找大夫!"司马攸感觉到潘岳几乎全身的重量都压在了自己手臂上,心中焦急,正要唤一旁呆若木鸡的夏侯湛和韩寿帮忙,潘岳却忽然用力扯了扯他的衣袖,轻声道:"不妨事,殿下切莫声张。"说着,他用力撑住司马攸的手臂,一点点重新站直了身子。

"檀奴……"司马攸想起方才的惊险,声音蓦地哽咽起来,半晌才低低地道,"多谢你。"

潘岳知道他在感谢自己舍身挡箭之事,不由得淡淡一笑:"这么多年从来都是你在救我,如今终于轮到我救你一次,我心里欢喜,你也不必抱歉。"

此刻暮色渐深,潘岳又刻意站在烛火的阴影处,背对着宅院大门挺然而立,因此先前的小小变故虽然惊动了一些远处的宾客,此刻见新郎和众傧相无恙，也渐渐平静下去。只有主持操办婚礼的大哥潘释安顿了一批来宾入席后匆匆往这边走来，显然是听见动静想来查看。潘岳赶紧对护在司马攸身边的一个护卫道：“劳烦……将我背上的箭杆削断。”

“安仁，你这样可不行……”一旁的夏侯湛和韩寿此刻才从震惊中回过神来，正要相劝，司马攸却朝手下的侍卫点了点头。那侍卫运刀如风，眨眼之间已将插在潘岳肩背上的箭杆贴着礼服削断。

“发生什么事了？”此刻潘释已经匆匆跨上台阶，疑惑地盯着潘岳苍白的脸色。

“没什么，是我脚下一滑……将孙登师父送的灵芝踩碎了。”潘岳说着将踩在地上的赤履收回。隐约的烛火中，只能看见破碎的灵芝散落在台阶上，模糊成一片暗红色的泥泞，将地上的血迹完美地遮掩开去。

“新娘的马车即刻就到，你准备好。”潘释没有察觉异状，随口吩咐了一句就匆匆赶去招待宾客了。

“撑得住吗？要不找个大夫私下里看看？”司马攸想将那半截箭杆收在袖中，却被潘岳取了过去。司马攸明白潘岳的心思，此刻一旦闹出刺客出没、新郎受伤的消息，宾客人心惶惶，这场精心策划的婚礼只怕会被迫中断。而这段时间洛阳城内瘟疫渐起，大有愈演愈烈之势，今日若是取消婚礼，或许再定日子就难了。

“不过眨眼工夫，撑得住。”潘岳吃力地俯下身子，将那半截削下来的箭杆给脚下的黑狗许由闻了闻，又轻轻拍了拍它的脑袋，许由便摇了摇尾巴，闪电般冲到远处围观的人群里去了。

从黑狗消失的方向收回目光，潘岳向司马攸和几个好友露出了宽慰的笑容：“没事。阿容懂医术，一会儿让她给我包扎一下就好。”后背上的箭头并未拔出，所以血流得并不多，衬着玄色的元端婚服几乎看不出痕迹。此时此刻，他绝不会让任何事情阻碍了他与杨容姬的婚礼。这场婚礼他已经等了十五年，早已将他煎熬得五内如焚，如今已是连一刻也不想多等了。

“倒是桃符你,快些回去吧。”潘岳忍住脚下的虚浮,想要摆脱司马攸的搀扶,“君子不立危墙之下,那刺客应该是冲着你来的……”

“别说话,看那边!”司马攸忽然示意潘岳看向对面街角。那里原本站着一些看热闹的街坊和行人,可黑狗许由在众人的缝隙中钻了一阵,忽然大声吠叫着冲远处追了下去。

“许由找到刺客了！”潘岳骤然露出了喜色,而司马攸也随即下令,“快去追！”

两个侍卫对望一眼,当即一个留下保护,一个放开腿脚,跟着黑狗追了下去。就在杨容姬乘坐的马车到达潘家宅口之时,躲藏在附近的齐王府大批侍卫已经在温裕的带领下赶到,暗中将潘宅保护得铁桶一般。

“接下来,就要看齐王如何动作了。”站在小楼窗口边的张林看着那个放箭的胡奴被一条硕大黑狗扑倒在地，最终落入了齐王府侍卫们的手中。他轻轻舒了一口气,转头看向一旁的金真天师孙秀,想要请示他们是否可以就此撤离。虽然潘岳为齐王挡箭之事出乎他们的意料,但他们原本只是想激怒司马攸,这样的结果反倒更合心意。

“再等一等。”孙秀摆了摆手,目光却依然盯着楼下的灯火璀璨之处。此刻夜色已深,就算身边傧相挑着一盏灯笼,黑色的婚服还是将潘岳的轮廓与夜色融为一体。唯有一张莹白如玉的脸庞,在灯火照耀下闪烁着动人的容光。

新娘的马车在大门口停稳，伴娘扶着用却扇遮住面容的杨容姬走下车来。金色的步摇在如云的鬓发上反射出炫目的光亮，落在孙秀眼中,便是幸福的高高在上的炫耀。而新郎新娘相视时眉梢眼角掩不住的笑意，更是让孙秀暗暗咬紧了牙关。尽管扇子遮住了新娘的大半面容，孙秀还是看得出潘岳心心念念魂牵梦萦的杨小姐，只是一个面目普通的女子。想起自己还曾经假扮过杨容姬自荐枕席,孙秀只觉胸口上那三道陈年鞭伤又火辣辣地疼了起来，疼得他恨不能挥舞长剑，将脚下这片洋洋喜气砍为齑粉。

“刚才那胡奴的箭明明已经射中了潘岳，怎么他现在看上去像没事人一样？”见潘岳陪在杨容姬身边，护送着她一路走进了潘宅，身姿挺拔步履稳健，张林忍不住奇怪地问，“看来是那胡奴生怕射死了齐王，箭上根本就没有劲道？”

“走。”孙秀没理会张林的聒噪，冷冷抛下一个字，转身离开了小楼。他早已学会了对自己的情绪收放自如，何况这只是计划的开端，真正的大戏还在后面呢。

实际上，刚把杨容姬领进家门，潘岳就眼前一黑几乎摔倒，多亏身边的司马攸及时伸手扶住了他。于是他们借口更衣，没有径直进入举办同牢礼的青庐，而是先进了一间清静的耳房。

一进房间，傧相中的韩寿便一把闩住了房门，而夏侯湛则早已将准备好的绷带伤药等端了上来。在杨容姬的诧异目光中，司马攸扶着潘岳坐在席上，转头朝杨容姬道：“劳烦把箭头取出，再包扎上药。”

看着潘岳婚服下隐藏的狰狞伤口，杨容姬只觉心疼如绞，几乎喘不过气来。但好在她生性坚韧从容，很快便回过神来，一把摘下头上繁复累赘的新娘头饰，接过了夏侯湛在烛火上烤好的小刀。

尽管从少女时代便在荆州军营中为军卒治疗箭伤，但当杨容姬准备挖出潘岳肩背上的箭头时，还是不由自主地心慌意乱，尝试了几次都没能下手。潘岳察觉到她的紧张，松开咬在嘴里的衣袖，低声道：“怎么了，我会死吗？”

“不会……”杨容姬压下哽咽，尽量平静地回答，“刺客或许隔得太远，箭头力度不够，所以入肉不深，没有伤及脏腑。”

“不会死就好。”潘岳故作轻松地笑了笑，“否则就不能和你成亲了，我可不愿意你一嫁过来就做了寡妇。”

“胡说!”杨容姬口中轻嗔一句,手下却蓦地一个用力,顿时将那枚箭头挖了出来。

潘岳眼前一阵乱黑,冷汗顿时如瀑布一般涌出,几乎要把口中所塞的东西咬碎才没有喊出声来。好不容易恢复了神智,他蓦地发现口中血腥浓郁,齿间咬住的竟是司马攸的手掌,不由得大惊失色,几乎要从席上挣起身来:“殿下?”

“不妨事,跟你为我受的伤比算得了什么?”司马攸抽回手,毫不在意地用手帕擦了擦被咬破的皮肉,转眼看向了杨容姬。见杨容姬克服了最初的惊慌,稳重熟练地为潘岳的伤口上药包扎,神色专注,眸光宁定,司马攸暗中点了点头:这样的女子,不枉檀奴等了她这么多年。

“伤口虽不致命,但箭疮入骨,最好立刻卧床休息,右臂更不可随意活动。”杨容姬说到这里,只觉心底又是一疼——这箭头恰正射在右背肩胛骨中,右臂稍一活动便是撕扯一般的剧痛,那方才潘岳将她一路迎进潘家,按照礼制在每一道门前都向她躬身揖礼,又是怎么做到一丝不苟的呢?她压下眼中的泪雾,看着潘岳惨白的脸色和涔涔的冷汗,终于开口道:“檀郎,要不,改日再行同牢礼吧。”

“不行!”潘岳原本疼得昏昏沉沉,听到这句话却仿佛兜头被泼了一盆凉水,刹那间清醒过来。“今天是特地挑选的吉日,无论如何也不能错过。你看,无论是举杯还是酹酒,我都可以做到的……”说着,他用力抬了抬右臂,忍着断筋裂骨一般的痛楚朝杨容姬展颜一笑,“不行的话,我还能用左手。”

“可是……”看着他皓月一般明亮的笑容,杨容姬低下头还想劝说,一旁的齐王司马攸却开口劝道:“檀奴可以的。你们的婚礼拖了这么久,若是再拖下去,他心里的痛会比伤口的痛更加难挨。”

“再等待下去,我怕是会急得疯了。”潘岳在司马攸的搀扶下站起身,用左手将她摘下的纯金头饰拾起,重新安插在她精致的发髻上,柔声道,“我们走吧,别误了良辰吉时。”

晋时风俗,青庐是专设在宅院西南角的青布帐篷,专供举办婚礼之用。杨容姬穿戴整齐之后,踩着特制的毡席步入青庐,潘岳则在傧相的陪伴下与杨容姬并排走到青庐上首同牢席前。同牢席乃是一张食案,案前分别陈列着两张座席。按照礼制,杨容姬坐北席,潘岳坐南席。他们坐定之后,几个侍者便捧上盛放在陶盆中的乳猪、谷饭、肉汁、肉酱等,分别摆放在新郎新娘的食案上。随后又有侍者上前,分别将切肉所用的刀俎摆放在潘岳和杨容姬面前。

同牢合卺乃是婚礼中最重要的仪式。所谓同牢,便是同食一牲之肉;所谓合卺,便是同饮一杯之酒。行过同牢合卺之礼,象征着夫妇二人同甘共苦,合二为一,从此便是法定夫妻,再也不会分离。

此刻潘岳之母邢夫人、大哥潘释,杨容姬的父亲杨肇、大哥杨潭、二哥杨歆及潘杨两家的重要亲属都在青庐之内,满含欣慰地看着潘岳与杨容姬终于苦尽甘来。潘岳不欲让各位长辈忧心,虽然略一行动背上箭伤便痛入骨髓,仍是一举一动合乎礼仪,没有露出一丝失礼之处,而陪在他身边的傧相夏侯湛,则细心地在他落座时借着袍袖的遮掩,用手帕擦去了他从鬓边滑落的冷汗。

行同牢礼时,赞者进奉肉食,新郎新娘则需同时切下一片肉放在侍者所捧的盏盘上,称为“祭”。杨容姬用食案上摆好的刀俎慢慢切着一片乳猪肉,眼睛却透过却扇的缝隙偷偷望向对面的潘岳,见侍者将那切肉的刀匕习惯性地放在了他的右边,心中不免担忧起来。她的视线牢牢地黏在潘岳的右臂上,见他众目睽睽之下无法改用左手,只能慢慢抬起右手握住了小刀的刀柄。

看着小刀被从案上举起,杨容姬只觉得自己的心也随着提起,被放置在俎板上,和那块烧炙好的乳猪肉一样被磋磨切割。她不敢抬头,只能死死盯住对面那握住小刀的苍白手指,仿佛可以看见随着它一下一下用力的切割，被绷带缠好的箭伤又被拉扯迸裂，鲜血再度一股股地如泉涌出，浸透了白色的绷带和白绢的中单，最终洇湿了玄色的元端婚服。

潘岳切割肉块的时间并不长。但当那片肉终于放置在侍者的盏盘中时，杨容姬长舒一口气，仿佛终于从深水中探出了头来。她接过赞者递来的醴酒酹于盏盘中，将潘岳切下的那片肉放入口中细细咀嚼，平生第一次痛恨这炙肉竟如此绵硬。

仿佛是感受到了杨容姬的怨气，潘岳宽慰地朝她笑了笑，示意自己无碍。接下来赞者奉上红丝线牵连的卺杯一对，分别斟满醴酒。潘岳和杨容姬各取一杯饮下一半，再与对方互换卺杯后饮干，同牢合卺之礼便算是完成。

夫妻对拜之后，潘岳与杨容姬再与青庐中众位亲人礼别，终于可以离开宾朋云集的宴席，进入属于他们的新房中。刚一进新房，杨容姬就担忧地扶住了潘岳轻颤的身子，关切地问："怎么样，疼得厉害吗？"

"没事，我心里欢喜得很，一点也不觉得疼。"潘岳用左手一把将杨容姬搂在怀中，笑着吻上了她不安眨动的眼睛，"终于……终于等到了这一天，阿容，以后无论发生什么我们都不会分开了。"

"是的，我们再也不会分开了。"千山万水的跋涉终于走到了尽头，多年来的隐忍和坚持一刹那全都变成了委屈和后怕。杨容姬伸手紧紧地搂住潘岳的腰，生怕这一切都只是一场虚幻的美梦，就像她在幽暗孤寂的后宫中时一样，等到睁开眼睛，等待自己的还是无尽的思念和孤独。

"以后无论你怎么吃醋，都不许分开。"潘岳强调。

"什么？你已经打算好以后让我吃醋？"杨容姬挑眉。

"不是……"潘岳连忙辩解，"就是你们全家从荆州来洛阳那次，你被强盗掳走，我误会你是因为吃了胡芳的醋才出走的……"见杨容姬的眉毛越挑越高，潘岳有些心虚地去拉杨容姬的衣袖，"是我错了，这么多年来一直想跟你忏悔。你要是生气,就打我吧。"

"好,那我真打了!"杨容姬装模作样地抬起手,蓦地一怔,惊愕地看着指尖上黏稠湿润的暗红。"后背的衣服都被血浸透了,还说不疼!"她再顾不得追究他的"罪过",心疼地一把将他拉到床上坐好,解开他的上衣,开始重新上药包扎。

"对不起,大喜的日子让你担心了。"潘岳感受着杨容姬轻柔的动作,忽然低低地道。

"没什么。你舍身救护齐王,是忠、是勇,也是义。没有必要朝我道歉。"杨容姬说完这句话,便不再出声。潘岳正想说点什么逗她高兴,忽然觉得背上一凉,一点液体滴落在肌肤之上,然后再一滴,又一滴,而她急促的呼吸也终于再也无法掩饰。

"别哭了,我这不是好好的吗?"潘岳侧过身,抬起左手拂去她脸颊上亮晶晶的泪水,轻声笑道,"放心,今晚不会耽误了娘子的洞房之夜……"

"你!"他此刻解衣上药,上身未着寸缕,清瘦劲健的身体仿佛用上好的白玉雕成,更显得后背深可见骨的伤口狰狞可怖。杨容姬细细地为他涂着药粉,忍不住心疼道:"要是痛了,一定要告诉我,别硬撑着。"

"待会儿你要是痛了,也一定要告诉我,别硬撑着。"潘岳笑着重复了一遍杨容姬的话,声音中情思无限,顿时羞得杨容姬满脸绯红,轻轻啐了他一口:"都这样子了还贫嘴。依我说,你流血体虚,待会儿好好休息是正经。"

"春宵苦短,我可不舍得休息……"潘岳疼得蹙了蹙眉,口中却一派轻松调笑,引得杨容姬又羞又恼。此刻他们已经结为夫妇,言语行动再无阻碍,一时间花烛弄影,明月窥窗,只觉平生甘美,无过于此。

正在情浓之时,忽听新房门外传来匆匆的拍打之声:"安仁,不好了,齐王殿下出事了!"

一听齐王二字,潘岳顿时一僵。他和杨容姬对视一眼,匆匆缠好绷带披好衣服，开门便看见司马攸的表兄夏侯湛站在门口，满眼都是惶急:“安仁,本不应打扰你的洞房花烛之夜。可齐王亲自提剑去斩杀刘渊了,现在大概只有你能阻止他！”

原来司马攸刚参加完潘岳和杨容姬的同牢礼，立刻收到齐王府长史温裕报告,说先前抓住的那个刺客已经招供:他是匈奴人,是奉王子刘渊之命前来射杀齐王的。

这个结论暗合了司马攸内心的猜测。他一向自认处事公正平和,从不做欺心之举,就算与荀勖、冯统、杨珧等礼法派不睦,也仅囿于政见之别,并不牵涉私人恩怨。唯一与他有生死之争的,只有野心勃勃的匈奴王子刘渊。他屡屡劝谏天子不可对刘渊委以重任,上次又在九曲亭中包围了刘渊一群党羽,那刘渊怀恨在心遣人行刺也在情理之中。

“立刻去调遣一千骠骑营兵,火速包围刘渊宅邸,不可放一人逃脱!”司马攸一边快步离开喜气洋洋的潘宅，一边向紧紧跟随在身边的温裕下令。

“殿下?”温裕想起司马攸上次调兵包围九曲亭的教训,迟疑了一下,“此刻夜已深,要不等到明早将刺客交给天子,让天子处置此事？”

“刘渊狡诈,若是让他听到风声,还不知在天子面前如何狡辩。”想起上次天子司马炎处处包庇刘渊的情形，司马攸咬了咬牙,“这一次宁可将他射杀当场,也再不能放他走脱！”

“殿下,这样做只怕天子降罪……”温裕知道天子司马炎最忌讳的便是司马攸手中的骠骑营兵权。它就像是一把双刃剑，司马攸每使用一次,就会将天子对齐王脆弱的信任又斩断几分。作为司马攸忠心耿耿的属下,虽然他认同司马攸对刘渊的警惕,却不愿堂堂齐王为了一个异族质子损及自身的安危。

“不要再说了。刘渊如此胆大妄为,日后必为中原之祸!”司马攸翻身骑上王府侍卫牵来的坐骑，正要扬鞭策马，却被温裕一把拉住了缰绳：“殿下要到哪里去？”

“事不宜迟。抓住刺客的风声或许已经走漏，我先去堵住刘渊，你让骠骑营偏将段平立刻带兵来援！”司马攸怒道。

“殿下千金之躯，怎可以身犯险……”温裕话还未说完，司马攸已经狠狠一鞭抽在他的手指上。温裕剧痛之下不由自主松开了缰绳，司马攸随即又是一鞭抽在马臀上，那马儿长嘶一声，向着刘渊等匈奴人聚居的崇化里奔去。

温裕知道司马攸平素涵养极佳，此刻却双目发红、脸色铁青，显然心志已乱，不由长叹一声。他侍奉司马攸近十年，这还是第二次见他做出如此不智之举。上一次是因为司马伦想亲近潘岳，司马攸让韩寿冒名顶替，最终闹出一桩祸事。而这一次，司马攸固然恼恨刘渊派人行刺，但反应如此愤激，大概也是被方才潘岳箭疮的惨烈景象所刺激的吧。齐王与潘岳虽是君臣，却更似手足。手足损伤，自然痛不可当，怒不可遏。想到这里，温裕只能请托夏侯湛找潘岳劝阻司马攸，自己带着兵符上骠骑营调兵去了。

按照晋时规制，入夜之后各处里坊都坊门紧闭，不许人员出入。不过司马攸乃是齐王之尊，很快就叫开了崇化里的大门，直奔刘渊住宅。守门的值夜人是跟随刘渊南下的匈奴人，没有刘渊命令不肯放司马攸等入内。司马攸当即抽出腰侧宝剑，带人直接就往里闯。等刘渊闻讯从睡梦中起身赶来，司马攸仗剑在手，已经砍伤了两个试图阻拦的下属。看着火把照耀下溅着几滴鲜血的司马攸的脸，刘渊连忙施礼问道：“不知齐王殿下驾临，有何贵干？”

“我是来找你问罪的！”司马攸话音未落，一剑刺向刘渊咽喉，却被刘渊灵巧地偏头躲过。见司马攸再次仗剑劈刺而来，动作大开大合只攻不守，刘渊躲闪几下之后心中愤恨，蓦地伸出双掌夹住了司马攸的剑身，含怒问道:“我何罪之有,竟引得齐王殿下不顾身份亲自动手?”

“你派人行刺本王,人证物证俱在,还敢狡辩?”司马攸试图抽剑再刺,却不料刘渊天生神力,抽了几下竟纹丝不动。他大怒之下,猛地从袖中抽出一物,朝着刘渊面门掷去:“这就是证据!”

刘渊瞥见寒光,下意识伸手一抄,将那物抓在手中,却是一枚沾血的箭头,显然是从人体的伤口里挖出来的。他刚刚撤掌,司马攸下一剑已经挟带风声刺到他的胸口。刘渊对敌经验丰富,原本可以将手中箭头掷向司马攸的咽喉,却蓦地想起对方身份,手上动作不由一滞。看着司马攸眼中毫不掩饰的恨意,刘渊觉得那仿佛一团会把自己灼烧殆尽的熊熊火焰,他侧身避过要害,却被司马攸一剑刺穿肩膀钉在了墙上。

“王子!”宅中的匈奴人见刘渊受伤,大惊失色,立刻将司马攸和他所带的十几个侍从包围。众人纷纷亮出了雪亮的刀刃,只待刘渊一声令下,就可以将司马攸一行人砍杀当场。

“都退下!”刘渊蓦地大喝一声,将上百名匈奴下属喝退开去。他此刻肩膀剧痛,神智却颇为清明——司马攸乃是晋朝堂堂齐王,而自己不过是流亡晋朝的异族质子。就算是司马攸将他碎尸万段,他也断不能伤了司马攸一根毫毛。否则,别说在洛阳的匈奴人要受到牵连,只怕整个南匈奴都要遭遇灭族之祸。

“这枚箭头,不是我族人用的制式。”刘渊平复下急促的呼吸,将手中沾血的箭头抛掷在地上,“殿下不要冤枉了好人。”

“本王当然不会冤枉你。”司马攸见刘渊被钉在墙上动弹不得,仿佛瓮中之鳖无路可逃,心中松了一口气。他挥手让从人将那捆绑好的刺客扔在刘渊脚下,冷笑道:“刺客已经招供。就算在天子驾前,你也逃不了谋逆大罪!”

“这就是刺客?”刘渊眯了眯眼睛盯着蜷缩在地上的刺客,蓦地一声大喊,“抬起头来!”

他虽然血流半身，这一声大喊依然如猛虎啸山，惊得那刺客浑身一抖，不由自主地抬起头来。

待到看清那刺客的长相，刘渊忽然哈哈一笑："你果真是匈奴人吗？"

那刺客见他即使被长剑钉在墙上，依然双目炯炯犹如闪电，让人不敢直视，不由嗫嚅瑟缩，不敢应声。

刘渊抬手握住剑柄，猛一使力，竟将那柄长剑硬生生地从肩胛中拔了出来。他提着剑走到刺客面前，朗声笑道："只要你敢说是我主使你行刺齐王，或者我麾下任何一人主使你行刺齐王，我刘渊就敬你是条汉子，陪你一起去熬廷尉府中的十八般酷刑，看最后谁先招供！"说着，他退开一步，用犹自滴血的长剑指了指周边神色肃穆的上百名匈奴人，一副任刺客指认的姿态。

"把指使你的人指出来，本王饶你不死。"司马攸知道刘渊素有英雄之名，否则不会博得天子信赖、大臣服膺。为免刺客被刘渊的气势震慑，他当即许下承诺。

那刺客看了看依然血流不止的刘渊，又看了看一旁脸色阴沉的司马攸，忽然大喊一声："小人只是关中流落的羯人，是齐王指使我假扮匈奴刺客的！"说着牙关一咬，身子骤然倾颓下去。

齐王府的侍卫见状连忙查看，却见那刺客口中不断涌出黑血，眼见是活不成了。而司马攸听到刺客最后的遗言，犹如遭了当头一棒，霎时身子一晃，一股腥甜之气几乎夺喉而出，却被他死命咽了回去。他站稳身体，慢慢转头看向刘渊，一字一字冷笑道："果真是好手段！"

"齐王若是不信我，就一剑杀了我好了！"刘渊也没有想到刺客自戕之前会说出那样天翻地覆的话，心中大喜，索性把冤屈之状做到十足，一把撕开胸前衣襟，露出了匈奴人特有的毛茸茸的胸膛。他知道天子司马炎在自己宅邸中同样布有眼线，此刻发生的一切最终会一字不差地回禀到司马炎耳中。

面对刘渊有恃无恐的模样，司马攸骤然明白，自己已经落入了一个精心布置的圈套中。无论那刺客是不是刘渊所派，他都无法逃脱朝臣的攻讦和天子的责罚。《易经》有云："君子以思患而豫防之。"既然今日之事已经不能善了，不如趁此机会杀了刘渊这个匈奴族中百年一遇的领军人物，以免将来晋朝养虎遗患，终究为虎所噬。

"刘渊对朕忠心耿耿，就算是得罪了齐王，也得等轮到齐王做主的时候再处置他吧！"想起上一次自己派兵包围九曲亭时天子司马炎讥诮的语气，司马攸心一横将右手一摊，便有王府侍卫将早已捡起的齐王佩剑双手奉还到他的手上。

此刻若不杀刘渊，大概以后就再也没有机会下手了。司马攸想到这里，毫不迟疑一剑刺出。眼看剑锋就要刺进刘渊胸膛，斜刺里却猛地扑过来一个人，顷刻间将司马攸的手臂撞开，自己也收势不住跌倒在地。

"檀奴？"待到看清那人身上尚未来得及更换的玄色婚服，司马攸眼神一凝。他猛地将长剑交到左手，俯身将潘岳从地上扶起："我刚才伤到你没有？"

"没有。"潘岳不顾箭疮再度迸裂，死死攥住司马攸的手腕，"殿下，刘渊不能杀！"

司马攸视线缓缓垂落，看到潘岳握着自己的手指上一片鲜红，却是他草草包扎后匆匆赶来，鲜血早已浸透了绷带，竟顺着手臂一路滑落。

"殿下，刘渊乃匈奴王子，关系到关中诸多匈奴人和胡人的人心向背。此刻无罪而杀，便是违背法度、草菅人命，只怕对殿下的清誉有损！"见司马攸只是沉目不语，潘岳又道，"何况刚才看那刺客形状，背后必定另有主使之人。那人轻易就可挑起殿下与刘渊王子的冲突，可见心计深沉、手段毒辣，殿下切不可冲动行事！"

"刘渊不才，愿为齐王殿下彻查此案！若找不出真凶，殿下再杀我不迟！"刘渊并非有勇无谋之辈，此刻觑准时机，连忙跪地求饶。

司马攸知道刘渊所谓“彻查真凶”云云不过是虚言，但他一向稳重自持，内心也知道自己所作所为不合法理，难以服众。刚才所凭的那一股血勇散去，竟是恍如宿醉初醒，身心俱疲。他一把扔下了手中长剑，扶着潘岳踉踉跄跄地往外走去，骤然觉得自己所做的一切都毫无意义，胸中悲凉，恨不得放声大哭，却只能苦苦压制，将涌到喉口的腥苦血气尽数咽回肚中。

“殿下不用灰心。”潘岳懂得司马攸心中的苦痛，在一旁低声道，“殿下尽忠体国，表里如一，不仅世人皆知，后世史书也自有公论。刘渊虽然狼子野心，但行迹未露。除了殿下，其他人都毫无觉察。日后殿下对他多加辖制，时时警醒，相信他也翻不出多大的风浪。”

“可是如果我辖制不了他呢？”司马攸苦笑。刘渊上得天子宠信，下得群臣称颂，哪怕他司马攸看得出刘渊深藏的野心和暴戾，却苦于束缚无法搜寻证据，只能眼睁睁地看着刘渊的势力一日日坐大，在匈奴人心目中的威信一日日隆盛。这种无能为力的清醒，让司马攸痛苦不堪。或许正是急于找出消灭刘渊的借口，今日他才会中了圈套，白白将自己陷入彀中。

“殿下何出此言？”面对司马攸的颓丧，潘岳正色回答，“殿下是天子胞弟，天下爵位最尊的齐王。无论哪朝天子执政，殿下的地位都永远不可撼动。若是殿下都对自己的能力产生怀疑，那其余公卿大臣、臣工百姓岂不都有借口推卸责任、放任自流了？君子待时而动，只要殿下善自珍重，何愁没有一振乾坤的机会？”

“你说得对。是我心中自暴自弃，所以才会有方才的冲动。”司马攸放开潘岳的手，忽然恭恭敬敬地向他作了一个揖，“檀奴放心，从今以后我会牢记自己的职责。只要有我司马攸在一日，刘渊等人就绝无可乘之机，关中胡人也永无扰乱华夏之日！”

“殿下辛苦。”此刻人多眼杂，潘岳不敢多说。但语气肃穆的寥寥四字，已足以表达他所有的理解与支持。司马攸听到之后眼眶一红，连忙将目光投到了刘渊宅邸外连成一线的火把上。

“末将参见殿下！”见司马攸出来，骠骑营偏将段平、裨将刘辉赶紧上前施礼。此刻骠骑营的一千人马已经将匈奴人聚居的崇化里包围，众人摩拳擦掌，只管等待司马攸的号令。

“都撤回去吧。”司马攸疲惫地摆了摆手，又吩咐随军前来的温裕道，“今日是檀奴的洞房花烛之夜，你赶紧带人护送他回家，别让新娘等急了——”说到这里，他故意掠过潘岳欲言又止的神情，对着温裕的语声陡然转为严厉，“接下来，檀奴的伤势一日不好，就一日不许他出家门一步，明白了吗？”

“殿下！”潘岳心中一惊，连忙挣脱温裕的搀扶追上司马攸离去的身影，“你要做什么？”

“不做什么，回府静待天子降罪。”司马攸淡淡一笑，上马而去。他挺直的背影落在潘岳眼中，犹如一柄用最珍贵的宝玉磨制而成的宝剑，高华尊贵，坚硬犀利。然而哪怕是最低贱的瓦砾石块，都足以让它崩裂折断。

第十三章

逼　宫

陷逆乱以受戮，匪降祸之自天。

——潘岳

天子司马炎对齐王夜袭匈奴王子一事的诏旨很快下发：着骠骑将军、齐王司马攸于府中闭门思过，待有司议罪之后，再行处置。

“我倒要看看他们能议出什么罪来。哼，议亲议贵，你就算是真的杀了刘渊，他们又能怎样？”齐王妃贾荃见司马攸只是在书案前默然呆坐，整整半天过去纸上仍然没有落下一点墨迹，忍不住劝道，“这谢罪的表章只是做做样子，你何必在这里煞费苦心，让府中小吏代笔便罢了。”

“其实你知道的，这不是做样子。”司马攸低头盯着面前的纸张，没有看向贾荃。因为就算不看，他也猜得到她脸上那种讥诮的神色。这种从怨愤不平演变而来的冰冷讥诮已经伴随了贾荃多年，仿佛面具一般扣在她的脸上再也无法脱卸。以至于有时候司马攸都分不清，贾荃那些刻薄率性的话语背后，是否还藏着对自己的疼惜和眷恋。

不过就算还残存着疼惜眷恋又如何呢？无论生前死后，他都没能为她的母亲争取到一个好归宿，甚至在她生下儿子山奴之后，至今未能从天子那里获得世子的册封。这个生性好强的妻子早已对他失望，他们之间的对话，也早已习惯了一个咄咄逼人，一个疲惫无奈。

一只柔滑的手掌忽然覆盖在司马攸握着毛笔的手指上，骤然而来的温暖让早已僵冷的手指轻轻一颤，继而觉察出针扎一样的寒意来。司马攸愕然转头，却看见贾荃已经抽开手疾步走到书房门口，冲着伺候在那里的侍从斥道:“你们都是死人吗?这房里这么冷,还不快给殿下笼个火盆来?”

听着贾荃爽脆泼辣的声音,司马攸淡淡地笑了笑,原本被愁闷窒息的呼吸也仿佛顺畅了一些。然而就在这个时候,一阵杂沓的脚步传来,为首一个仆妇喘吁吁地道:“启禀王妃,不好了,二公子病倒了!”

“早上还好好的,怎么突然病了?”听说唯一的爱子山奴重病,贾荃顿时焦急起来。

“不知道,多半是被病气传染了。”那负责照看二公子山奴的仆妇嗫嚅着,“这段时间洛阳城里瘟疫流行,好多人都……”

“我不管其他人,我只管山奴!”贾荃也依稀听说最近洛阳城的瘟疫厉害,城中普通百姓家几乎家家都有死人,当即尖声叫道,“赶快派人去请太医!”

“不用去了。我如今在府中待罪,自然是没资格劳动太医院的。”司马攸此刻走到门口,对着惊慌失措的仆妇吩咐道,“找人悄悄从侧门到城中医馆去,请个大夫进府给二公子瞧瞧。”

“普通的大夫有什么用?他们要是有用,城里会死那么多人吗?”贾荃脱口喊出这句话,见司马攸拔腿就要走,蓦地一把拉住了他,“你要去哪里?”

“去看看山奴。”司马攸哑声道。

“你去了有什么用?”贾荃冷笑着,“殿下还是好好在这里写完谢罪表章,恳求天子派下太医来给山奴看诊才是正经!”说着,带着那报信的仆妇脚步匆匆地走了。

司马攸脸色苍白地看着贾荃的背影远去,好一会儿才慢慢走回书房中。他重新握起那支平素用惯了的毛笔,却蓦然觉得它重若千钧,几乎让他的胳膊都无法抬起。虽说要写关于擅自调兵重伤刘渊的谢罪表章,司马攸脑子里却是一片杂乱,一会儿是爱子山奴平日里活泼讨喜的面容,一会儿是天子司马炎嘲讽淡漠的冷笑,一会儿是父母临终时拉着自己的手担忧痛心的泪眼,一会儿是潘岳为自己挡箭后血肉模糊的伤口……这些画面如同走马灯一般越转越快,最终让司马攸不堪重负,蓦地砸下毛笔,另一只手紧紧按住了疼痛欲裂的头颅。

好不容易等到眼前的荫翳散去,司马攸缓缓坐直身子,这才发现方才神思恍惚之下,不自禁地在白纸上写下了两行龙飞凤舞的大字:“木摧于秀,兰烧以薰。神州陆沉,华夏无君。”

身体如遭雷击,司马攸难以置信地看着那十六个字,仿佛觉得脑海深处早已埋葬的噩梦又鲜活地缠绕过来。那是他七岁那年,天下第一术士管辂对他未来做出的无情预言。正是因为这骇人听闻的命数,管辂才不惜冒天下之大不韪,想要杀死他行禳星之术,强行改变天道运行、挽救人世。若非亲生父亲司马昭带兵相救,只怕他早已成了邙山祭台上的一缕孤魂。

作为儒家门徒,司马攸一向以圣人的言行作为行事标准,对于这种怪力乱神的谶纬预言并不十分在意,对于管辂所说的“殒身、灭家、亡国、乱天下”的可怕言辞更是不愿理睬。这么多年来,他甚至以为自己已经忘记了那个幼年时的噩梦,却没想到在内忧外患的今日,一种冥冥中的力量竟会借着他的手,再度把这最恶毒最深刻的诅咒摆放在他的面前。

这玉石俱焚的诅咒,难道就是他深埋心底多年的怨念发酵而成的吗?

似乎看见了自己心底最黑暗的一面,司马攸惊慌失措地抓住那张墨迹淋漓的纸,使劲将它揉成一团,狠狠掷进屋角一堆废纸堆中。膝下编织精美的桃花绣纹座席中仿佛长出了无数荆棘,让他再也无法安坐下去,终于一拂袍袖起身走出书房,大口地用力呼吸。冬日里冷冽的空气直冲肺腑,这才稍稍平抑了胸腔中挥之不去的烧灼刺痛。

司马攸离去之后,书房半开的后窗上忽然露出了一个毛茸茸的小脑袋，却是一个梳着髫髻的十来岁的小男孩。那小脑袋上一双骨碌碌的大眼睛到处转了转，确认书房里空无一人，这才双手一撑窗棂，从窗缝里悄无声息地翻进了书房中。从他熟门熟路的动作不难看出，偷进书房的事情他已经不是第一次干了。

蹑手蹑脚地走到书房角落里那一堆废字纸前，男孩伸手展开一些揉皱的纸团，匆匆看了两眼，便挑拣出几张塞进怀里。耳听书房外有了响动，男孩迅速将那堆废纸归置成原来的模样，随即小猫一样跳上窗棂，无声无息地消失在窗后的芭蕉林中。

一溜烟跑回齐王府后宅一座偏僻的小院中，男孩坐到书案前，将怀中偷藏的字纸全部掏出，一张张小心翼翼地展平，伸出手指细细描摹纸上的每一个字。描了一会儿，他的视线忽然被其中一张字纸吸引了，连忙一把将书案上其他字纸都抹开，专心将那张纸铺在正中间，目不转睛地看了起来。

“海奴，快来吃饭了。”一个和蔼的声音忽然在男孩身后响起，带着微微的心疼，“练了大半天的字，也该休息休息了。”

“娘，您来看看这个。”齐王府的大公子海奴扬了扬面前的字纸，转头看向侧王妃胡姬灵襄，脸上是如获至宝的喜悦，“我平日里见父王书写表章书信都是用的正楷，却从未见过他写的行书呢。娘您也来看看，父王这字写得可真好！”

胡姬灵襄浅浅一笑，不忍拂逆儿子的兴头，便信步走到了他身边。齐王司马攸书法温润周正，别有一番柔韧风骨，天下人视为楷模纷纷效仿，乃是一时之风。海奴司马蕤虽然是司马攸的长子，对父亲的书法崇拜备至，可惜再努力也得不到司马攸的青睐，只能偷偷去翻检一些司马攸废弃的字纸，带回屋内细细临摹。

“母亲您看，这几个字是不是木摧于秀，兰烧以……薰。神州……陆沉，华夏……”海奴正努力辨认着字纸上龙飞凤舞一般的行草，胡姬灵襄的眉头却蓦地皱了起来。她伸手将那张字纸拿起来，叠好后放入怀中，对满脸惊讶的海奴正色道："这些字不是小孩子应该看的，母亲帮你收起来。若是你父王日后问你，你也坚决不能承认看见过这张纸，明白了吗？"

见母亲难得露出了严厉的表情，海奴眨了眨水汪汪的大眼睛，不明所以地点了点头。

"好孩子，委屈你了。"胡姬灵襄一把将海奴抱在了怀中，眼中顷刻间蒙上了泪雾。这是她的孩子，她的骨中骨血中血。他那样俊秀可爱，聪明勤奋，在偌大的齐王府中却恍如透明，比起王妃贾荃所生的二公子山奴待遇有如天渊之别。然而胡姬灵襄却并没有因为司马攸的冷漠而忽视对海奴的栽培，从很小的时候她就逼着他读书练字，一举一动都严苛地按照皇室宗族的标准加以训练。因为她的心里还存着一个渺茫的念头——天子司马炎迟迟没有册封齐王世子，那么海奴就还有希望。何况，胡姬相信有人也知道海奴的真实身份，这布了十年的棋子，终有一天一定会被动用。

齐王司马攸的谢罪表章送到天子司马炎手中时，司马炎正在试穿为咸宁二年的元会准备的簇新礼服。根据晋时制度，一年中最重要的朝会分别在冬至和元旦，而又以元旦朝会时的礼仪规模最为隆重。元会参与者为在京六百石以上的官员，各诸侯王，各州郡上贺的官员，各藩属国和胡族的使者，统共不下万人。元会上有委贽、上寿、宴飨、歌舞等诸多规程，乃是体现君臣有序、天子至尊最重要的仪式。它不仅宣示了朝廷对各州郡和诸侯国的权威，也构筑出四夷来朝的泱泱大国气象。

由于平素多受宗室和权臣制约，天子司马炎总是对元旦朝会抱着异乎寻常的期待。那个时候他戴着宽七寸、长一尺二寸的天子冕冠，穿着绣满日月星辰十二文章的天子礼服，坐在太极殿高处，俯瞰着脚下跪拜臣服的人群。他的面容被冕冠上垂落的十二旒白玉珠遮蔽，所有人都无法看清他真实的表情，而他的视线，则可以借着垂旒的掩护，肆无忌惮地打量每一个臣民。只有那个时候，司马炎才能真正体会到自己至高无上的天子尊荣，才可以幻想着自己凭借上天赐予的权威做任何自己想做的事。

可那毕竟是幻想而已。就算他是天子，也不能随心所欲，就像他巴不得能将齐王司马攸永远逐出朝廷，再也不用面对他端谨完美的言语仪态。可司马炎内心也明白，晋朝号称以孝悌治天下，以司马攸皇弟之尊，无论名士派还是礼法派的官员都不可能给他定下什么罪名。如今他拿着的这道谢罪表章，也不过是齐王司马攸放低姿态，给朝廷和刘渊一个台阶下罢了。

说来说去，还是因为自己这个天子之位是挟先帝司马师、司马昭之威而得，自身未建寸功，自然不能服宗室和群臣之心。想到这里，司马炎心中又是一阵烦闷，挥手将捧着元会礼服的内侍宫女斥退，皱着眉头打开了司马攸送上来的表章。

司马炎每日看过的臣下表章不知凡几，大多是辞藻华丽、内容空洞的套话。然而这次看着司马攸的谢罪表章，却让他眼神一凝，不由自主地扶着书案慢慢坐了下去。

在这道表章里，司马攸对自己受人蒙骗误伤刘渊之事坦诚以告，表示愿意接受朝廷的任何处罚。然后又提到景皇帝司马师死时，文皇帝司马昭为防大权外泄疲于奔命，整个大将军府一日三惊人心惶惶。若非大哥司马炎保护，司马攸只怕已死在乱党手中。因此司马攸这条命原本就是大哥司马炎所赐。如今司马攸犯错，无论天子如何责罚都绝无怨言。

看完这封表章，司马炎怔忡良久。他记得司马师因为在征伐淮南毌丘俭叛乱中受惊发病，眼珠迸裂而死。魏帝曹髦得信后大喜，立刻命令心腹官员前来抢夺司马家的兵权，更有与司马家为敌的魏国大臣们阴谋杀死司马家一门老幼。那个时候司马攸还年幼，大将军府中除了他都是女眷，便只能阖府住到司马昭的侯府内。在司马昭匆匆赶往淮南接收兵权时，整个府中都靠十九岁的司马炎主持大局，抵御随时可能降临的厄运。一天夜里，七岁的司马攸夜半惊醒，光着脚一路跑到了大哥司马炎的卧房，一张小脸冻得青青白白，让人心疼不已。司马炎当即一把将弟弟抱进怀中，用自己的体温温暖着那个幼小的簌簌发抖的身子，一遍遍地告诉他："桃符别怕，有大哥在，谁也不能伤害你。"在他锲而不舍的安慰下，司马攸的恐惧终于渐渐平复，窝在司马炎的怀中沉沉睡去，而司马炎也紧紧抱了他一夜，如同保护着自己最珍贵的宝贝。

那个时候，他们之间的兄弟之情是那么纯粹而深挚，仿佛天地之间除了彼此就再也没有人可以依靠。可是现在呢？尴尬的身份让兄弟两人渐行渐远，他已经有多少年未曾抱过这个与自己同父同母的嫡亲弟弟，又有多久从未唤过他一声"桃符"了呢？难道他们之间原本血浓于水的手足之情，真的会被权力的诱惑与恐惧撕得粉碎吗？

司马炎抬起手，轻轻抹去眼角一滴不知何时涌出的泪水。他自幼饱受儒家教导，并非心狠手辣之人。既然司马攸情真意切地上表谢罪，他自然不可能为了一个异族人刘渊苛责于他。

正琢磨着让中书令拟旨解除齐王的封禁，忽有内侍来报，匈奴王子刘渊有要事求见。

"他不在府中安心养伤，来见朕做什么？"司马炎此刻对刘渊殊无好感，不耐烦地道，"朕现在忙着，叫他先回去。"

"是。"内侍领旨离开，却过了一会儿再度折返，"启禀陛下，刘渊不肯离去，说有一件重要的东西急需呈送陛下。陛下若是不见，他就一直在宫外跪候。"

"重要的东西？"司马炎忽然想起刘渊是自己布在宫外的眼线，自己常常能从他那里得到许多公卿大臣的动向，便点了点头，"让他进来吧。”

刘渊身体强健，虽然被齐王司马攸一剑穿身，将养了几日已可以如常行走。只是他下跪之时姿态僵硬，显然贯穿肩头的重伤并未痊愈，伤口扯动之下两条粗黑的眉毛微微拧在了一起。

“王子的伤势可要紧？太医怎么说？”待刘渊见礼完毕，司马炎刻意放缓了声音问道。

“臣无碍，多谢陛下关心。”刘渊满脸感激地回答了司马炎的问话，吃力地将胳膊伸入怀中，掏出一张揉皱后又叠得整整齐齐的纸来，却是一言不发。一旁的内侍见状，赶紧接过那张纸，恭恭敬敬地交到了司马炎手中。

司马炎展开那张纸，才看了一眼，脸色顿时变了。他细细又将纸上字句读了一遍，寒声问：“这是从哪里来的？”

“臣不敢说。”刘渊猛地磕下头去，却不起身，只是保持着匍匐的姿势，仿佛连司马炎的表情都不敢再看。

“不敢，你有什么不敢的？”司马炎蓦地站起身，朝着刘渊踢出一脚，“给朕滚出去！”

“是。”刘渊不敢分辩，匆匆忙忙地离开。司马炎颓然坐回书案前，难以置信地将那张纸又凑在灯下细看，那白纸黑字便清清楚楚地展现在眼前——

木摧于秀，兰烧以薰。神州陆沉，华夏无君。

十六个字，最熟悉不过的笔迹。四句话，最恶毒不过的诅咒。司马炎知道，就算给刘渊天大的胆子，他也不敢用这样丧心病狂的方法去构陷堂堂齐王。可是那个一向举动为天下楷模的齐王，那个刚刚还在谢罪表章里表达赤诚忠心和殷殷手足情的嫡亲弟弟，居然背地里能写出这样无父无君、不忠不孝的妖言。那么藏在他温润表象下的内心,自己又能看出几分?

"来人,传……"巨大的恐惧袭来,司马炎张开嘴,却发现自己已经听不清口中发出的声音。他看到几个内侍惊慌失措地拥上来,他们大张的眼睛和嘴仿佛一个个无底的旋涡,不停地旋转、扩散,最终化作一片虚无的空白。他倒了下去。

睁开眼睛的时候,司马炎首先看见的是两张自己最信任的脸——司空贾充与中书监荀勖。他心下宽慰,用了用力想从床榻上坐起身,司空贾充赶紧劝阻:"陛下先歇着,有什么事吩咐臣等就好。"

"即刻传旨,幽禁齐王。"司马炎终于吐出自己在昏迷中都一直纠缠着自己的念头,心中长出一口气,一抬眼却见贾充、荀勖表情古怪呆立不动,不由恼怒地问,"两位爱卿怎么了?"

"启禀陛下,"贾充和荀勖对望了一眼,这才小心翼翼地回禀,"齐王几天前就已奉旨在府中闭门思过了。"他们俩被内侍急招到天子寝殿,才知道司马炎骤然晕倒。方才太医们已经为司马炎会诊过,说是被洛阳城流行的瘟疫所传染。可看现在这个情形,天子的病况难道与齐王司马攸有关?

"是朕糊涂了。"司马炎轻轻揉了揉额头,再度下令,"那就为朕拟旨,裁撤骠骑营,营兵一律罢归。"

"陛下?"贾充大惊,确认司马炎的旨意必是针对齐王司马攸无疑。当初司马攸交还统领十万洛阳宿卫的卫将军兵权,司马炎为表安抚,特意封司马攸为骠骑将军,引领五千骠骑营营兵。司马攸虽然爵封齐王,在朝堂上的官职却唯独是这个骠骑将军。若是将骠骑营裁撤,无异于剥夺了司马攸唯一的实权,势必引发朝廷的轩然大波。

"怎么,贾司空有异议?"司马炎面色一沉。一旁负责草诏的中书监荀勖赶紧对贾充使了个眼色,恭敬点头道:"齐王擅自调兵重伤大臣,陛下依律裁撤骠骑营，本就在情理之中。臣马上就去拟旨。”说着躬身退出。

司马炎放下心，只觉头脑昏沉、四肢酸软，竟是一点力气也没有。他吃力地看着仍旧候在床榻边的贾充，缓缓道：“太医怎么说？”

“太医说陛下只是感染时疫，多加调养就会康复如初。”贾充连忙安慰，又招呼着内侍将刚煎好的药奉上，伺候司马炎服下。

虽然有太医令带着一群太医成日流水价地看诊治疗，司马炎的病势还是一日日沉重起来。到得后来，司马炎只能成日里躺在床上，连起床走动的精力也没有，甚至不得不取消了咸宁二年的元会。

元会是体现君臣秩序的最高仪式。司马炎因病取消元会，无异于宣布他病入膏肓。虽然他只有四十一岁，正是年富力强时，但随着这场洛阳瘟疫越演越烈，街道上处处都是送葬哭丧的队伍，朝臣们对皇帝康复的信心也越来越低弱下去。

司马炎重病期间，能每日随侍在他身边禀奏大事参与医药的，只有心腹重臣贾充、荀勖二人。其余大臣虽然也有机会前来问安，司马炎精神不济，也就草草应答两句，多数时间依然只是昏睡。

这日司马炎从噩梦中醒来，满身都是冷汗，却听到身边传来一阵哭泣之声。他勉强睁开眼从枕上转过头，正看见太子司马衷跪在自己床边，正哭得一把鼻涕一把眼泪。

“太子……你哭什么？”司马炎虽然平素也为太子的愚钝贪玩烦恼，但此刻见他哭得情真意切，不由得心下一软，柔声问道。

“我……我看父皇不醒，心里害怕……”司马衷说着，又用袖子捂住脸哭泣起来。他向来最怕父亲考较功课，每次到太极殿为司马炎请安都战战兢兢。不过这次司马炎患病，太子妃贾南风叮嘱他见到天子可以不发一言，只要痛哭流涕就够了。司马衷如法炮制，倒是成功博得了司马炎的好感。

“有朕在，太子无须害怕。”司马炎勉强说出这句话，见太子抽泣着点头，心中便重新被噩梦中的恐慌所占据。在刚才的梦境中，他分明看到自己无助地跪坐在地上，徒劳地朝着前方伸出双手。可是远处那个峻拔飘逸的身体，却根本不肯理会自己的哀求，而是一步步走向前方高高在上的天子宝座。所有的臣工都跪在地上向那人叩首效忠，却偏偏没有一个人肯看一眼绝望落魄的自己……

司马炎的呼吸再度急促起来。类似的梦境，他只在当年和司马攸争夺晋王世子之位时经历过。如今，他当上天子已经多年，却为什么还是没有摆脱心底最深处的恐惧和自卑？那个比自己的太子还要接近皇位的弟弟，真的要成为自己一辈子的噩梦之源吗？如果自己死后他果真登上了大位，那太子怎么办？自己的妻妾儿女们怎么办？后世的史书又会怎样评价自己？

“陛下怎么了？”中书监荀勖进入天子寝居的含章殿时，正看见司马炎攥着胸口的衣服喘得脸色发白，而一旁的太子司马衷手忙脚乱，完全不知如何是好。

“没事，不用叫太医。”司马炎摆了摆手，见荀勖神色古怪欲言又止，不禁皱了皱眉，“爱卿有话要说？”

“是。”荀勖低低应了一声，眼睛却朝着四周望了望。

司马炎会意，将太子司马衷和殿内的侍者都打发出去，这才朝荀勖道：“说吧。”

“陛下！”荀勖跪在司马炎床前，语声低沉却满含惊恐，“臣方才在外与太医讨论药方，无意中听到河南尹夏侯和与贾司空说话，不敢不报给天子知道。”

“他们说什么？”司马炎一惊。河南尹管理洛阳地区的行政与治安，整个宫城都在河南尹的辖区范围内，因此夏侯和的地位举足轻重。这样的关键人物与手握大权的司空贾充密谈，怎能不让司马炎心惊胆战。

“他们好像在讨论一旦陛下……千秋万岁，该如何处置。”荀勖说到这里，见司马炎铁青着脸不答话，索性咬了咬牙道，“夏侯和说‘贾司空两个女婿，亲疏相等，立人当立德’。”

“那贾充怎么说？”司马炎追问。

“贾司空没有回答，只是沉默不语。”荀勖说完这句话，不敢再看司马炎的反应，惶恐地低下了头。

偌大的含章殿里一片沉默，甚至可以听见殿角的沙漏里沙砾一粒粒流下的声音。司马炎僵直地躺在床上，感觉到冷汗再一次从全身所有的毛孔里涌出，让他通体发凉。他一病数月，臣下私下商议后事并不为过。但看夏侯和的口气，分明是仗着齐王司马攸与太子司马衷都是贾充的女婿，想要贾充主持大局，废掉太子而拥齐王继承皇位。这样可怕的现实，恰好印证了他先前的噩梦——梦中司马攸踩踏着登上天子宝座的，岂不正是他司马炎、司马衷父子的血肉骸骨？

“木摧于秀，兰烧以薰。神州陆沉，华夏无君。”耳边忽然传来司马攸的声音，和他平时说话一样端庄稳重，带着连司马炎都无法怠慢的高贵优雅。可是如今这声音回响起来，就仿佛魔鬼的诅咒从头顶抛掷而下，让司马炎头痛欲裂却无法逃脱。

汗出如浆，司马炎骤然之间如在冰火之间游走数次，让他惊骇欲死，却最终死而复苏。他在荀勖搀扶下吃力地坐正身子，忽然觉得刚才那一阵大汗过后，身体竟骤然舒泰了许多，头脑也不再那样昏沉，顿时下令道：“叫贾充来见朕。”

“陛下？”荀勖的眼光中满是担忧。

“放心。为了江山社稷，朕绝不会倒下。”司马炎安抚地拍了拍荀勖的手，唇边露出一丝微笑。他自己也觉得奇怪，原本缠绵病榻数月，今日一听群臣密谋拥立司马攸继位，病况竟奇迹般去了大半。难道是他太过眷恋帝位，所以上天也不舍得让他死吗？

“是。”荀勖一向与司马攸不睦，此刻见司马炎精神好转，心中也自欢喜。他退出含章殿，果然将守候在外间处理公事的贾充叫了进来。

贾充心中忐忑，见了司马炎只是下拜行礼，并不多话。反倒是司马炎心情似乎不错，让贾充平身之后絮絮和他闲聊了几句，话题便渐渐引到太子妃贾南风的身上。

“太子与太子妃成亲已有三年多了，也不知何时能为朕添出皇孙，朕可是迫不及待了呢。”司马炎仿佛一个垂暮濒死的老人，喃喃念叨着心底放不下的牵挂。

“陛下春秋正盛，相信龙体安泰之后就会得偿所愿。”贾充不知司马炎用意，只好小心敷衍。

“朕龙体日后自然会安泰，可是能否得偿所愿就不一定了。”司马炎淡淡一笑，忽然抬起眼睛直视贾充，“不知道贾司空可听说，不久前明光殿的一名宫女死在东宫中了？”

“臣不知，请陛下恕罪！”贾充听出司马炎语气不善，心中一惊，赶紧重新跪倒。

“贾司空无罪，快起来吧。”司马炎暗暗撑了撑身子，满意地发现自己的力气又恢复了一些，这才慢悠悠地道，“听说朕原本是要添一名皇孙了，不过太子才刚把人从明光殿带回东宫，转眼那女子就无辜横死，还是一尸两命……不对，已经不是一尸了，听说那胎儿，可是太子妃亲手用长戟生生打出来的……太子妃犯下如此大罪，朕就算是将她废掉赐死也不为过！”

贾充刚听到前几句就知道大事不好，越听到后来越是胆战心惊，到得最后只能重重叩下头去，声音颤抖：“臣自知罪大难恕，求陛下降罪！”

司马炎冷冷地看着贾充的额头上渗出血迹，洇染了多年前他拒纳李夫人而碰撞出的旧伤疤。那个时候他叩头出血是为了划清与司马攸的界限而向自己效忠，那么今日为了他最疼爱的女儿贾南风，为了他们贾家一门的生死荣辱，是否又会再一次抛弃司马攸而投向自己呢？

“太子妃年少嫉妒，这番冲动也并非罪不可恕。只是贾司空以后要多多提点她谨守本分，休再生出大逆不道的念头！”司马炎一语双关，见贾充面如土色应该是领会了自己的意思，便收了疾言厉色，缓缓道，“迁河南尹夏侯和为光禄勋，贾司空这就去拟旨吧。”

司马炎一句话，将夏侯和从手握重权的河南尹贬为虚职光禄勋。事到如今，贾充还有什么不明白的？他跪在司马炎的床前不肯起身，继续叩头道：“陛下既然为了精简军制下旨裁撤骠骑营，臣府中还领有三千带甲府兵，也请陛下下旨，一并裁撤。”

司马炎淡淡笑了笑，没有拒绝。当初他为了拉拢贾充，特许他配置三千甲兵以做私军。此刻贾充主动奉还兵权，显然已经认准了形势，不会再对司马攸存非分之想。可是对这位齐王司马攸的岳父，司马炎还是不能做到完完全全地信赖。

“陛下放心，臣万死不敢辜负陛下！”见司马炎无疑知道了方才夏侯和与自己的密谈，贾充余悸未了，急切地想要剖白。他正犹豫要不要再说几句话表达自己的忠心，殿外却忽然一阵大乱，顷刻逼得贾充将涌到喉口的话语又咽了回去。

“陛下，大事不好了！”一阵脚步声响，却是中书监荀勖去而复返。他平素崇尚喜怒不形于色、严肃自矜，此刻却难掩满面惶急之色：“骠骑营营兵哗变，此刻已经快要闯进宫门了！”

“祝段将军此去马到成功，成就无上功业！”就在太子司马衷跪在司马炎床前彷徨流泪时，骠骑营中一个普通文士打扮的俊美青年端起案上酒杯，郑重地举到一个顶盔贯甲的将领面前。

“贾先生觉得，我们此行真的可以成功吗？”骠骑营偏将段平目中滑过一丝疑虑，没有接对方递过来的酒杯，反倒暗暗攥紧了手中调兵的令牌。

“天子病危，太子暗弱，人心所向，尽在齐王。”化名为贾生之人正是司马伦手下金真天师孙秀。此刻他微微一笑，目光直视着犹豫不决的段平：“想必段将军已经接到旨意，即日将裁撤骠骑营，营兵全部罢归。一旦没了兵权，就算段将军想要做拥立齐王造福苍生的功臣，只怕也没有机会了。”

“贾先生说得对，段将军就不要再犹豫了！齐王是景皇帝嗣子，名正言顺的太子身份，我们拥戴他原本就师出有名！”裨将刘辉兴冲冲地从军帐外走进来，大声道，“刚刚得到的消息，不光我们骠骑营的弟兄们拥戴齐王，屯骑、长水、射声等几个营地一些弟兄听到消息，也愿意和我们一起到宫外请命呢。既然当今天子已在弥留之际，这拥立新君的大功，谁不踊跃争当？”他此言一出，另外几个聚集在军帐内的骠骑营军官纷纷露出兴奋之色，眼巴巴地盯住了此刻官职最高的偏将段平。

“可是大功之外，也有大险！各位可想清楚了？”段平皱眉。

“富贵险中求，本就是男儿本色！”刘辉见段平依旧迟疑，不禁急道，“段将军再不下决断，难道真的要眼睁睁地看着骠骑营解散，看着弟兄们流离失所吗？就算我们这些军官可以调到牙门军公干，那也是一辈子活在别人屋檐下，永远没有出头之日了！那样的鸟气，段将军忍得，我可忍不得！”

“就是，那不跟丧家之犬一样吗？”

“平素他们就嫉妒我们骠骑营得齐王器重，日后他们得势，还不知怎么欺负我们呢！”

“别的我不懂，反正我只知道骠骑营不能撤，也依旧要归齐王殿下统领！”

刘辉的话仿佛一颗石子激起了千层浪花，军帐中的其余军官也忍不住纷纷叫嚷起来。

“听说齐王一向待列位将军不薄，从不会轻视庶族出身的各位下属。这样的主公，只怕以后再难遇见了。”孙秀打量着段平铁青的脸色，故意惋惜地摇摇头，叹了一口气。

被孙秀的话戳中了心坎，偏将军段平眸光一暗，没有答言。当今世道，士族与庶族界限分明。他们这些庶族出身的官员，哪怕才华横溢、兢兢业业，也永远会被士族出身的同僚轻视排斥。而他们吃苦受累甚至拼却性命立下的功勋，到头来都会被那些夸夸其谈、眼高于顶的士族子弟占据。这样的世道，何其不公！

然而即使高官显爵都被士族子弟占据，他们这些庶族出身之人依然向往着能够改变命运青云直上。哪怕这种改变需要冒一定风险甚至付出极大代价，人们依然趋之若鹜，否则那些骠骑营之外的军士也不会自告奋勇参与他们的行动。想到这里，段平的目光缓缓扫过军帐里群情激愤的众人，最后定定地盯住了那个自称贾生的年轻文士的眼睛，没有错过里面闪动的期冀和狂热。其实不论将军还是文士，他们都是一样的人，段平心里明白。所以他和裨将刘辉才会与这谈吐不凡的文士贾生结为莫逆之交，并一步步在他的引领下谋划出这桩压上了后半生前途命运的大事。

“段将军快下令吧！”刘辉急道，“难道你不记得贾先生提到过，如今齐王被小人陷害困在府中，一旦宫中天子有个好歹，小人们极有可能借天子诏命谋害齐王！当年我老家遭遇水灾，是齐王出钱将我父母家人厚葬，又派人寻回了我失散的弟妹。如此大恩，我刘辉就算粉身碎骨也要报答。段将军不肯去宫城，我带着自己手下的弟兄们去！”说着一按腰间佩剑就要往营帐外冲去。

“你给我回来！”段平一声怒吼，将刘辉震得一呆，“我有说不去吗？我只是要把行动谋划得更妥帖些！”

“我们不是已经谋划好了吗？到宫城下向天子请命，保留骠骑营，并请齐王出府，在天子患病期间代为主持朝政！”刘辉紧绷的神经一松，爽朗笑道，“就这两条要求，不触忌讳不犯律法，天子没有理由不答应。”

“可现在掌管骠骑营的是齐王殿下！若没有他的命令，我们擅自调兵就是死罪！”看着刘辉和几个军官不管不顾的模样，段平怒道。

“这个倒是容易。”一旁笑吟吟看着众将争执的孙秀终于开了口，“齐王现在就在府中，只要派人将他接到宫城，他就无法置身事外。到时候大家都在一条船上，齐王自然只能与各位将军同舟共济了。”

“对啊，生米做成了熟饭，齐王就是想推辞也推不掉了！”刘辉一拍大腿，连连称赞，“贾先生果然是好计谋！”

“好，就这么办。”段平皱了皱眉，心思却与毫无心机的刘辉不同。他此刻手下已经聚拢了上万人马，以齐王司马攸在朝廷中的声望，他并不担心兵谏会失败。唯一所担心的，是拥立齐王之后，齐王会掉头来治自己擅权之罪。若是能如孙秀所言，将齐王与自己绑在一处，众目睽睽，就不怕他日后翻脸无情了。

想到这里，段平再无顾虑，接过孙秀递来的酒杯一饮而尽，然后用力将酒杯砸碎在地上：“裨将刘辉听令！你速带五百人马，到齐王府迎接齐王殿下。其余人等，整肃兵马，随我前往宫城！”

自从被司马攸下令关在家中养伤后，潘岳果然没有再出家门。好在他与杨容姬新婚宴尔，如胶似漆，哪怕一个静静读书一个默默做针线，偶尔目光一碰，荡漾开的都是一波波甜蜜。虽然偶尔也会担心闭门思过的司马攸，但潘岳还是不得不承认，这是他成年以来最快乐惬意的一段日子。只要杨容姬能长伴身侧，他可以什么都不再奢求。

自从知道石崇靠豢养盗匪劫掠商人富户敛财，杨容姬对石崇送来的新婚礼物原封未动。后来洛阳瘟疫渐起城内人心惶惶，杨容姬便与潘岳商量，将石崇的厚礼尽数变卖，购进大批药材，在杨氏医馆内免费赈济洛阳百姓。不过顾及潘家名声，杨容姬不敢再像以前一样男装坐诊，只是不时前往医馆药房，指导仆从们熬制抵御疫症的汤药。

难得抛却烦冗在家中静养，又有杨容姬精心照料，潘岳的箭伤很快就恢复了七八分。他被司马炎从虎贲中郎贬斥回司空府之后，司空贾充对他的态度越发冷淡，几乎不会分派他任何公事。因此司马攸既然下令让他在家中闭门养伤，潘岳也乐得不到司空府中受人冷遇。

这日杨容姬照例去医馆查看瘟疫情况，潘岳则在院中构思新的诗赋，却忽地听到远处传来一阵纷纭杂沓的马蹄声，就仿佛决堤的洪峰一般从街道上席卷而过。潘岳心中纳罕，走到家门口想要查看究竟，却见杨容姬的马车一路飞驰而来，

“檀郎，出事了！”杨容姬一步跳下马车，拉着潘岳急道，“骠骑营的军队进城了，刚刚还砍杀了一个找他们要调兵文书的守门官员！”

“他们要去哪里？”潘岳大惊。骠骑营归骠骑将军统领，而此刻骠骑将军齐王司马攸正奉旨在府中闭门思过，那又是谁下令将他们从城外调入洛阳的？

“不知道。但他们一路往北，应该是往宫城去了！”杨容姬回答。

“这件事还不知齐王是否知晓，我得赶紧到齐王府去打听一下究竟！”潘岳说着就想登上杨容姬带来的马车，却不料刚跨过门槛，迎面就有两个齐王府侍卫堵住了去路，“齐王有令，潘郎君安心在家养伤，不得外出。”

“走开！”潘岳知道司马攸是想保护自己，以免自己卷入阴谋之中，但一想到司马攸的生死竟被一群无脑武夫牵制，又怎么可能安心在家置身事外？

“我等不敢违抗王令，请潘郎君见谅。”那两个侍卫挡在潘岳身前，语气虽然客气，脚步却不肯偏移半步。

“你们……”潘岳一怔，正琢磨该如何脱身，一旁的杨容姬却忽然轻轻拉了拉他的衣袖，轻声问道：“檀郎，你一定要去齐王府吗？”

“齐王上次便是因为擅自调兵触犯了天子之忌。此番骠骑营大举入

城，形同谋逆，我怎么可以袖手旁观？就算不能阻止，也要想法保全齐王的清白！”潘岳心急如焚，却见两个王府侍卫面露惶惑，显然并未明白这其中厉害，不由更是急怒攻心，恨不能一刀挥出，从两人中间劈出一条通路来。

“既然你决定了，我帮你。”杨容姬在潘岳耳边低低一笑，眼睛盯住了两个齐王府侍卫腰间的佩刀，故意问道，“请问两位，齐王只命你们在这里看守我家夫君，可曾吩咐过若他执意硬闯，你们便要刀兵相向？”

“夫人言重了，我们岂敢伤了潘郎君一根头发？”两个侍卫知道潘岳与齐王的交情，赶紧辩解，“别说潘郎君，就算是潘家的奴仆，我们也不敢得罪。”

“既然这样，我们就硬闯了，若是碰了我夫君一根头发，便是你们违背齐王之命。”杨容姬说着，把潘岳朝前方一推，又朝着宅内的几个奴仆喊道，“李伯、张婶、小兰，快来帮我拦住这两位侍卫大哥。放心，他们绝不敢对你们动手！”

两个侍卫先前听潘岳陈说利害，已是有些蒙了，此刻见潘家一群大叔、大婶、小丫头果然冲了过来，抱大腿扭胳膊，更是反抗也不是、顺从也不是。手足无措之间，潘岳已经登上马车，朝着齐王府方向奔驰而去。

透过车帘缝隙，潘岳看到了远处杨容姬得意而关切的笑容。虽然以潘岳的智谋想要脱身并非难事，但杨容姬如此直截了当地帮他硬闯，还是让潘岳心中畅快。夫妇同心，无形中再度增添了潘岳的勇气。

齐王府门口此刻已经聚集着数百名士兵，他们排列成整整齐齐的队形，虽然黑压压一片人头，却神色肃穆鸦雀无声。潘岳想要穿过他们走进齐王府大门，那些士兵却蓦地一架手中长矛，将潘岳拦在了府外：“闲杂人等，一律远离！”

潘岳见他们的阵势，知道齐王司马攸尚在府中，一路上悬着的一颗心稍稍平复。他知道和这些士兵没有道理可说，便绕过他们走到齐王府一侧，想要寻觅齐王府中相熟之人。

过了一会儿，只见紧闭的齐王府大门忽然打开，齐王司马攸迈步走了出来。他的身边，则陪着一个铠甲齐整的武将。

“齐王殿下已经同意，随同我们共赴宫城，向天子请命！”那武将满脸喜气，一出王府便对着手下士兵们宣布。

“誓死追随齐王殿下！”众士兵欢呼雀跃，正要将司马攸拥上马背，身侧身后却同时响起两声大喝：“殿下不可！”

司马攸蓦地一震，转头看向被骠骑营士兵用长矛阻隔在远处的潘岳，狠狠心想要催马而去，有人却蓦地跑上来伸开双臂拦在了他的马前，傲然道：“殿下若一定要去，就从我的身上踏过去吧！”

说话之人，正是齐王妃贾荃。她听说司马攸决定跟随骠骑营裨将刘辉离开，赶紧一路从府中追逐而来。幸而她身份高贵，士兵们不敢阻拦，这才堪堪拦在了司马攸的马前。

“敢问齐王殿下，你可知道你们现在做的，是‘逼宫’之罪吗？”贾荃自从成为齐王妃后，为了维持自己的形象，几乎从未疾步奔跑过。此番她从内宅一路追到大门处，早跑得脸色发青、气喘连连，头上繁复精美的发髻也松脱下来，几绺垂落到发丝更显得狼狈不堪。然而她的眼睛却依旧是锐亮的，甚至还带着司马攸所熟悉的那种冷嘲意味，显示着她对司马攸所作所为的极度不满。

司马攸定定地看着她，见她只是生了根一般挡在自己马前，不由得心中一阵绞痛。然而他只是在马上坐直了身子，带着些不以为然的神情对贾荃道：“王妃说错了，我们不是去逼宫，只是去向天子请命保留骠骑营而已。”

“不，我不信。我只知道你若是去了，就是一个‘死’字！”贾荃喊出这句话，早忘了当初翻脸绝交的狠话，目光求援一般投向了枪林矛丛中的潘岳，“檀奴，你快来阻止殿下！难道你也要眼睁睁地看着他去送死吗？”

“王妃此言，实在太过荒谬！”司马攸觉察到贾荃已经激怒了刘辉和他手下的士兵，口气越发严厉起来，“你一个妇道人家懂得什么？再不让开，休怪我对你无情！”说着一扬手中马鞭重重挥下，恰好击在贾荃身边的青石板地上，发出一声震耳欲聋的清脆声响。

贾荃被这鞭声吓了一跳，脸色顿时苍白如纸。她狠狠地咬着嘴唇，终于将涌进眼眶的泪水全都逼了回去，蓦地哈哈一笑，对着跨坐在另一匹马上的裨将刘辉叫道：“既然你们非去不可，那就麻烦将军一不做二不休，直接将齐王殿下送入太极殿中，了结一切后顾之忧！”

此言一出，不仅司马攸潘岳和刘辉，就连那五百骠骑营士兵都愣住了。魏晋之时，即使是最低贱的小民，也知道太极殿乃是天子君临天下之处，是整个帝国的权力中心。那么贾荃所谓将齐王送入太极殿，无疑就是赤裸裸地暗示他们拥立齐王，登基称帝。这样大逆不道的言辞，别说宣之于口是族诛大罪，就算心头想一想，也会让人不寒而栗。

听到贾荃在大庭广众之下说出这样的话，司马攸的身子在马背上一歪，几乎摔下马来。他只觉得周遭的世界似乎一下子安静了下去，耳中什么都听不到，眼中却无法躲避贾荃那孤注一掷的挑衅笑意。他知道她这是在阻拦无效之后，索性用自己的性命去逼他跨出那一步。反正她大逆不道之言已经出口，他若还优柔抗拒，便是眼睁睁地看着她被废掉妃位，被囚于牢狱，甚至被一杯毒酒赐死。可是若为了保全她而掀起一场晋朝宗室内乱，他又怎么可能背负上那不忠不孝、陷万民于水火之中的千古罪名呢？

心头如被两股大力撕扯，无论倾向哪边都是无法承受的剧痛。司马攸狠狠用指甲掐着自己的手心，遽然怒道：“王妃素有疯疾，此番发作更胜以往。来人，将王妃拉回府中囚于内宅，没有本王的命令谁也不许她出来！”

“什么，你说我疯了？”见几个王府仆役果然奉命前来钳制自己，贾荃哈哈大笑,泪水却沿着脸颊滚滚而落。她一边挣扎一边大声喊道:“没错,我早就疯了,从看到你逆来顺受、束手待毙的时候我就疯了。我这次就在家里等着,要么等着给你收尸,要么等着你用皇后的仪仗来接我……”

“快把她拉进去,休在此胡言乱语!”司马攸心乱如麻,见那几个仆役好不容易将贾荃拽入府中,正想离开,却听潘岳在一旁高声喊道:“就算王妃疯了,我还没疯。请殿下听我一言!”

司马攸猜得到潘岳想说什么,有心抛下他扬长而去,却见潘岳情急之下竟用手臂格挡阻拦他的长矛,蓦地想起他箭伤未愈,心下蓦地一软:“你要说什么?”

“骠骑营军士恋栈旧主,不愿奉旨罢归,本是无可厚非。不过齐王殿下大可安坐府内,只需写下奏表陈说内情,天子自然也会体谅。何必要亲身带兵集结于宫门前,授人以柄?实为不智之举!”潘岳顾忌着簇拥在司马攸身边的兵士,因此说话留有余地,没有直接指出骠骑营的做法表面上是效忠于齐王,实际上却是将齐王逼到了与天子司马炎势不两立的危险境地。

“困坐府中,不如宫门一搏。”司马攸深深地看着潘岳,言语虽然简短晦涩,却盼着潘岳能够明白自己的苦心。从刚才与刘辉的交谈中,司马攸已经判断出这番兵变主要是由骠骑营和其他各营的庶族将领所发动。他们的目的不仅是为了夺取拥立自己的功勋,也希望自己上位之后能够致力于缩小士族与庶族之间的天渊之别。可是即使理解他们的诉求,司马攸还是对这些长期被挤压排挤的庶族将领们不放心——此刻他们已经席卷了近万兵力,在皇宫城墙下与负责宫中宿卫的左右卫军对峙。若是被阴暗狠辣的野心家利用,只怕立刻就会激发一起夺宫大战。不论谁胜谁负,都会将好不容易从曹魏那里转接而来的平安局面打破,不仅洛阳城生灵涂炭,只怕平靖多年的中原又会陷入战乱之中。

“殒身、灭家、亡国、乱天下”,幼年时管辂的预言再度回响在司马攸耳边。难道今日便是这预言实现的时候吗？司马攸惊出一身冷汗，随即心境竟奇迹般地平复下来。这二十年来，他一直反复掂量着这骇人听闻的预言，也逐步明确了自己的底线：司马攸的所作所为，宁可殒身灭家，也绝不会亡国乱天下！就算横亘在自己面前的命运再狰狞可怖，他也要拼将一身血肉，将这头猛兽扭转方向！

想到这里，司马攸的眼神渐渐坚定。他苦于无法当众向潘岳解释自己的苦心，又担忧他会像贾荃一样受到自己的连累，索性对士兵发令道："此人出言无状，先关起来，等本王稍后再行发落！"

"各位骠骑营的将士，我知道你们对齐王殿下一片忠心。可你们这么做，不是在帮齐王，而是在害他！"潘岳见司马攸已经铁了心赴汤蹈火，索性在被士兵们摁倒前再一次竭尽全力地劝阻。

"赶快拖走，别让他在这里扰乱人心！"刘辉此刻已经隐隐觉察不妙，但他们自出军营开始便没有了回头路，更何况情急之下，还斩杀了守卫洛阳城门的校尉。如今唯一的选择只能是将齐王绑上战车，借重他的声望背水一战，所以无论如何也不可能放司马攸离开。

司马攸知道刘辉等人的心思，不愿耗费时间精力与他周旋，只能将一切问题留待宫城下解决。他看了一眼依然在苦苦挣扎的潘岳，狠心略过他悲愤焦灼的目光，将马鞭一抽，带领军马扬长而去。

晋时拱卫天子的洛阳驻军虽然多达十万人，但大多数是驻守在城外的牙门军。洛阳城内宿卫则以六军为主，分为领军、护军、左卫、右卫、后卫、骁骑六将军所统军队。其中左右二卫每天轮流在宫中值宿，其余各军则执掌宫门及京城各地。因此当骠骑营和其他营部的请愿军队包围了洛阳北部的宫城时，宫城内能够调动的宿卫军不过万人左右，一旦产生冲突，后果不堪设想。

天子司马炎在听说骠骑营士兵逼宫之后，霍地从床上一跃而起，缠绵多日的病气竟奇迹般地消散了许多。“来人，为朕更衣！”他冲着呆若木鸡的大臣和内侍们不耐烦地唤道，“朕要亲自去宫墙墙头看看，他们究竟要做什么！”

“陛下万万不可！”贾充第一个反应过来，慌忙劝阻，“陛下万金之躯，怎么能亲赴险地？不如臣先去打探情况，是抚是剿，再请陛下定夺。”

“单凭贾司空，未必能镇得住骠骑营。”司马炎冷冷一笑，待内侍将天子衣冠为自己穿戴整齐，由荀勖搀扶着径直往外走去。

贾充心中一沉，知道天子是忌讳自己与齐王司马攸的翁婿关系，顿时一句话也说不出来。他看着司马炎越来越远的背影，终于一抹头上的冷汗，快步跟了上去。

司马炎脚下生风，带着一队小跑的内臣径直登上了宫墙上的门楼。往下一看，宫门外赫然是密密麻麻全副武装的士兵，看旗号除了骠骑营，还有其他几个军营的士兵，为首的将领正是骠骑营偏将段平。此刻这万余名将士个个面色激昂，即使鸦雀无声，依然带着黑云压城一般的气势。此情此景不仅让守在宫门处的宿卫军士兵暗中瑟缩，连天子司马炎也忍不住脸色发青。

“天子在此，尔等意欲何为？”中书监荀勖还算沉得住气，站在司马炎身后大声朝城墙下的士兵们喝道。

一听天子亲自前来，无论段平还是普通士兵都颇为惊诧——天子不是久病濒危，立刻就要驾崩了吗？否则他们怎么会违抗朝廷的裁撤命令，跑到宫门处要求齐王主政？

抬眼细细打量了一下荀勖身边身穿衮服、头戴冕旒的人，段平确认那就是当今天子司马炎无疑，连忙滚鞍下马，忍住铠甲带来的不适跪地参拜：“臣骠骑营偏将段平，参见陛下！”

“参见陛下！”见段平带头，其他士兵纷纷下拜，一时间宫墙外便呼啦啦跪倒了一片。

见自己的天子权威还在,司马炎略略放了心,强压住心头怒火对段平温言道:“段将军有什么话,朕洗耳恭听。”

“臣不敢!”见司马炎此刻神完气足,丝毫没有传说中的垂死之态,段平的心中顿时有些慌乱,“臣等冒死来此,只是为了向陛下陈情:骠骑营自汉武帝时建制,于今已有三百多年。臣等实不忍就此裁撤,也不愿同袍手足流离失所。还请陛下恩准,撤回罢归骠骑营之命,让臣等继续有机会为朝廷效力!”

“请陛下收回成命,保留骠骑营!”段平说完之后,成千上万跪拜的士兵们也一起呼喝相和,声震寰宇。

什么为朝廷效力,是为他们的骠骑将军、齐王司马攸效力吧!司马炎嘴角的肌肉一抽,顿时就要发作,一旁的荀勖赶紧扯了扯他的衣袖,低沉却急切地唤了一声:“陛下,来日方长!”

司马炎一凛,立刻意识到此刻是非常时期,就算是城下之盟,日后慢慢拆解就是,反正这些赳赳武夫哪里懂得朝廷里那些错综复杂的权术。于是他收敛了心中怒气,故作宽容地点了点头:“各位将士如此踊跃为国尽忠,朕心甚慰。你们要求保留骠骑营的请求,朕允了。这就启程回营去吧,回头朕会派大臣携带牛酒,犒劳各位将士。”

“臣等多谢陛下洪恩!”段平没料到事情如此顺利,大喜过望,当即拱手道,“臣等还想请陛下开恩,赦齐王出府参与朝政。齐王贤能仁厚,深得民心,必能辅弼陛下成就万世基业!”

段平此言一出,中书监荀勖便听到天子司马炎的衣袖中传来一声轻微的咔嗒声,却是司马炎在盛怒之中扭响了自己的骨节。荀勖暗暗摇头,这段平果然是无脑武夫,得陇望蜀,放着天子给的台阶不下,偏偏要把自己逼到悬崖上!

“齐王是朕嫡亲手足,向来对我朝廷贡献良多,尔等……”司马炎正斟酌着说几句场面话将这些军士尽快打发,原本肃穆的骠骑营军队却忽然起了一阵小小的骚动。不知是谁大喊了一句："齐王殿下来了！"立刻引得士兵们纷纷转头。虽然军纪严明不敢欢呼，但这份翘首以盼的姿态已足以让司马炎的脸色又黑了三分。

只见远处士兵阵列如被利刃整齐剖开，一队人跳下马背，疾步朝着宫门处奔来，为首之人正是齐王司马攸。还不等段平等诸将官向司马攸见礼，司马攸已经一眼看见站在城楼之上的司马炎，远远地便双膝跪倒，以额触地，大声道："臣司马攸参见陛下。臣治军不严惊扰陛下，请陛下治臣死罪！"

司马攸这一跪，带得段平、刘辉等人不得已一起跪下，口称死罪。司马炎脸上的表情变了几变，终于用自认为最仁慈宽宏的声音道："齐王请起。骠骑营将士忠诚可嘉，朕已答应保留骠骑营，仍归骠骑将军统管，自然不会再行问罪。"

"臣多谢陛下！"司马攸跪在宫墙外的石板地上，重重地叩头谢恩，心中悬了许久的大石终于落地。他一直最担心的就是骠骑营与宫城宿卫军冲突，连累段平、刘辉等人一并斩首弃市。如今司马炎金口玉言赦免了诸人之罪，已经是他能够得到的最好结果了。

眼看一场大乱轻轻松松消弭于无形，司马炎冷冷一笑，背转身就要离开城楼。他此刻大病初愈，还没有太多精力追究司马攸在这场逼宫行动中扮演了什么角色。不过荀勖说得对，来日方长。只要他活着，只要他还是天子，迟早就有洗刷今日耻辱的一天。

就在司马炎即将离去之时，忽然城下的人群中传来一声大喊："奉弘训宫皇太后旨意，请陛下立齐王为皇太弟！"这个声音恍如一支利箭，顷刻间刺穿了司马炎的心脏，让他蓦地捂住胸口，再也迈不开脚步。而这个声音更像是在旷野中抛出一个炸雷，让每个人都耳边嗡嗡作响，瞬间分不清东西南北。过了一会儿，才有一些士兵如梦方醒，也跟着附和起来："请陛下立齐王为皇太弟！"

弘训宫皇太后、齐王，司马炎内心深处最忌惮的两个名字被串联在一起，爆发出足以颠覆乾坤的可怕力量。他一点一点地回过头，听到自己的颈椎骨发出“咔啦咔啦”的可怕声响。在城墙下汹涌的人群搜索了片刻，司马炎阴鸷的目光最终狠狠落在齐王司马攸身上，却因为瞪得太过用力，眼前忽地一片昏黑，若非荀勖及时扶住，几乎就要一头栽倒在城楼上。

司马攸也听到了这句石破天惊的话，顿时只觉自己被人推进了一个无底的冰洞，越坠越深，越来越冷，让他的心都冻得缩了起来。然而不过是一瞬之间，他已经朝身边的段平伸出手去：“拿剑来！”

“妖言惑众的反贼，不劳殿下亲自动手！”段平也意识到事态的发展出乎自己的意料，当即命令士兵将刚才带头呼喝之人从队伍里推了出来，见他不过是一个骠骑营中最普通的军士，当即怒喝道：“刚才那句话，是谁教你说的？”

“拿剑来！”司马攸不待那士兵开口，再度厉声大喝，将段平吓了一跳。他赶紧将手中宝剑奉送到司马攸手中，却担心司马攸一剑刺穿那个莽撞士兵的胸膛，小声劝道：“殿下，应该将此人交给有司严刑拷打，弄清主使之人，这样才能证明殿下和整个骠骑营的清白！”

“将他交给天子法办，如何定罪自然由天子决定。不过如此大逆不道之言辱及皇太后的清名，我为臣为子罪无可恕，只有一死才能向太后和天子请罪了！”司马攸说着手腕一翻，竟是将宝剑朝着自己的脖子上刎了过去。

“殿下不可！”段平大吃一惊，慌忙伸手想要抢夺司马攸手中宝剑。奈何司马攸求死之意甚是坚决，就算段平是武将功夫了得，宝剑最终被夺下之时剑锋依然划破了司马攸颈侧的肌肤，鲜血顿时染红了他淡青暗云纹的襦衫衣领。

“快来给殿下裹伤！”段平心惊胆裂，嘶声叫道。

“都走开！”司马攸大喝一声，颈侧伤口中顿时涌出更多鲜血，吓得涌上来的士兵们顿时后退了几步。

“该死的狗东西！”段平惊惧之下，只想一剑将面前那个带头呼喝的士兵扎个透心凉，却到底忍住，只吩咐手下将那人绑缚起来交给宫城宿卫。然而那罪魁祸首刚被推搡着走了几步，却猛地身子一软，口中溢出黑血，竟已咬破了口中所藏的毒药自尽。段平奔过去看时，发现那士兵的眼神中并无畏惧，反倒带着一种完成任务般的喜悦和解脱，而他的口中，则用最后一口气吐出了两个字。那声音太过低弱，以至于无人能够猜到那两个字的真切读音——“天师……”

兔起鹘落之间，宫门外的情势已经发生了大逆转。司马攸再度跪地向天子司马炎请罪。段平、刘辉等人也自知罪责难逃，老老实实地摘下头上兜鍪，解下身上武器，跪在了司马攸身后。

此刻站在城楼上的司马炎已经缓过一口气，冷冷地盯着跪在脚下的司马攸，半晌没有说一句话。他此刻才注意到，由于出来得匆忙，司马攸没有像往常那样穿着隆重的齐王朝服，而只是简单披了一件淡青暗云纹的家常襦衫，落在司马炎眼中，竟有怪异的陌生。是了，虽然他们是嫡亲兄弟，但多年来司马攸每次出现在司马炎面前，无不正冠肃服，谨守君臣大礼，一言一行谨慎恭敬，连带得他这个做天子的也不得不端出人君的肃穆架势。他们兄弟之间，早已经忘记了家常相对的感觉。如今司马炎骤见司马攸脱去了累赘的齐王衣冠，一身平常文士的朴素穿着，这才惊觉司马攸的身体竟比自己记忆中的单薄了太多，就仿佛这新建的晋朝为天子司马炎提供了无数滋养，却抽干了齐王司马攸的一身气血。

此时此刻，司马攸颈侧伤口中不断有鲜血淋漓而下，沿着濡湿的衣领不断扩散，让司马炎忍不住一阵心悸。然而瞬间的怜惜过去，司马炎心中再度只剩下愤恨与嘲讽——哪怕在这个时候，司马攸的跪姿也端正恭谨，无可挑剔。这究竟是大善，还是大伪？谁又知道司马攸温良恭俭的面具之后，是否真的藏着取代太子成为皇太弟的野心？可是无论是不是做戏，今日这一出已经由单纯的请愿变成险恶的谋逆。就算齐王平素人望再高，声誉再隆，不论国法家法，他都再难逃脱罪责。

“今日之事弘训宫皇太后毫不知情。万千罪责，在臣一人。臣特请入宫请罪，听候陛下发落。”司马攸撇清了嗣母羊徽瑜的嫌疑，心中竟是一片奇异的平静。他没有再自称“死罪”，那是因为他知道前面的死罪都是虚言，而这一次却实打实地难以挣脱。他不愿说出这两个字，只是不愿刺激仍然聚集未去的骠骑营军士。这个顾虑，相信天子司马炎也同样明白。

“既然首恶已除，朕既往不咎，你们便回营去吧。”司马炎只觉得在此地多耗一刻都是煎熬，巴不得赶紧将这些人都通通赶出自己的视线，日后再和他们慢慢清算。转身踉跄着走下城楼，司马炎只觉心力交瘁，连手指尖都在不住地颤抖。

“陛下，齐王还跪在宫门口，要不要放他进来？”中书监荀勖偷觑了一眼一直木雕泥塑般的司空贾充，小心翼翼地问司马炎。

“进，怎么敢不让他进？”司马炎见贾充上前一步却欲言又止，当即冷笑一声，带着荀勖等人扬长而去。

第 十 四 章

决 裂

先后讵能几，谁能弊金石？

——潘岳

虽然司马攸下令将潘岳囚禁，但齐王府中人都清楚潘岳与司马攸的交情，并不敢怠慢潘岳，只是将他关进了一间王府的客房中，派了两个王府侍卫在外看守。

潘岳忧心司马攸的安危，即使客房中暖帐绣被、饮食俱全，他依然五内如焚、坐卧不宁。偏偏守在门口的两个侍卫一问三不知，门窗外又没有相熟的王府僚属经过，潘岳根本无从知道司马攸被乱军挟裹而去之后，在宫门处究竟发生了什么。

眼看着夜幕渐落，阴云沉沉地压在远处齐王府正殿的屋脊上，一点一点地将那精美端肃的建筑吞没，潘岳内心的焦灼也越来越盛，让他再也无法忍受。已经快四个时辰过去了，司马攸还没有回王府，也没有派人释放自己，那只能说明他现在的处境依然万分紧张，甚至万分危险。可偏偏自己被禁锢在这狭窄的房间之内，如盲如聋，如煎如熬，只恨不得不顾一切冲出齐王府，直奔那分割生死荣辱的宫墙之下。

“劳烦二位为我送个口信，我要见齐王妃，或者长史温裕也可以！”潘岳终于忍不住再次向门口的守卫央告。那两名侍卫照例一脸无奈地回复：“小人奉齐王殿下之命行事，请潘郎君不要为难小人。”

“可是齐王殿下只是吩咐将我关押，没有说不许旁人探看啊！”潘岳不死心地辩解。

“这……”两个侍卫面露困惑，虽然明知潘岳强词夺理，却又不知该如何反驳，索性装聋作哑，不再回应。

潘岳也不气馁，仍是站在门口寻求机会。功夫不负苦心人，他守望了一阵，果真眼前一亮，放声招呼：“大公子！”

“檀奴叔叔？”齐王府的大公子海奴闻声回过头，一见潘岳立刻快步跑了过来，“檀奴叔叔找我有事吗？”

“嗯，我想请大公子帮个忙。”潘岳见那两个侍卫不敢为难海奴，索性也不回避。

“只要是檀奴叔叔吩咐的，我什么都会做！”海奴的眼睛一瞬间变得亮晶晶的，比夜空中最亮的星星还要璀璨。

“我想请你把二公子叫来，我有话对他说。”潘岳回答。

海奴眼中的亮色一刹那间熄灭下去，大大的笑容也在俊秀的小脸上渐渐消失。然而他仍旧乖顺地点了点头，轻轻说了声：“檀奴叔叔放心，我这就去找山奴。”说完再也不敢看潘岳一眼，快步跑下台阶消失在夜色中。

过了没多久，齐王府二公子山奴果然出现在潘岳的房门外。不过他只是一个人来的，大公子海奴已经知趣地回避开了。

作为齐王府的嫡公子，山奴不仅衣饰华贵，落落大方，行事作风也明显比海奴大胆了许多。他直接从两个守卫的胳膊下钻过，一头扑到了潘岳的怀中：“檀奴叔叔，您找我？”

“嗯。”潘岳将他抱了起来，在孩子耳边轻轻说了几句话，又不放心地问道，“这件事，山奴做得到吗？”

“檀奴叔叔放心，我都知道了。”山奴说完，一溜烟又从守卫的胳膊下面钻出去了。

潘岳心中担忧，在室内来回踱步，按捺住性子等待山奴的回音。幸而没过多久，山奴又重新钻了进来，还一把将客房的门扇关紧，将两个无可奈何的侍卫隔绝在外。

“你爹爹回来了吗？”潘岳见孩子迫不及待地端起自己的杯子就喝，不好阻止，只能和声问道。

“爹爹没有回来。”山奴放下杯子舔了舔唇边的水渍，“刚才我按照檀奴叔叔的吩咐去找到了我娘，娘果真派人去外公那里打听了消息。娘说爹爹现在有了麻烦，在宫里出不来了，让檀奴叔叔赶紧想想办法。”

“知道了。”潘岳心头一沉，事情果然是向着最坏的方向发展下去，就连司空贾充也束手无策。此时此刻，只有齐王妃贾荃是信得过的盟友。只是贾荃也被司马攸下令看管起来，潘岳只好让山奴充当联系的桥梁。

“娘还说，她现在生病了不能外出，一切都要靠檀奴叔叔了。”见潘岳不再说话，山奴眨了眨清澈的眼睛，竭力回忆。

“嗯。”潘岳轻轻摸了摸孩子柔软的头发，将他拉到了房内最僻静的角落里，压低声音问，“山奴现在可以去弘训宫见到太后吗？”他盘算了半日，发现这场阴谋策划既久，牵涉又广，司马攸一旦卷入便万难脱身。如今唯一能仰仗的，只剩下皇太后羊徽瑜一人了。

“当然可以啦，太后奶奶最疼我了。”被潘岳慎重的情绪所感染，山奴赶紧小声道，“我什么时候去找太后奶奶都可以的！”

“好，那么……”潘岳本来想请山奴给太后羊徽瑜带话，忽然又觉得此事干系太大而山奴年纪又太小，只怕孩子仓促之间陈说不清，顿时生出了几分犹豫。

“檀奴叔叔也想去见太后奶奶？我可以带你去呀。”山奴平素尊潘岳为师，对他甚是亲近，此刻见潘岳有求于己，越发兴致勃勃。

“可是我被关在这里，出不去。”潘岳轻叹了一口气。因为在王府大门前当众说出了大逆不道之语，齐王妃贾荃为了避祸，如今唯一的托词只能是装疯。她不能去见太后，自己又被囚禁在此，难道一切重担只能托付在年方八岁的山奴身上？或者，自己应该写下一封给太后的书信，但白纸黑字容易落人口实,说不定还会牵连到贾荃、山奴母子……

“檀奴叔叔想出去的话,我倒是有办法。”潘岳沉思之际,山奴眨了眨乌黑的大眼睛,一脸冒险的兴奋,“不过檀奴叔叔可要听我的哟。”

“你能带我出去?”潘岳一惊,试探着问。

“这容易得很。我和海奴哥哥经常捉迷藏,对王府可熟啦。”山奴说着,带着潘岳走到客房用来放置净桶的偏僻隔间,轻轻推开窗户,蹑手蹑脚地爬了出去。

潘岳跟着山奴勉强从狭窄的窗户中挤出去,这才发现窗外乃是一堵院墙,与窗户间仅有两尺来宽一道狭窄缝隙。因为缝隙两端通道都被堵死,所以侍卫们并未派人看守。他抬头见墙头颇高,正不知该如何攀爬上去,山奴已扯过墙边伸展来的一根树枝,借力在墙壁上一蹬,在树枝余势将尽之时扯住了墙头高处垂下的几根藤蔓,仿佛小猴子一般蹿上了墙头。

看着山奴坐在墙头冲自己得意地挤眼睛,潘岳无奈地笑了笑——要是被王妃贾荃看到自己的儿子做出如此鲁莽危险的动作,只怕山奴的小屁股都要被揍得肿了。

虽然墙边的树枝未必能承受一个成年人的重量,但潘岳此刻情急之下也顾不得许多,学着山奴的样子猛地一拽树枝,双脚使劲在墙面上一蹬,堪堪抓住了墙头上垂下的几条藤蔓。然而那几条藤蔓毕竟太过脆弱,潘岳刚想攀上墙头,藤蔓已经纷纷断裂。若非潘岳及时抛开藤蔓两手抠住墙头灰泥,只怕就要重重跌落下去。

“檀奴叔叔,你还好吗?”山奴看着潘岳断裂的指甲处涌出的鲜血,惊慌地问。

“没事,快带我去找太后吧。”潘岳将流血不止的手指在口中吮了吮,忍住钻心之痛和山奴滑下院墙,朝着毗邻齐王府的弘训宫小跑而去。幸而王府中人对潘岳的看管只是做做样子,弘训宫与齐王府又仅有一墙之隔，因此没过多久，山奴便带着潘岳从齐王府侧门来到了弘训宫外。

弘训宫皇太后羊徽瑜是景皇帝司马师正妻，地位实际上还凌驾于天子司马炎之上。只是这位皇太后行事低调、深居简出，对于朝政大事从来不闻不问，因此并不引人瞩目。此番齐王司马攸因为卷入逼宫谋逆的风波中，能够救他的也只有这位皇太后了。

羊徽瑜所居的弘训宫素来大门紧闭，从不接见任何外臣，就算是司空贾充这样的权臣前来拜见，都会被皇太后毫不客气地赐下闭门羹。然而这一次潘岳却顺顺当当地迈进了弘训宫的大门。只因为皇太后虽然不食人间烟火，对自己的小孙子山奴却疼爱非常，哪怕天色已晚准备安歇，听到山奴哭着求见，还是赶紧让人将孩子放了进来。

山奴得了贾荃的叮嘱，一进房门就扑到羊徽瑜的膝上大哭起来："太后奶奶，我娘病了，爹爹又一直不回家。山奴害怕，不敢睡觉。"

"你父王去哪里了，齐王妃又怎么病了？"羊徽瑜心疼地搂着孙子，见小孩子哭得涕泪交流话也说不清楚，就冲着跟山奴进来的那个"侍从"斥道，"你们是怎么伺候二公子的？夜深露重，山奴要是病了，我老太太对你们可不会客气！"

"臣司空掾潘岳见过皇太后！"那个"侍从"自然便是潘岳，此刻他终于找到了说话的机会，连忙俯身下拜，"齐王殿下现有性命之忧，求皇太后速速进宫相救！"

围聚在宫门外的骠骑营士兵撤离之后，天子司马炎回到寝殿，一头就倒在了床上。等他醒来的时候，发现殿中已经燃起了灯烛，而守候在自己身边的心腹大臣荀勖已是满脸倦色。

"现在是什么时辰了？"司马炎含糊地问。

"快到丑时了。"荀勖没有呼唤候在殿外的内侍，亲自将司马炎扶起来坐好，"陛下可有哪里不适，要不要再请太医来问诊？"

司马炎摇了摇头，在床上坐了一会儿，渐渐想起先前发生的事情。他伸展了一下胳膊,感觉到身体中又重新注入了生机和活力,不由满意地叹息了一声:“终于都好了。”

“陛下,齐王……”荀勖刚提到这个名字,就感到司马炎的目光剑一般刺了过来,让他忍不住缩了缩脖子,却依然硬着头皮道,“齐王还在殿外待罪,陛下要见他吗?”

司马炎哼了一声,转开头没有出声。齐王司马攸对他而言,就像是景皇帝司马师和文皇帝司马昭留在自己床榻边的一只刺猬，拍不得打不得。若是硬要下决心将它赶走,不仅要扎一手的刺,周围的人也会蜂拥而上聒噪求情。哪怕出了骠骑营逼宫谋逆这样的大事,真要把齐王司马攸扔给朝臣们议罪,只怕会掀起更大的风浪,说不定会比今日骠骑营的行为更加可怕。

毕竟司马攸是景皇帝司马师的嗣子，按照宗法而言就是正宗的先皇皇太子。哪怕朝廷已经有了正式的皇太子司马衷，在大部分人心目中,司马攸才是真正有资格继承大统的那个人。

想到这里,司马炎只觉得身下所铺的白貂皮褥变成了针毡,刺得他心慌意乱。他藏在被子上的手指狠狠揪着皮褥上柔顺的貂毛,嘴唇也抿成了一条直线——今日白天在宫城外被逼退让的屈辱，他绝不容许再经历一次。

“陛下,臣有一言,说出来便是死罪……”荀勖观察着司马炎脸色的变化,小心翼翼地试探。

“别绕弯子了,说吧。”司马炎不耐烦地道,“朕赦你无罪。”

“陛下，如今齐王势大，就算陛下将骠骑营为首的几个将领抓来审问,只怕也未必会牵涉到齐王身上。到头来,估计齐王还是只落个治军不严之罪,按照八议之论议亲议贵不了了之,陛下最多只能斩了段平几人了事……”荀勖一边说一边偷觑司马炎的神情,知道自己说到了皇帝的心坎上，索性将自己后半生的命运都押了上去，“现在齐王孤身在宫内，白日里又挥剑自刎受了伤，就算明天一早伤重不治，估计宗室和大臣们也无话可说……”说到这里他的声音戛然而止，只留下君臣之间寒气逼人的沉寂，让荀勖的后背上也冒出了一阵寒栗。

司马炎冷冷地看着自己的心腹大臣，忽然道：“早就听说齐王与爱卿不睦。爱卿这番话，到底是公心还是私心？”

“不敢欺瞒陛下，齐王对臣一向鄙薄，臣确实有私心。”荀勖跪地叩头，“然而日后齐王一旦掌权，臣无非罢官黜爵而已，尚可逍遥于山水之间。只可怜太子为人忠厚，哪怕齐王念及陛下的恩德不敢加害，只怕也会在金墉城中囚禁一生，凄风冷雨，缺衣少食。别说陛下，就算是臣一想起来，也觉得恐惧悲愤不能自持啊……”说到这里，荀勖以头抢地，竟然号啕大哭起来。

荀勖这一哭，让司马炎的心中顿时凄恻。他知道荀勖说得不错，自己比齐王司马攸大了整整十二岁，日后自己驾崩，齐王依然年富力强，自己那憨厚的太子司马衷又怎么会是齐王的对手？就算齐王心存仁厚不愿取而代之，那些野心勃勃的将领和大臣，又怎么会放弃拥立新君的大好机会？只怕自己尸骨未寒，那太极殿的龙椅上所坐之人就要换了！

“机不可失，时不再来。臣冒死请陛下为江山社稷计，早做定夺！”荀勖再度叩头。

“朕知道了。”司马炎只觉心跳宛如擂鼓，半晌才平稳住呼吸缓缓道，“齐王日间受伤太重，虽经太医全力救治，终归不治……”

“陛下难道忘了文皇帝与文明皇后的临终嘱托了吗？”荀勖尚未来得及吩咐下去，殿外忽然传来一声冷笑。随即便传来殿外太医内侍们扑通叩拜的声音：“参见皇太后！”

司马炎一惊，连忙扶着荀勖的胳膊站起身来，作势要向皇太后羊徽瑜施礼。羊徽瑜照例免去天子之礼，却转向荀勖斥道：“我与天子谈论家事，你一个外臣杵在这里做什么？若是你敢恣意妄为，老妇我第一个就饶不了你！”见一向慈祥和蔼的皇太后如此疾言厉色，荀勖顿时冷汗直流，忙不迭地叩头退下。

“陛下对齐王生出杀心，难道真不怕九泉之下难以面对你的亲生父母？”眼看寝殿内再无外人，羊徽瑜望向司马炎的目光中不再掩饰自己的怒色。

“曹魏衰微，乃是因为贬抑宗室手足相残。所以你们要答应我，绝不重演魏文帝与陈思王的旧事，一定要兄弟同心……”

“桃符性情急躁，而你这做哥哥的又不慈爱。我的病如果好不了，我很担心你容不下他。以后你一定要多担待他一些，不要忘记我说的话……”

父亲司马昭和母亲王元姬临死时的叮嘱回荡开来，让司马炎惨淡一笑：“皇伯母，侄儿原本也想善待桃符，奈何他意图谋逆，罪孽深重。侄儿如今想法保全他的名声，已经是念及手足之情了。”

“桃符被你下令软禁在府中，怎么会和骠骑营那些谋逆之徒勾结在一起，分明只是池鱼之祸！”羊徽瑜说到这里，再度冷笑，“老妇我听闻还有人假冒皇太后的旨意册立桃符做皇太弟，那陛下是不是也要将我治罪呢？”

“侄儿不敢！”司马炎惶恐地回答。

“既然这样，我这就带桃符回去了。陛下好好养病吧。”羊徽瑜惦记着司马攸的伤势，不愿在宫中久留，转身就要离开。

“皇伯母留步！”司马炎心有不甘，忽然叫住羊徽瑜，狠下心肠道，“侄儿还有一物，足以证明桃符之罪。”说着他打开床头暗格，从里面取出一张纸来，交到了羊徽瑜手中。

羊徽瑜年逾花甲，眼神不济，便将纸条凑到灯烛之下细细观看，只见上面龙飞凤舞写着十六个字：“木摧于秀，兰烧以薰。神州陆沉，华夏无君。”

眼见羊徽瑜脸上终于露出了惊诧之色，司马炎冷笑道："虽说桃符的真楷天下模仿之人甚多，但他的行书流传甚少，皇伯母总不能说这是伪造的吧？更何况这篇文字来历可靠。就算九泉之下父皇母后责问，侄儿也不至于无法自辩。"

"那陛下原本的打算，就是今夜赐死桃符，再将这封手书作为罪证公布天下？"羊徽瑜攥紧了手中的字纸，语气虚弱，仿佛已经被这白纸黑字的罪状打败。

"桃符是朕的手足，加上皇伯母求情，朕自然会留下他的性命。但他犯下大错，无可抵赖，必定需要接受惩治。"司马炎自感在羊徽瑜面前又理直气壮起来，下意识地又恢复了天子专用的"朕"字。

"就算真的是桃符写下这等无父无君之语，都是我这个做母亲的教导不周，不如由我代陛下去向先皇他们解释吧。"羊徽瑜的脸上浮现出一个寓意不明的笑容，忽然伸手将司马攸的手稿撕成两半，凑到了身边的烛焰之上！

司马炎见她竟肆无忌惮地烧毁司马攸的罪证，情急之上想上前抢夺，羊徽瑜却不顾火焰燎手，死死不肯松开。司马炎碍于皇太后身份不敢动粗，待到羊徽瑜终于脱力地跌坐在地上，她松开的手指中只落下一些黑色的纸灰，被袍袖一扫便化为了烟尘。

"皇伯母就算毁灭了齐王大逆不道的证据，但能欺得过天地鬼神和先皇们的在天之灵吗？"司马炎没料到这个几十年来一直温和得几乎懦弱的女人竟做出这样的举动，怒气勃发，却又碍于羊徽瑜太后之尊，压抑着怒火质问，"皇伯母如此包庇桃符，又有什么资格当我晋朝的太后？"

"我的罪责，我自然会去承担。可桃符一生坎坷的起因，不过是做了我的儿子。若连我都不护他，还有谁会护他，谁能护得了他？"羊徽瑜惨然一笑，毫不避讳地看着司马炎铁青的脸，"桃符最大的错处，是成了景皇帝的嗣子，就算持身再正，也免不得旁人肖想忌惮。偶作怨愤之语，也有身边人巴巴地向陛下告密。不过陛下难道不觉得,这世上其实对陛下威胁最大的人不是桃符,而是我这个皇伯母皇太后吗?”

羊徽瑜此言一出，无异于挑破了她与司马炎之间平素温情脉脉的窗纸,当即让司马炎后退一步,脸色变幻无言可对。羊徽瑜乃是景皇帝司马师正妻,地位凌驾于天子之上。就算她真要下旨废掉自己这个侄儿皇帝，从法理上甚至没有太大的漏洞。所以司马炎内心深处最恐惧的，是司马攸利用羊徽瑜的太后名义,与群臣串通起来篡夺自己的江山。这一点,司马炎明白,司马攸明白,羊徽瑜也明白。所以,司马炎客气,司马攸恭顺,羊徽瑜则深居简出不问世事。这是他们三人性格使然,也是为了新建的晋朝做出的最好选择。

司马炎相信,随着自己君权的日渐巩固,这样无奈的平衡迟早有一天会被打破。然而那一天,却随着一个士兵在宫门外喊出的石破天惊的话语,已经提前到来了。

“奉弘训宫皇太后旨意,请陛下立齐王为皇太弟!”那个士兵的言辞再度在耳边回响,让司马炎暗暗攥住了拳头。好在,这一次的赢家还是他司马炎。

“听说今日宫门外,已经有人号称奉我密旨册立齐王,陛下是信还是不信?”羊徽瑜见司马炎不答,再度追问。

“朕自然不信。”司马炎赶紧道,“朕已经下旨,命人彻查幕后主使。”

“就算陛下这次不信，对我们母子也难免会动猜疑。与其让陛下对桃符生出杀心,不如我来为陛下断去后顾之忧。”羊徽瑜说着,缓缓从地上站起,“我只是陛下的伯母,桃符却是陛下同父同母的嫡亲弟弟。俗话说长兄如父,只望以后陛下对桃符还有一点骨血之情,就算他再犯什么差错,也不要伤及他的性命,重蹈曹魏同根相煎的覆辙。日后我与景文两位先皇和文明皇后同列太庙，一定会清清楚楚地看着陛下是否履行了先皇的遗训。”说着,羊徽瑜再不理会司马炎,转身就朝殿外走去。

“皇伯母……”司马炎想要辩解几句，挽留一下，伸出的手臂却只是停留在了半空。最终他只是松开紧咬的牙关，艰涩地问：“皇伯母要将桃符一起接走吗？”

“不必了。”羊徽瑜愣了一下，终究摇了摇头，“时间不多了，我还有一些事情要准备。”说着她疾步而出，再不回顾，很快便融入殿外那一片浓得化不开的夜色之中。

司马攸自被放入宫门之后，就径直走到太极殿外，撩衣屈膝，跪在石阶下请罪。太极殿中侍奉的内侍见他颈项上的伤口一直不得包扎，鲜血流淌不息，便悄悄走到他身边道：“殿下，天子已经安寝了，殿下不如先到偏殿裹伤休息，明早再觐见天子不迟。”

“我大罪弥天，未得天子诏令，岂敢再擅作主张？”司马攸摇了摇头，纹丝不动。

这样的长跪，在司马攸的记忆中唯有一次。几年前他为了给被人陷害的大将军石苞求情，也曾经在太极殿东堂中长跪不起。不过那时他心中所怀的是济世救人、匡扶正义的炽烈理想，绝不愿新建立的司马家天下被宵小所污，即使身体受苦，意志却一直坚定不移。可是短短几年过去，他此刻已是一身疲惫心如死灰，僵直地跪在这里，也不知是为了向天子昭示自己的忠诚，是为了撇清皇太后羊徽瑜的嫌疑，还是为了求司马炎赦免骠骑营参与逼宫的所有将士。

司马攸心中明白，这三个目的，没有一个能够达成。段平、刘辉等人必定难逃惩处，而天子司马炎对皇太后和自己的猜忌，随着司马炎的渐渐苍老，只会愈演愈烈。可是明知无望，他现在除了长跪在此听凭天子发落，还能做什么呢？天子久病，太子暗弱，所有人的眼睛都盯在自己身上。自己任何一点青萍之末的举动，都足以掀起颠覆一切的巨大风浪。而这，恰恰是司马攸最恐惧的。

就一直这样跪下去，跪到死，或许才是最好的选择。司马攸无力地低下头。天渐渐黑了，衣襟上染满的血迹已经变作暗红，仿佛一片越扩越大的血色沼泽，渐渐将他吞没。

恢复神志的时候，司马攸发现自己已经躺在了偏殿中，脖颈的伤口也被人用绷带小心地包裹起来。他猛地一撑手臂从榻上坐起，向殿中侍立的内侍斥道："是谁如此大胆把本王挪进来的？"

"是皇太后吩咐的。"内侍赶紧回答。

"皇太后怎么来了？"司马攸大惊，见内侍也说不出个所以然来，便撇下他快步向殿外走去。

"殿下，殿下，皇太后已经回去了！"内侍见司马攸又要回到太极殿石阶下长跪请罪，慌忙小跑着跟了上来，"奉陛下口谕，齐王禁足令未解，醒来后即刻离宫回府，不得再在宫内停留。"

"臣遵旨。"司马攸不知司马炎是怎么想的。但既然皇太后羊徽瑜亲自来过，看来这次又和以前一样，用父母之威将兄弟间的嫌隙生生压下。只是这样的做法固然能解一时之急，却也如饮鸩止渴，将矛盾越埋越深，终有一天无法收拾。

见司马炎并不愿接见自己，司马攸不敢再违拗天子之命，终于走出了宫城。齐王府长史温裕早备好了车马在宫门外等候，一见司马攸出来便立刻迎上，担忧地问："殿下伤势如何？王府中早已请了太医，只待殿下回府即行诊治。"

"小伤，不碍事。"司马攸晃了晃昏沉的头，这才察觉此刻天光已经大亮，自己竟是在宫中盘桓了一整夜。他瞥见温裕的神色有些古怪，不由皱眉问道："发生什么事了，是王妃闹起来了吗？"

"王妃还好。"温裕讪讪地低下头，不知该如何出口，"殿下快回去吧，回去便一切都知道了。"

司马攸此刻心力交瘁，便没有多问，只是倚在马车车厢内虚弱地闭上了眼睛。待马车回到了齐王府，司马攸勉强睁开眼，在温裕的搀扶下走进大门，迎面就听到了一阵号啕大哭之声，仿佛一群嘈杂的鸟雀扑扇着翅膀遮天蔽日地涌来，让司马攸顿时呼吸一窒，头痛欲裂。

“殿下回府了，休得惊扰！”温裕搀扶着司马攸的胳膊暗暗加了力气，不满地呵斥。

“爹爹，爹爹你终于回来了！”一听司马攸回府，前方立刻有一个小人儿揉着眼睛跑了出来，车轱辘一样滚进司马攸怀中，哀哀哭道，“爹爹，他们不让山奴去找太后奶奶，说太后奶奶薨了。爹爹，什么叫‘薨了’？你带山奴去找太后奶奶好不好？”

许是男孩奔跑的速度太快，司马攸被他这么一撞，几乎要摔倒在地上，吓得四周的侍从们赶紧上来搀扶。司马攸却恍如不觉，听着孩子飞珠溅玉一般清脆的哭诉，脸上的血色一层层褪尽，最后连双唇都化作了一片惨白。

“皇太后薨了，是什么时候？”不知道过了多久，司马攸才喑哑地问。

温裕见他的眼睛直勾勾地盯着远处的弘训宫方向，也不知道是在问谁，只好小心翼翼地回答：“是今天寅时薨的，据说是突发心疾……殿下，殿下要去哪里？”

“都不许跟着！”司马攸一挥手臂将四周的侍从赶开，独自踉踉跄跄地朝着弘训宫的方向跑去。

弘训宫中此刻已是一片哀哀哭声。司马攸推开跪在皇太后羊徽瑜寝殿门口哭泣的宫女内侍，大步跨过门槛，像以往那样撩起衣襟跪地行礼：“儿子桃符，给母亲请安。”他等了一会儿不见有人回答，又高声重复了一遍：“儿子桃符，给母亲请安！”这一次依旧无人应答，四周嘤嘤嗡嗡的哭泣声却越发高亢起来。让司马攸再也无法压制心中的悲痛。他径直站起身，走到羊徽瑜惯常歇息的软榻前。

此刻，皇太后羊徽瑜悄无声息地躺在榻上，鬓发齐整，面目安详，看上去仿佛熟睡了一般。她身上穿着为节庆大典准备的簇新礼服，发髻上簪着一尺来长以翡翠鸟羽和珍珠玳瑁镶嵌而成的凤型步摇。这样隆重的装扮让司马攸感到一种莫名的虚幻。他跪在羊徽瑜身前静静看了一会儿，终于颤抖着伸出手指，轻轻扯了扯羊徽瑜颈部包裹得严严实实的白缎中衣衣领。只一瞬间，那被高耸的衣领遮蔽的颈间勒痕就如同闪电一般劈入司马攸的双眼，让他顿时眼前一片漆黑，身子一歪，额头重重地磕在了床榻边缘。

“殿下，殿下保重！”守候在羊徽瑜尸体边的心腹女官赶紧扑过来扶起司马攸，一边哭泣一边低声道，“太后临去之前留下几句话，让奴婢一定要转告齐王殿下。”

“都是我害了太后，一切都是我的错……”司马攸推开她的搀扶，重新在羊徽瑜榻前跪好，只觉五内如焚，眼眶中只是干涩肿痛，却一滴眼泪也流不出来。

“太后说这是她心甘情愿做的选择，请齐王殿下不要对天子心生怨望，更不要责备自己。太后还说她一切都是为了维护大晋江山，让齐王殿下以后也要处处以江山社稷为念，顾全大局，更要提防身边宵小。若是殿下因为太后薨逝而自毁自弃，便是不忠不孝。日后九泉相见，太后绝不会原谅殿下。”那女官虽在悲恸之中，这几句话却说得甚是流利，显然羊徽瑜临死之前，早已命她将遗言背熟。

“我听见了，桃符绝不敢违背太后遗训。”司马攸勉强哽咽出声，心中却明白羊太后以她的性命换回了自己，却又担心自己生性至孝，会因此断绝生念或者铤而走险。根据羊徽瑜的意思，天子司马炎必定会压下皇太后的真实死因。而他齐王司马攸，则只能佯装不知内情，继续与司马炎扮演兄友弟恭的皇室楷模，才能弥合隐隐撕裂的晋朝朝局，避免大厦倾颓的惨剧。

“昨夜是何人向太后传递消息的？”过了半晌，司马攸终于嘶哑地问。

他心中怀疑的首先是齐王妃贾荃。若是贾荃果真敢进弘训宫，那她想佯狂装疯逃脱被废赐死的命运，只怕也是不能了。可若是旁人传信，只怕生性谨慎的皇太后也不会轻易相信。

“是司空掾潘岳。”那女官回答了一句，见司马攸猛地转过头来，布满血丝的眼睛直勾勾地盯住了自己，不由得吓得一颤，“奴婢不敢撒谎，确实是司空掾潘岳与二公子同路，连夜进宫请太后相救殿下的。”

“原来是他……”司马攸点了点头，冷如冰霜，“那潘岳现在何处？”

“太后进宫之后，潘郎君就跟随二公子回齐王府了。”女官战战兢兢地回答。

“命人到齐王府传潘岳。若是他已经离开王府，将整个洛阳城翻过来也要把他带来见本王！”司马攸骤然下令，难得的严厉声色将弘训宫众人吓得伏地不起。就仿佛羊太后的死是一把烈火，将平素温润儒雅的齐王锻造成了一尊佛教中的不动明王，手中持着智慧剑和金刚索，周身都燃烧着愤怒的火焰。

自皇太后羊徽瑜进宫去见司马炎之后，潘岳便带着山奴回转了齐王府。因为司马攸对他的拘禁令尚未解除，潘岳将山奴送回贾荃处后，便自行回到原先关押自己的客房。那两个看守的侍卫原本急得要死，却暗中得了王妃吩咐，只能装作没事人一样让潘岳重新待在了客房中。

潘岳是从隐隐传来的哭声中得知皇太后薨逝的消息的。刚开始他只疑心是自己听错了——就算有御下不严之罪，朝廷公议起来，司马炎也不敢杀害司马攸。毕竟司马炎当上这个天子并非因为自身的功业，而是靠祖辈父辈的余荫佑护。他想要动景皇帝嗣子司马攸，根本就没有足够的实力，这也是多年来司马攸能够存身的根基。

可如今究竟是怎样的局面，竟然让皇太后不惜一死来挽救司马攸的生命？潘岳狠狠地用拳头砸着身边的墙壁，只恨自己被拘禁在这方寸之地,无法亲见司马攸离开王府后遭遇的一切。

因此,当司马攸的传唤到达时,潘岳几乎是心怀感激地走出了房门。他知道司马攸纯孝,如今皇太后为救他而死,司马攸必定愧疚自责,甚至生出殉母赎罪之心。潘岳一刻不能守在司马攸身边,就一刻不能摆脱愧疚与担忧的煎熬。

等潘岳终于见到司马攸的时候,司马攸已经换上了全套的斩衰丧服。斩衰是五服中最重的丧服,乃是子女为父母所服。斩衰是用白色的生麻布制成,衣摆俱不缝边,故称斩衰。子女必须为父母服孝三年才可除服。

潘岳一瞥之下,见司马攸双目泛红,神情却还算平静,悬了近一天一夜的心终于踏实了一些。然而司马攸脖颈上缠绕的绷带和暗红的血迹刺痛了他的眼睛,一时之间,无数的疑问与担忧涌到嘴边,让潘岳匆匆施了一礼,便急切地问:“殿下……”

“安静。”司马攸摆了摆手,冷漠得近乎冷酷地堵住了潘岳的话。接下来,他只是坐在书案前紧盯着面前的白纸,不言不动,沉默得让潘岳如堕冰窟。半晌,司马攸将一支毛笔在砚台中蘸好了浓墨,这才抬头看着下方的潘岳道:“请你给皇太后写一篇哀辞。”

潘岳点头称是,却察觉司马攸神色冰冷,满满皆是疏离,心中顿时隐隐发疼:“需要以殿下的名义写吗?”

“不必。”司马攸淡淡扔下一句,便不再理会潘岳,扬长而去。

潘岳知道皇太后新丧,齐王妃贾荃又佯装癫狂,因此此刻司马攸肩上压着的何止是千钧重担。他不敢再扰乱司马攸的心神,收回目光,全神贯注地构思起给皇太后羊徽瑜的悼词。

司马攸处理丧仪回来的时候,潘岳的悼词已然完成。他偷觑司马攸的脸色,见好友仍然面沉似水,显然没有给自己任何说话的机会,便只好默默地从书案前走开,方便司马攸观看墨迹未干的皇太后哀辞。

司马攸走到案前，一言不发地阅读潘岳的新作。但见上面写着：“……任姒隆周。后亦母晋，终温且惠，其仪淑慎。既慎其仪，克明礼教。抚翼景嗣，训成弘操。其慈有威，不舒不暴。乃家乃邦，是则是效。嗟余艰屯，仍遭不造。靡恃惟妣，景命弗保。心之云痛，痛贯穹昊。袭龟筮之良辰，启幽房之潜燧。整武驾之隆牡，结龙辀之缟驷。望旂常而崩摧，披辒辌以增欷。口呜咽以失声，目横迸以洒泪。邈两绝于宫闱，长无觌于仿佛……”端的是用词典雅，比拟贴切，既褒扬了皇太后的恩德，渲染皇家丧仪之隆重，又隐去了她不可与外人道的死因，表达了对皇太后辞世的无限哀痛。读着读着，司马攸心中猛地闪出一个不合时宜的念头——如果是自己死去，这位文才绝世的好友又会以怎样的言辞来为自己祭奠呢？

又从头将哀辞看了一遍，司马攸的目光忽然紧紧盯在了一处，良久不言。潘岳见他神色变幻，似悲似嘲，忍不住打破了房内令人窒息的安静：“殿下可是觉得有哪里不妥？”

司马攸没有回答，只是拿起案上毛笔，将潘岳文字中“抚翼景嗣，训成弘操”一句中的“景嗣”二字改成了“齐藩”，随后将毛笔重重掷回案上，冷声道：“重新誊一遍。”

潘岳低低称是，心中恍然明白了司马攸改动的深意。哪怕身为景皇帝司马师的嗣子，哪怕为羊徽瑜的死穿上了儿女所服的斩衰，司马攸却不能再光明正大地被称为皇嗣，而只能被视作一个最普通的藩王。这样的忌讳，其实自一年前天子司马炎将司马攸与贾充等功臣十二人配飨太庙便可见端倪——敢问世上有哪一个天子曾在太庙与臣下为伍？司马炎的所作所为，无非是要将司马攸钉死在臣位上，断绝天下人将他拥立为君的念想。而如今司马攸亲自将“景嗣”改为“齐藩”，无异于把着潘岳的手抡起铁锤，亲自又钉下了一颗钉子。

原来司马攸让自己写下皇太后哀辞，其实是对自己的一种保护。潘岳心中明白了这点，哪里还会计较司马攸的冷淡疏离，感激之余，都是心疼。一夜未见,司马攸的眼眶下是大片的青影,双眼中满是红丝,脖颈上缠绕的绷带上血痕早已变成暗红，而他单薄身躯下支棱而出的肩胛骨则几乎顶破了生麻布制成的斩衰,让潘岳担心若是再加负荷,这副肩膀不知什么时候就会支离破碎。

拾起毛笔,潘岳重新铺纸,准备誊写皇太后哀辞。就在这个时候,门外有从人禀报:“启禀殿下,侍中杨珧前来颁旨。”

一听说天子降诏,司马攸赶紧迎出去,却见侍中杨珧已经径直走了进来。他刚要下跪接旨，杨珧却笑吟吟地止住了他:“齐王不必多礼,此番下官前来只是奉旨给各处宗亲赐下哀服，以示对弘训宫皇太后的礼敬之意。”说完他敛了笑容,冲身后一个捧着哀服的内侍道:“烦请常侍伺候齐王殿下更衣。”

“且慢！”司马攸蓦地抬手止住了那内侍,转向杨珧问道,“敢问杨侍中,弘训宫皇太后是小王之母,为何陛下赐下的却是齐衰？”

“《仪礼》有定制,为伯叔母服齐衰。”杨珧见司马攸正要反驳,连忙胸有成竹地道,“当然,古礼也有臣子为皇太后服二十七日斩衰之例。但弘训宫皇太后天性节俭,天子不忍违背慈训,故诏令丧仪从简,宗室百官服二十七日齐衰即可除服。”

“宗室百官自可从简,但太后与小王本是母子,小王怎可舍弃子女之礼,罔顾人伦大义？还请杨侍中代小王向天子陈情,允许小王为皇太后服三年斩衰,并以人子之礼祭奠皇太后。”司马攸言语平静,但藏在广袖中的双手却已狠狠地掐出了血痕。斩衰、齐衰乃是不同等制的丧服,明确昭示着服丧之人与死者的亲缘关系。他可以忍受天子司马炎的处处打压甚至惩罚,却绝不能容许割裂他与嗣母之间既合法又紧密的母子关联。

“齐王此言差矣。”杨珧乃是先皇后杨艳的叔父,也是未来皇后杨芷的叔父,此刻正圣眷隆重,炙手可热,就连开国元老贾充见了他也要客气三分。他此番有备而来，当即气定神闲地看着面色惨白的司马攸道:

“久闻齐王精熟礼制，岂不闻‘诸侯不得祖天子，公子不得祢先君’之说？自古只有天子太子才有资格向先皇和皇太后行子孙之礼，其余宗亲藩王又怎敢与天子比肩？自然只能穿臣服、行臣礼，难不成还想为皇太后奉统承祀吗？”说着，他冷笑转头，向那捧着齐衰进退不得的内侍道：“劳烦常侍伺候齐王更衣，我们还要去下一个藩府呢。”

“谁敢？”见那内侍果然朝自己走近，司马攸猛地一声大喝，朝前走了一步，吓得那内侍连连后退，几乎一跤跌在杨珧身上。司马攸瞥了一眼内侍的狼狈模样，冷冽眼神紧盯住杨珧：“劳烦杨侍中代为转奏天子，司马攸不敢罔顾人伦降制易服。若不能对已故皇太后尽人子之孝，生而与禽兽何异？不若请天子直接赐臣一死吧！”

“既然这样，臣就将齐王的话一字不差转告天子。告辞了！”杨珧从未见过温文尔雅的司马攸露出这样决绝的表情，心中恼怒却又不敢再当面顶撞，当即带着从人们匆匆离去。

见杨珧终于走了，司马攸眼前一阵发黑，赶紧撑住身边一根木柱，才勉强没有摔倒在地。喘息一阵，司马攸略略松开抠住木柱的手指，身体无力地跌在地上。柱子上的木刺深深扎进了他的指缝，疼得撕心裂肺，但又怎能比得上那从上而下要将他整个身躯辗为齑粉的无形重压。为了向天下人掩盖他是景皇帝和皇太后嗣子的事实，无论他如何避让隐忍，那如影随形的重压依然碾轧得他无法站立无法开口，甚至无法呼吸。他下意识地伸手抚住喉咙，才发现手指上黏湿一片，竟是颈上的伤口不知何时再度迸裂了。

“殿下……殿下……”耳边隐约传来焦急的呼唤声音，忽远忽近，让司马攸终于缓缓地转过头去。眼中的潘岳一如往常，如同朝晖沐浴下的翠竹一般明亮耀眼。与他相比，自己颓然衰败的身躯就如同一截朽木，不知何时就会被风雨虫豸侵蚀殆尽，与腐土烂泥融为一体。

“殿下？桃符？”见司马攸呆呆地不说话，潘岳又唤了两声，用力将他搀扶起来。待见到他颈上又不断渗出鲜血，潘岳大惊之下想要叫人，却被他紧紧地握住了手腕：“别管我，没事！”

“皇太后的哀辞已经誊写好了。”潘岳见司马攸双眼发直，双目中竟似也要流出血来，不敢提方才杨珧逼司马攸更换丧服之事，只能轻轻地转换了话题。他犹自记得司马攸生母王元姬死时，司马攸悲痛呕血的场景。此刻情势比当初越发摧折，潘岳不禁担忧司马攸受此刺激，会不会再度引发旧疾。

然而司马攸却已经放开了他的胳膊，径直往房内走，似乎真要去看潘岳誊写好的哀辞。潘岳紧紧跟在司马攸身后，见他端然坐在了书案后，正想说些什么，司马攸却已经开口道：“你跪下，本王有话要问你。”

潘岳一惊，一颗心顿时沉入无尽幽谷。他与司马攸乃总角之交，虽有尊卑之别，却一直行朋友之义，司马攸从未自挟身份要求他跪拜过。如今司马攸这一声虽轻，却不啻于一声惊雷，让潘岳浑浑噩噩之际双膝一屈，哑声道：“殿下请问。”

“昨夜是你闯入弘训宫中，给皇太后报信的？”司马攸平淡地问，脸上没有什么表情。

“是。”潘岳只简短地回答了一个字。至于自己托海奴传信，诓山奴协助自己等事，他不说，想必司马攸也极容易知道。

“难道你认为，我在宫中有性命之忧？”司马攸追问。

潘岳一愣，随即摇了摇头。司马炎目前尚是一个弱势天子，就算有荀勖、杨珧等幸臣挑唆，若无充足的证据，绝不敢杀害声望颇高的齐王。

“既然如此，为何还要连夜惊动皇太后?!”司马攸蓦地一拍书案，潘岳搁在砚台边缘的毛笔顿时骨碌碌地滚到地上，将那一丈二尺的细桃枝簟席染出了一片污渍。“你究竟对太后说了什么，竟害得太后不惜……”司马攸脸上的肌肉抽搐了一下，到底不忍心将“自缢”两个字说出口来。

“臣，臣只是担心殿下……”潘岳至今不明白皇太后为什么会莫名其妙地死去，却不敢询问，只能咬牙低头，承受着司马攸的无名怒火。

“担心我，就可以不顾我的命令私自出逃，就可以违背宫禁撺掇恐吓皇太后？担心我就是你为所欲为的所有借口?！”司马攸蓦地闭上眼睛，好半天才抑制住身体的颤抖，“皇太后早就规劝过我，与你交往永远只会给我带来灾厄，从小到大，莫不如是。皇太后还劝我应该早日将你逐出洛阳，可我却偏偏不信，一拖再拖。终于到得今日，你一番说辞就断送了皇太后的性命……”说到这里，司马攸只觉得胸腔中一阵撕裂般的剧痛，让他蓦地捂住嘴弯下腰去，好半天才将那股火辣辣的热流强咽了下去。

潘岳在一旁看司马攸忍得额头上青筋暴起，冷汗将鬓角都浸湿了，下意识地想要扑过去扶住他摇摇欲坠的身体。司马攸却蓦地将他一推，嘶声道：“你自己造个错处，我会关照吏部将你贬谪出京。从今以后，我们就再不必相见了。”

“不，殿下，我不走！”潘岳没想到司马攸竟会做出如此决绝的决定，下意识地拒绝，“殿下此刻身处危难之中，我怎么可以一走了之……”

“谁说我身处危难之中？小心旁人控你诽谤天子之罪！”司马攸坐直身体，冷笑道，“何况就算你在，又能帮得了我什么？”

此言一出，犹如利刃穿心，让潘岳脸色血色尽失。他虽然常常为司马攸出谋划策，却只能解一时之困，根本无法改变大局。如今他害得皇太后丧命，更是有弄巧成拙之嫌。因此司马攸口中吐出的最后一句话，真真是潘岳承担不起的重量。

“我人微言轻，确实帮不了殿下什么。但哪怕鸡鸣狗盗之徒亦能为孟尝君所用。潘岳再无能，也愿跟随在殿下身边，任殿下驱遣。”此时此刻，平素再清高的自尊心都被潘岳抛在了脚下，他跪在司马攸脚下，语气哀恳，不过是为了司马攸不要赶他离开。

“我如今可不敢求你帮我什么，只要你不给我添麻烦就谢天谢地了！”司马攸硬起心肠，语声是从未有过的残忍无情，“你可知道，琅琊三经过多年谋划，马上就要回归洛阳了。如今我自顾不暇，哪里还有余力去保全你？”

“琅琊王”三个字成功地打击到了潘岳。他身子一震，随即半晌无言。木雕泥塑般在地上跪了良久，潘岳终于缓缓开口道：“潘岳多年来承蒙殿下关照，大恩无以言谢。只盼我走之后殿下善加珍重，必能等到日月重霁的那一日。”说完，见司马攸依然只是冷笑不答，潘岳只觉得全身寒到了极处，动作僵硬地站起身，缓缓退了出去。

司马攸面无表情地看着潘岳的背影消失在门外，想起这也许是自己这一生最后一次看到他，心中如被重锤一击，脚下一软跌坐在了座席上。

“爹爹，爹爹！”一个声音蓦地在司马攸耳边响起，稚嫩，清脆，带着惊慌的哭音。司马攸顿时睁开眼睛坐好，一把拉住面前双眼哭得通红的男孩，柔声道：“山奴怎么会在这里？”

“爹爹恕罪，山奴其实……其实一直躲在屏风后面……”二公子山奴见司马攸的脸色一变，索性放声大哭起来，“爹爹，为什么要赶檀奴叔叔走？山奴还要听檀奴叔叔讲故事，山奴不要檀奴叔叔走……”

“闭嘴！”司马攸蓦地一声呵斥，将男孩吓得一愣。齐王府最受宠的二公子从未见过爹爹如此疾言厉色的模样，不敢再哭出声音，然而抽泣却无论如何也压不住，顿时憋得小脸一片通红。

见儿子想哭又不敢哭的小模样，司马攸心底顿时软了下来。他一把将山奴拉到怀中，摸着他的脑袋道：“爹爹以前教过你陈王曹植的《野田黄雀行》，你还会背吗？”

山奴委屈地点了点头。

“那山奴背给爹爹听听，好不好？”司马攸说着，率先开了头，“高树多悲风，海水扬其波。”

“利剑不在掌，结友何须多。”山奴抽抽噎噎地接出了下句。虽然孩子的口吻中体现不出昔日曹植被兄长曹丕猜忌逼迫时的愤懑，但司马攸听到这两句，还是忍不住眼中发酸，却只能将眼泪回压，尽数咽入腹中。

“不见篱间雀，见鹞自投罗。罗家得雀喜，少年见雀悲。拔剑捎罗网，黄雀得飞飞。飞飞摩苍天，来下谢少年。”山奴稚嫩的声音在沉闷的房间内回响着，让司马攸油烹一般的心肺渐渐清凉。“利剑不在掌，结友何须多”，少年尚且知道要捎开罗网放走黄雀，那自己将潘岳赶出这危机四伏的洛阳城，原本就是唯一的选择。天子司马炎向来就对潘岳印象不佳，若是日后有人在潘岳求皇太后入宫之事上大做文章，加上琅琊王司马伦回京，只怕自己左支右绌难以应付。与其让潘岳在洛阳陪着自己同受煎熬，不如放他远离纷争，避祸保身。若是自己以后侥幸有出头之日，再将他召唤回来不迟。

司马攸的苦心，潘岳不是不能体谅。然而就算理解和体谅，依然无法消除他内心深深的屈辱。这份屈辱，植根于他对自己无能的愤怒。二十多年来，他的风姿倾倒洛阳，他的文章驰名天下，可是这些又有什么用呢？在司空府近十年不得升迁，见好友受困却束手无策，难怪司马攸想要将他赶走——他如此无能，仿佛只是点缀在齐王司马攸身上的玉佩，除了装饰一无所用，甚至还会招来觊觎的盗贼。一旦司马攸自身负重太多，哪怕这枚玉佩再古老纹饰再精美，也终究会被抛弃在路旁。

踉踉跄跄地穿过齐王府一重又一重的院落，每行一步，就是离司马攸更远一些。终于，潘岳迈出了齐王府大门高高的门槛，耳听那厚重的朱漆大门在身后重重关闭，从此再也不会向自己打开。

“东门有人，其颡似尧，其项类皋陶，其肩类子产……，累累若丧家之狗。那究竟是谁啊？”恍惚之际，潘岳听到有人在旁边调笑。他没有心思理会他人的嘲讽，只是神不守舍地继续往前走，差点一头撞在了某个斜插过来的人身上。

“别走啊，有什么烦心事，说不定老夫可以帮你出出主意呢。”那人张开双臂拦住潘岳的去路，满不在乎地笑道，“就算是丧家之犬，也不会拒绝别人的收留吧？”

潘岳站定身子，看到面前的人穿着一身丧服，胡须花白，满面红光，赫然便是平原王司马干。就算意志再消沉，潘岳也不得不打起精神和他敷衍：“丧家之犬乃是孔圣人自谦之语，潘岳如何敢与之比拟？”

“你要去哪里，我让马车送你吧。”司马干早见潘岳失魂落魄、双眼空茫，不由得想要打探其中内情。

“看王爷的模样，是要去祭奠皇太后吧？潘岳不敢耽搁王爷的正事，告辞了。”潘岳说着，绕过司马干就想离开。

“皇太后已经死了，早一刻晚一刻祭奠都不妨事。”司马干从小领军，身手了得，脚步轻轻一动便重新堵在潘岳身前，“反倒是一些活人，因为早一刻晚一刻的区别，就会变成死人了！”

“王爷言重了。”潘岳知道这个平原王装疯卖傻，实则对司马攸和自己都颇为爱护，眼中顿时一红，低头道，“上次在宫中承蒙王爷救护，潘岳才逃脱了天子的处罚。如今潘岳一切安好，多谢王爷关心。”

“胡说！想骗我老人家，你还嫩着呢。”司马干不依不饶，一副不问出缘由誓不罢休的模样，“来来来，趁我老人家闲着无事，把你的烦心事说给我听听。”一边说，一边招呼潘岳上自家的马车。

司马干地位尊崇，性格又执拗，潘岳无法，只好登上了平原王府的马车。司马干倒也并不食言，吩咐车夫暂不去弘训宫吊唁，转而先送潘岳回家。

“现在可以说了吧。”车帘刚一放下，司马干就忍不住好奇地问，“你和桃符吵架了？”

潘岳默然，半晌才斟酌道：“齐王殿下命我自己寻个由头，离开洛阳。”

“走了也好。洛阳城里乌鸦打架，你一只白鹤掺和个什么劲儿。”司马干轻描淡写地点点头。

“是。”潘岳无心反驳司马干，只顺着他的话头道，“所以现在我需要一个离开洛阳的理由。”

“要离开洛阳还不简单？”司马干吹了吹面前花白的胡须，“你不知道这朝堂里多少人嫉妒你呢。你要离开洛阳，他们可是求之不得！”

“王爷说笑了，潘岳官职卑微，怎么会引朝中高官嫉妒？”潘岳苦笑。

“我说的可是真话！”司马干急道，“当朝那些世家子弟喜好品评外貌，左一个‘朗朗如日月之入怀’，右一个‘岩岩若孤松之独立’，就连王戎那样的丑八怪，裴楷都要称赞一句‘眼烂烂如岩下电’。世人只道他们个个都是美男子，却不知是小圈子里互相吹捧罢了。所以你知道自己为什么这么多年都升不了官了吧。那群家伙是嫉妒你既有倾国之貌，复有绝世之才。若是再有青云之位，他们这些人以后在朝廷上还怎么立足？只要你往朝堂上一站，一瞬间就把他们那群自以为的白鹤都比成了芦花老母鸡。所以他们才成天在天子面前说你坏话，让你只能窝在司空府里抄公文！”

听司马干说得意兴横飞，潘岳只是苦笑摇头。他知道自己无法升迁一是因为不能见信于司空贾充，二是因为厌恶清谈得罪了名士派官员。至于司马干所说的这一点究竟能占多大分量，根本无法考证。

“说远了说远了。”司马干拍了拍脑袋止住兴头，苦恼地转了转眼睛，“现在该怎么办，才能让你顺顺利利离开京城，却又不至于流放贬谪呢？”

“这个潘岳自有计较，就不劳王爷费心了。”潘岳原本没有心思和司马干饶舌，此刻见马车已经驶到了自家所住的延熹里外，便朝司马干拱手施礼，想要告辞离开。

“年轻人不过遭逢一点苦厄，这就受不了了？岂不知日后还有更艰难的事情等着你去做呢！”司马干见潘岳意兴阑珊，不由得勃然而怒。

“王爷不就是想知道我打算怎么离开吗？”潘岳淡淡地回应。

“我的心思，还是被你看出来了。”司马干脸皮厚，被潘岳点破了心思也不羞愧，收敛了怒容笑嘻嘻地说，“你到底是什么法子，赶紧说出来。否则我老王爷今天晚上睡不好影响了身子，可就是你的罪过了。”

见司马干如此好奇，潘岳也不好推脱，只好向司马干附耳说了几句话。

“妙妙妙！”司马干听得眉飞色舞，拍着潘岳的肩膀哈哈笑道，“反正要送人借口，借机骂骂吏部那群官儿再好不过，也算是给他们压制你这么多年出一口恶气！”

翌日，尚书诸省连接内宫的阁道上，忽然贴出了一张招贴，上面写着几句类似民谣的诗句：

阁道东，有大牛。
王济鞅，裴楷鞦，
和峤刺促不得休。

阁道是连接内宫与外间官署的架空通道，平素官员往来多有通行。此刻突然贴出这么一首歌谣，众人一看，无不知趣地掩口而笑。所谓阁道东的大牛，乃是指吏部尚书山涛，而王济、裴楷、和峤都是名士派高官。这首歌谣的意思是说，吏部尚书山涛不过是头颟顸愚笨的大牛，王济给他套上皮带，裴楷给他套上拖车，和峤则迫使他劳碌不休。由于比喻贴切，朗朗上口，这首歌谣立刻在洛阳官场中流传开来，同时也将山涛、王济等被歌谣讽刺的官员气得半死，立刻命人追查这首阁道谣的作者。

由于阁道只有一定品级的官员可以登临，追查起来并不困难，众人立刻便知这首阁道谣乃是司空掾潘岳亲手所写。由于潘岳入仕近十年不得升迁，对吏部尚书和高要权臣口出怨言并不意外。因此，吏部虽然怀恨在心，也找不到可以处置潘岳的律法，最后只能强行发令，任命潘岳为河阳县令，即日离开洛阳赴任。

潘岳离开洛阳的时候，只有夏侯湛、韩寿等寥寥几个友人前来送行。而他举目四顾，果然没有再看到有关齐王府的一丝影子，就连一向交好的齐王府长史温裕，也避嫌地没有露面。潘岳知道此刻的司马攸正深陷在皇太后羊徽瑜的葬礼旋涡中——朝廷为皇太后定的谥号是“景献”。但关于在葬礼中齐王司马攸究竟应该是穿子服还是臣服，行子礼还是臣礼，由于史无前例，大臣们已是吵得不可开交。天子司马炎最终采纳了司空贾充的建议，让司马攸“服子服，行臣制”，算是在各派官员慷慨激昂的口水战中取得了一个平衡。

潘岳无法想象，沉浸在丧母悲痛中的司马攸身处旋涡，连对母亲的孝礼都无法尽到，会是怎样撕裂身心的伤痛。朝堂中的各方力量在司马攸身上推举拉扯，可是潘岳现在唯一能做的，却只能是远远地离开他。司马攸在潘岳身上少费一丝精力，才有多一分精力去应付那些无法逃避却生死攸关的摧折和纷争。

“夏侯兄，我有一事相托。”临行之前，潘岳取出一个密封得严严实实的锦囊，小心地放在夏侯湛手中，“这个锦囊，劳烦夏侯兄转交给齐王妃，不到齐王危急关头，不要打开。”

“好，你放心。”夏侯湛见潘岳神色凝重，仿佛交给自己的是某种重逾性命的东西，连忙答应着细心收好。他生性端方，又与齐王司马攸是中表之亲，乃是潘岳难得可以信赖的人选。

交代完这最后一件事，潘岳抬起眼睛再次看了一眼洛阳城青灰色的城墙，感觉自己真的该走了。

河阳在前方，洛阳在身后。潘岳在颠簸的车厢内紧紧地依偎着杨容姬，恍惚觉得随着自己的离去，身后那座青灰色的大城渐渐生出了裂缝。那些裂缝最初细如虫豸，渐渐像吞食了血肉一般越来越粗长，蟒蛇一般缠绕攀缘，带动得城墙上的沙土砾石纷纷坠落。而那座看似坚不可摧的帝都，也在不断撕裂、崩塌，最终倾颓成一片废墟。

第十五章

阴谋

位莫微于宰邑，馆莫陋于河阳。

——潘岳

四周是青灰色的高墙，插入天际阻隔视线，让他只能沿着逼仄的通道向前摸索。通道走到尽头，分出无数岔路，他只能随意沿着一条继续往前走。可是再往前走，又是和以前一模一样的岔路，无论他挑选哪一个方向，等待他的永远是同样的困境。

他知道，自己是被困在这青灰色的迷宫中了。

低下头，他看见了自己脚尖上两只可爱活泼的小老虎，这是母亲送给自己的虎头鞋。他曾经是多么喜欢这双鞋子。可是现在看到它，内心深处却隐隐生出巨大的恐慌，让他猛地贴住身边冰冷的墙壁，全身的寒毛都因为紧张而竖立起来——这青灰色的迷宫中，隐藏着某个他无法抵御的怪兽。

“檀奴，檀奴……”远处隐隐传来一声声呼唤，越来越近，越来越真切。他忽然醒悟过来——那是桃符的声音！他想要开口回答，却蓦地想起那磨牙吮血的怪兽就在附近，顿时犹豫一下未敢发声。

“檀奴，檀奴救我！”那声音忽然变得惊惧异常，伴随着一声非人非兽的巨大咆哮。糟糕，桃符被怪兽发现了！他心头一紧，终于强压下心头的恐惧，开始沿着迷宫逼仄的甬道追寻下去。即使知道自己就算找到桃符也未必能抵抗怪兽，但他如何能对好友的呼救置之不理？

“檀奴，檀奴救我！”桃符熟悉的声音还在一声声传来，仿佛一阵越来越密集的鼓声，让他全身的血液都沸腾起来。他用尽全力在甬道中飞奔，却绝望地发现，每当他自以为会到达桃符身边时，面前却总是竖立着一道高不可攀的青灰色高墙……然而他不敢放弃，换个方向继续奔跑，直跑得胸腔闷痛、汗湿重衣，耳中如擂鼓一般突突跳动。可是他永远只能听到桃符在一墙之隔的地方声声呼救，却连他的身影也见不到半分。

终于，那熟悉的呼唤低弱下去，整个迷宫中如同死去一般沉寂。他正站在一处岔路口茫然四顾，忽然身边的墙壁后传来一阵惨叫，随即便是那怪兽志得意满的咆哮。心惊胆战之际，一摊血水慢慢地从墙根那边渗了过来，如同一群爬行的虫豸，染红了他一尘不染的虎头鞋……

“啊！”他蓦地大喊一声，只觉全身都是冷汗，而离体的魂魄在他睁开眼睛的一刹那，又重新灌注回这具冰冷颤抖的躯壳里。

“檀郎，又做噩梦了吗？”耳边忽然响起杨容姬关切的声音，让潘岳激烈跳动的心脏稍稍安定。他转过身朝向枕畔的杨容姬，感觉到她温热的呼吸在自己脸上细细吹拂，抱歉地道：“吵醒你了？”

“没事。”杨容姬温柔地回答了一句，伸出手臂紧紧搂住潘岳的肩背，将自己的头窝进了他的怀中，“又梦见齐王了？”

“嗯。”潘岳应了一声，用力将杨容姬柔软的身体揽入怀中，那真切的温暖的触感终于让他祛除了梦中的阴冷寒意。“还好有你在。”他喃喃地轻吻着杨容姬的头发。若没有这世上唯一的慰藉，他不知道自己如何才能撑得过一个个黑暗幽冷的长夜。

“我永远都会和你在一起。”杨容姬伸出手，在黑夜中缓缓抚过潘岳的脸颊，柔声回答。

两个人无言地拥抱了好一阵，静谧的空气中只能听到窗外的那株石榴树被风吹起的沙沙声。直到天光明亮，潘岳才翻身起床，开始履行一天的公务。

来到河阳县担任县令已经三年多了，潘岳还是改不了一个习惯——日日期盼着从洛阳朝廷抄报给各郡县的邸报。虽然河阳只是个不起眼的小地方,朝廷的邸报有时候多达两三个月才会送达一次,但唯有邸报上偶尔泄露的齐王的讯息，才会让潘岳觉得自己距离京城洛阳并不是那么遥远,没有被彻底隔绝在这个人世之外。

可是有时候潘岳宁可自己没有看见这些邸报，这样他就不必为邸报上那些无法控制的事情担忧。虽然邸报上针对齐王司马攸的讯息并不多,但落在潘岳眼中,桩桩件件,环环扣扣,都是天子司马炎对齐王抛出的绳索和利刃:

元皇后杨艳堂妹杨芷被册立为新皇后，杨芷的父亲杨骏和叔父杨珧、杨济成了炙手可热的权贵,号称“三杨”,风头盖过了威望最高的宗室司马攸和大臣贾充。

贾充交出私兵升任太尉,却失去了“录尚书事”的实权。齐王司马攸则被免去骠骑将军之职,擢升为徒具虚名的司空。

原骠骑营将领段平、刘辉等人,被调往关中镇压羌氐叛乱,很快就因为违反军纪被阵前处斩。

天子司马炎将几个年长的儿子册封为王,镇守淮南、秦、楚等要冲之地,并下诏说今后“非皇子不得为王”,改变了帝系与拥戴司马攸的宗室力量对比。

才具平庸的四皇叔司马亮被封为宗师,掌管司马家子弟,确立了以辈分、年龄为尊卑的宗室秩序,贬低司马攸的影响力和声望。

琅琊王司马伦经过多年经营,终于回到洛阳,被改封为赵王,率领大军出镇邺城。司马伦虽然没能留在朝廷中枢,却在外戚杨家的帮衬下兵权在手、大权在握,早已非昔日蜗居待罪的琅琊王可比。

匈奴王子刘渊接替父亲刘豹成为匈奴左部帅，正式成为南匈奴首屈一指的首领。

…………

除却这些重大的人事调动，三年的邸报中还偶尔抄录了一点齐王司马攸的奏章片段，让潘岳可以管中窥豹，揣摩司马攸此刻的处境。一封奏章是司马攸兼任东宫太傅时所写的《太子箴》，明面上是规劝太子修身养德，但“固亲以道，勿固以恩；修身以敬，勿托以尊”几句，却让潘岳咀嚼出这位天子胞弟尴尬的处境和隐约的愤懑。另一封奏章则是劝谏天子司马炎放弃在太学外另建国子学的想法。因为士族不愿与庶族子弟同在太学同窗，司马炎为讨好士族，诏命国子学为五品以上官吏子弟专设，从此将原本便泾渭分明的士族和庶族子弟越发隔绝。

事实证明，司马攸的建议几乎从未被天子司马炎采纳过。国子学照样建立，刘渊照样领袖匈奴，太子照样不学无术，司马伦照样管辖关中。而从骠骑将军升迁为司空的司马攸，则丧失了所有实权，只留下了一个司空和太傅的虚名。甚至就连东宫太傅这样无关政事的职位，司马炎也要特设一个太子詹事的新职，让自己的亲信杨珧彻底架空了司马攸的职权。

每当读到邸报上有关齐王凤毛麟角的文字，潘岳即使远在朝堂之外，也能深深感受到天子司马炎在齐王身边布下的罗网已是越来越严密了。这罗网束身的际遇，潘岳连想一想都窒息，真不知齐王司马攸是如何承受下来，是不是脸上还得带着恭谨的表情，跪地谢恩？

司马炎不动声色的人事调动如同泥沙，一点点淘空齐王司马攸的根基。但是另一件事则如同巨浪，与它相比，先前那些权术手段都不值一提——

就在潘岳离开洛阳的第二年冬天，司马炎派遣晋朝军队对苟延残喘的东吴发起了进攻。由于此事筹备了近十年，乃是司马炎建国之后最用心竭力的功业，因此晋军将士奋发，仅用四个多月就平定了吴国。从此天下结束了魏蜀吴割据天下的三国时代，再度归于一统。司马炎大喜，将咸宁六年改元为太康元年。群臣更是将他阿谀为功比秦皇、德压汉武的盖世之主,邸报上充斥了对司马炎的歌功颂德之辞。司马炎终于摆脱了父辈的阴影和宗室士族的轻视,拥有了傲立天下、睥睨群臣的权力和声望。

原本皇帝、宗室和士族三足鼎立的平衡,终于在一统天下的祝颂声中被彻底打破了。迅速膨胀的皇权,也成了潘岳噩梦的根源。有时候他会想起自己转交给齐王妃贾荃的那个锦囊,只希望局势还不曾坏到必须打开那个锦囊的地步。

这日听说又有新的邸报送到,潘岳草草梳洗后换上公服,从后宅穿过狭小的庭院,走入县衙大堂一侧的书房中。还没进书房,一个衙役就向潘岳笑眯眯地道:"大老爷,公孙先生老早就来了,在书房里等着您呢。"

衙役口中所提的"公孙先生",名叫公孙宏,原本是河阳县一个极有名的隐士。这位公孙先生善于弹琴,为人极是清高。但凡有官吏士子想要拜访他,他通通将人家拒之门外。然而有一天,潘岳闲来无事在林中弹奏孙登教授的独弦琴,公孙宏偶遇之下惊为天人,与潘岳交谈几句后更是为潘岳的文才见识所折服,当下两人结为莫逆之交。

公孙宏家贫,潘岳便常常从自己的俸禄中加以接济,公孙宏也毫不客气地收下。因平时两家往来甚多,故县衙的仆从衙役们皆知公孙宏是潘县令好友,只要公孙宏到来就径直引他到书房等候,早已习以为常。

潘岳走进书房的时候,公孙宏正拿着新送到的朝廷邸报在看,眉头轻皱若有所思。看见潘岳进来,公孙宏匆匆见礼后便指着邸报道:"这条消息,安仁不可不看。"

见平素清虚冲淡的隐士露出难得的激动情绪,潘岳赶紧接过那份邸报,却见上面摘抄了一份天子司马炎新发的诏旨,大意是:天下一统之后,民间再无战事,故各州郡罢去兵士,各州刺史去除将军封号,只专注民事,不再领兵。州郡罢兵之后,军队由各司马家诸侯王统帅,从此军民分治，以期天下太平。

看到这份诏旨，潘岳也忍不住变了脸色。司马炎罢各州郡之兵就仿佛秦始皇收九州兵刃，都是一副统一天下后志得意满的模样。司马炎将兵权尽数赋予各诸侯王，特别是他新封的几个皇子，赫然是要司马家，特别是他司马炎的直系后代牢牢控制兵权，绝不给其他人任何染指社稷的机会。然而诸侯王势力大增，超然凌驾于州郡官员之上，就是这个国家的福音吗？虽然曹魏失国在于对待宗室刻薄寡恩，但汉初也曾如此大举分封诸侯王，不也引来了几乎灭国的七国之乱？

“安仁对此事有何高见？”见潘岳只是眉头紧锁，公孙宏心中有事，忍不住试探口风。

“我赞同吏部尚书山涛之语：‘为国不可忘战，州郡不可罢兵。’州郡是朝廷直接统辖，诸侯却自成一国，如今弱干强枝，只怕未来会有祸乱。”潘岳说到这里，心中一动——这样的弊端，天子司马炎不可能没有想过。然而之所以一意孤行，难道是司马炎想借此将兵权尽数收于自己的皇子们手中，借以制衡朝廷中枢？否则一旦司马炎去世，朝臣必定拥戴齐王执政，司马炎的后代就再也没有翻盘的机会。说来说去，司马炎最先考虑的，不是天下的长治久安，而是确保儿孙的帝位不会落到齐王手中。

公孙宏并不知道潘岳内心的深虑，只是缓缓摇头道：“我之所见，却与安仁不同。当今仕途尽被士族掌控，我等寒门庶族几乎找不到任何晋身之阶，就连以前唯一能给予希望的太学，在专为士族所设的国子学建立后，也沦为了摆设，朝堂之路彻底断绝。可州郡罢兵之后，各诸侯王势力大增，正是用人之际，必定会放弃门楣之见，不拘一格延揽人才，不失为寒门之子报效国家的一条捷径。所以安仁只担忧庙堂不能集权，我却庆幸庶族有出头之日呢。”

“听公孙兄此言，难道终于生出了入世之心？”潘岳敏锐地察觉到公孙宏今日语气的变化，不由得笑道，“君子藏器于身，伺时而动。小弟敬佩公孙兄大才，屡屡劝兄入仕，公孙兄却总是难舍山林隐逸之乐。如今公孙兄终于决定出山，小弟先代日后受惠的天下百姓谢过了！”说着便是拱手一揖。

“安仁说笑了，我只是看安仁这几年将河阳这个穷乡僻壤治理成了鱼米之乡，心生感怀。安仁你出身士族，才情无双，哪怕屈尊蜗居在这简陋县衙之中，仍然不忘初心一意振奋，我怎么好意思荒废一生，还要靠你的俸禄接济度日？”公孙宏说到这里，走到潘岳面前，郑重地躬身行礼，“我今天来，是特地向安仁辞行的。”

“公孙兄要去哪里？”潘岳惊诧地问。

“实不相瞒，自从安仁游说我出山入仕之后，我私下里向楚王投书自荐，如今收到楚王回信，征召我到荆州参与军事。”公孙宏回答。

“那就恭喜公孙兄了！”潘岳并不以公孙宏隐瞒自己为忤，只是替他欣喜道，“楚王乃当今皇子，年纪尚轻，身边又缺可用之人，必定不会囿于士庶之别。公孙兄此去必定深受重用，辅佐楚王都督荆州诸军事，前途无量啊。”

“前途我不敢想，不过……”公孙宏说到这里，深深地盯着潘岳的眼睛，忽然压低了声音道，“不过我知道安仁的未来必定还在洛阳庙堂之中。只望我今后辅佐楚王之余，也能对安仁的功业助一臂之力吧。”

“公孙兄的好意，潘岳心领了。”潘岳让杨容姬将家中尚余的五千钱尽数交给公孙宏当作路上盘缠，这才将公孙宏亲自送出了县衙。他并没有太将公孙宏报恩之语放在心上，自然料不到若干年后，这个萍水相逢之人竟会拯救了他的性命。

送走公孙宏，潘岳重新回到书房，查看未看完的邸报。忽然，他的目光在一条消息上凝滞住，久久难以移开，而那短短的一行字是：太尉行太子太保、鲁郡公贾充病危，交还印绶退位。

贾充这次病危，明眼人都知道，疾病之外更多是忧惧之心压垮了这个六十六岁的老人。咸宁五年，司马炎准备派兵消灭东吴时，贾充一反往日顺遂司马炎之态，大张旗鼓地反对对东吴用兵，甚至在司马炎任命他为灭吴军大都督总统六军之时，仍然上表要求退兵。因此当司马炎最终取得灭吴胜利之后，贾充威望尽失，昔日的政敌们更是纷纷上表要求将他治罪。正是在这一片喊打喊杀的指摘声中，贾充一病不起，回天乏术。

面对这穷途末路的老臣，天子司马炎倒是一派慈和体恤之心。他先是派侍臣、太医、皇太子和宗室探病，得知贾充已到垂危之时，便亲自驾临贾府，与他做最后的话别。这样隆重的待遇，让司马炎要废掉太子妃贾南风的传言显得越发扑朔迷离。

贾充向来是司马昭倚重的心腹，灭魏建晋功不可没。因此司马炎从小就对贾充暗存敬畏，直到当上天子多年仍不能克服。如今看到昔日位极人臣的权臣形销骨立，病得脸上只剩下一层黄褐色的薄皮，司马炎心中喟叹之余，也隐隐生出一种扬眉吐气的快意。

见司马炎亲自探望，贾充原本晦暗无光的眸子忽然掠过一丝惊喜的光，作势要撑起来见礼。司马炎一把将他枯骨般的身躯按下，屏退众人，这才缓缓笑道：“贾公不必多礼。你的心思，朕心里清楚。”

这句话一语双关，即使贾充病得昏昏沉沉，也忍不住惊出一身冷汗。司马炎却不理他，只顾笑着道：“贾公还有什么心愿，说给朕听。朕念在贾公服侍我父子四十多年的分儿上，必定想法帮你完成。”

心愿？贾充微微一笑，自己这一生，权势富贵，该有的都有了，唯一牵念什么，所有人都看得出来。虽然清楚司马炎在明知故问，贾充还是撑起力气艰难开口：“谢陛下恩典……臣此刻所念，不过几个女儿而已……”

“你小女儿贾午嫁了意中人韩寿，两情相悦，自然不必担心。至于太子妃一直生不出儿子的事，你放心，朕已经有了万全的准备……”司马炎见贾充果然惊异地睁大了眼，心中涌起一阵报复的快意，压低声音在贾充耳边道，“为免你女儿贾南风加害，朕已经安排一个女人秘密为太子生下了一个皇孙，现就养在朕的深宫中。所以太子不会无后，群臣也不能以这点要求罢黜太子。你女儿的太子妃位，就算是保住了。”

此言一出，贾充的呼吸顿时急促起来。他艰难地喘咳着咳去堵住喉咙的痰液，好半天才憋出几个字：“臣……臣谢陛下……可是，臣……还有一个女儿……”

“齐王妃已经疯了，你还惦记她？”司马炎的笑容一凝，顿时如寒风拂面，“或者说，你还惦记着你的齐王女婿？”

“先帝所嘱，不敢不遵……”贾充翻着混浊的眼白，不知是身体难受，还是仰望着天上的司马昭，让司马炎的心中顿时一紧。当初司马昭让司马攸娶贾充之女贾荃，就是为了借助贾充的力量保全司马攸，而贾充领导的礼法派一直与齐王一系明争暗斗，焉知不是另一种保护齐王的手段？他司马炎贵为天子，可以不惧物议不顾民心，可父亲司马昭的在天之灵，他终究还是怕的。

想到这里，司马炎不想再继续这个话题，和声问道：“朕还有最后一个问题——贾公去后，谁可接替？”

“尚书张华。”贾充的声音，这一次微弱却清晰。

“张华？”司马炎惊道，“张华一力灭吴，与贾公政见不合。朕记得你曾多次上书要求将他斩杀，如今却为何推荐他主持朝局？”

“……”贾充口中呵呵地喘息两声，不知道在说什么。然而他的唇角上，却微微露出一丝笑意。

这一丝若有若无的笑让司马炎忽然明白了什么，怒意从心底缓缓升起：“贾公难道不知道，朕刚刚把他外放到幽州去了？”

贾充虽然重病，但朝中大事还是略知一二。张华乃是晋朝首屈一指的丞相之才，一力促成灭吴大计，深得司马炎器重。然而就在两个月前，司马炎无意中问张华：“朕百年之后，谁可辅佐朝政？”张华立刻回答：“谁都比不上齐王。"司马炎大怒,顿时将张华从朝廷中枢贬谪到幽州督军。然而此刻的贾充,仿佛已经听不到司马炎的斥责,只是半阖着眼睛喃喃重复:"张华……"

"哗啦"一声,司马炎的衣袖拂落了贾充床边的药碗,瓷器碎裂的声音惊心动魄。"朕明白了!你们一个一个,都是心向齐王!"司马炎直盯着床上半死不活的老人,从牙关里迸出从未出口的念头,"你贾充之所以心心念念反对灭吴,就是怕朕成就盖世之功后威望压过齐王。如今天下一统,你又推荐张华来与齐王结党,朕偏不会遂了你们的意!朕告诉你,吴国已灭,朕也永远不会再启用张华。至于贾公你,就安心去九泉伺候先帝吧!"说着,他一脚踢开地上的碎瓷,大步出门而去。

天子进去时还和颜悦色,转眼便怒气冲冲,这个转变,顿时让整个贾府人心惶惶。贾充的夫人郭槐呆愣在原地,仿佛已经看见贾府华美的屋宇开始坍塌。此刻,唯一可以侍奉在父母身边的小女儿贾午,蓦地横下一条心,但见她追上司马炎离去的脚步,大声喊道:"妾有机密大事,请陛下驻足一听!"

司马炎懒得理会贾午这个小女子,拔脚便走。贾午被随驾内侍所挡,索性跪在地上放声道:"此乃天下第一术士管辂之语,事关天下兴亡,伏祈陛下一听!"

管辂虽然失踪二十余年,但他大名卓著,时到如今依然如雷贯耳。司马炎果然停下了脚步,皱眉道:"说吧。"

"事关重大,请容妾单独奏禀。"贾午知道自己的话牵涉到父亲死后贾家一门荣辱,当下大着胆子请求。

"准了。"司马炎见贾午一派破釜沉舟之色,隐隐相信她所言非虚,便单独与贾午步入静室,掩上了房门。

贾充病后,司马炎身边最宠信的大臣便是中书监荀勖和外戚杨珧。

这日司马炎从贾充府上探病归来，荀勖与杨珧立刻敏锐地发现司马炎心神不宁，不仅懒怠批阅奏章，连饮食睡眠都无心理会，只是不停地在御书房内来回踱步。内侍稍有差池，就会被暴怒的司马炎命人拖下去重责，弄得一时间人人自危。荀勖、杨珧猜度半天，也猜不透贾家那个门风不严的四小姐对天子密奏了什么。待要向天子试探口风，司马炎那双布满血丝却又精光暴凸的眼睛让两个宠臣都望而生畏。

此刻司马炎的头脑中仿佛燃烧着燎原大火，火势席卷之处，遮蔽视线的草木通通被焚为灰烬，露出了所有被深埋的根须。虽然盘根错节，却又一览无遗，让司马炎顿时将这二十多年来所有的疑点一一窥破，不由又是后怕又是怨恨，更多的，却是对齐王司马攸越来越深的厌恶与恐惧。

独狼一般在室内踞坐良久，司马炎唤来心腹内侍，吩咐道："上次赵王给朕推荐了一个琅琊天师，你去打听一下是否还留在洛阳。若是还在，就秘密将他带进宫来。"

赵王是司马伦的新封号。因为有外戚"三杨"的美言，司马炎将他升为平北将军、都督邺城守事，封号也从琅琊王改封为赵王。司马伦能够咸鱼翻身完全是智囊孙秀的功劳，因此一到洛阳谢恩，就立刻向司马炎推荐了孙秀，吹嘘他有呼风唤雨、沟通神鬼的本事。司马炎原本只是付之一笑，然而此刻彷徨无定，就想起了神鬼之说。

司马伦此刻已身在邺城，不过他深知自己的前程根基都在京城洛阳，便特地把孙秀留下，依旧替他交结各方势力。因此当司马炎的内侍出外寻访时，很容易就找到了这位在洛阳城小有名气的五斗米道天师，连夜将他带进了宫城。

孙秀以前曾随司马伦远远参拜过司马炎，因此也不算是初次面圣，一举一动颇为自然，让司马炎平白对他生出了几分信任。将殿内众人屏退，司马炎问孙秀："以前赵王曾向朕提过探册之术，说可以预测国祚之数,不知可是真的?”

“启禀陛下,探册之术乃是上古秘法,相传为姜太公所授,太公也因此预言了周朝八百年之基业。探册之术在春秋战国时期仍然十分流行,只是册数由国祚年数改为君王世代之数。秦始皇一统天下后,也曾行探册之术,然而抽出的册数仅是一个‘二’字,预示秦朝二世而亡。秦始皇大怒,坑杀精通探册的术士,故而此术其后数百年间便已失传。”孙秀说到这里,见天子司马炎颇有失望之色,立刻顿首道,“幸而小人不才,在琅琊故地时见过古齐国流传下来的书简,里面详细记载了探册之术。因此当今天下,大概只有小人知此不传之秘。”

“既然如此,那你就为朕卜算一下,这大晋江山,究竟能传几世?”司马炎道。

“国祚世代,乃是世上最大的天机。小人固然可以为陛下施术,但事关重大,不可如此草率,还得提前准备才行。”孙秀做了多年天师,座下教徒无数,自然明白如何才能营造气氛,让对方越发对自己深信不疑。

“那要做什么准备?”司马炎果然上钩,“你说出来,朕命人去安排。”

“小人自然需要准备帛册法器,陛下也需要沐浴斋戒,然后在太庙之中焚香祈拜,先皇之灵才会向陛下泄露天机。”孙秀恭敬地回答。

司马炎点了点头,立刻吩咐侍臣协助孙秀,但凡孙天师法事所需,一应供给。而他自己也遵照孙秀嘱托,沐浴斋戒后前往太庙,在宣皇帝司马懿、景皇帝司马师、文皇帝司马昭牌位前焚香膜拜,虔诚祈求各位先皇对晋朝的前途做出谕示。

等到孙秀再次出现的时候,已经换上了五斗米道天师的专用行头,越发显得仙风道骨,秀逸不凡。他在各位先皇的牌位前喃喃念诵了一通经咒,这才在一只镀金铜盆里清洗了双手,用托盘将一捧帛册奉到司马炎面前。那些帛册用上好的赤龙纹黑缎所制,长不过三寸,堆放在一起就恍如无数条小小的游龙在盘旋追逐。司马炎知道这些小小的卷册里各写着一个数字，而自己随机挑选的那一册数字，就代表着上天对晋室帝位还能传承几代的安排。

犹豫了一会儿，司马炎终于伸手取出了一卷帛册，缓缓展开。当帛册内所书的那个数字逐渐展现在他眼前时，司马炎仿佛被人当头重重打下一棍，耳中一片嗡鸣，眼前金光乱舞，恍惚觉得卷帛上的龙纹都活了过来，一条条凶猛地扑进他的身体，抓咬啃噬，让他抵挡不住地往后一缩，手中帛册櫜的一声掉在了地上。

孙秀的眼睛略略一斜，正看见半卷的帛册上显出一角墨迹，毫无疑问，帛册上的数字是“一”。

晋朝国祚，一世而终。

这样不祥的结果，连孙秀也不曾料到。眼看司马炎脸上乌云密布，预示着一场暴风雨就要来临，孙秀连忙道：“陛下不用惊慌，天人自有感应，天道也会根据人事变化而更替。只要陛下革新人事，未必没有扭转乾坤的机会……”

“趁现在朕还不想杀人，赶紧滚出洛阳！”司马炎心乱如麻，一把将孙秀手中所奉托盘打翻，堆放得整整齐齐的帛册顿时滚得到处都是，“滚回赵王那里去，这辈子都不许再出现在朕面前！”司马炎说完，不再理会跪在身后神色莫测的孙秀，一转身大步离开了太庙。

迎面一阵大风夹杂着粗大的雨点打在司马炎脸上。殿外伺候的内侍慌忙过来撑伞，却被司马炎一把推开。“都不许跟着！”他朝身后战战兢兢的随从们暴喝一声，拔腿就往前方的宫城深处走去，只觉狂风冷雨直灌入胸腹之中，整个人都冷得透了。

帛册上大大的“一”字仿佛一柄利刃，深深刺在司马炎心口，让他痛得喘不过气来。晋朝国祚，一世而终。不管这一世预示的是自己还是太子司马衷，司马炎都无法甘心自己辛辛苦苦统一的天下江山转眼便落入旁人之手。

“齐王身负六凶星相,将来必定殒身、灭家、亡国、乱天下。这是天下第一术士管辂的预言。二十多年前，管辂曾经想要杀死年幼的齐王,却被文皇帝所阻,管辂也因此丧命。文皇帝隐瞒了这个秘密,直到有一次齐王亲口说出来,才被我夫君韩寿无意中听见。”贾充的小女儿贾午的话又清清楚楚地回响在司马炎耳中,“韩寿曾将这件事告诉了我父亲,所以我父亲怎么可能背叛陛下而支持齐王呢？我父亲所做的一切,都是为了帮助陛下抑制齐王,请陛下明察！”

殒身、灭家、亡国、乱天下,短短九个字,却带着狰狞的杀气,让天子司马炎都不寒而栗。他记得司马攸七八岁的时候曾经莫名其妙地失踪,是父亲司马昭带着人马亲自将他救回的。关于这次失踪事件,父亲绝口不提。司马炎有一次出于关心而问起,司马昭顿时大怒,几乎要命人将司马炎拖出去家法伺候。司马炎后来多方打听,只知道司马攸失踪事件与管辂有关,但更多的内幕却无法得知。如今参照贾午所言,那时候发生了什么已经一目了然。

原来父亲终究是偏心弟弟的,所以他明知司马攸的险恶命运,仍然将他留在了一无所知的自己身边。司马炎心中的怨恨再度升起,难道在父亲的眼中,晋朝江山的存亡还比不上一个区区司马攸重要？还有那可恶的贾充,明明韩寿早已将偷听到的预言告诉了他,他也佯装无事一般从未向自己提及,难道在太子司马衷和齐王司马攸这两个女婿之间,贾充阳奉阴违，依然还是选择了后者？父亲司马昭和重臣贾充皆是如此，那么隐藏在朝堂之上支持司马攸的力量，究竟又有多少？一旦太子即位,甚至等不到自己驾崩,司马攸是不是就要取而代之,正式应了那“一世而终”的探册结果？难道一世而终的,并不是晋朝江山,而只是他司马炎父子的江山？

想到这里,司马炎狠狠地打了个冷战,一股前所未有的恨意和狠意从四肢百骸渐渐汇集,最终在心口聚拢出铁石一般的坚硬。刚才那个叫作孙秀的术士说得对，天道人事交互影响，只要革新人事，未必没有改变天命的机会。既然“殒身、灭家、亡国、乱天下”是司马攸的宿命，那他司马炎为了确保晋祚永传，就算违背父母临终时的嘱托也没有什么可愧疚的了。日后与先皇和太后们黄泉相见，他司马炎也再无任何理亏之处。

心头最大的障碍轰然而破，司马炎只觉前路通达，一览无遗，连带呼吸都顺畅起来。他狠狠吸了一口掺杂着雨丝的清新空气，对着远远缀在身后的内侍吩咐：“即刻宣荀勖、杨珧来见朕。”

荀勖、杨珧买通宫中内侍，早就知道了司马炎前往太庙的用意。因此司马炎只问了一句：“两位爱卿对齐王有何高见？”荀杨二人便目光一碰，心领神会地点了点头。

“依臣愚见，历代分封诸侯王，未有不前往封地驻守的，断无一直留在京城之理。更何况陛下的几个皇子都已出外就藩。依例推断，齐王也应该到齐国封地就任才是。”荀勖率先回答。

“臣也赞同荀侍中的意见，齐王就藩已刻不容缓。如今天下之人只知有齐王而不知有太子，陛下若再不将齐王调离中枢，只怕会动摇国本啊。”杨珧附和。

“齐王在朝多年，深得人望。朕担心命他去齐国就藩，会招致一些大臣反对。”司马炎淡淡地道。

“齐王就算有人望，与陛下威加海内、一统寰宇的功绩相比，岂不是涓滴之水之比瀚海？”杨珧说到这里，见司马炎面色稍缓，知道自己说中了天子的心事，不禁又道，“陛下不仅应该让齐王离京就藩，还应另作安排。否则以齐王在朝中的多年经营，陛下在时自然不必担心，一旦陛下……”他咬了咬牙，爽性说道，“一旦陛下千秋万岁之后，太子仁厚，只怕齐王还会死灰复燃……”

“杨侍中！”荀勖忽然咳嗽了两声，打断了杨珧的话，“陛下只命我们议论齐王就藩之事,不涉其他。”

“对,朕的意思,不过只让齐王就藩而已。”司马炎似乎也赞同荀勖,略略点头,“两位爱卿只说一说,若是朕下诏让齐王离京,朝中会是何状况?”

杨珧涨红了脸,讷讷道:“陛下是君,齐王是臣,陛下一纸诏书颁下,齐王还敢抗旨不成?”

“臣也赞同杨侍中的意见。”荀勖向沉思的司马炎道,“陛下不妨先下一道诏书,试试群臣的反应。到时候陛下再随机应变,必能立于不败之地。”

“既然如此,就劳烦荀爱卿草诏吧。”司马炎也知道凭自己和几个近臣根本无法预料未来,但既然司马攸迟早要除掉,不如索性绕过廷议直接下诏。这一场以皇权直面群臣的背水之战,他其实已经隐隐期待很久了。

从宫中出来之后,杨珧几步追上走在前面的荀勖,疑惑地问:“刚才荀侍中为何不让下官把话说完?”

“杨侍中刚才说了什么?”荀勖假装糊涂。

杨珧心中怒骂了一句老狐狸,却不得不按捺住性子解释:“癣疥之患,自可疗以艾灸;痈疮之患,也可辅以针石;然而心腹大患,却不得不挖肉断腕,以全大局。昔日齐王声望日隆,恰类癣疥,威压太子,也不过为痈疮。可如今他令天子昼夜悬心、饮食俱废,早为心腹大患,岂是离京就藩就能解决的?下官原本想为天子谋一一劳永逸之策,为何荀侍中却……”

“谁不愿一劳永逸?”荀勖忽然冷笑了一声,“不过有些事情,没必要污了天子之耳,也脏了我们的手。”

见杨珧哑然,荀勖高深莫测地问了一句:“杨侍中可知道,最恨齐王的人是谁?”

最恨齐王的人，不正是当今天子吗？杨珧第一个生起的便是这个念头，却不敢出口。转念又想到面前这位中书监荀勖与齐王做了十几年死对头，一旦齐王掌权，荀勖绝难在朝廷立足，便讪讪地笑了笑："下官愚钝，请荀侍中赐教。"

荀勖看出了杨珧所想，心中暗暗对这位新贵摇了摇头，淡淡道："齐王对下官不过是言语之争，却不像有的人，是真真正正切肤之痛呢。"

"荀侍中是说……那位匈奴左部帅刘渊？"杨珧恍然大悟，"是了。当初齐王疑心他遣人行刺，竟亲自拿剑将刘渊戳了个窟窿，这个仇刘渊可是一直记恨着呢。"

"那个刘渊，可是个人才，素来会为天子分忧。"荀勖说着，深深看了杨珧一眼，"杨侍中既然与刘渊交好，稍稍提点一下，刘渊自然什么都明白。"

"多谢荀侍中指教。"杨珧喜出望外，连连对荀勖拱手。与荀勖两朝老臣不同，外戚杨家一门的荣耀，全都寄托在当今太子身上。所以为了太子顺利即位，就算是天上的星星，杨家人也要将它摘下来踩在脚下。

不知道是不是国之柱石鲁国郡公贾充去世的缘故，太康三年的冬天显得特别寒冷。到得冬至时日，飘扬的大雪也不知下到了第几场，柳絮一般大团大团的雪片迫不及待地从天而下，似乎誓要将整座青灰色的洛阳城掩埋。

齐王司马攸拢了拢身上披的狐皮大氅，推开了宜心园虚掩的大门。雪下得紧，青铜门环上那一点小小凹陷里也积上了一层雪花，恰似一小块晶莹的玉瑱，被司马攸的手指轻轻一碰，便无声无息地消失了。

司马攸握了握被雪濡湿的指尖，却捂不去那一抹直透心底的寒意，忍不住用袖子捂住嘴，压低声音咳嗽了几声。待到他直起身来时，前方不远处一只越冬的乌鸦展开双翅，扑棱棱地蹿进了头顶的枯枝中。

冬天的宜心园格外冷清。园子里不闻半点人声,只有司马攸脚下深深浅浅的脚印,绕过池塘里残留的一点枯荷,在满目灰白的世界里延伸,最终停留在一处挂着青布棉帘的阁楼前。

“给殿下请安!”守在楼前的侍女赶紧屈身行礼,为司马攸掀开厚厚的门帘。司马攸进门只觉一道白影倏地窜过来,在他脚边蹭蹭又退开几步,不由得看了看帘下白猫绿宝石一般的眼睛,嘴角弯出笑意来:“你们这里倒是暖和,连狸奴都不肯到外面玩耍了。”

“怎么说我还是正牌齐王妃,谁敢亏待了我?”珠帘响动,齐王妃贾荃迎了出来。她伸手接过司马攸解下的狐皮大氅,交给身旁的侍女,口气中不无埋怨:“怎么一个下人都不带就过来了?下雪天路滑,要是半路摔了可怎么办?”

“我来看自己妻子,带下人做什么?”司马攸说着,伸手去拉贾荃,贾荃却故意弯腰抱起白猫,当先走到里间暖阁去了。

司马攸笑了笑,也不以为忤,见阁边小炉上一壶水烧得正开,便径直走过去将捣碎的茶饼倒了进去,用木勺轻轻搅拌。刹那间,清苦的茶香弥漫开来,袅袅萦绕在暖阁的每一寸角落。

“以后还是少来这里吧。”贾荃看着司马攸跪坐在炉边,神色认真地观察着水色添加姜片和茱萸,忽然幽幽地道,“既然对外传说我有疯疾,你来得频繁了,只怕又会惹人猜疑。”

“我知道。”司马攸将煮好的茶水倒了一盏,亲自递到贾荃手中,清澈的眼睛怜惜地看着正为父亲贾充服丧的贾荃,“可是除了你,偌大的府中就连个说话的人也没有了。”

“我被关在这里,还不都怪你……”贾荃刚说到这里,惊觉自己刻意压抑的焦躁抱怨又要冒头,赶紧举起茶盏轻啜了一口,总算把后面的话和着茶水吞入腹中。

“是我对不起你。”司马攸垂下眼睑,睫毛覆上他眼下淡淡的黑晕。

“算了，这句话说过太多次了。”贾荃的呼吸略有些急促，轻抚白猫的手不知如何加了劲，那白猫便倏地在她怀中一蹬，跑到屋角去了。

“要是檀奴在就好了。”贾荃平复下心绪，勉强转换了话题，“他最近写来的信，你还是原封退还？”

“他河阳县令任期届满，马上就要回洛阳了。”提到潘岳，司马攸脸上的表情柔和了许多，“他在河阳年年考绩都是上上，这次必然是要升迁了。”

“看不出檀奴倒挺会做官的。”贾荃也笑了，“我记得你说过，河阳那地方水旱频繁，是典型的穷乡僻壤。也亏得檀奴当了几年县令，生生把那里的水旱灾害给治理好了。”

“嗯，檀奴心细，到了河阳之后便发现当地穷困的根源在于林木砍伐太多，一到河水汛期便将山上泥土全都冲走。土壤薄了，自然蓄不住水，因此无论旱涝都是灾年。”虽然从不肯与潘岳私信往来，司马攸还是通过地方官的奏报对潘岳在河阳的事情一清二楚，“檀奴在河阳主政四年，其实主要就是做了一件事：种树，种适宜当地水土、又美观又实用的桃树。他不仅将囚犯的劳役改为种树，连民间争斗也罚他们种树担水，被人称为‘浇花息讼’。为了引导无知百姓走上正途，他驱逐祈雨的巫师，用自己的俸禄为村民打了两眼深井，又在县衙前挂了几枚大风筝，用图画告诉目不识丁的百姓种植桃树的好处……如今的河阳处处草木葱郁，特别是春天的时候桃红柳绿，被称为河阳一县花……咳咳……”一谈到潘岳的政绩，司马攸就忍不住有些兴奋，直到一阵突如其来的咳嗽将他的话语打断。

“天冷了，这里还疼吗？”贾荃见司马攸放下掩在唇边的手，转眼又悄悄地捂住了膝盖，不由得心疼地问。自从骠骑营逼宫那一夜司马攸在宫外跪至晕厥，加上这几年来落落寡合，他一直病痛缠身，一到冬天，就更加难挨。

向侍女吩咐了一声，贾荃亲自斟了一杯酒送到司马攸面前：“这是上次阿午来看我的时候推荐的虎骨药酒，专门请太医院特配的。阿午原本想推荐给你喝，我不放心，自己先试了一个月，觉得不错，今后你就每天喝点吧。”

“多谢你……”司马攸蓦地握住了贾荃的手，就着她的手将那杯橙黄色的药酒一饮而尽，顿时只觉一股洋洋暖意直抵胸腹，让他在暖阁中犹自冰冷的身体舒服了许多。然而更加温暖的，则是他的心。哪怕这药酒是贾荃的妹妹贾午送来，贾荃仍然不放心，亲自试了一个月才推荐给自己，可见贾荃待自己的心，其实比待她自己更为珍重。

“既然是你妹妹，其实大可不必这么小心……”司马攸饮干了药酒，却依旧握着贾荃的手没有松开。

“她的亲姐姐可是太子妃，凡事防一防总是好的。”贾荃含嗔带怨地瞪了司马攸一眼，“你自己是坦坦荡荡的君子，别人可不是。我既然嫁给了你，当然什么事情都得替你挡一挡。”

话音未落，司马攸已经一把将贾荃揽在了怀中，温热的呼吸喷在贾荃耳边，让贾荃蓦地红了脸。一旁伺候的侍女悄无声息地退去，暖阁的门也严丝合缝地关上，只有那只白猫蹲在炉火边，懵懂地看着难舍难分的两个人。

“青天白日的，你发什么疯……”贾荃伸手就去推司马攸，却被他合身一带，倒在了软榻上。“别说话……”司马攸低喃了一声，“荃姐姐，再给我生个孩子吧……”

这声遥远的“荃姐姐”出口，仿佛比那精心调配的药酒还要醇厚，让贾荃紧绷的身体渐渐酥软下去。她紧紧地抱住司马攸，仰头承接上他带着酒香的唇舌，呢喃着回应：“桃符……”

“跟我回去吧，别住在这里了。”等到一切激情平复下来，司马攸躺在榻上，含笑看着整理衣衫的贾荃，“我就去跟天子说，治疗了三四年，齐王妃的病已经好了。”

“我倒是无所谓,只是可怜山奴的世子之位,又被我耽搁了。”贾荃说到这里,忽然瞪圆了眼睛盯着司马攸,“你可记住了,齐王世子只能是山奴。别以为现在那胡姬掌了内宅,她生的海奴就能盖过了山奴去!”

“那是自然,否则你道我为何如此冷待海奴,还不是为了让他明白嫡庶高下,日后不敢和山奴争夺?”司马攸说到这里,喟然一叹,“就像当年先帝若是待我薄些,我今日的处境反倒会轻松许多……”

“是我的不是,好好的又来逼你了。”贾荃伸手帮司马攸系好衣带,语声还带着情事后的温婉缠绵,让司马攸心中一动,再度拉住了她的手,“咱们现在就回去。我要让所有人知道,齐王府的女主人又回来了!”

“别拉拉扯扯的,像什么样子!”贾荃嘴上推拒,脸上的笑容却怎么压也压不下来。两个人待侍女披上了大氅,便手拉着手走出了暖阁,沿着宜心园的鹅卵石小径走回王府的正房。雪虽然还没有停,但两个人仿佛又回到了少年时,满心都是两情相悦的欢喜,那凛冽的风雪刮在脸上,都化作了携手偕老的柔情蜜意。

回到贾荃以前居住的正房,司马攸立刻命人将这里重新洒扫,又将王府府库里历年收藏的珍宝贵器一应搬来,让王妃自行挑选。二公子山奴从书房下学归来,也一头栽进母亲的房中,小猴子一般在父母身边蹿来蹿去,不时引得司马攸和贾荃开怀大笑,竟是齐王府中久违了三四年的天伦之乐。

其乐融融之时,忽听外面有人来报:“天子有诏,请齐王到前殿接旨。”司马攸脸上的笑容一僵,当即问道,“传旨的是何人?”

“是侍中杨珧。”从人回禀。

“怎么又是这个姓杨的?”想起当年皇太后羊徽瑜薨逝时,杨珧逼迫司马攸更换丧服之事,贾荃的心里顿时腾上了怒气,“他来传旨,必定又没什么好事!”

“山奴，好好陪着你娘，我去去就来。”司马攸安慰地望了望贾荃，换上衣冠，匆匆去往齐王府前殿。

压抑下对杨珧这位当朝新贵的反感，司马攸表情恭肃，端端正正地跪下：“臣司马攸，恭听天子圣谕。”

杨珧心中得意，笑着瞟了一眼这位对太子威胁最大的齐王，端着架子展开诏书，朗声念道：“敬天顺命天子有诏：古者九命作伯，或入毗朝政，或出御方岳，其揆一也。侍中、司空齐王攸，佐命立勋，劬劳王室，其以为大司马、都督青州诸军事，侍中如故，仍加崇典礼，主者详案旧制施行……”

诏书后面还有很多话，无非是褒扬司马攸的仁孝，宣示天子司马炎对这位嫡亲兄弟的恩赐，但是司马攸已经听不太清楚了。杨珧一字一顿的做作口音仿佛一道又一道霹雳，带着令人耳聋的声响和令人目盲的闪光，让司马攸一时有些恍惚——天子司马炎的意思，是要将自己赶出洛阳，流放到青州去吗？他自幼生活在洛阳，亲朋故旧、父母陵墓都在洛阳，此刻天子却要剥夺他所有的一切，以一个冠冕堂皇的借口将他放逐到一个边远陌生的地方去？原来自己多年来一味的退让、父母临终时的叮嘱，还有嗣母羊太后的生命，都换不来大哥司马炎的信任。所以当贾充——世上最后一个可以遮挡在自己身前的人一死，大哥就迫不及待地下手了。哦，对了，他早已不是自己的大哥，而只是高高在上的天子。对天子而言，宝座边绝不容许任何潜在的威胁存在，哪怕自己再忠心、再恭敬、再逆来顺受如履薄冰，只要自己活着，就永远无法消除天子的疑忌之心。

“诏书宣读已毕，请齐王奉诏，准备前往青州就任吧。”见司马攸只是怔怔地跪在地上，显然被这道猝不及防的诏书打得蒙了，杨珧心中不由得生出促狭的兴奋。他将诏书交到司马攸手中，装模作样地拱了拱手说：“青州乃是天下重镇，臣先恭喜齐王了！”

“杨侍中圣旨宣读完了吗？读完了就请回去禀告天子，齐王绝不会离开洛阳！”一个声音蓦地从屏风后面传来，眨眼间，杨珧的视线中已出现一个身穿白色孝服的女人，柳眉倒竖，正是齐王妃贾荃。

“大胆！”杨珧吓了一跳，赶紧求救般望向司马攸，“齐王殿下，这……”

司马攸捧着圣旨，转过身深深盯着贾荃，见她双颊气得绯红，一双满是泪水的眼睛殷切而担忧地盯着自己，不禁心中一痛，沉声道：“来人，王妃疯疾未愈，赶紧带她到后宅养病！”

“不，我没有疯！这道诏书必定是奸臣挑唆天子所为，以为我父亲死了，他们就可以明目张胆迫害你！”贾荃先前一直在屏风后偷听圣旨，只觉再怎么努力压抑，心中的怨怒依然如火焰一样蹿上，烧得她口干舌燥头晕目眩，再也无暇去思量任何后果。她奋力推开两个想来搀扶她的婢女，亢声叫道：“桃符，你一生根基都在洛阳，千万不能离开！否则那些宵小之辈得了空隙，还不知道会想出什么阴毒法子除掉你……”

“齐王妃罹患疯疾多年，胡言乱语，让杨侍中见笑了。”司马攸没再理会贾荃，转而向目瞪口呆的杨珧赔罪。这番言辞落在贾荃耳中，恰正是火上浇油，让她脑子里一片轰然，望向司马攸的目光却越发绝望：“我没疯，我没疯！桃符，你千万不能奉诏离京。一旦离开洛阳，你就再也回不来了，你会被他们害死的！”

“人都死了吗?还不赶紧将齐王妃带下去，把太医开的药让她服了！”司马攸怒喝一声，一旁战战兢兢的内侍婢女们顿时一拥而上，强行将贾荃往后宅拉去。贾荃奋力挣扎，却挣不过众人，怒到极处反倒大笑出声：“我不喝药，我不喝药！我要是真的疯了就好了，就不会眼睁睁地看着你这么多年处处忍让，束手待毙！‘君子可欺之以方’，你要做君子，就等着被人欺负到死吧……”

“齐王殿下，这个……教臣怎么回复天子才好呢？”杨珧听到贾荃放肆的笑声渐渐远去，故意搓着手问司马攸，“还有齐王殿下大概什么时候才能动身前往青州赴任？”

“这个不劳杨侍中费心，小王自然会亲自上书天子，代王妃请罪。”面对杨珧的步步紧逼，司马攸的脸上仍然是一派温文端雅，却不知怎么的让杨珧渐渐心虚。他不敢再追问下去，向司马攸行礼告辞，回宫中向司马炎复旨去了。

直到杨珧走得远了，司马攸才伸手狠狠掐住了太阳穴，只觉头痛欲裂，眼前一片片都是黑翳。他勉强定住心神，想要回后宅去探看贾荃的情况，才走了两步却再度停下。一旁的侍从只看见齐王伸出一只手在身边茫然地抓了两下，随即身子一歪倒在地上，而那卷一直握在他手中的圣旨，也骨碌碌地滚出了老远，白纸黑字，仿佛一只只仰望天穹的眼睛。

“什么，齐王病了，不仅去不了青州，连元会都不肯参加？”司马炎听到杨珧禀告，冷冷一笑，“当初齐王妃疯得是时候，现在齐王也病得正是时候。”

“齐王已经上书，说自己病重，请求陛下解除他所有官职，让他去峻平陵给先皇和皇太后守陵。”杨珧挑出一封奏章，双手奉给司马炎，“陛下要不要看看？”

“陈词滥调，不看也罢。”司马炎不耐烦地展开双臂，让内侍给他披上元日朝会所穿的天子衮服。自从几年前他生病而耽误过一次元会之后，每年元会他都精神抖擞，在百官和外邦使节面前谈笑风生，绝不肯露出一丝疲态，让自己的风采被年轻十二岁的齐王盖过。不过这次太康四年的元会，既然齐王不来，他也就少了这份争强斗胜的心思。

杨珧低下头，假作疑惑地道：“臣也纳罕，明明上次臣去齐王府传旨的时候，齐王还好好的，怎么突然说病就病了。”

“太子有话要说？”司马炎眼风扫处，见一旁侍立的太子司马衷身形扭捏、满头大汗，一副欲言又止的模样，索性直接问道。

“是。”司马衷抬起衣袖抹了一把额头上的汗水，憋了半天终于说道，“儿臣是想，既然齐王说他病了，陛下为何不派太医去看看？”

“太子殿下所言甚是。只要派得力的太医去齐王府，自然知道齐王生的是什么病。”杨珧立刻附和。

司马炎点了点头，欣慰地看了看太子司马衷。见他眼巴巴地盯着自己，一副紧张等待的模样，司马炎便微笑道：“太子这些日子果然进益了。”

听到父亲表扬，司马衷如释重负，白白胖胖的脸上顿时洋溢出欢畅的笑容来。这番话是太子妃贾南风教他的，他依样学出来，果然大大地长了脸面，心中不由得对自己那位太子妃更生敬畏。他想了半天，终于想起贾南风另一句话，又赶紧道：“叫太医司马程据去更好。”

司马炎原本正与杨珧讨论今日元会的安排，骤然听太子没头没脑地冒出这句话，不由得一愣。还是杨珧心细，立刻为这个外甥太子解释道：“臣猜测太子的意思，是派遣太医司马程据亲自去为齐王看病，更能昭显陛下对齐王的爱重之心。”

见太子小鸡啄米般不断点头，司马炎心道这个孩子虽然讷于言语，心里还是明白的，不禁越发欣慰：“就依太子之意，命太医司马程据多带几个太医，一起去齐王府会诊。”

太医司马程据出生太医世家，年纪轻轻就入了太医院，因为医术高超，不到而立之年就当上了太医司马，经常出入内宫为皇室和嫔妃看病，被太子妃贾南风刻意结交，引为心腹。此番他得了天子诏令，不敢耽误，连忙召集了手下几个御医一起前往齐王府。临上车之时，程据见太子妃最宠信的宦官董猛远远地站在远处朝自己挥手，便会意地点了点头，交握在袍袖内的双手手心中满是冷汗。

程据他们在齐王府会诊的时候，司马炎正带着群臣在洛水泛舟。虽然这个冬天冷得异乎寻常，却依然挡不住春意复苏。司马炎迎着尚带寒意的春风在船头站了一会儿，但见绿波潋滟，新芽萌动，从南方归来的鸟儿已经在枝头欢歌筑巢，只觉得压在自己身上二十多年的大山终于要被自己移除，连带全身的筋骨血脉都通畅舒展开来。心旷神怡之下，连朝臣们逐渐呈上的劝阻齐王离京就藩的奏章都显得不那么烦人了。

等到司马炎兴尽回宫的时候，太医司马程据等人早已回来复命。司马炎不顾一日朝会劳顿，立刻宣召程据，当头第一句话就是："齐王到底是什么病？"

程据早已胸有成竹，当下不慌不忙地回答："启禀陛下，臣请了齐王脉象，得知齐王乃是劳心思虑，损伤精神，以至于气滞不畅，心虚气短，夜不成寐。《内经》曰：'忧则气沉'，《灵枢》曰：'忧愁不解则伤意'，故而……"

"故而齐王其实没有病，就算有病，也是心病，对吗？"司马炎冷冷地打断了程据的话。

程据心中有鬼，不敢将话说死，只是点头道："不过终日思虑确实会引起心脾气结，不思饮食，并偶有头晕头痛之症。故而臣与几个太医协商之后，还是给齐王开了一剂药方，叮嘱王府中人伺候齐王每日服用三次。"说着，他从袖子中取出一张纸，躬身呈上。

内侍接过程据的药方，转交到司马炎手中。司马炎接过看时，见上面写着："当归一钱，党参两钱，半夏一钱，细辛两钱，天冬两钱，白芷两钱，川芎一钱，茯苓两钱，枣仁两钱，麦冬两钱，防风一钱，白芍一钱，柴胡两钱，白术两钱，甘草两钱，知母两钱；加水二升，煎取一升，每日温服三次。"

司马炎见这只是不痛不痒的调理方子，心中越发认定司马攸只是装病不肯离开洛阳，当下挥退太医司马程据，转头朝一直随身近侍的杨珧冷笑道："咱们这位齐王殿下架子大得很，看来要送他就藩可得下点血本呢。"

程据走出宫门，转角又看到了东宫的宦官董猛朝自己招手。他不敢怠慢，连忙跟着董猛转进无人的夹巷里，将袖子里早已准备好的药方抄本递了过去：“这是今日给齐王开的方子，烦请中贵人转交太子妃，请太子妃放心。”

董猛随意瞄了一眼药方，看到了自己寻找的“细辛”两个字后，将药方叠好收入袖中。“太医，咱们可就这么一个机会。你保证你的法子真的有效，真的不会被人觉察？”

“只要齐王按时服用，肯定有效。”程据被董猛盯得冷汗直冒，僵硬却笃定地点了点头，“这个方子只有我知道，其他人日后绝对查不出齐王的死因。”

“那就好。”董猛放下心，盯着程据惨白的脸色又叮嘱了一句，“这件事有多机密，就不用我提醒太医了吧。”

“是，我绝对不会说出去，打死我也不会说出去！”程据连连点头。

“确实打死你也不能说。否则，被打死的就不是你一个人，还有你的全家老幼。”见程据已是面如土色，董猛拍了拍他颤抖的肩膀，哈哈一笑，“放心，你的药方若是有用，太子妃绝不会亏待你的。”

第二日，天子司马炎下诏，重申齐王到青州就藩的旨意，并增加济南郡为齐王封地，又给齐王设轩悬之乐、六佾之舞、黄钺朝车等物。所谓轩悬之乐，指诸侯陈列乐器三面悬挂，唯余南面以示敬畏天子；六佾之舞则指六行六列，一共三十六人的祭祀舞阵；而黄钺朝车，则是指装饰有黄钺这种权力象征的车辆。所有这些，都是受命出征的诸侯才能享用的高级礼遇。此番司马炎将这些礼乐一股脑儿赐给齐王，真可谓恩威并施，显示了他对司马攸主动离京的最后一点耐心，也昭示了天子对驱逐齐王不可逆转的决心。正是因为司马炎这迫不及待的举动，让原本指望天子回心转意的群臣大感意外，对太子的不满和对齐王的同情如同马车的两个车轮，顷刻间轰然滚动。

司马炎即位以来最大的政治危机，就此拉开序幕。

就在司马炎颁发第二道催促齐王司马攸去青州就藩的旨意之后，以疯癫之名被幽禁在内宅中的齐王妃贾荃，终于从床头的暗格之中取出一枚陈旧的锦囊，当着齐王司马攸的面用剪刀小心翼翼地剪开。

“这是檀奴临去之时转交给我的，说不到危急关头不能打开，如今就已经是危急关头了吧。”贾荃斜睨了司马攸一眼，见他只是神色木然地斜倚在榻上，仿佛对潘岳留下的锦囊毫无好奇之色，不由得恨声道，“怎么，你连檀奴给你出了什么主意都不在乎吗？”

“不是不在乎，是不抱希望。”司马攸疲惫地闭上眼睛，似乎早已猜到了那锦囊中藏着的什么。

贾荃不理他，自顾从锦囊中抽出一张绵薄的纸笺，打开细细一看，不由轻呼出声。她看了一眼依然闭目不动的司马攸，将那纸笺往他胸口上一拍，冷笑道：“看看吧，为了保住你的命，檀奴可是连命都不要了呢。”

这句话让司马攸一惊，手指下意识地抓住了那张纸笺，只见上面写着：“临事之际，可密招以下诸人共谋大计。”这句话之下，密密麻麻全都是一排排的人名。

临事。大计。这张潘岳在皇太后羊徽瑜死时留下的白纸黑字，里面的意思自然不言而喻，而这张纸笺若是流传出去，潘岳必定是抄家灭门之罪！司马攸的脸色顿时变得比那张纸笺还要苍白，猛地呛咳着从榻上弯下腰，朝着榻下的炭盆俯了下去。

“小心些，别被炭气熏到……”贾荃慌忙上前给司马攸捶背，却不料司马攸手一松，已经将那张纸笺扔进了火盆，顷刻间化作了一簇明亮的火苗。

“你！”贾荃一怒之下将司马攸推开，怒到极处反倒笑了，“你着急烧了它做什么？反正上面的每一个名字，我都已经记住了！”

“你记住也没用，我不会放你出府，也不会给你任何对外联络的机会。”司马攸支撑着坐起，用火箸搅了搅炭盆里的纸灰，确保再没一丝痕迹，这才如释重负地笑了笑。

“那你呢？”贾荃咬牙问。

“我？”司马攸一愣，随即倦怠地躺在榻上，“尽人事，听天命。但不论是谁，都不能让我去做千古罪人。”

“好，你够狠够绝！”司马攸嘴边的笑容刺痛了贾荃，让她再也控制不住自己，将房间内所有陈设的器具一件件全都扫到了地上。她努力地砸着所有能砸的东西，然而目光扫过之处，司马攸只是静静地看着她，不言不动，唯有一双素来温和的眼睛中满是悲悯。

天翻地覆的风暴之中，唯有司马攸的病榻安静如初。能做到这样的平静，他心中究竟是靠什么信念在支撑？

贾荃忽然觉得自己所做的一切都是徒劳，全身的力气霎时间消失得无影无踪。她筋疲力尽地跪坐在满地狼藉之中，蓦地抱着自己的头号啕大哭起来：“司马攸，我再也不想管你了！就算我真的疯了，也是你把我逼疯的！”

“荃姐姐……”司马攸看着失控的贾荃，轻轻唤了一声，“事情未必有那么糟糕。”

“你在说什么？”贾荃抬起一双泪眼，疑惑地看着司马攸。

“其实，有没有檀奴的锦囊，有没有那份名单，都没有太大关系。”司马攸见贾荃眼中迸射出希望的光，心中一叹，却竭力安慰道，“你想想，我平素抚恤百姓，优待下属，结交名士，好不容易换来如今贤达谦恭的名声，难道都是白费力气吗？”

“什么意思？”贾荃怔忡，“你是说，他们会联合起来，将你留在洛阳？”

“这些年来，我如履薄冰，唯有以退为进方是上策。”司马攸努力撑出一个微笑，“我处处隐忍退让，好不容易挣下白璧无瑕的令名，到了这个时候，自然不能亲自出头伤毁声誉，前功尽弃。但是，其他人必定会为我出头，我只要静静等待就好了。天子忌惮我的身份和我的名声，可如今这两样东西，反过来也是我的护身符。”

“是，你苦心经营这么多年的人脉，如今必定会派上用场，将来更会派上大用场。”贾荃稍稍松了一口气，伸手在司马攸脑门儿上轻轻戳了一下，“我平素只当你是个榆木脑袋，如今看来，你也是个有心机的。”

“在我这个位置，想要自保，没有点儿心机手段，只怕也活不到现在。”司马攸苦笑了一下。

“那倒是。不管平素别人说你多愁善感也好，招揽人心也罢，我如今倒觉得你和创立蜀汉的刘备有一比，都有隐忍不发、深藏不露的手段。”贾荃终于露出了一丝笑容，“皇帝虽然忌惮你，却到底比你大了十几岁，太子又不争气。我们耐心熬一熬，终究会有出头之日的。”

“是啊，我们现在的对策，就是一个字——拖……”司马攸轻笑了一声，合上眼，脱力地躺回床榻上。贾荃其实说得没错，他还年轻，只要熬一熬，终究会有出头之日。既然已经苦心经营了这么多年，就要避免功亏一篑。只可惜他既为名声所护，也为名声所缚，一旦有所动作，反倒会破坏自己安身立命的根本。因此唯一能做的只有等待，等待旁人为了自己去争取了。

一阵寒风蓦地推开窗户席卷进来，卷带着炭盆里的纸灰纷纷扬扬洒了满屋，就像是一场黑色的雪，埋没了人世间最后的一线希望。

第 十 六 章

玉 碎

何遭命之奇薄兮，遘天祸之未悔。

——潘岳

太康三年冬，潘岳任河阳县令期满，由于考绩极优，被朝廷升职为秘书郎。等到河阳公事交接完毕，得以回转京城洛阳，已是太康四年开春时节了。

自太康四年元日朝会之后，两个月来京城洛阳陷入了极大的混乱之中。由于天子司马炎执意要齐王离京就藩，引发了群臣抗议，一时之间，宗室、重臣、武将、名士等纷纷上奏，请求天子收回成命，允许齐王司马攸留在洛阳朝廷。而荀勖、冯𬘘、杨珧、杨济等人则力排众议，援引古今成例，坚决支持天子的决定。朝廷传来的邸报之中，一大半都是两派人物围绕齐王就藩之事抛出的唇枪舌剑。

尽管潘岳事无巨细地打听齐王的消息，但唯一得知的却是齐王卧病在家，闭门不出，仿佛自他上书要求解除一切官职为先皇守陵之后，就再也没有任何动作。朝臣们为了他的去留争得面红耳赤，甚至有人说到极处捋起袖子就扑上去开打，而那个风暴中心的人物却仿佛蒸发了的水珠，关在齐王府中再没有了动静。

心急如焚之下，为了尽快了解司马攸的情况，潘岳安排杨容姬乘坐马车回京，自己则舍弃车驾，单人独骑马不停蹄地赶往洛阳。初春凛冽的寒风重重地拍打在他冻得发青的脸颊上，如同洛阳城内传出的一个个令人震惊的消息，让他不得不咬紧牙关，才不至于被这连绵不绝的粗暴寒意所击倒。

随着天子司马炎对群臣挽留齐王的奏表置若罔闻，大臣们劝谏皇帝的方式也越来越惨烈——

司马炎的七皇叔、扶风王司马骏拄着拐杖，亲自跑到宫里跪求司马炎收回成命，司马炎拂袖离去，老王爷一气之下中风倒地，送回家后不治身亡。

驸马王济与父亲王浑上书挽留齐王不成，便联络驸马甄德，派妻子常山公主、京兆公主进宫对司马炎进行哭谏，司马炎大怒骂道："朕还没有死，你们几个女人是来给我哭丧吗？"当即命人将两位公主赶出皇宫，并将王济降职，将甄德贬出洛阳。

中护军羊琇深知外戚杨珧是构陷齐王的关键人物，便与北军中侯成粲密谋，在怀中藏起匕首，打算在上朝路上手刃杨珧。杨珧侥幸逃命，跑到天子司马炎脚下抱着他的靴子大喊救命。司马炎闻讯大怒，不顾羊琇是自己数十年的至交好友，吩咐将羊琇和成粲下狱。等到司马炎想起旧情，命人将羊琇释放、贬官为太仆时，羊琇已在狱中悲愤发病，回到家后不久死去。

博士庾旉与同僚太叔广、刘暾、缪蔚、郭颐、秦秀、傅珍等人不顾皇命，不仅没有按照司马炎的命令讨论齐王就藩的礼仪，反倒联合上书称颂齐王司马攸的美德，指责司马炎将齐王远放两千里外有违古训，甚至影响天下太平。司马炎大怒之下，将七博士一起下狱。庾旉之父庾纯、太常郑默、博士祭酒曹志等人听到这个消息，主动向司马炎坦承事先看过并认同七博士的奏章，劝谏说"哪里有齐王如此之才、如此之亲，却不能留在京中辅佐朝政，而要远远放逐的呢？"司马炎被火上浇油一般勃然发作，将郑默、曹志等人免官；七博士则以大不敬罪判决死刑，择日在东市斩首弃市……

每一个消息传来，都仿佛一个惊雷在耳边炸响，让潘岳头晕目眩，几乎从马背上摔下。这些劝谏后或死或获罪的大臣，大半都曾出现在他留给司马攸的锦囊之中。扶风王司马骏是宣帝司马懿之子，常年带兵，在关中享有极高的威望；征东大将军王浑是世家领袖，又是攻灭吴国的功臣，手握重兵；中护军羊琇是外戚重臣，和北军中侯成粲一起统率京城洛阳的禁军；侍中王济、甄德是驸马，有出入宫禁的便宜……更不要说那么多服膺齐王、对太子的智力和能力深表怀疑的朝廷重臣了。虽然这么多年来司马炎斩断了齐王司马攸诸多势力，但景皇帝司马师嗣子的号召力依然高得惊人。所以潘岳才会在离开洛阳之际，将这些可以扶助司马攸的大臣列出名单，交到贾荃手中。在不知何时降临的灭顶之灾到来之时，潘岳只希望司马攸能联合名单上的诸位大臣以求自保，甚至自保之外发动一次宫廷政变，逼司马炎退位而自登宝座，也并不是不可实现的事情。

可是如今看来，司马攸根本不曾听从自己的规劝，串联拥戴他的大臣发动宫变。以至于那些宗室和重臣只能单独与天子较量，最终都如以卵击石般悲壮地败下阵来。

虽然一向明白司马攸的心志，但在这生死攸关时刻司马攸依然谨守自己的原则，不肯做出任何危害社稷有辱品行之事，还是让潘岳扼腕之际生出更多的敬佩。没有人预料得到，司马炎为了驱逐齐王司马攸，竟不惜与半壁朝臣为敌；更没有人预料得到，为了挽留齐王，会有这么多宗室大臣置自身仕途和性命于不顾。这些人杀身成仁般的勇气，也鼓起了潘岳胸中熊熊燃烧的烈火。

他记得自己在离开河阳孤身上路时，曾经问过杨容姬："如果我这一去再也回不了你身边，你可会怨我？"他深爱的妻子却回答说："你知道我是什么时候对你动心的吗？就是在你率领三千太学生去东市营救嵇康先生的时候。我记得你引用过荀子的话，'义之所在，不倾于权，不顾其利，举国而与之不为改视，重死持义而不桡，是士君子之勇也'。我的丈夫是义勇的君子，我骄傲还来不及，怎么可能埋怨你呢？”

想到这里，潘岳紧紧地握住了身前的马缰绳，就仿佛紧紧握住了杨容姬柔软温暖的手，紧紧握住了自己一生坚持的风骨和理想。他不眠不休，快马加鞭冲入洛阳城，想也不想地直接跑到齐王府大门口。

不知是因为司马攸卧病不出还是大势已去，昔日车水马龙的齐王府此刻门可罗雀。潘岳在大门处扣了半日门环，才有一个老家人颤颤巍巍将大门打开了一条缝隙。

“袁伯，是我！”潘岳认得他是伺候司马攸多年的老人，生怕他再度将大门关紧，连忙出声求恳。

“是潘郎君？”虽然老眼昏花，袁伯还是一眼就认出了面前这张俊美无比的面容。他惊喜地将门缝又开大了一些，抹着眼角的浊泪道，“潘郎君你总算回来了，再不回来，只怕……只怕……”后面的话他没有说出来，却让潘岳因为疾驰而跳动的心脏骤然一缩——齐王司马攸的情况，果然是不好得很了。

“烦请袁伯给齐王殿下通禀一声，就说潘岳有急事求见。”潘岳焦急地道。

“殿下早吩咐过，不许再放潘郎君进府……”袁伯说到这里，见潘岳眸色一黯，牙齿将嘴唇咬出深深的齿痕，心下一软便道，“那潘郎君先等等，容老奴去问问殿下。”说完便关上门进去了。

“多谢了。”明知道袁伯已经走开，潘岳还是对着紧闭的门缝道了一声谢。他默默地伫立在齐王府大门外，只觉得经过一季酷寒的冬天，就连齐王府大门上原本明亮光滑的朱漆都斑驳起来，一片片薄如纸屑的漆片随着料峭寒风纷纷坠地，再被卷得无影无踪，就仿佛长夜悲哭之人于绝望中迸落的斑斑血泪。

等了不知多久，连跑马所出的一身热汗都化作透体的冰凉，眼前的门缝终于再度打开，露出了老家人同情愁苦的皱纹：“殿下说了，不见，请潘郎君回去吧。”

“殿下还说了什么?”潘岳虽然早已暗暗料到这个结果,却不肯放弃。

“殿下还说,潘郎君如今好不容易升迁回到洛阳,一定要学会明哲保身,以后再也不要来了。”说着,袁伯长长地叹了一口气,不待潘岳回话就要将大门重新关严。

“等等!”潘岳情急之下将手掌插入门缝之中,“殿下果真病得厉害吗?”

“是,殿下没有装病,他真的……真的……”袁伯抹了一把眼睛,推开潘岳的手,重重关上了齐王府大门。

一阵寒风吹来,锥心刺骨的寒冷让潘岳下意识地缩了缩身子。他怔怔地对着朱漆斑驳的大门站了一会儿,终于转身走下台阶,拉过自己的马匹,重新跨坐上去。在天子司马炎的重压之下,此刻的齐王已经危如累卵,潘岳知道自己已经没有时间可以耽搁了。

马儿长嘶一声,拐了个弯儿重新跑了下去,不多时便在另一处壮阔巍峨的府第门前停下。潘岳跳下马背,匆匆跑到大门前,这才整理了一下风尘仆仆的衣冠,向门房道:“下官潘岳,求见平原王殿下。”

平原王司马干向来不肯与朝臣结交,十个求见的倒要被他打发掉九个。不过这次是潘岳第一次主动求见,司马干摸着自己花白的头发犯了半天踌躇,终于还是不忍拒绝美人的请求,硬着头皮叫人将潘岳带进府中。

一见潘岳进来,司马干先前的愁眉苦脸便一扫而光,笑着唤了一声“河阳花县令来了!”便拉着潘岳嘘寒问暖,又是让人拢起火盆,又是让人煮起姜茶,热情得让潘岳根本没有开口的机会。

“一别三四年,檀郎看上去竟还年轻了许多,想必是河阳那边水土好,不仅养花,也养花县令啊。”司马干不知是不是犯了传说中的疯癫,不住地夸赞潘岳,语无伦次却又情绪高昂,“现在你种桃花的美名都传到洛阳来了，大家都说这才是天下第一美男子该做的事情，‘花县令’这个称号真是当之无愧。可惜老夫不能亲到河阳，亲眼看见你花县令带头种树的风采……”

听着司马干的夸奖，潘岳只是涩然一笑。当初他少年时不理解嵇康堂堂名士，为什么要去做打铁那种与撑船、磨豆腐共称为“天下三苦”的事情。可通过在河阳亲自种植出一片桃林，他才真正理解了嵇康——唯有身体上的疲累，才能湮灭心底无法言表的苦痛。

“听说你离开的时候河阳百姓依依不舍，又是挽留又是哀哭，还有人提议把你在河阳捐资开挖的两口井叫作‘潘岳井’，把桃树林中的一个湖叫作‘潘岳湖’，可是真的？”司马干依旧兴致勃勃地说道，“依我说，你在外面过得自由自在的，又跑回洛阳这个腌臜地方来做什么？过两年还是找个机会，外放出去算了。”

潘岳按捺住内心的焦急，耐心地听着司马干絮叨，好不容易等司马干说得口渴了端起茶碗一饮而尽，才抓紧机会开口：“我这次前来，是想请殿下……”

“打住！”司马干大手一伸，堵住了潘岳没有出口的话。他竖起眉毛，瞪圆眼睛生气道：“我们这次只叙离情，你若是想说别的，就走吧。”说着，再不看潘岳一眼，起身就要离开。

“平原王殿下！”潘岳见他真的要走，慌忙一把拉住了司马干的袍袖，急切道，“您是宣皇帝之子，当今天子之叔。难道大晋的江山社稷，您就真的撒手不管吗？”

“我有什么资格去管？上有天子，下有百官，中间还有个名正言顺的太子，连齐王都沾不上边儿！”司马干冷笑道。

“且不论齐王身份，单现下太子的状况，大晋未来前景堪忧啊！”见司马干生生从自己手中扯出了衣袖，潘岳情急之下，口不择言。

“大胆，你不要命了吗？”司马干气得跺脚。太子愚钝，众人皆知，却又无人敢明言。如今这么多人反对齐王离京，一方面固然是同情司马攸的遭遇，另一方面，却是担心日后太子即位无人辅佐，新建的晋朝便会陷入一片混乱。

“齐王是将来我朝稳固的希望。如果能救他，潘岳这条命不要也罢。”潘岳低下头，声音低沉却又坚决。

“你一上门，我就知道你是想游说我去给齐王求情。”司马干摇头道，“不过我虽然心软，却不糊涂。天子这次是下决心要除掉齐王，顺便引出朝中支持齐王的势力一网打尽。我若去求情，多半也和我那糊涂的七弟扶风王一样，就算搭进去自己的性命也改变不了任何事情。我老人家从文皇帝时代能苟活到今天，早就没了什么经世济民的梦想，唯愿能保住性命，平平安安寿终正寝就好喽。”

“那就请王爷指点一条明路。”潘岳知道这位平原王装疯卖傻，其实冷眼旁观最是清醒，只能退一步恳求。

“现在的情形，哪里还有路？就算有路，桃符那孩子也不敢走，不会走。”司马干怅然摇头。司马攸的结局，早在他劝阻司马攸放弃石苞的时候就已猜到。只是司马攸求仁得仁，他司马干钦佩惋惜之余，还是要首先顾惜自己的性命。否则他几十年装疯卖傻，岂不成了一个最大的笑话？

潘岳怔怔咀嚼着司马干的话，忽然明白：既然连司马干都知道司马攸会放弃唯一可行的夺位之路，那么天子司马炎自然也能料到这一点，所以才能放心大胆地步步紧逼。面对天子司马炎的迫害，司马攸多年来唯一的策略就是顾全大局、谦退忍让，而群臣对齐王的希望，不过是倚仗他比司马炎年轻十二岁，司马炎驾崩之日便是齐王施展抱负之时。这一点，也正是司马炎和荀勖、杨珧等人最为苦恼的。他们对齐王不仅感到厌恶，更多的还有恐惧。

可是，现在司马攸已经卧病不出，若是再经历两千里的跋涉之苦，他的身体还能撑得过司马炎吗？就算他平安到达了青州，远离拥戴他的群臣和旧部，他还能躲得开斩草除根的明枪暗箭吗？一念及此，潘岳只觉一股寒意森森蹿起，就算司马干为他点起再多的火盆，烧出再多的姜茶，也无法抵御这噬心的冰寒绝望。

见司马干是铁了心地袖手旁观，潘岳心灰意冷，顿时就要告辞离开。司马干似乎料得到他想做什么，无可奈何地摇头："年轻人不要太过冲动。等你老了，就会知道舍去性命是这世上最容易的事情。可是真正的艰难，你还未曾体会过呢。"

"多谢王爷提点，告辞了。"面对司马干的懦弱推诿，潘岳只觉得满腔热血都在身躯中沸腾。他转身大步走出平原王府，再不回顾，而身后的司马干只是默默看着他的背影，黯然叹息。

回到阔别四年的家中，潘岳先是拜见了母亲与兄嫂，之后便将自己关在房中，默默思索还有什么挽救司马攸的方法。可司马攸已经明确拒绝了自己多年前的锦囊之谋，逼宫夺位的道路已经彻底断绝，潘岳不知道自己还能再做点什么。

在这泰山压顶般的皇权之下，在悬殊的力量和紧迫的时间之前，任何虚实、迂回、计策与谋略，都成了螳螂在车轮面前微不足道的伎俩。哪怕潘岳一向自诩谋略过人，最终只能俯下身子抱住自己隐隐作痛的头颅，在束手无策的悲愤中忍住绝望的啜泣。

忽然，窗外传来一阵小儿的嬉闹声，却是兄长潘释之子伯武和几个邻家小儿在拍手唱歌。小孩子们声音清脆，即使潘岳关闭了门窗，仍然可以听到他们所唱的歌谣："一尺布，尚可缝；一斗粟，尚可舂。兄弟二人，不能相容。"

小儿不知歌谣含义，只是一遍遍唱得顺口，欢声笑语不断。潘岳原本想问问他们的歌谣从何学来，却又懒得动弹，只是朦朦胧胧地想起这首歌谣传自西汉年间，乃是汉文帝流放兄长淮南王刘长时民间所传。尽管汉文帝为表兄弟之意，在流放路上送给刘长十个美女，每天五斤肉、两斗酒，刘长还是不堪屈辱，在路上绝食而死。

自古以来，小儿歌谣都被视为具有某种神秘的象征意义，更何况此刻潘岳心神不宁，联想到这歌谣后不祥的背景，更是对司马攸的未来充满了可怕的预感——一旦司马攸扛不住天子的压力出京就藩，只怕就和刘长一样死在半途了！

既然司马攸不允许任何非分之举，潘岳最终只能选择了一个君子所能做到的极致——提起毛笔，连夜写下了一封谏书。在这封上奏天子司马炎的谏书中，潘岳将一腔愤懑化作千余言文字，不仅引经据典指出司马炎外放司马攸不合礼制、不通人情，还深切指出虽然江山一统天下太平，但晋朝内外依然存在诸多隐患，如果仅凭猜忌就将齐王这样的忠直之士逐出朝廷，只怕将来晋祚难继，天下大乱。

这封谏书的措辞，比导致七博士下狱论死的奏章用词更为激烈，但这也是在当今朝廷的体制下，潘岳唯一能够为司马攸所做的事情。文死谏，武死战，能够抛却生死对朝廷的谬误做出规谏，原本就是身为文臣能履行的最高道义。

天亮的时候，潘岳离开了家门，将那封谏书和着自己回京述职的文书一起呈报给了尚书台。然后他就径直来到廷尉府，向廷尉府中官员直言自己上书挽留齐王，与庾旉等七博士同罪，请廷尉将他收监。

此刻恰好廷尉刘颂早朝未归，廷尉府中主事的官员无奈之下，只好暂时命人将潘岳关在一间空置的牢房中，等待廷尉回归再做定夺。潘岳也不争辩，跟随狱卒走进监室，见这里空空荡荡，四周既不见因齐王下狱待死的七博士，也不见任何其他罪囚，便挑了块稍干净的地方坐下闭目凝神，只觉得尽人事、听天命，自己能够做的事情都已完成，剩下的就只有“等待”二字。既然司马攸为了心中的道义宁死也不越雷池一步，那么他潘岳也可以追随司马攸的脚步，为了自己的道义引颈就戮。

根据牢房狭窄的天窗泄漏的日光，潘岳推算廷尉早已下朝归来，却不知为何一直无人理会自己。他按捺下性子又等了一会儿，果然听见脚步声响，有人匆匆朝着自己的囚室走了过来。

“安仁，你胡闹些什么？”一个身影蓦地出现在潘岳身前的木栏外。迎着初春稀薄的日光，来人的脸上更显出苍白焦虑。

“夏侯兄？”潘岳惊讶地发现来人正是好友夏侯湛，不禁惊讶地站起身走到他面前，“你怎么来了？”

“我不来，难道眼睁睁地看着你去死吗？”夏侯湛说着，转身招呼狱卒过来打开牢门，却被潘岳阻止了，“夏侯兄，我已向天子上书挽留齐王。天子降罪之前，我不会离开这里。”

“你说的上书，是这个吗？”夏侯湛忽然从怀中掏出一封奏疏，正是潘岳往尚书台呈送的谏言。

“怎么会在你的手中？”潘岳惊问。

“你离京四年，却忘了我早已从太子舍人转任尚书郎了。”夏侯湛冷笑了一声，“若非我及时看到这封奏疏并将它扣留下来，你以为你能活着走出廷尉府吗？”

“这是我给天子的奏疏，私自截留便是大罪！”潘岳见自己辛辛苦苦写的奏疏无法传递到司马炎手中，急切之下将手臂伸出木栏，想要从夏侯湛手中夺回。

“截留算什么，我还要毁了它呢。”夏侯湛后退一步，不待潘岳答言，双手一分，已将那封奏疏一撕两半！眼看潘岳双目充血满是愤恨之色，夏侯湛正色道：“安仁，你现在做的事情无异于以卵击石。若是齐王知道，还不知要如何痛心疾首?！”

“齐王，哈……”潘岳蓦地想起当年司马攸那句“从今以后，我们就再不必相见”，忽觉满腔悲愤无以言表，只是凄然笑道，“这四年来，齐王与我已无一字往来，无半分私交，就连我专程托人赠予的一筐河阳鲜桃，他也闭门不纳。所以我是死是活，与齐王何曾有半分干系？麻烦夏侯兄转告齐王，志士仁人，无求生以害仁，有杀身以成仁。我自求仁得仁，请齐王不必挂怀了！”

“我明白你的心情，但孟子说过‘可以死，可以不死，死伤勇’。你又何必赌这口气？还是赶紧随我出去，我们再慢慢商量解救之法。”夏侯湛说着，见狱卒已经打开了牢门，伸手就要将潘岳拉出来。

“天子一言九鼎，我等臣下除了上书劝谏，还有何解救之法？”潘岳心知让司马攸发动政变还不如直接杀了他，事到如今一切通路都已被堵死，心中只剩一片绝望。他避开夏侯湛的胳膊，迅速后退几步，后背紧紧贴住了牢房冰冷的石墙道：“夏侯兄请回吧。即使在这里，我也可以继续给天子上书。夏侯兄就算是尚书郎，也不可能将我所有的奏章都截留下来。”说着，他转身面朝墙壁坐下，再也不理会夏侯湛。

“我知道你文笔了得，可如今天子之心，就算司马相如复生，也无法挽回了！当初我们想要救嵇康先生不也一样吗？不仅没有救成，还连累齐王和你都身受重责，几乎丢了性命。这样的覆辙，你何必还要重蹈？”夏侯湛又劝了一阵，见潘岳只是背对自己不言不动，无奈地跺了跺脚，径自离开。

听到夏侯湛的脚步声远去，潘岳紧绷的肩背才放松下来。他知道夏侯湛说得没有错，在这君臣父子铁一般的礼制之下，上位者一旦硬起心肠，无论他们怎么抗争都于事无补。可是即使知道结果，他们就真的应该放弃一切抗争吗？孔子说：“仁者必有勇。”他既然取字为“安仁”，又怎么可以在不义之事面前畏缩怯懦，愧对自己名字中的“仁”字，也愧对二十多年来与司马攸割舍不断的朋友之情？

向狱卒要来纸笔，潘岳努力平心静气，又开始重新书写给天子司马炎的谏言。他此时已生出必死之心，所以下笔更不隐讳矫饰，直接点明了一旦齐王离京，司马炎驾崩，以太子的暗弱必定被奸人挟控，朝纲紊乱，而齐王平素谨守君臣大义，从无逾矩之心，由他留在中枢辅弼太子，才是晋祚永存之道。

书写奏章之际，狱卒送来饭食，但潘岳心绪激荡之下毫无食欲，依旧拈笔蹙眉，构思劝谏字句。他正想得出神，忽听木栏外又有人呼唤，举目看时，才发现日光早逝，木栏外只有一个影影绰绰的清瘦身影，仔细辨认才发现竟是韩寿。

“安仁，我刚得了消息就赶过来，你快随我出去吧。”韩寿虽然在做了贾充女婿后与齐王司马攸分道扬镳，但与潘岳的私交却一直甚好。此刻他脸上的关心担忧，与夏侯湛并无二致。

“多谢你，不过不用费心了。”潘岳只觉自己想说的话在奏章中都说得尽了，此刻心力交瘁丝毫不想分辩，便只朝韩寿微笑着摇了摇头。

“我知道夏侯湛来过。他是齐王的表兄，连他都无法说服你，我肯定也不行。”韩寿深深凝望着潘岳坚定的神情，仿佛下定了某个决心，转头给狱卒塞了一串钱，那狱卒便远远地避了开去。

潘岳看着韩寿的动作，惊讶于他有什么机密要事要对自己吐露。他走到韩寿面前，隔着木栏看着对方俊秀苍白的面孔，发现韩寿紧紧地咬着下唇，似乎有什么事情难以启齿。

潘岳也不说话，静静地等待着。过了良久，韩寿才艰涩地吐出几个字来：“齐王不可救，你放弃吧。”

“为什么？”潘岳的心往下一沉，紧紧盯住了韩寿黑暗中闪烁的眼睛。

“因为那个……管辂的预言。”韩寿一瞬间下定了决心，决然说道，“天子已经知道齐王身负六凶星相，将来必定殒身、灭家、亡国、乱天下。有了这样的预言，上书挽留齐王的人越多，天子除去齐王的决心就越大……”

“管辂的话，天子怎么会知道？你……你又怎么会知道？”潘岳大惊。虽然朝廷明面上禁止谶纬之说，但实际上连街头小儿的歌谣都会对朝廷决策产生重大影响，更何况管辂身为天下第一术士，向来以预言精准而得名？哪怕这预言本身是无稽之谈，但有人忌惮有人利用有人蒙昧，这预言就会变成摧毁齐王司马攸的最大利器。正因为如此，当年的文皇帝司马昭才会想方设法禁绝这个预言，而自己与司马攸二十多年来也一直守口如瓶，哪怕对亲近如杨容姬也从未提过。

“我……”韩寿犹豫了一下，终究抵不过潘岳深邃坚定的目光，喃喃道，“给文皇帝哭灵那次，我和你一起去劝慰齐王……后来你们在房间里面说话，我碰巧走到门外，就……就都听到了……”

“所以你就密告了天子，好作为你升官邀宠的手段？”潘岳此刻只觉得脑子里面轰然如同千军万马纷至沓来，让他再也无法保持冷静克制，“韩寿，我记得你自小也是齐王的伴读，这出卖主君的事情，亏你也做得出来！”

“不，不是我！”韩寿与潘岳相交二十年，从未见过他如此剑拔弩张的模样，顿时吓得有些蒙了，“是内子贾午……妇道人家不懂事，生怕贾公去世了贾家败落，就私自禀告了天子……”

“你！”潘岳此刻恨不得一拳砸在韩寿清瘦苍白的脸上，却最终从腰间扯下一块玉佩狠狠砸在地上，“你走吧，就当我潘岳从未认识过你！”

“这算什么，碎玉绝交？”韩寿低头看着在坚硬的石板地上四分五裂的玉佩，只觉那些迸裂的玉屑落在脚面上，都如同炽烈的炭火一样灼人。“我好心救你，你却这样待我……”他抬起通红的眼睛，恨恨地盯住潘岳，“我倒要看看，将来你有没有求我的那一天！”说着，他用力一甩袍袖，转身离开。

看着韩寿决然离去，潘岳怔怔地站了一会儿，终于脱力地跪在地上，将摔碎的玉佩一片片捡回掌心，在牢房一角的泥地里挖了坑埋好。破碎锋利的玉片割破了他的掌心，潮湿腥臭的污泥染黑了他的手指，但他的心底，却已是一片麻木。等到原本无瑕的白玉被牢底污秽的泥土彻底吞噬,他和韩寿二十年的友情,也被一并埋葬了。

自从齐王妃贾荃罹患疯疾之后,齐王府内大大小小的事务,便渐渐移交给了侧妃胡姬灵襄打理。加上天子司马炎迟迟不肯同意将贾荃所生的二公子司马冏立为世子,王府中人便纷纷猜测胡姬所生的大公子司马蕤有了上位之机,对胡姬母子也越发殷勤起来。偶尔侧王妃需要和府外人交接物品,也自有心腹侍从代为效劳,司马攸和贾荃都一无所知。

这一日,侧王妃胡姬命小厨房精心熬制了一碗参汤,说要亲自奉给齐王。下人们知道齐王卧病多日,王妃贾荃的疯疾又再度发作,因此冷淡多年的侧王妃想要趁此机会亲近齐王也在情理之中。半日之后,熬好的参汤果然送到了胡姬面前。

看着那碗冒着热气的参汤,胡姬待了一会儿,终于从袖子中取出一个小瓷瓶,将里面的药粉偷偷混入了汤中。她不知道这药粉是什么,喝下去后又是什么反应,但是她知道,自从十多年前王子刘渊将自己安排到司马攸身边后,自己这枚棋子就被摆上了红黑双方厮杀的棋盘。作为一个微不足道的卒子,她的使命就是一直在暗中向前拱去,无法回退,也无法闪避,直到今天,终于是到了直面对方将帅的时候。

幸好,自己这一方不仅有刘渊王子,还有刘渊王子身后至高无上的力量。那么刘渊王子承诺必保自己儿子海奴无恙,想必也是真的。因为海奴对他们来说,岂不是更有用的棋子?

用食盒装好那碗参汤,胡姬也不带任何侍女,独自一人提着食盒往司马攸所居的正寝走去。走到廊下,胡姬对想要见礼的几个侍者摆了摆手,示意他们不必出声,便径自走了进去。

才走到外屋,便听到暖阁内传来响动,却是司马攸的表兄夏侯湛的声音。胡姬知道夏侯湛与司马攸关系匪浅,司马攸称病不出之后,夏侯湛便是寥寥几个可以见到司马攸的外人。于是胡姬便停下脚步，只静静站在暖阁外面等候。

暖阁内司马攸和夏侯湛的交谈声并不大，胡姬听不真切。然而过了一会儿，却听司马攸提气怒喝一声："他居然还要上书？"一语未罢却岔了气息，顿时撕心裂肺地咳嗽起来。

自入冬来，司马攸的咳嗽便没停过。但这是历年旧疾，到了天气和暖之时自然会痊愈，因此胡姬也并没怎么放在心上。不过夏侯湛却似乎有些吓住了，赶紧拍着他的背心道："殿下别急，我再去劝说安仁就是。大不了给廷尉府通个消息，让他们把安仁的奏疏都扣留下来，再把他赶回家去。"

"廷尉刘颂一向与荀勖亲近，未必……咳咳……未必会听……"司马攸依然咳得喘不过气，艰难地道，"而且檀奴性格执拗，你……你劝说不了……"

"那可怎么办才好？"夏侯湛急道，"七博士过两日就要问斩。若是安仁的事情我们再不能压下去，只怕天子一怒之下，安仁凶多吉少！"

"我有些倦了，表兄先回去吧。"司马攸似乎不想再继续这个话题，含含糊糊地对夏侯湛下了逐客令。

"那好，殿下好好休息。"夏侯湛虽然心急如焚，见司马攸只是闭着眼睛，一副昏昏欲睡的模样，只能告辞出了暖阁。

胡姬躲闪不过，无奈与夏侯湛打了个照面。夏侯湛给侧王妃见了礼，见胡姬手中提着食盒，便关切地问了一句："太医开的药，齐王一直在吃的吗？"

"一日三服，从来不敢怠慢。"胡姬答了，见夏侯湛依然一副忧心忡忡的模样，又安慰了一句，"这药虽是见效慢，幸好王妃那边还准备着一些药酒，殿下每每服了，都说精神好些呢。"

送走了夏侯湛，胡姬这才提着食盒走进暖阁，却见司马攸躺在床上，满头都是冷汗，紧抿成一线的嘴唇白得一丝血色也无。胡姬才想走过去探看，司马攸却蓦地睁圆了眼睛，还没等完全撑起身子，一股鲜血已经箭一般喷在了地上。胡姬还没来得及惊呼出声，司马攸又呕出更多的血来，将暖阁地上铺陈的乌韬赤花双文簟染成了一片暗红。

胡姬从未见人吐出这么多血，不由吓得呆住了。眼看司马攸气息奄奄躺倒在床上，苍白的嘴唇被染成一片殷红，胡姬才反应过来："我去找太医！"

"回来！"司马攸拼尽全力喝出这两个字，让胡姬蓦地一怔，果然停下了脚步。"不要惊动太医，找个可靠的人……去医馆请大夫……"司马攸说到这里，再也没有了力气，他虚弱地闭上眼睛，只剩下胸膛还在急剧地起伏。

"是！"胡姬愣了愣，忽然明白了司马攸的意思——不要请太医，反而悄悄去街头医馆请大夫诊治，难道齐王心里对太医的药物产生了怀疑？可听说太医们的药方乃是经天子御览批准的，若果真被动了手脚，那刘渊王子又何必多此一举让自己下毒呢？莫非刘渊王子也被蒙在了鼓里？

心乱如麻，惊惧交加。胡姬不敢再在司马攸房内多停留一刻。她慌慌张张地跑出了暖阁，一直等回到自己房内，才发现自己手中还紧紧地攥着食盒的把手。

稍稍稳定下心绪，胡姬放下食盒，走到静室中拿起笔，在纸上写下"时日无多"四个字。她将信纸用心封好，唤来一个心腹侍女，命她按老地址送出了王府。正心神不宁之间，忽听外间有人笑道："娘在吗？我练完弓马回来了！"

是大公子海奴。想起这个日渐英姿飒爽的儿子，胡姬的心中略感欣慰。她走出静室，正看见儿子海奴一边嚷着肚饿口渴，一边打开食盒端起了那碗参汤："咦，这是什么好东西？"

"别动！"胡姬一惊之下冲到海奴面前，劈手夺过汤碗，随手将碗中参汤朝窗外一泼，“小孩子喝参汤做什么！”

海奴目光一凝，随即接过胡姬手中汤碗放回食盒中，调皮地道：“不喝就不喝。娘这个样子，海奴还以为娘是心疼那点儿人参呢。”

“少说这种小家子气的话。”胡姬戳了戳海奴的脑门儿。她别的都已经不在乎，唯一只希望儿子能够凭借齐王府大公子的身份当上世子，继承未来的王爵。在王妃贾荃和二公子山奴的阴影下生活了太多年，就算胡姬是抱着破釜沉舟的勇气进的齐王府，在十多年的消磨中也忍不住生出了竞争之心。

“我饿死了，这就到厨房里找点吃的去。”海奴夸张地揉了揉肚子，朝胡姬乖巧地一笑，抓起食盒走出了胡姬的房间。

才一出房门，大公子海奴脸上嬉笑的表情便立刻消失了。他放开大步一直跑到了花园的一处偏僻角落里，才在一座假山后小心地打开了食盒盖子。

食盒中是一只空空荡荡的瓷碗。说空空荡荡其实并不准确，被胡姬随手一泼之后，碗底还残留着一点点乳白色的黏稠液体。海奴端起碗使劲闻了闻，没有察觉出什么异样，又斜过碗口用树叶搜刮了一阵碗壁，终于在碗底汇聚出大约一匙的汤汁来。

端着碗东张西望了一阵，海奴发现了一只趴在墙角晒太阳的白猫。那白猫倨傲惯了，见海奴走近也不起身，只用一双琉璃般的眼珠瞟了他一眼，照旧懒洋洋得不动。海奴心里叫了一声“就是你了”，猛地上前扣住白猫的脖子，将那碗底的汤汁给猫儿灌了下去。

白猫大怒，尖利的脚爪抓破了少年的手背，印出道道血痕。然而海奴却不管不顾，只是掐着白猫的脖子和嘴巴，确保它将那点参汤一滴不剩都咽了下去，才将它放开。那白猫呜咽一声撒开四脚跑得远了，海奴才听到远处有人抱怨道：“大公子又调皮了，这猫可是王妃的宝贝。”

海奴没有理会，撵着猫跑了一阵，见那只猫动作越来越慢，终于倒在地上，痛苦地缩成了一团。他刚要上去查看，侧面却突然冲出几个人来，为首一人一把将白猫抱在怀中，圆睁了眼睛对着海奴喝道："你对它干了什么？"

海奴见来人正是王妃贾荃，不敢顶撞，只默默站着不出声。眼看那白猫在贾荃怀中依然不断挣扎，甚至将贾荃的手背也挠出一条血口来，终于有侍女惊慌地道："王妃快放手，这猫儿怕是中了毒！"

贾荃见白猫的口中果然泛出带有血色的泡沫来，心里一慌，将白猫摔在了地上。眼看那白猫挣扎了半日终于一动不动没了气息，贾荃呆呆地站了一会儿，忽然走到海奴面前，抬手便是一个耳光："说，你到底做了什么？"

海奴此刻已明白了大半，知道自己只要说出毒药的来历，自己的母亲必定难逃一死。于是他只是随着贾荃的耳光踉跄了一下，却没有回答她的问题。

"启禀王妃，在那边假山后发现了这个。"有侍女将方才海奴遗留的食盒和瓷碗都拿了过来，贾荃只瞟了一眼便厉声吩咐："叫人去查，看今天是谁动用了这些东西？"

"是我做的，与别人无关。"海奴知道只消轻轻一查，母亲便绝对难逃干系，索性大声承认，"我只是好奇，所以才用毒药喂了猫。"

"那我问你，你用了什么毒药，那毒药又从何而来？"贾荃见自己几句话果然逼得海奴哑口无言，冷笑道，"我给大公子提个醒，以后要做什么事，可要先将谎话编圆了才能下手。否则像现在这样，少不得皮肉受苦。"

"我说的就是实话，在父王面前我也这么说！"海奴见贾荃果然命下人去传板子，不由有些慌了，"父王还没开口，王妃你不能打我！"

"我是你嫡母。就算你们都说我疯了，我还是这齐王府里的正妃！"贾荃恼恨地盯着海奴紧张惊惧的表情，忽而莞尔一笑，"不过既然大公子自己要求，我们就到你父王的院子里打。到时候看你父王是帮我，还是帮你？”

“不，我不去！”海奴想起父王司马攸一向就不喜欢自己，若是再得知了此事，不知要如何记恨自己母子，当即跪倒恳求，“父王病重，王妃打我可以，就不要再惊动他了！”

“看不出你还是个孝子呢。”贾荃咬着手帕嗤嗤一笑，随即冷下脸吩咐一声“带走”，便头也不回地往司马攸的住处走去。她虽然身有疯癫之名，毕竟是这王府的女主人，当下家奴们也不敢怠慢，架起大公子海奴跟了上去。

到了司马攸养病的院子里，贾荃随即命人架好刑凳，将海奴牢牢绑在了凳子上。“你父王就在里面，你若是说出毒药的实情，说不定他还会赦了你。”贾荃在廊下的胡床上坐了，居高临下地看着狼狈伏趴在刑凳上的海奴，见他只是咬紧牙关不开口，便轻描淡写地吩咐了一声：“打吧！”

手握竹杖的两个家奴对望一眼，见齐王并未闻声出来阻拦，便遵照吩咐一左一右站立在海奴身边，抡起竹杖重重地拍了下去。虽然隔着衣服，还是可以听见钝钝的板子着肉之声，被绑在刑凳上的海奴忍不住身子一颤，狠命咬住下唇才没有发出声音来。

“他不开口，板子就不许停！”贾荃居高端坐，神色冷厉，让人不由想起她的后母郭槐将乳母活活鞭死的传说。贾荃执掌齐王府多年，威望素高，执杖的家奴顾忌她的疯疾更是不敢怠慢，当下两根竹杖一起一落，噼啪作响，而受刑的海奴虽然还能死命忍住呻吟，头上也滚下大颗的冷汗来，一张白皙俊逸的少年面孔更是被疼痛扭曲得不成样子。

早有人向侧王妃胡姬报告了情形，胡姬猜到了缘由，不禁天旋地转，靠侍女搀扶才匆匆赶来。她生怕自己连累了儿子性命，索性只是跪在贾荃面前苦苦哀求，却一个字也不敢多说。而贾荃却连正眼也不看她，只是不住催促家奴重打，一副宁可将海奴打死当场也要问出真相的狠绝。

眼看儿子的身后已经浸出了斑斑血迹，喉间的呻吟也渐渐变成了惨呼，胡姬再也忍受不住，终于哭喊道："都是妾身的错，跟海奴无关，求王妃饶了他吧！"

贾荃轻蔑地扫了一眼涕泪滂沱的胡姬，正要质问，忽听身后传来一阵咳嗽声响："住手……"贾荃便连忙撇下胡姬迎了过去，含笑道："殿下终于肯现身了。"

院子里嘈杂了半日，而一府之主齐王却直到现在才步出房门，贾荃只道是司马攸放任自己审问海奴母子，却不知司马攸昏迷半日，此刻才被海奴的声声痛呼惊醒。

"怎么脸色这么差，手也冰凉得很。"贾荃握住司马攸的手，关切心疼之色溢于言表。不待司马攸答言，贾荃又转头吩咐侍女："殿下日常喝的药酒呢？赶紧取过来。"一边说，一边扶着司马攸在檐下胡床上坐下，又将他身上披的大氅紧了紧，不让一丝寒风透进去。

"王妃……"司马攸刚要开口，贾荃却轻轻止住了他，"殿下先喝口药酒暖暖身子，什么事情都比不上殿下身子要紧。"

少顷侍女捧了一盅齐王府特制的药酒来，贾荃亲自端了，送到司马攸唇边。她看着他的眼神是那么清澈柔和，让司马攸根本无法拒绝，便就着她的手将那橙黄的药酒喝尽，微微闭目攒了一会儿精神，这才重新睁开眼睛来。

"殿下在此，侧王妃你做了什么，还不赶紧招供？"见司马攸的脸在药酒的作用下终于恢复了些许血色，贾荃这才转向跪在地上的胡姬。而已经被从刑凳上松绑的大公子海奴，则已跪在地上哭得气哽声阻，冷汗和泪水混合在一起，打湿了膝下冷硬的青石板地。

"我招。那碗有毒的参汤，是我准备的，海奴那孩子毫不知情。"胡姬双眸定定地盯着膝前石板缝中一星灰绿色的苔藓，眼中的泪水似乎已经干涸了。

“你想给齐王下毒？”贾荃见她并不否认，勃然怒道，“是谁指使你的？”

胡姬抬起头，望着坐在胡床中不发一言的司马攸，发现他面颊上刚刚凭借酒力染上的浅浅血色已经褪去，再次显露出毫无生气的苍白底色。不知是不是绝望到麻木，胡姬脸上反倒露出惨淡的笑容来，一瞬不瞬地盯着司马攸道：“是谁指使我，难道殿下真的想要我说出来吗？”

司马攸原本就在苦苦支撑，此刻听到胡姬所言，蓦地想起她是多年前司马炎所赠，不由得心肺中如同千万把小刀攒刺，痛得他眼前便是一黑。在贾荃和众侍从的惊呼扶持之中，司马攸重新醒过神来，无力地朝胡姬挥了挥：“你回房去吧，以后不要再过来了。”

他这一声令下，无异于宣判了胡姬幽禁一生的命令。胡姬留恋地看了看仍旧跪在地上哀哀哭泣的儿子海奴，随即决然转身，在侍从的押解下走出了院门。

“父王，求你……”眼看母亲离开，海奴肝肠寸断，不顾臀腿伤痛跪在地上连连磕头。他其实心里也明白，以母亲的罪状，父王已是从轻发落。但身为人子，他只能本能地为自己的母亲哀哭恳求。

“你起来吧。”司马攸斜斜靠在贾荃怀中，喘息良久，方才看着海奴道，“我已经向天子和宗师提议，将你出继给辽东悼惠王为嗣子。以后你就是辽东王，不必再喊我父亲了。”

“不！”海奴本能地使劲摇头，半晌才想起来所谓辽东悼惠王乃是天子和齐王的同母弟弟司马定国，年方三岁时便已夭折，直到咸宁初年才追封为辽东王，谥悼惠。现在虽然海奴立刻就能袭封王爵成为新一任的辽东王，再不必与弟弟山奴争夺齐王世子之位，但海奴却深深地明白，父王已经不要他了，只是以这样一种体面的形式将他赶出家门罢了。

“我是长子，不能过继给别人的……”好半天，海奴终于找到了一个虚弱的借口，却只是收获了齐王妃贾荃一声轻蔑的冷笑。身后疼得火烧油煎一般，海奴心里却冷得缩成一团，再顾不得礼数，晃晃悠悠地站起身就往院外走，迎面却碰上一个小侍女慌慌张张地跑了进来："大事不好，侧王妃悬梁自尽了！"

"慌张什么！拿张草席一卷拖出府去埋了，难不成还想用侧王妃的礼仪风光大葬吗？"贾荃刻薄的话语从身后传来，仿佛刀剑一样在海奴身上戳出一个个透明窟窿。他听不清父王后来又低声说了些什么，只觉得脚下的石板地越来越软越来越低，让他终于支撑不住一起坍塌了下去。

眼看仆从们再度因为大公子昏倒而一片忙乱，司马攸无力地闭上眼睛，终于等待耳边嗡嗡的轰鸣声消失。王府中的混乱已经告一段落，但朝廷的混乱却并没有终结。此刻，上书挽留齐王的七位博士就在狱中等候押赴刑场，潘岳和其他支持齐王的仁人志士还在前仆后继奋笔直书，如果他不趁还能动弹的时候亲自去做一个了结，只怕洛阳城中的血花，还要一朵一朵地在东市溅落。

"把我的朝服拿来，我要进宫。"感觉自己的力气又恢复了些许，司马攸对侍从命令。

"你要进宫做什么？"贾荃怒道，"你现在的身子，就应该好好在床上躺着！"

"我进宫，求天子允许我留在洛阳，这不也是你的心愿吗？"司马攸朝贾荃淡淡一笑。贾荃一怔之下，怒火再度爆发："你觉得天子会听你的吗？到最后还不是你退让？"

"可是我若不去，就会死人，死很多人，包括檀奴。"司马攸回答。

"我不管！"贾荃怒喝，"檀奴怎么了？就算旁人死一百个一千个，我也只要你平平安安！"

平平安安？司马攸苦笑了一下，随即吩咐人打水净面。贾荃却几步跨到门口，将大门堵得严严实实，道："有我在，就不许你进宫！"

司马攸看到贾荃眼里闪烁的泪花，还有她涨红的双颊和微张的嘴唇，这娇憨而倔强的神情与她少女时候一模一样，轻易就可以让自己顺遂她的心意。可是现在，司马攸只是避开贾荃哀求的神情，对左右侍从吩咐："王妃累了，扶她去房中安歇。"

"我不走。你们都滚开！"贾荃死命想推开上来搀扶她的内侍，却敌不过他们的力气，被强行拉向远处。"司马攸，我恨你！如果你答应离京，我永远都不会原谅你！"一声声尖利的叫声从远处传来，如同泣血的哀鸣，渐渐地再也听不到了。

司马攸静静地站在室内，不言不动。忽然，他从袖子里掏出一块手帕，轻轻拭去了嘴角渗出的一丝血迹。

侍从打来清水，司马攸用毛巾擦净手脸，又吩咐人将自己有些散乱的发髻重新一丝不苟梳理好。当侍从将层层叠叠的朝服整齐地穿戴在他身上后，司马攸对着镜子，发现自己除了消瘦苍白，与平时那个修容洁面、衣冠端正的齐王并没有什么区别。

"君子死，冠不免。"司马攸忽然想起孔子的弟子子路在临死前说的遗言。那时卫国内乱，子路被敌人围攻，冠缨也被敌人割断，最终子路将缨带结好之后从容赴死。君子就算走到了穷途末路，也要保持一贯的端庄和尊严。

听到齐王司马攸求见，司马炎虽是满心不耐，还是不得不硬着头皮接见。说起来，自从去年十二月下达了第一封驱使齐王就藩的诏书后，他们兄弟二人已经三个多月没有见面了。

因为心里早已认定司马攸一直装病赖在洛阳，司马炎在见到司马攸的时候，虽然觉察到他的脸色比以往憔悴许多，却也刻意忽略过去。他走到御座上正襟危坐，看着司马攸如以往一样恭恭敬敬地对自己行君臣大礼，越发对齐王这种无可挑剔的作风心生厌恶。正是这样一副完美得接近圣人的模样，才蒙蔽了那么多宗亲大臣，在自己的御座旁埋下了巨大的祸根。

"齐王前来，有何事禀告？"等司马攸行完礼站好，司马炎才故意端着天子的架子问道。

"臣听闻有庾旉、太叔广等人为臣忤逆天子，以大不敬之罪论死，故厚颜来此，请陛下广开宏恩，赦免他们的死罪。"司马攸说到这里，虽然低头不敢直视司马炎，却也能感觉到御座之上散发的咄咄寒意。于是他再度跪倒在地，一字一字清清楚楚地说："千万罪愆，都在臣一人。请陛下只责罚臣一人，避免株连无辜。天下人必定感怀陛下的恩德。"

"朕怎么敢责罚堂堂齐王，这不，就连朕的旨意齐王都可以闭门高卧，置之不理吗？"司马炎认定司马攸在惺惺作态，不由得露出了嘲讽的口吻。

"飞鸟尚眷恋故林，草木尚不离根本，更何况臣只是一介凡夫俗子？"司马攸见司马炎并未让自己起身，便跪在地上，艰涩地道，"臣父母的陵墓都在洛阳，每到祭日，臣都会到墓前洒扫。一旦离京就藩，只怕今生就再也无缘拜祭父母，亲朋故旧也永无再见之期。每每念及此处，无不摧心断肠。还望陛下体谅臣这点孝心，允许臣离开朝廷，只在父母陵前结庐守孝……"

"够了！这番说辞，齐王以前已经在奏章里说过了！"司马炎不知怎么的对司马攸再也没有耐心，烦躁地摆了摆手，"方才齐王才自认'千万罪愆，在你一人'，此刻又百般托词不肯离京，看来齐王心里，根本就不曾承认自己有任何过错。"

"请陛下明示。"自从景献皇后羊徽瑜死后，司马攸这几年来一直谨慎退让，自忖从无任何失礼之处，却不知为何司马炎步步紧逼，不留一丝余地。想起自从自己服用了司马炎所派太医的药方后身体便每况愈下，司马攸心伤痛苦之余，更是忍不住想要当面质问司马炎，自己到底做错了什么，嫡亲哥哥不仅要将自己远远流放，还要置自己于死地？

"齐王是真的不知道还是给朕装糊涂？"司马炎知道若不使出撒手锏，齐王的事情还会在朝廷上继续惹出风波，而他再也没有耐心和司马攸绕圈子了，"齐王难道不知道，景献皇后是怎么死的？"

此言一出，让原本俯首长跪的司马攸惊骇地抬起头来，原本苍白的脸色更是隐隐发青。当初他被裹挟入兵谏逼宫的阴谋之中，虽然持身清正，嗣母羊太后却为了救他而自缢身亡。羊太后为何一定要自杀的谜团一直在司马攸心中萦绕不去。此番司马炎提到此事，无异于一把尖刀直戳心脏，让司马攸一时间喘不过气来。

"'木摧于秀，兰烧以薰。神州陆沉，华夏无君'，齐王亲笔所写的字句，应该不会忘记吧？"高高在上的司马炎好整以暇地开口，每一个字都仿佛一道绳索，将司马攸重重缠绕，再也无法挣脱。

术士管辂在临死之际对着苍穹发出的恶毒诅咒，夜枭一般在太极殿东堂的华美屋宇中盘旋。司马攸全身脱力偏又动弹不得，只能眼睁睁地承受着从御座上抛下来的憎恶与羞辱。他不知道司马炎为什么会早已知道这可怕的预言，当初他无意中写出这十六个字，心慌意乱中抛入废纸堆中，等到醒悟过来想要找到焚毁时，那些写废的字纸却早已被清除出去。联想到不久前侧王妃胡姬冷笑着问自己："是谁指使我，难道殿下真的想要我说出来吗？"那么是谁将他的笔迹奉到司马炎的御座上，早已不言而喻。

诛心之罪，根本就无可辩驳。

"既然如此，陛下那时何不将臣明正典刑？"半晌，司马攸绝望地问。

"你虽写下如此大逆不道之语，但朕顾念天家之情，仍然对你法外施恩。"司马炎不想多说，口气中难掩烦躁，"至于其中细节，你不必打听。你只要知道，是景献皇后舍身保了你这几年的平安。可是朕的包容之心，也是有限度的。"

“臣明白了。”司马攸料不到对自己宛若亲生的嗣母竟是死在这十六个字上,不由得心若死灰,完全失去了恳求留京的念头。“臣这就回去准备行装,前往青州就藩。还请陛下下旨,赦免庾旉等七博士死罪。旁人若就此事上书,也一概免罪……”听到上座的司马炎终于“嗯”的一声表示答应,司马攸松了一口气,用手臂撑着地板想站起身来,却无力地再度跌跪下去,撑在地上的双手手背上暴出了一根根青筋。

“齐王还有话要说?”司马炎此刻心肠已如铁石一般,即使司马攸虚弱之下已经连站都站不起来,也没有引发他任何一点同情之心。他皱起眉头盯着司马攸汗湿的鬓发,不耐烦地将手指在御座扶手上敲击,只巴不得司马攸快点从自己眼前消失,永远不要再出现。

司马攸眼前昏黑、无力站起,却又不愿在天子驾前失了礼数,咬牙强撑着道:“臣临去之前,还有几点谏言呈于陛下,一是关中险要,除了宗亲都督军事,还需派经验之臣加以辅佐;二是不可断绝遴选庶族人才之途,否则居下位者怀才不遇,加上各地诸侯主政,极易给他们挑拨用事、铤而走险的契机……”

“够了,朕的天下,无须齐王操心!”司马炎无情地打断了司马攸的话。

“臣都是肺腑之言,请陛下明察。”司马攸知道自己一去之后,就再也没有和司马炎对话的机会,索性大起胆子,将自己憋闷许久的话倾吐而出,“至于州郡罢兵一事……”

“住口!”司马炎忍无可忍,霍然起身,“这些军政大事,也亏齐王敢于置评!朕要是采纳了齐王的意见,只怕也要落得‘殒身、灭家、亡国、乱天下’的下场吧!”

“原来……陛下都知道了。”仿佛霹雳响处万物噤声,司马攸愣怔良久,才低低地吐出这几个字。

“没错,朕全都知道了。”司马炎走到司马攸身边,见他依然保持着双手撑地的跪姿，不由得促狭地用靴尖蹭了蹭司马攸的左手腕，“你手上这道旧伤，朕也知道是怎么来的了。先皇既然阻止了管辂杀你，朕也不会违背先皇的意思。你到青州去，好自为之吧。”

仿佛遭遇火烙一般，司马攸下意识地扯下衣袖遮住了左腕上的旧伤疤。他抬起被冷汗迷蒙的眼睛，模模糊糊地只看见天子司马炎志得意满却又厌恶嫌弃的背影。那背影越来越远，就仿佛他们之间原本相连的血脉，被权力的利刃毫不容情地割断。于是司马攸再不发一言，只是朝着空荡荡的御座磕了一个头，这才吃力地站起来，踉踉跄跄地离开了宫城。

夏侯湛再度进入廷尉府狱的时候，并没有再劝说潘岳离开，而是吩咐狱卒打开了牢门，径直走到潘岳身边坐下。基于潘岳并未被朝廷定罪，先前在夏侯湛的关照下，狱卒在牢房里安置了一张木床、一床被褥，虽然简陋倒也还洁净。

“我来是想告诉你，你的秘书郎职位已经被免掉了，改任怀县县令，即日启程赴任。”夏侯湛也不和潘岳客套，开门见山地说。

“我的奏章，天子看了吗？”潘岳似乎已经在这两日不辨晨昏的幽禁中麻木了心智，虽然听说自己无法留在洛阳，且被贬往比河阳更偏远的怀县，脸上却只是一片漠然。

夏侯湛没有回答潘岳的问题，只是自顾自地说：“庾旉等七博士死罪已免，罢为庶人。你只落个外放也算好的。至于我，改日也要出京，去担任野王县令了。”

“夏侯兄？”潘岳知道夏侯湛出身高门士族，向来担任的都是太子舍人、尚书郎等清贵之职，如何会沦落到与自己一样，去乡野之间担任职微事冗的一介县令？“难道是因为齐王……”他猛地想通了什么，黯淡的眼眸如烛火一般重新点亮，一瞬不瞬地盯住了夏侯湛。

夏侯湛点了点头："这一次但凡与齐王关系密切之人，天子都免官的免官，外放的外放。今后你我各守其职，想要再见也不容易了。"

夏侯湛眉目清雅，风度闲适，也是洛阳城中有名的美男子。然而此刻在潘岳眼中，夏侯湛珠玉一般的面庞却是一派憔悴，眼下更是大片黯淡的黑晕，仿佛心怀深忧，许久不曾入眠。潘岳知道以夏侯湛的名士风度，别说被贬出洛阳，就算罢为庶人也不会如此失态。那么能让他方寸大乱的，只有一种可能。

"夏侯兄专程到这里来告诉我这些，难道是……难道是……"潘岳深深吸了几口气，只觉得廷尉狱中潮湿窒闷的空气直达肺腑，让他的胸腔隐隐作痛，"齐王他，现在如何了？"挣扎良久，他终于问出了"齐王"这萦绕于心却不愿宣之于口的两个字。

夏侯湛似乎一直等待着潘岳这个问题，此刻听潘岳提到齐王时声音已经不由自主地颤抖，终于叹了口气，缓缓道："齐王两天前就已经出京去青州就藩了。他特地让我耽搁两天再告诉你，就是怕你……"

夏侯湛后面还说了什么，潘岳已经记不清了。他只知道自己穿过了大开的牢门，穿过了即使大白天也昏暗阴郁的廷尉狱甬道，骤然暴露在廷尉府外车水马龙的街道上。头顶的太阳是那么耀眼，它的煌煌光辉让久不见天日的潘岳头晕目眩，泪流满面。然后他推开了夏侯湛的扶持，不知道自己从哪里牵来了一匹马，飞身跨坐上去后便奋力挥下马鞭，向着结连青州官道的清明门方向冲去。

"齐王离京那日，天子下旨不必进宫辞行，也不必到墓前祭告先皇。因此齐王只能等车驾行驶出清明门后，下车朝着景皇帝的峻平陵和文皇帝的崇阳陵方向行三拜九叩的大礼。虽然百官碍于天子严旨不得为齐王送行，但洛阳百姓却扶老携幼跟在齐王身后遥拜先帝，一时哭声震动天地……"夏侯湛的话语忽然在潘岳脑海中回响。他望着面前同样用青砖砌成的洛阳清明门，想象着司马攸默默向司马师、司马昭的陵寝拜别的情形,只觉痛彻心扉。以司马炎这副冷酷无情的姿态,司马攸必定料到他再也没有机会重返洛阳。那他故意让夏侯湛推迟两天才告诉自己消息,不就是怕自己奋力追赶,毁掉司马攸好不容易为自己保下的仕途前程吗?

可是桃符,你难道不知道,如果不能再见你一面,我还要这仕途前程有何用处?潘岳狠狠抹去迷蒙了视线的泪水,用力挥下马鞭,箭一般冲过了清明门,向着青州方向直追下去。

因为司马攸提前两天出发,按照常理,潘岳就算不眠不休也难以赶上,更何况潘岳此刻除了胯下马匹,身上一无所有,就连基本的吃饭住宿都无法解决。然而潘岳此刻已经顾及不到这些,他只是机械地抽打着坐骑,在初春凛冽的寒风和呛人的黄沙中如一枚弩箭,携着越来越弱的余势飞向远方的目标。哪怕这枚弩箭的命运,早已注定会在半途坠落。

然而不知是不是潘岳孤注一掷的信念感动了上苍,就在坐下马匹再也支撑不住跌跪下去时,潘岳猛地看见前方拐弯处出现了两匹快马,当先一匹马上的少年骑者竟是分外眼熟。"山奴!"潘岳惊喜之下从马背上跃下,迎着前方的两骑快马大声唤道,"山奴,是我!"

"檀奴叔叔!"那朝着潘岳方向冲来的少年骑者果然就是司马攸的次子司马冏。虽然相隔四年,山奴也从垂髫小童变成了青葱少年,但他酷似司马攸的眉眼却和以前毫无二致,在潘岳眼中活脱脱就是一个小桃符。

"檀奴叔叔!"山奴又叫了一声,还未等疾驰的快马完全停稳就从马背上跳了下来,顿时摔倒在布满黄沙的官道上。潘岳刚冲上去将他扶起,山奴就扑到潘岳怀中放声大哭起来:"爹爹不好了,娘赶我去洛阳求天子赦爹爹回京,可我也不知道该怎么办……"

"你爹爹怎么了?"潘岳大惊。山奴不过十二三岁,贾荃居然放心让他仅带一名随从就回京找司马炎求情,那岂不是说明司马攸的情况已经到了万分危急的时候？

“爹爹病了，病得很重。娘本来想让爹爹好好在府中养病，可宫里天天来使臣催促我们离开洛阳，有时候一天甚至能来七八次，让爹爹根本无法休息。所以我们只好连行李都来不及收拾，就匆匆忙忙地上了路。一路上娘又哭又骂，骂爹爹骗了她，说是有后招可以留在洛阳，却事到临头只能乖乖滚蛋。可是任凭娘怎么骂，爹爹却一直默不作声……”山奴原本就边说边哭，此刻更是大放悲声，“娘哭着骂着，爹爹突然就开始吐血，越吐越多，吓得我们都不敢再走了。所以娘没办法，才命我赶回洛阳去，求天子看在爹爹恭谨了一辈子的分儿上，宁可让他在驿馆养病，也别再派使者逼着他掐日子赶路了……”

山奴每多说一个字，潘岳的心就痛得更紧一分，几乎连呼吸都难以为继。他紧紧地将山奴搂在怀里，想起司马攸重病，贾荃疯名在外，如今齐王府偌大的重担竟全都落在这小小少年羸弱单薄的双肩上，不由得心痛地道：“你带叔叔去见你爹爹。然后叔叔就算是拼了这身性命，也要让你们全家回归洛阳！”

山奴从小视潘岳为师，对他的话向来深信不疑，顿时点了点头：“爹爹现在前面的驿馆休息，我这就带檀奴叔叔去。”说着，他吩咐身后的随从将马匹让给潘岳，两个人便掉转马头，沿着山奴的来路疾驰回去。

山奴所说的驿馆不过是官道旁一个小小的歇宿之处，狭小简陋，年久失修的木门在潘岳一推之下几乎就要掉落下来。他走进院中，看见齐王府的马车和寥寥几个随从等候在一旁，果然是启程仓促，加上府中主人或疾患或年幼，连行李都几乎未曾收拾。想起山奴方才所说天子司马炎催逼之甚，不由得更是心痛难忍，悲愤难平。

“娘，你看谁来了！”山奴拉着潘岳走到驿馆客房门外，略有些兴奋地呼唤。

“怎么这么快就回来了？”房内的贾荃听到声音，匆匆地迎了出来。她的目光从山奴移向站在后面的潘岳，忽然一咬嘴唇，伸手就将潘岳向后推去："你来干什么？你还嫌害得他不够惨吗？"

"齐王妃，请你让我进去看看他。"潘岳见贾荃仍然穿着为父亲贾充服丧的素服，双目通红，隐隐有疯狂之色，一时也弄不清外界说她罹患疯疾的传言是真是假，只能压低声音恳求。

"你看他做什么？看他什么时候死吗？"贾荃声音尖锐，仿佛一只泣血的孤雁，凄厉而痛恨，"若不是因为你自己跑进廷尉狱去，他何至于不顾我的反对坚持进宫，最终答应离开洛阳？你就是他命里的灾星。除了害他，你还能有什么用？"说着她一指驿馆的大门，毫不容情，"你现在就给我滚出去！"

"娘，别赶檀奴叔叔走，他能救爹爹的，一定能的！"山奴见潘岳被贾荃几句话说得面色煞白、浑身发颤，生怕他真的会就此离开，慌忙一把抱住了潘岳的腰，死死不肯松手。

山奴的哭声无异于火上浇油，让贾荃盛怒之下一掌挥出，重重掴在少年柔嫩的面颊上："你给我记住，以后凡事只能靠自己，别想着指望别人！"

"齐王妃！"贾荃这一耳光虽然打的是山奴，却比打在潘岳脸上更让他惊痛。他牢牢地将山奴护在怀中，正想争辩，贾荃却已不耐地朝院中几个待命的随从吩咐，"你们过来，将这个人赶出去！"

"住手……"就在王府随从打算将潘岳强行驱逐之际，贾荃身后的房间内却忽然传来一个急促的声音，虽然低弱，却无异于仙乐纶音，让所有人的动作都静止下来。"齐王殿下！"潘岳用力挣脱身周的桎梏，奋力朝声音传来的地方跑去，却在看清房内情形的那一刻如遭当头一棒，僵立在原地。

此时此刻，齐王司马攸正站在驿馆房间门口，深深地弯下腰去。他左手用力攥着门框支撑身体，手腕上那道陈年的旧伤疤显得那么突兀，而他的右手则紧紧地捂着自己的嘴唇，暗红色的血液从他的指缝间淋漓而下，一点一滴带走了他身躯里的所有生气。下一刻，他终于脱力地向地上跌跪下去，却被潘岳抢上一步稳稳地扶在臂弯中。

“怎么……会这样？”潘岳只觉得喉中有如针刺，让他说出的每个字也带着清晰的痛楚和血腥。他记得四年前与司马攸分别时，司马攸还如玉山般清绝峻拔。可是为什么转眼之间，风云变色天翻地覆，那座温润无瑕的玉山，竟会在自己面前崩塌倾颓，仿佛要拆裂成千千万万的碎片？

“我也不知道，太医们还说没有什么大病，宫里天天催着我们上路……”一旁的贾荃再也忍耐不住，与山奴抱头痛哭。

“没事……”知道自己吓坏了潘岳，司马攸用袖子擦去嘴角的血迹，抱歉地笑了笑，“我这些年来，一直被架在火上炙烤，五内如沸早已化作脓血。如今一口口吐出来，其实还觉得松快了好些。”

见司马攸并不肯坦承病因，潘岳也不好追问，只能用力架着他慢慢走回床榻上躺好。此刻他才看到司马攸胸前的衣襟上早已染满了血渍，深深浅浅斑斑驳驳，心中不由更是痛楚难忍，几乎又要落泪。司马攸生性好洁，以往即使伤病之时也会衣冠齐整、仪容修洁。可是如今他躺在这逼仄破旧的驿馆之中，身周是从窗纸破洞中灌进来的料峭寒风，身下是不知多少旅人躺过的破旧床褥，连换一身干净衣服都求而不得，比潘岳屡次噩梦中所担忧的情形更为凄凉。所谓黄钟毁弃、辗玉成泥，无过于此。

“你好好休息，我这就赶回洛阳……哪怕去敲宫城前的登闻鼓，也要求见天子召你还京！”见司马攸的病情已到了刻不容缓的地步，潘岳下定决心，转身就要离开。

“别去！”司马攸一把抓住他的衣袖，情急之下气血翻涌，唇角再度溢出鲜血。朝廷虽然在宫外设置有登闻鼓供臣民拥有直达天听的通道，但敲鼓之人必先受重杖三十才会有申诉之机。更何况就算潘岳拼却性命见到天子司马炎，天子又怎么可能改变心意？自己无声无息地死在半途,只怕才是天子真正想要看到的情形吧。

“其实自从贾公死后,我就知道这世上……唯一能保护我的人不在了,早已坦然接受了如今的结果。”司马攸紧紧地拽着潘岳的衣袖,半晌苦笑道,“檀奴,你是绝代的才子,又是绝代的美男子,无论哪一项都可以流芳百世,何必为了我一个孤臣孽子自毁前途？”

“可我还想做绝代的良臣,辅弼你成就绝代的功业！”潘岳脱口而出这句话，猛地双膝跪倒在司马攸的床前，抓着他冰冷细瘦的手泣不成声。

“你做得到的,只不过辅弼的人不是我……”司马攸惨白的脸上浮起一缕笑容,“‘岂区区之国而大邦是谋,琐琐之身而名利是求？畏首畏尾,东奔西囚。志挠于木偶,命悬于狐裘。’还记得你小时候写的这篇《吊孟尝君文》吗？我当初不肯离开洛阳,就是怕落得孟尝君这种被你耻笑的命运……”

“那都是小时候不知天高地厚,当不得真的！”潘岳想起正是因为自己这篇游戏之作引发了司马昭的厌恶,从而严禁司马攸再与自己交往,以致引发后面一连串的事端,不由得痛苦地道,“齐王妃说得对,我其实一直在害你。从你丢掉晋王世子之位到如今失却天子的手足之情,我都难辞其咎……就算你不肯见我,我也不该赌气自投廷尉狱……”

“你已经尽力了……是我太贪心,万事求全,一心只想做一个君子……”司马攸仰卧在驿馆冷硬的床铺上,只觉冷汗一阵阵浸出,心跳也越来越艰难无力,脑海中却有一线灵光死死不肯沉没,“我如今所忧虑的,无过三件大事……一是胡人之乱,二是宗室之强,三是……”他重重地喘咳了几下,将堵在喉口的瘀血咳出,才终于继续道,“三是士庶之别……有关的奏章和论述,朝廷都有收录,你以后……以后……”

“我以后必当尽心竭力，勤于王事，助你完成这几个心愿！”意识到司马攸已经在交代遗言，潘岳心如刀割却不敢扰乱司马攸的思绪，只是压抑着悲痛郑重点头。

“那就好……”司马攸似乎了结了最大的心愿，惨白的脸上露出了一丝笑容，“其实这样也好……死在半途，总好过眼睁睁看着管辂那个可怕的预言成真，成为我最害怕的千古罪人……”

“什么预言？”守在床边哀哀哭泣的齐王妃贾荃忽然一惊，扑到司马攸身边，“难道你这么多年来一味退让，只是因为一个预言？”

“对不起，让你跟着我受苦……”司马攸勉力抬手抹去贾荃脸颊上的一滴泪珠，苦笑道，“可就算没有那个预言，我也无法做出不忠不孝、为祸苍生之事……”说着，他招手将儿子山奴叫到身前，命他向潘岳跪下磕头，“一日为师，终身为父。以后我不在了，你就把他当作父亲对待……”

“是！”山奴乖巧，顾不得抹去眼泪，果真恭恭敬敬地给潘岳磕了三个头。潘岳将少年揽入怀中，对满含期待的司马攸郑重起誓：“你放心，以后就算我粉身碎骨，也一定会保护山奴的安全！”

“我相信你……”司马攸欣慰地笑了笑，黯淡的眸子转向山奴，勉力道，“我对你哥哥不好，是怕他生出夺嫡之念，与你手足相残……我死之后，你必继位为齐王，一定要好好对你哥哥，这样……这样你们兄弟同心，不要再重蹈我的覆辙……”说到这里，他似乎遭受了极大的痛苦，身子一阵抽搐，冷汗将厚重的丝绵夹袍都浸透了。

“桃符，桃符，你不许死！你还答应过我，要将我父母合葬在一处的！”贾荃用力将司马攸抱在怀中，不顾他口中溢出的鲜血染红了自己素白的孝服，眼泪大颗大颗地砸在司马攸渐渐阖起的眼睑上。

或许是贾荃的眼泪拉回了司马攸涣散的魂魄，过了好半天，他终于再度睁开了眼睛，柔声道：“给我洗洗头发吧……我一生……别无所求，只想清清白白地活，干干净净地走……”

“好。”贾荃忍泪应了。山奴懂事,立刻出去唤人打来温水,和潘岳一起小心地将司马攸的头枕在贾荃的膝上。等到温水备好,潘岳跪在地上,抽出司马攸头上发簪,将他有些凌乱的发髻解开,漆黑的长发顿时沿着贾荃的衣裙垂落下来。

山奴用木勺舀起清水,潘岳则挽起衣袖,在水流中仔细地用手指梳理那些纠缠在一起的发丝,将上面沾染的汗渍和血渍清洗得干干净净。他的动作是那么小心翼翼,生怕扯掉了一根宝贵的头发。而在他的头顶上,贾荃紧紧地搂着司马攸的肩头,正絮絮地讲述着他们小时候的事情:“小时候第一次看见你,你还是个白白嫩嫩的三岁小娃娃,穿着一身月白色的小袄,笑眯眯地叫我荃姐姐。那时候我就想,这个小娃娃好像一根甜甜的水萝卜,要是什么时候咬一口就好了。于是趁大人没看见,我就真的在你脸蛋上咬了一口,你‘哇’的一声立刻哭了。可是等大人们过来的时候,你却拉着我的手,什么也没说。那个时候我就知道,你会一辈子都对我好……”

渐渐地,贾荃说话的声音消失了,取而代之的是一片再也压抑不住的哭声。而司马攸的左手,也蓦地顺着床榻边缘滑落,那道手腕上的旧疤痕,就那么猝不及防地闯入了潘岳的视线,顷刻间遮挡住了天地万物……

山奴手中的木勺掉进了木盆中,溅起一摊四散的水花。潘岳耳朵里嗡鸣一片,却咬紧牙关伸手抓住木勺,将最后的清水冲洗在司马攸的头发上,这才喃喃地吐出一句:“桃符,洗好了。”

四周的哭声骤然放大,而贾荃已不知什么时候晕厥过去。潘岳动作僵硬地从地上站起,吩咐齐王府的随从挑出一套干净的衣服给司马攸换上,又派遣得力的下人赶回洛阳去报丧,而自己则守在司马攸身边,用干布巾一遍遍地擦拭着他湿润的头发,心中痛到麻木,只剩下一片空茫。

“我叫潘岳,今年八岁,你可以叫我檀奴。”

“我叫桃符，大名司马攸，七岁了。”

“檀奴，他们不救你，我救你！”

“潘岳今后，必定忠心守护二公子的安危，绝不让任何人伤害他！”

“我要锻造的，自然是绝世之剑！上保社稷，下安黎庶，斩尽天下不平之事！”

“好，那我不仅为你持钳，还可以为你拉风箱，烧炉子，劈柴火，做什么都行！”

…………

一句句，一声声，从相识以来与司马攸的每一句对话，此刻都真切地回响在潘岳耳边。原来从他们相识至今，时间已经不知不觉流逝了二十多年。二十多年来，人事更迭，宦海沉浮，他们相处的日子其实并不多，可相处的每一幕却都清晰如昨，那些意气风发的热情，那些肝胆相照的义勇，那些生死与共的感动，全都像尘封多年的花朵一样重新鲜活地绽放开来。干枯的花瓣吸饱了血液，一丛丛地在四肢百骸之间扩散，将痛楚也鲜明地带到心脏、肺腑，甚至每一根指尖。可是即使在这烈火焚烧般的剧痛之中，潘岳仍然一动不动地守在司马攸身边，生怕自己只是一个眨眼，面前安静睡着的人就会再度从自己生命中消失，而且永远找不回来。

“齐王是在这里歇息吗？还是赶紧上路吧，否则赶不上到青州赴任的时限了！”屋外忽然传来一个尖厉的声音，仿佛盘旋在死者上空的乌鸦，聒噪刺耳。

“滚，你给我滚出去！”见宫中例行前来催促的使者再度到来，山奴再也忍耐不住，随手抽出一个侍卫腰间的佩剑，直抵在了那宦官的鼻尖上，“我爹爹已经死了，你们还要催他赶路，你们到底还有没有心？”

“什么，齐王……齐王死了？”那宦官吓了一跳，抬眼正见齐王司马攸一动不动地躺在床榻上，仿佛安然熟睡一般，不禁后退了几步，“我这就去禀告天子！”说着转身一溜烟跑了。

不知是不是山奴对宦官的喝骂惊醒了贾荃，她终于悠悠醒来。睁开眼的一瞬间，贾荃伸出手，将司马攸的尸体紧紧抱在怀中，仿佛抱住了自己最心爱的珍宝。“过去我恨你不肯进取，不肯为我谋划，就故意冷落你，折磨你……现在我后悔了，我不该逼你，我再也不逼你了……”她一遍遍地呢喃着，声音渐渐从凄厉的哭号变成了软弱的哀求，“你别生我的气，醒来看看我吧。小时候你就答应要一直陪着我的，不能长大了就言而无信……”

在贾荃的嘤嘤哭泣中，潘岳缓缓地走出房间，走出摇摇欲坠的驿馆大门。他的眼中蒙着一片荫翳，根本没有觉察到驿馆门外停着一辆马车，车窗中露出一个十四五岁少年煞白的脸，眼中是掩盖不住的痛与恨。那是司马攸的长子海奴，原本跟随司马攸一起前往青州，却因为受杖后行动不便，被所有人遗忘在了这辆孤寂的马车中。

“檀奴叔叔……”海奴喃喃地唤了一声，从车窗里伸出了手。然而潘岳没有听见也没有看见，只是一步步地越走越远，一步步地带走了海奴眼中最后残存的期冀。

少年的眼眸，彻底地黯淡了下去。

潘岳不知道自己走了多久，直到再也没有力气前进一步，才颓然跪倒在冰冷潮湿的泥地中。

天上似乎下起了小雨，扑在脸上恍如一根根锋锐的牛毛细针，可眼前只是雾蒙蒙的不见踪迹。潘岳将手指深深插入泥土，感觉到簌簌的泥土从指缝中流过，就仿佛司马攸再也无法挽回的生命。如今洛阳城的朝堂之上，荀勖、杨珧等小人占据权位趾高气扬，可无论身份、品德、才干都远超他们的齐王，却凄凉地躺在驿馆破旧的客舍中。这样不公的现状，难道真的仅仅是靠圣人教导的秉忠直谏就可以改变的吗？禀守道理做一个正人君子，事实证明还不如鸡鸣狗盗的小人有用。虎兕出于柙，龟玉毁于椟中，是谁之过欤？

“虎兕出于柙，龟玉毁于椟中，是谁之过与？虎兕出于柙，龟玉毁于椟中，是谁之过与？！”潘岳猛地长啸一声，抬头望向苍天，喊出了在胸中萦绕了太多年的愤懑和不平。

“檀郎！”当杨容姬终于找到驿馆外这片荒僻的林中时，她看见自己的夫君跪在地上，身体向后高高仰起，仿佛一株在闪电雷鸣中倔强挺立的松柏。她惊呼一声跑上去，紧紧抱住了他冰冷颤抖的身体，蓦然发现短短几日不见，潘岳的鬓边已经生出了几绺华发。

“你怎么来了？”潘岳凝滞的眼珠转到杨容姬身上，神不守舍地问。

“是温裕带我来的。他现在料理齐王后事，我，我就过来寻你……”杨容姬心疼地用指尖摩挲着那根根刺目的白发，眼泪情不自禁地涌了出来，“这是怎么了，你还风华正茂……”

“桃符也风华正茂，却已经死了。可笑他活着的时候帮了我无数次，我唯一报答他的却只是为他洗了一次头发。”潘岳自嘲一笑，身子一歪软软地靠在杨容姬怀中，凄然叹息，“阿容，幸好还有你在，否则我真是恨不得当场死在这里……”

“对，你还有我。只要我活着，你就不会死……”杨容姬揽着他的头，将自己的脸贴在他被细雨打湿的头顶上。她之所以搭乘温裕的马车前来，是因为朝廷已经正式任命潘岳为怀县县令，催促他赶紧离开洛阳，即刻到怀县赴任。由于“齐王党”深招天子厌恶，吏部文书上规定的期限急迫，潘岳现在就必须上路，已绝无可能出现在齐王司马攸的葬礼上。

然而杨容姬现在并不打算告诉潘岳这些，她只是静静地在细雨中拥抱着他，让他尽情地发泄灭顶的痛苦和悲伤。她明白，齐王司马攸对潘岳意味着什么。从今以后，潘岳不仅失去了一生最好的朋友和知己，失去了可以保护支持他的力量，也失去了苍茫宦海中一盏指路的明灯。

“阿容……”半晌，潘岳终于从杨容姬怀中抬起头来，他琉璃一般的眼眸漆黑如昨，里面却多了一些深邃复杂的意味，“如果我以后变成一个坏人，你会厌弃我吗？”

杨容姬愣了愣，最终却只是轻轻整理了一下潘岳的头发，微笑道：“只要内心深处的善良正义还在，一个人就不可能真正变坏。”

潘岳没有再说话，只是紧紧地依偎着杨容姬，望向前方烟雨迷蒙的天空。飞花似梦，细雨如愁。就在这万象更新的初春季节，一切的一切，已经悄然改变。

年表

（本卷）

271	（晋武帝泰始七年）	· 拟贾充出镇关中，为太子司马衷选妃
272	（晋武帝泰始八年）	· 杨肇兵败罢官 · 贾南风为太子妃
273	（晋武帝泰始九年）	· 七月晋武帝广充后宫，禁天下婚娶
274	（晋武帝泰始十年）	· 皇后杨艳薨逝 · 潘岳与杨容姬成婚
275	（晋武帝咸宁元年）	· 司马攸与其他功臣十二人配飨太庙，任东宫太傅 · 洛阳大瘟疫
276	（晋武帝咸宁二年）	· 司马炎病愈，立杨芷为皇后，重用三杨 · 正式设立国子学，与太学并立 · 司马攸为司空，贾充为太尉，潘岳为太尉掾 · 司马睿出生
277	（晋武帝咸宁三年）	· 大规模册封皇子为王
278	（晋武帝咸宁四年）	· 本年夏景献皇后羊徽瑜薨 · 司马遹出生 · 本年冬潘岳离开洛阳，为河阳令，结识公孙宏

279	（晋武帝咸宁五年）	· 刘渊为匈奴左部帅
280	（晋武帝太康元年）	· 晋国平吴，天下一统
282	（晋武帝太康三年）	· 晋武帝罢州郡兵 · 四月贾充薨 · 十二月下达齐王司马攸都督青州即刻赴任诏书 · 潘岳回京述职，被任命为怀县令 · 夏侯湛被贬为野王令
283	（晋武帝太康四年）	· 三月司马攸出京，半途吐血逝世

人物介绍

（本卷）

潘岳	· 即潘安，著名文学家和美男子，历任司空掾、太尉掾、河阳令等官职。
司马攸	· 齐王，晋武帝司马炎胞弟，潘岳挚友，被害而死。
杨容姬	· 潘岳之妻，杨肇之女，擅长医术。
杨肇	· 杨容姬之父，荆州刺史，后兵败罢官。
石崇	· 潘岳之友，修武县令，靠劫掠致富。
司马炎	· 司马昭长子，晋朝开国皇帝。
司马伦	· 皇叔，司马懿幼子，先封琅琊王，后改封赵王。
贾荃	· 贾充长女，司马攸之妻。
贾南风	· 贾充次女，太子妃。
贾午	· 贾充幼女，韩寿之妻。
胡芳	· 镇国大将军胡奋之女，晋武帝司马炎贵嫔。
杨艳	· 皇后，晋武帝司马炎原配，太子司马衷之母。
司马干	· 司马懿之子，司马昭同母弟，封平原王。
孙秀	· 五斗米道天师，潘岳死敌，司马伦麾下谋士。

人物关系图（本卷）

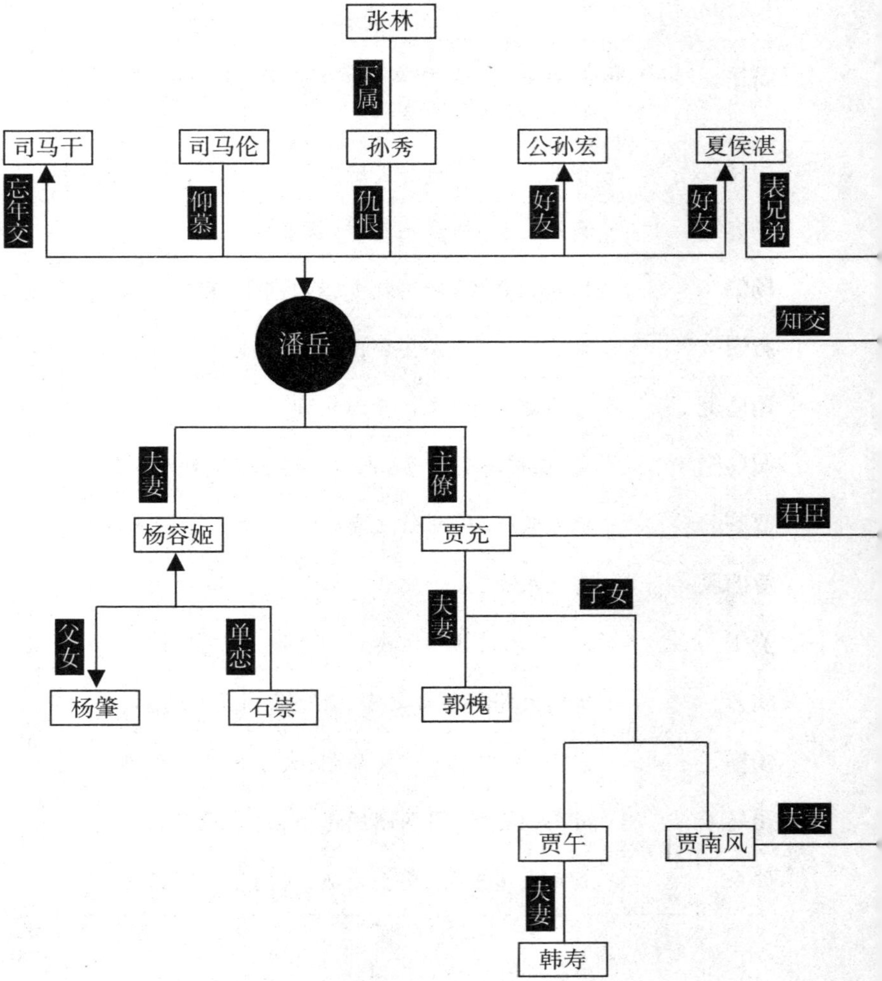
张林
下属
司马干
司马伦
孙秀
公孙宏
夏侯湛
忘年交
仰慕
仇恨
好友
好友
表兄弟
潘岳
知交
夫妻
主僚
杨容姬
贾充
君臣
子女
父女
单恋
夫妻
杨肇
石崇
郭槐
贾午
贾南风
夫妻
夫妻
韩寿

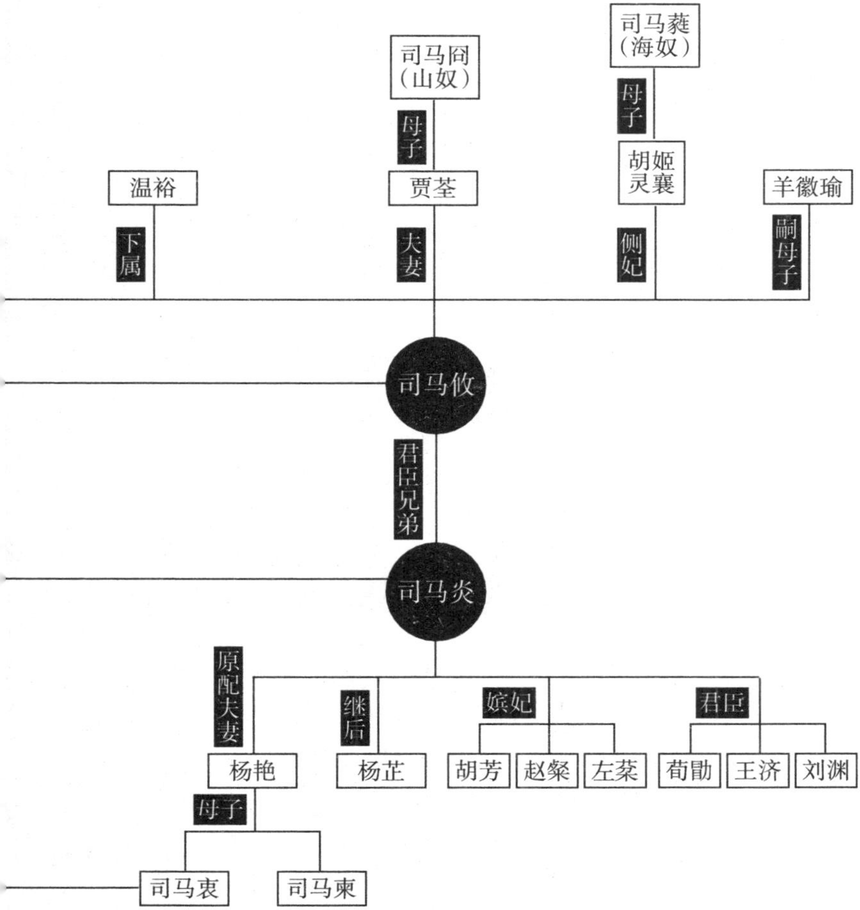
司马蕤（海奴）
母子
胡姬灵襄
侧妃
司马冏（山奴）
母子
贾荃
夫妻
温裕
下属
羊徽瑜
嗣母子
司马攸
君臣兄弟
司马炎
原配夫妻
继后
嫔妃
君臣
杨艳
杨芷
胡芳
赵粲
左棻
荀勖
王济
刘渊
母子
司马衷
司马柬